“十二五”职业教育国家规划教材
经全国职业教育教材审定委员会审定
普通高等教育“十一五”国家级规划教材
新世纪高职高专物流管理专业系列教材

集装箱运输实务

第 4 版

主 编 武德春 武 骁

副主编 谢东建 吴兰敏

机 械 工 业 出 版 社

本书为“十二五”职业教育国家规划教材（经全国职业教育教材审定委员会审定）、普通高等教育“十一五”国家级规划教材、江苏省高等学校精品教材。

《集装箱运输实务》第4版在第3版的基础上进行了更新和修订，系统地论述了国际国内集装箱运输的具体业务操作方法。主要内容有：绪论；集装箱运输适用的常用国际贸易价格术语；集装箱及其箱务管理；集装箱码头业务；集装箱货流；集装箱的使用与装载；国际集装箱运输船舶配积载与运输线路；国际集装箱货物运输交接方式；国际集装箱运输出口货运业务；国际集装箱运输进口货运业务；国内集装箱运输业务及单证流转；集装箱运费计算；国际集装箱运输提单；水路、公路、铁路、航空集装箱运输；集装箱国际多式联运法律责任与法规；数字化技术在集装箱运输实务中的应用等。其中集装箱运输船舶配积载为选修内容。

本书的特点是所述内容具有实用性、先进性、科学性、可读性，对现代集装箱运输商务工作的开展具有指导作用。

本书可作为高职高专物流管理、集装箱运输管理、国际航运业务管理、交通运输管理、港航管理等专业教材，也可作为港航物流等各类工商企业生产经营管理人员的培训教材和自学参考书籍。

图书在版编目（CIP）数据

集装箱运输实务/武德春，武骁主编. —4版. —北京：机械工业出版社，2015.8（2023.6重印）
“十二五”职业教育国家规划教材　经全国职业教育教材审定委员会审定
普通高等教育“十一五”国家级规划教材　新世纪高职高专物流管理专业系列教材
ISBN 978-7-111-51140-3

Ⅰ. ①集…　Ⅱ. ①武…　②武…　Ⅲ. ①集装箱运输—高等职业教育—教材
Ⅳ. ①U169

中国版本图书馆CIP数据核字（2015）第184595号

机械工业出版社（北京市百万庄大街22号　邮政编码100037）
策划编辑：孔文梅　　责任编辑：孔文梅　张　亮
责任校对：孙　丽　　封面设计：鞠　杨
责任印制：刘　媛
涿州市般润文化传播有限公司印刷
2023年6月第4版第9次印刷
184mm×260mm・20.75印张・512千字
标准书号：ISBN 978-7-111-51140-3
定价：47.00元

电话服务　　网络服务
客服电话：010-88361066　　机　工　官　网：www.cmpbook.com
010-88379833　　机　工　官　博：weibo.com/cmp1952
010-68326294　　金　书　网：www.golden-book.com
　机工教育服务网：www.cmpedu.com

前　　言

本书2003年2月出版第1版，2004年8月出版第2版，2006年8月被教育部评为普通高等学校“十一五”国家级规划教材，2004年8月被江苏省教育厅评为精品课程教材，2005年8月被江苏省教育厅评为江苏省高等学校精品教材，2007年11月被南通市人民政府评为哲学社会科学优秀成果二等奖，2005年12月被机械工业出版社评为科技进步二等奖，2007年8月、2013年7月两次被机械工业出版社评为畅销教材奖。2013年7月主编武德春教授被机械工业出版社评为优秀作者。2013年8月被教育部评为“十二五”职业教育国家规划教材。

本书自出版以来，受到全国各大高职高专院校师生、本科院校师生的好评，需求量大增，仅第2版就重印了14次、70 000册。截至2013年7月，第3版共印4次、15 000册。由于国际国内集装箱运输工艺与组织的高速发展，集装箱运输实务更科学化、更现代化，所以根据教育部“十二五”职业教育国家规划教材的要求，决定出版第4版。

《集装箱运输实务》第4版在第3版的基础上，更新了当代国际国内集装箱运输发展规模，更新了国际国内集装箱运输发展趋势，对全球集装箱班轮公司运力规模和国际国内集装箱港口吞吐量规模进行了重新排名。增加了当代集装箱租赁运输分析和国内集装箱运输现状分析，删除了陈旧内容，重新编写了绪论，对箱务管理、码头业务、货流、集装箱使用与装载、船舶配积载、交接方式、出口货运业务、进口货运业务、国内业务及单证流程、运费计算、提单、多种运输方式、多式联运及法规、计算机 EDI 技术的应用等内容进行了局部修改。此外，还增加了国家的实训基地数字化集装箱运输业务实训的中心内容。第4版保留了原有章节的安排，结构依旧，便于老师编写教学大纲、制订授课计划、备课、撰写教案。

本书系统地论述了国际国内集装箱运输的具体业务操作方法，以国际集装箱运输为主，论述深入浅出。主要内容有：集装箱运输的形成与发展；集装箱运输系统；集装箱运输常用的国际贸易价格术语；集装箱及其箱务管理；集装箱码头业务；集装箱货流；集装箱的使用与装载；国际集装箱运输船舶配积载与运输线路；国际集装箱运输交接方式；国际集装箱运输出口业务；国际集装箱运输进口业务；国内集装箱运输业务；集装箱运费计算；国际集装箱运输提单；水路、公路、铁路、航空集装箱运输；集装箱国际多式联运法律责任与法规；数字化技术在集装箱运输实务中的应用等。其中集装箱运输船舶配积载为选修内容，但对于以水运物流为特色的院校是必讲内容。

本书是全国本、专科高职院校现代物流管理、集装箱运输管理、交通运输管理、国际运输管理、国际航运管理、港航商务管理、外贸运输管理、国际货运与报关、国际商务管理等专业的规划教材，也是教育部全国高职交通运输师资培训基地集装箱运输管理课程的培训教材，还可作为其他高等院校本专科工商管理类、管理工程类等专业师生的教材、教学参考书，以及国内外物流企业、运输企业的各级管理人员、商务人员岗位培训、自学进修用书。

本书的主要特点有：

1．结构与内容的表达方式具有创新性。本书所述的内容主要是主编自身的长期教学科研成果的结晶。武德春教授从事集装箱运输实务教学科研工作三十五年，长期关注国内外集装箱运输发展动态，武骁博士任职于江苏海事局，长期深入集装箱运输企业调查研究，收集资料，实践经验丰富。为此，南通航运职业技术学院专门成立了以主编武德春教授、武骁博士为负责人的集装箱运输实务课程和教材开发课题组，对该课程和教材内容进行滚动研究，该书结构与内容的表达方式适应了高职高专教学的特点，是国内唯一版本，具有创新性。

2．内容具有科学性。本书所述集装箱运输实务方法始终是围绕着进一步降低国际国内间杂货物流成本展开的，体现了当代国际国内物流最终目的之一，即物流成本最小化；为居民在家门口就能买到世界各地价格最便宜、质量最好的商品创造了条件，提高了世界居民生活水平。例如，国际集装箱货物整箱货的门到门的运输组织形式本身就节约了物流成本和时间，而门到门运输中，船舶等运输工具装载量的提高、营运速度的提高、运载工具载重量利用率的提高、仓储时间的缩短、集装箱箱容利用率的提高、理货业务的简化、数字化无纸操作业务的实现等更进一步降低了集装箱物流成本。

3．实务操作手段具有先进性。本书所述实务操作手段先进，各环节之间的业务、单证流转等采用 EDI 支持的集装箱进出口业务系统、集装箱码头业务系统、内陆货运系统等进行数字化的无纸操作，既节约了业务成本，又减少了业务时间。

4．实践性强，可读性好。通过企业实际调研，使书中所附的几十种常用的集装箱运输实务单证样本与文字表述一一对应，增加了实践感，“老师教轻松，学生学易懂”，便于广大集装箱运输业务人员自学进修提高，便于学生自学。

5．具有广泛的指导性。书中所述实务内容来源于企业实际，通过研究，使其上升为科学、先进的理论，再用这种理论指导实际操作者效果更好，是广大集装箱业务工作者自学进修提高的指导书。

本书第 1 版由南通航运职业技术学院武德春教授、交通部江苏海事局武骁博士（高级工程师）任主编，广东交通职业技术学院院长助理谢东建副教授、河北交通职业技术学院吴兰敏副教授任副主编，具体编写分工如下：武德春撰写第一章、第二章、第四章；武骁撰写第九章、第十章、第十一章；南通航运职业技术学院李学斌副教授撰写第三章、第八章、第十五章；吴兰敏撰写第五章、第六章；谢东建撰写第七章、第十三章、第十六章；天津交通职业技术学院副院长李长霞教授撰写第十二章、第十四章。武德春教授、武骁博士负责策划撰写编写大纲，并负责全书的统稿、定稿。

本书第 4 版的修订工作由武德春教授、武骁博士完成。武德春负责修订第一章～第十章；武骁负责修订第十一章～第十六章。全书由武德春、武骁负责统稿、定稿。

为方便教学，本书配备电子课件等教学资源。凡选用本书作为教材的教师均可索取，咨询电话：010-88379375。

第 4 版的修订，得到了教育部职业教育与成人教育司的领导、评审专家以及机械工业出版社高职分社的大力支持，在此表示感谢。

编 者

目　录

第一章 绪论

1

第一节 集装箱运输概论

一、集装箱运输的概念

集装箱是一个大型的、标准化的、能反复使用的载货容器（1965 年，国际标准化机构对集装箱的系列尺寸作了统一规定）。集装箱运输就是将货物装在集装箱内，以集装箱作为一个货物集合（成组）单元，进行装卸、运输（包括船舶运输、铁路运输、公路运输、航空运输以及这几种运输方式的联合运输）的运输工艺和运输组织形式。

集装箱运输是对传统的以单件货物进行装卸运输工艺的一次重要革命，是当代世界上最先进的运输工艺和运输组织形式，是件杂货运输的发展方向，是交通运输现代化的重要标志。

由于集装箱运输具有巨大的社会效益和经济效益，因而现代化的集装箱运输热潮已遍及全世界。各国都把集装箱运输的普及和发展作为本国运输现代化进程的标志，国际航运中心（也称为国际运输中心、国际贸易中心）也以集装箱装卸中转量的规模为主要标志。目前，集装箱运输已进入以国际远洋船舶运输为主，以铁路运输、公路运输、航空运输为辅的国际多式联运为特征的新时期。

我国以国际远洋船舶运输为标志的国际集装箱运输经过几十年的努力，在运力和运量上已处于世界前列。我国国内的水路（沿海和内河）集装箱运输、铁路集装箱运输、公路集装箱运输的运力和运量近几年也得到快速增长，运输基础设施的建设得到加强，在中东部沿海地区初步形成了集装箱运输网络。

二、集装箱运输的优点及其条件

（一）集装箱运输的优点

集装箱运输的特点主要是将单件杂货集中成组，装入箱内，采用大型装卸机械，发挥多式联运的系统化的长处，实现门到门的运输，使船主与货主两方受益，其主要优点如下。

1. 提高装卸效率，减轻劳动强度

单件货物集中成组装卸，减少了原有单件货物装卸运输的多次重复作业。采用大型机械和自动化作业也大大提高了装卸的效率，减轻了劳动强度。

2. 减少了装卸所需要的时间和费用，加速了车船周转

对船方来说，减少装卸时间，提高船舶的周转率和减少装卸费用，受益自然不少。对货主来说，减少运输时间，意味着减少商品在运输过程中所支付的利息，大量减少商品必需的库存数量，也可使商品能及时投放市场，满足用户需要。

3. 保证货物完整无损，避免货损货差

采用集装箱运输以后，一方面减少了装卸搬运的次数；另一方面，集装箱实际上起着一个强度较大的外包装作用，所以货物不容易被盗，损坏率也可以大幅度降低。而一般干货集装箱又具有一定的水密要求，箱内货物不会因气候变化而受潮，影响质量。

4. 节省包装费用，简化理货手续

使用集装箱后，一些货物可以简化包装。因集装箱有很高的强度，货物放在集装箱内与外界没有接触，很安全，所以货物本身的包装除了规格要求标准化外，在强度上可以大大降低要求，节省包装材料，节约包装费用。

此外，采用集装箱后，原来对单件货物的查验标志、理货交接等烦琐手续即可大大简化。如开展“门到门”运输，更可以减少承托运之间的交接手续，提高运输效率。

5. 减少营运费用，降低运输成本

采用集装箱运输以后，船舶在港口装卸的时间大幅度减少，船舶周转次数成倍增加，因而运输成本大大降低。

（二）开展集装箱运输的条件

集装箱运输虽然有很多优点，但开展集装箱运输必须具备一些基本条件，其中最主要的两个基本条件如下。

1. 要有稳定而量大的集装箱货源

由于集装箱运输都是定期班轮运输，开航日期、开航时间、停靠港口是固定的，如果货源不足或很少，将可能造成经营亏损。而货源充足且稳定的前提是一国或地区的经济发达程度高、工业化程度高、对外贸易额高。

2. 要有良好的基础设施

开展国际集装箱运输的基础设施除了集装箱船舶、集装箱外，主要还有两个方面：一是要有快速装卸集装箱的现代化大型专业化集装箱港口或码头；二是要有发达的内陆运输系统，以保证进口集装箱及时疏运和出口集装箱能及时集运。这就要求一国的公路、铁路、内河运输能满足集装箱运输的要求。

三、集装箱运输适箱货物

从集装箱运输货物的经济性、物理性角度分析，集装箱运输的货物可分为四大类。

1. 最适合于集装箱运输的货物

这类货物在物理属性方面完全适合于集装箱运输，而且这类货物的货价一般都很高，因此承受运价的能力也很大，是集装箱运输公司激烈争夺的“抢手货”。这类货物通常包括医药品、酒、家用电器、照相机、手表、纺织品等。

2. 适合于集装箱运输的货物

这类货物通常是指其物理属性与运价均可为集装箱运输所接受的货物。但与最适合于集装箱的货物相比，其价格和承受运价的能力相应要低一些。因此，利用集装箱运输这类货物的运输利润不是很高。这类货物包括电线、袋装食品、屋顶板等。

3. 临界于集装箱运输的货物

这类货物使用集装箱运输，在物理属性及形态上是可行的。但其货价较低，承受的运价也较低，若采用集装箱运输在经济上不一定盈利，甚至亏损。这类货物包括钢材、生铁、原木等。

4. 不适合于集装箱运输的货物

这类货物由于物理状态和经济上的原因不能使用集装箱，如货价较低的大宗货、长度超过1219cm（40ft）的金属构件、桥梁、废钢铁等。又如汽车、食糖等，虽然其物理属性与运价均适合于集装箱运输，但由于这类货物经常采用大批量运输，使用诸如汽车、专用船之类的特种结构船运输，运输效率更高。

需要特别说明的是，由于集装箱运输具有巨大的优越性，以及人们对物流要求的提高，越来越多的货物采用集装箱运输，如大米、油菜籽等也装箱运输。另外，由于特殊情况的发生，煤炭也曾装箱运输。如我国西煤东输火车运力紧张时，也曾利用集装箱货车运送煤炭。

第二节 集装箱运输的形成与发展

一、国际集装箱运输的形成与发展

国际集装箱运输的形成和发展过程可以分为萌芽期、开创期、成长期、扩展期、成熟期五个阶段。

1. 萌芽期

1801～1955年为国际集装箱运输的萌芽期。该时期的重要标志是：欧美地区的发达国家在国内开始尝试陆上集装箱运输，运输距离较短。后来在欧洲各国之间进行陆上集装箱运输的合作。由于公路和铁路集装箱运输不统一，制约了陆上集装箱运输的发展，集装箱运输发展缓慢。

英国的工业革命促进了运输业的发展，1801年，英国人安德森博士首先提出了集装箱运输的设想。1845年，在英国铁路上开始出现了酷似现在集装箱的载货车厢，这是集装箱运输的雏形。

1880年，美国正式试制了第一艘内河用的集装箱船，在密西西比河试航，但这种新型的水路集装箱运输方式没有被人们接受。

1900年，英国铁路正式使用简陋的集装箱。1917年，美国在铁路上试行集装箱运输。1926年，德国出现了集装箱运输。1928年，法国开始集装箱运输。随后，日本和意大利等国也相继试行集装箱运输。

在20世纪30年代，公路运输得到迅速发展，公路和铁路集装箱运输产生了激烈竞争。1928年9月在罗马举行了“世界公路会议”，会议探讨了铁路和公路运输相互间合作的最优集装箱运输方案，讨论认为，利用集装箱运输货物，对于协调铁路和公路间的矛盾特别有利，于是成立了国际集装箱运输委员会，研究集装箱运输有关问题。同时，欧洲各铁路公司还签订了有关集装箱运输的协议。

1933年，在法国巴黎成立了“国际集装箱运输局”，这是一个民间组织，以协调有关集装箱运输各方面的合作为目的，并进行集装箱的所有人登记业务。

1931～1939年期间，由于公路和铁路之间的竞争，使这两种运输方式不能紧密配合和相互协调，致使集装箱运输的优势不能得到充分发挥，这一段时间内，集装箱运输基本上停滞不前，没有发展。

第二次世界大战爆发后，美国陆军需要运输大量的军用物资，为了提高运输效率，成立了军事运输系统课题组，提出了货物运输要实现成组化的原则，实现门到门运输。这一原则被交通运输和工商业者所接受。于是，利用托盘和集装箱作为媒介的成组运输系统被广泛开展起来。1952年，美国陆军开始建立了“军用集装箱快速勤务系统”，实现了使用集装箱运输弹药和其他军用物品。

2. 开创期

1955～1966年为集装箱运输的开创期。该时期的重要标志是：美国首先用油轮、件杂货轮改装成了集装箱船舶，在美国沿海从事海上集装箱运输，并获得良好的经济效益。海上集装箱运输获得成功，为实现国际远洋航线的集装箱运输打下了良好的基础。

1955年，美国人马克林首先提出了集装箱运输必须实现海陆联运的观念，为了便于海陆联运，他主张陆运和海运由一个公司控制和管理。

1956年4月26日，美国泛大西洋轮船公司将一艘T-2型油轮“马科斯屯”号经过改装后，在甲板上装载了58只集装箱，由美国新泽西州的纽约港驶往得克萨斯州的休斯敦港，进行海上试运。3个月后，试运获得了巨大的经济效益，平均每吨货物装卸费用由原来的5.83美元降到0.15美元，仅为普通件杂货船的1/37。

1957年10月，泛大西洋轮船公司又将6艘C-2型件杂货轮船改装成了带有箱格的全集装箱船。第一艘船的船名为“盖脱威城”号，该船上设有集装箱装卸桥，其载重量为9 000t，装载2.44m×2.59m×10.67m（8ft×8.5ft×35ft）的集装箱226只，每箱总重25t，仍航行于纽约至休斯敦的航线上。

美国“盖脱威城”全集装箱船正式投入营运，标志着海上集装箱运输方式正式开始了。

1960 年 4 月，美国泛大西洋轮船公司改名为海陆运输公司。1961 年 5 月，该公司又陆续开辟了纽约至洛杉矶至旧金山等航线。另外，在此期间，美国的马托松等其他轮船公司也先后开辟了夏威夷等航线。

3．成长期

1966～1971 年为国际集装箱运输的成长期，这一时期的重要标志是：集装箱运输从美国的沿海运输向国际远洋运输发展。从事集装箱运输的船舶为第一代集装箱船，其载箱量在 700～1 100TEU㊀之间，有了集装箱专用码头。1965 年国际标准化组织 ISO 颁布了一系列国际标准箱的规格（尺寸），其中长度为 6.1m（20ft）和 12.2m（40ft）的标准集装箱成为国际集装箱运输中的常用箱。由于集装箱尺寸的标准化，使得装卸集装箱的工夹具具有世界通用性。这些，都为集装箱运输向多式联运发展打下了良好的基础。

1966 年 4 月，美国海陆运输公司以经过改装的全集装箱船开辟了纽约至欧洲的国际远洋集装箱运输航线。

1967 年 9 月，美国马托松轮船公司将“夏威夷殖民者”号全集装箱船投入到日本至北美太平洋沿岸的国际远洋航线。

1968 年，日本有 6 家轮船公司在日本至美国加利福尼亚之间开展集装箱远洋运输。随后，日本与欧洲各国的轮船公司也先后在日本、欧洲、美国和澳大利亚等国家和地区之间开展了集装箱运输。

4．扩展期

1971 年年至 20 世纪 80 年代末为国际集装箱运输的扩展期。扩展期的重要标志是：集装箱运输迅速发展，世界各主要航线开展了集装箱运输。出现了第二代集装箱专用船舶。集装箱专用泊位从无到有，泊位不断增多，港口装卸设施专门化、现代化，在运输组织上出现了集装箱多式联运。集装箱管理水平不断提高。

由于集装箱运输具有运输装卸效率高、成本低、效益好、运输质量高且便于开展国际多式联运等优点，因此，集装箱运输深受货主、轮船公司、港口及其他有关部门的欢迎，在 1971 年至 20 世纪 80 年代末发展极其迅速。其国际远洋运输航线从欧美扩展到东南亚、中东及世界各主要航线。

1971 年年底，发达国家的海上件杂货运输基本实现了集装箱化，发展中国家的集装箱运输也得到了较大的发展。国际航线上出现了 2 000TEU 左右的第二代集装箱船。1983 年，全世界集装箱船舶运力达到 208 万 TEU。

随着世界海上集装箱运输的发展，世界各国普遍建设了集装箱专用码头。1983 年已达到 983 个集装箱专用泊位。港口建设不断现代化，许多集装箱码头开始配备了跨运车、集装箱装卸桥及堆场使用的轮胎式龙门起重机。电子计算机开始应用于集装箱运输，集装箱运输管理水平有了很大提高。在美国出现了集装箱多式联运，1980 年 5 月，在日内瓦通过了《联合国国际货物多式联运公约》。

㊀ TEU 是集装箱运输单位，表示 20ft 集装箱。1ft=0.3 048m。

5. 成熟期

20世纪80年代末以来，国际集装箱运输的发展已进入成熟期。其重要标志是：集装箱运输的船舶、码头泊位、装卸机械、集疏运的道路桥梁等硬件设施日臻完善，集装箱运输在全世界得到普及，多式联运得到进一步发展，集装箱运输的经营管理、业务管理的方法和手段等商务软件越来越现代化。船舶大型化、码头深水化、运输组织的联运化、竞争激烈化是发展趋势。

20世纪80年代末以来，世界集装箱船舶运力大量增加，以至过剩。单船规模也越造越大。集装箱船舶由扩展期的第二代集装箱船舶（2 000TEU）经过了第三代集装箱船（3 000TEU）、第四代集装箱船（4 500TEU）、第五代集装箱船（5 000—7 000TEU）、第六代集装箱船（8 000TEU）、第七代集装箱船（10 000TEU）、发展到当前的第八代集装箱船（13 000TEU以上的超大型集装箱船）。2013年3月由南通中远川崎造船厂建造的，中国远洋运输集团集装箱船舶运输公司使用的13 386TEU的集装箱船下水交付使用。该船最大载重量14万吨，长度366m，型宽51.2m，型深29.85m。

截至2013年12月5日全球集装箱班轮公司运力排名前20位情况见表1-1。

表1-1 全球集装箱班轮公司运力排名前20位（截至2013年12月5日）

排　名	船公司名称	总运力（TEU）	占世界集装箱船舶运输市场份额（%）
1	马士基航运	2,619,921	14.8
2	地中海航运	2,363,600	13.3
3	法国达飞海运	1,504,865	8.5
4	长荣航运	835,694	4.7
5	中远集运	785,234	4.4
6	赫伯罗特	730,016	4.1
7	美国总统轮船	645,850	3.6
8	韩进海运	630,868	3.6
9	中海集运	596,479	3.4
10	商船三井	550,896	3.1
11	东方海外	467,808	2.6
12	日本邮船	459,155	2.6
13	汉堡南美航运	450,476	2.5
14	阳明海运	388,231	2.2
15	太平船务	373,073	2.1
16	川崎汽船	343,949	1.9
17	现代商船	335,485	1.9
18	以星综合航运	328,471	1.9
19	阿拉伯联合航运	277,152	1.6
20	智利南美轮船	263,169	1.5
合计	总运力	1,495,039万	84.28

注：运力统计包括自有运力和租入运力。

值得关注的是，由于集装箱运输船舶投入巨大，以及货源变化、国际航运市场等因素的影响，各船公司租用集装箱船舶运输经营的比例越来越大，表1-2列出了截至2013年8月1日全球20大集装箱船班轮运输公司租赁船队细分及运力排名的情况。

表 1-2 全球 20 大集装箱班轮运输公司租赁船队细分及运力排名（截至 2013 年 8 月 1 日）

排名	公司（中文）	公司	租赁船（TEU）	船队总计（艘数）	小于 1000 TEU（TEU）	小于 1000 TEU（艘数）	1000-1999 TEU（TEU）	1000-1999 TEU（艘数）	2000-2999 TEU（TEU）	2000-2999 TEU（艘数）	3000-4699 TEU（TEU）	3000-4699 TEU（艘数）	大于 4700 TEU（TEU）	大于 4700 TEU（艘数）
1	地中海航运	Mediterranean Shg Co	1,334,070	298	12,622	16	100,400	73	142,830	58	118,352	29	959,866	122
2	马士基航运	AFM-Maersk	1,259,420	346	12,697	17	156,912	107	254,231	98	132,499	33	703,081	91
3	法国达飞海运	CMA-CGM Group	959,784	341	46,805	63	130,463	91	217,742	86	207,324	56	357,450	45
4	中远集运	COSCO Container L	354,012	59	4,355	7	15,505	11			37,978	9	296,174	32
5	长荣海运	Evergreen Line	343,261	98	5,431	7	29,554	19	75,602	29	80,075	20	152,599	23
6	美国总统轮船	AFL	340,276	81	3,977	6	23,767	17	5,112	2	62,032	16	245,388	40
7	韩进海运	Hanjin Shipping	323,963	72	1,741	2	16,376	11	34,319	13	87,065	22	183,962	24
8	赫伯罗特	Hapag-Lloyd	319,329	83	877	1	16,818	12	57,055	22	91,935	23	152,644	25
9	商船三井	MOL	312,450	73	1,327	2	22,346	15	24,894	10	65,830	15	197,553	31
10	川崎汽船	K Line	229,893	48	1,372	2	10,248	6	10,194	4	65,811	15	142,268	21
11	现代商船	Hyunbdai M.M	226,307	38	1,736	2	2,789	2	17,392	8	8,856	2	195,534	24

（续）

排名	公司（中文）	公司	租赁船（TEU）	船队总计（艘数）	小于1000 TEU（TEU）	小于1000 TEU（艘数）	1000-1999 TEU（TEU）	1000-1999 TEU（艘数）	2000-2999 TEU（TEU）	2000-2999 TEU（艘数）	3000-4699 TEU（TEU）	3000-4699 TEU（艘数）	大于4700 TEU（TEU）	大于4700 TEU（艘数）
12	以星综合航运	ZIm	211,876	64	2,157	3	20,626	14	29,655	12	82,705	20	76,733	15
13	智利南美轮船	CSAV Group	206,851	42			6,922	4	7,550	3	56,176	14	136,203	21
14	汉堡南美航运	Hamburg Sud Group	186,537	56			27,161	17	15,674	6	124,600	30	18,152	3
15	中海集运	CSCL	180,727	60	16,573	24	10,972	8	25,458	10	34,021	8	93,703	10
16	阳明海运	Yang Ming Marine Transport Corp	169,170	43			14,578	10	2,478	1	93,226	22	58,888	10
17	太平船务	PIL (Pacific Int Line)	155,223	65	1,898	4	31,638	21	81,991	32	17,406	4	22,290	4
18	东方海外	OOCL	154,237	44			25,216	18	15,472	6	15,932	4	97,617	16
19	日本邮轮	NYK Line	143,077	46	6,635	9	20,761	15	13,676	5	31,123	8	70,832	9
20	阿拉伯联合航运	UASC	84,042	28			12,145	8			65,989	16	5,908	1

在集装箱港口方面，与船舶大型化相适应的现代化集装箱大型深水码头应运而生，而且大型深水现代化的集装箱码头已成为当代国际航运中心的主要硬件设施之一。表1-3列出了2013年第二季度全球十大集装箱港口吞吐量排名情况。

表1-3　2013年第二季度全球十大港口集装箱吞吐量排名表

排名			港口名称	2013年上半年	同比增长（%）	2012年上半年	同比增长（%）
2012	2013上半年	变化					
1	1	→	上海	1,626.0	2.0	1,593.9	4.3
2	2	→	新加坡	1,581.4	1.1	1,563.9	7.3
4	3	↑	深圳	1,100.0	2.0	1,078.3	1.8
3	4	↓	香港	1,083.4	-8.2	1,180.3	2.0
5	5	→	釜山	877.8	3.0	852.3	8.4
6	6	→	宁波-舟山	842.4	6.0	795.0	11.6
8	7	↑	青岛	800.1	10.4	725.0	10.4
7	8	↓	广州	706.4	1.6	695.4	8.1
9	9	→	天津	650.4	11.1	685.3	6.3
10	10	→	鹿特丹	590.8	0.8	686.2	-6.1

在集装箱运输管理方面，广泛采用了电子信息交换（EDI）系统，实现了集装箱动态跟踪管理，加速了集装箱的周转，降低了集装箱运输中集装箱的用箱成本。在运输组织上，国际集装箱多式联运迅速得到发展，尤其以欧亚、北美大陆桥、小陆桥运输最为典型。由于各国运输基础条件的差异，发达国家之间的集装箱运输基本上实现了门到门的多式联运，而发达国家与发展中国家之间的集装箱门到门的多式联运不平衡，发展中国家之间的集装箱多式联运正处于起步阶段。

二、我国集装箱运输的发展

（一）我国国际集装箱运输的发展

我国国际集装箱运输始于1973年。1973年9月开始用件杂货船捎运小型集装箱（8ft×8ft×8ft，即2.44m×2.44m×2.44m）海运至日本的横滨、大阪、神户。随着我国国民经济的快速发展，对外贸易不断增长，我国的国际集装箱运输发展较快，其综合运力也处于世界各国前列。目前我国国际集装箱运输发展的主要标志如下。

1. 装箱船舶运力发展迅速，航线不断增多

早在2001年年底，我国从事国际集装箱运输的远洋班轮公司已达到150多家，拥有集装箱船舶1 256艘，48万TEU。其中，中国远洋运输集团公司拥有集装箱船舶120多艘，23万TEU箱位，在世界各大集装箱船公司排名第七位。当年我国从事集装箱运输的船舶功率已达1 365.45千瓦，船舶箱位数已达95.71万TEU。

到2009年年底，我国开辟国际集装箱班轮航线300多条，每月有几千个航班，包括国

内沿海至日本、中国香港地区、中国台湾地区、东南亚的远洋航线，国内沿海至美洲、欧洲、地中海等远洋航线，形成了近远洋结合，沿海、长江内支线相互衔接的国际集装箱运输网络。

2009 年，我国共完成水路国际、国内集装箱运输量 3 011.03 万 TEU，货物重量 34 578.31 万 t。由于金融危机影响，国际集装箱运量下降。2009 年国内公路集装箱运输量 5 281.94 万 TEU，货运量 59 588 万 t。

2. 加强了基础设施建设，集装箱港口泊位不断增加

截至 2009 年年底，全国共有集装箱专用泊位 280 个。2009 年，沿海港口共完成集装箱吞吐量 1.22 亿 TEU。各港口码头分别配备了能适应接卸和装载大型集装箱船舶的装卸桥，集装箱堆场配置了轮胎式龙门起重机和跨运车。上海洋山大型深水集装箱码头已建成投产两年，超大型的集装箱船舶能自由进出上海洋山集装箱港区，上海港已成为以集装箱深水码头为重要标志的上海国际航运中心组合港的主枢纽港。表 1-4 为 2009 年第二季度中国沿海十大集装箱港口吞吐量排名情况。

表 1-4　2009 年第二季度中国沿海十大集装箱港口吞吐量排名表

港口名称	2009 年第二季度	2008 年第二季度	同比增长（%）	2009 年第一季度	环比增长（%）
上海港	852.0	837.0	1.8	774.0	10.1
深圳港	571.4	571.2	0.0	528.6	8.1
宁波-舟山港	431.3	418.6	3.0	411.2	4.9
青岛港	408.6	373.7	9.3	391.5	4.4
广州港	388.1	371.7	4.4	318.3	22.0
天津港	350.4	308.4	13.6	300.0	16.8
大连港	242.7	196.2	23.7	203.8	19.1
厦门港	196.3	172.0	14.1	175.4	11.9
连云港港	136.5	120.8	13.0	134.1	1.8
营口港	135.3	122.7	10.3	132.8	1.9

2008 年以来，受金融危机影响，外贸集装箱吞吐量小幅下降，由于我国拉动内需的增长，所以内贸集装箱吞吐量上升。沿海内河港口一降一升。2009 年，全国港口集装箱吞吐量为 1.22 亿 TEU，比上年减少 4.6%。其中沿海港口完成 1.10 亿 TEU，比上年减少 5.6%，内河港口完成 1 220 万 TEU，实现比上年增长 5.4%。

2013 年集装箱吞吐量超过 100 万 TEU 的 16 个港口完成情况分别为：上海港 2 500.23 万 TEU、深圳港 1 825.01 万 TEU、广州港 1 119.99 万 TEU、宁波-舟山港 1 050.33 万 TEU、青岛港 1 026.24 万 TEU、天津港 870.35 万 TEU、厦门港 468.04 万 TEU、大连港 457.65 万 TEU、连云港 303.18 万 TEU、佛山港 292.33 万 TEU、营口港 253.73 万 TEU、烟台港 140.11 万 TEU、泉州港 125.12 万 TEU、福州港 122.27 万 TEU 和南京港 121.22 万 TEU。

3. 在沿海及中部地区基本形成了与远洋班轮相配套的内陆中转货运站场运输网络

为了充分发挥集装箱运输的优势，实现整箱货门到门、拼箱货站到站的多式联运，截至 2001 年年底，在港口腹地主要枢纽港站附近及国道公路主骨架沿线建成国际集装箱内陆中转货运站达 700 多个，备有专用集装箱货车、公路集装箱运输货车（简称集卡）已成为内陆集

装箱货运站的主要运输工具，公路运输也已成为与远洋运输相衔接的、配合港口集疏运的主要运输方式。

4．国家重视国际集装箱运输使其管理水平有了很大提高

为使集装箱运输事业沿着正确方向健康顺利地发展，在调查研究的基础上，针对集装箱运输工作中存在的问题，原国家计委、交通部、铁道部、经贸部等部门联合发出了《关于发展我国集装箱运输若干问题的规定》，并先后颁发实施了一批集装箱运输规章和办法，主要有《场站国际集装箱管理办法》和《港口国际集装箱码头管理暂行规则》；为适应国际多式联运的发展，积极开展门到门运输，又发布了《国际集装箱多式联运管理办法》；为加快集装箱周转速度，加强箱务管理，与国家物价局共同颁布了《国际集装箱超期使用费计收办法》；从加强危险品集装箱的管理出发，港务监督部门发布了《集装箱装运包装危险货物监督管理规定》；1990 年 12 月，国务院签发了第 68 号令——《中华人民共和国海上国际集装箱运输管理规定》，这是我国集装箱运输的第一个综合性法规，对加强集装箱运输、经营和宏观控制，进一步提高集装箱运输管理具有重大的意义。1992 年 2 月 27 日，交通部第五次部长办公会议上通过了《中华人民共和国海上国际集装箱运输管理规定实施细则》，并在同年 6 月 9 日由交通部正式签署发布，自 1992 年 7 月 1 日起施行。此外，交通部还曾先后编制了“七五”“八五”“九五”“十五”“十一五”国际集装箱运输发展规划，目前已编制“十二五”国际集装箱运输发展规划，为我国今后集装箱运输的发展，提出了明确的奋斗目标。

2002 年，原国家经贸委、交通部、原外经贸部、原铁道部、海关总署、国家质量检验总局等六部委联合颁布了《加快我国集装箱运输的若干意见》，并就相关问题提出了指导性意见。该意见针对各运输方式之间的有机衔接、沿海与内陆地区发展不平衡、口岸环境有待进一步改善、内贸集装箱发展水平较低、信息化管理水平不高等问题，由经贸委会同有关部门加强对全国集装箱运输工作的综合组织与协调，各地经贸委或综合交通管理部门会同有关部门做好本地区的组织协调工作，公路、铁路方面将分别提高市场准入技术条件，规范收费管理，加强信息系统建设，水运方面将进一步与国际接轨，实现内、外贸集装箱运输市场的一体化。

（二）我国内贸水路集装箱运输发展

1．发展历程

水路内贸集装箱运输从 1956 年开始试运至今历时 50 多年，比我国开展国际集装箱运输早 20 多年，与 1955 年开办的铁路集装箱运输几乎同时开展。但水路集装箱运输却几起几落，发展曲折，分析其主要原因是条件不成熟，时机把握不准。一种先进运输方式的应用和推广，与经济发展相关，20 世纪五六十年代开展水路内贸集装箱运输超过了当时我国社会生产力发展水平。当时国家财力不足，无力对尚能运转的传统运输方式的设备、设施进行改造或更新，使水路内贸集装箱运输自生自灭，处于无序自发的阶段。同时，计划经济和计划运输的模式也难以体现货主的需求。

我国水路内贸集装箱运输虽然起步较早，但远远没有显示出像国际集装箱运输那样的活力与生机，其发展也远远落后于国际集装箱运输，40 年间起落沉浮，没有明显起色，直到 1996 年内贸集装箱运输才真正进入新的发展阶段。按照发展过程，我国水路内贸集装箱运输的发

展大致可分为四个阶段。

（1）尝试阶段。1956年5月1日，我国首次利用铁路箱试办了水路与铁路的集装箱联运，铁道部、交通部两部共同制定了水陆联运试运办法。但由于货源不平衡、空箱率高、设备不适应及组织衔接等方面的问题，试运仅3个月即告中断。1960年，国家项目“水陆联运集装箱一条龙运输研究”试制了4个1.25t集装箱，但仅投入北京至天津且进行一次往返试运后就终止了。1972年，当时在国际上集装箱运输正处于起步发展阶段，其优越性被广泛介绍到国内，引起有关方面的重视。原交通部水运局用297个铁路3t箱投入上海—大连，南京—南通—大连，上海—南通（江海联运）3条航线试运。在这次试运中，集装箱是作为一种成组工具在港口装、拆箱的，货主免费使用箱子，运费按所装实际重量和等级计收。此阶段终因国民经济发展水平低，资金不足，在计划经济环境下货主承受能力差，而随着集装箱陆续报废而停顿。

（2）起步阶段。1973年，交通部组织水运所研制5t水陆联运集装箱，于1976年4月首先在长江上开辟第一条班轮航线：武汉—沙市航线。以后又相继开辟了武汉—上海航线（1980年因上海十六铺码头改建而中断）、武汉—宜昌航线、武汉—黄石航线以及沙市—宜昌航线等。1977年，广州海运局研制了2t集装箱，投入华南沿海货轮运输。1979年，交通部投资建造国家标准5t集装箱1 000个，投入北方沿海客货班轮运输。同期，长江航务管理局将两艘800t货驳改造成集装箱专用驳船，投入长江运输。进入20世纪80年代，内贸水路集装箱运输在沿海和长江均有不同程度的发展。沿海集装箱运输主要是利用客货班轮运输，在通用码头上装卸，主要箱型是5t箱和2t箱；长江集装箱运输则利用专用驳船开辟班轮航线，但由于货源、资金和管理体制等方面原因，长江集装箱运输于1985年中断。20世纪80年代末，即在1986～1989年，全国共开辟航线17条，集装箱的水运量和港口吞吐量平均每年以5%的增幅发展。在此期间，交通部根据运输发展的需要制定了水路内贸集装箱运费和港口装卸费收费标准，规范了各运输环节的收费行为，在一定程度上促进了内贸水路集装箱运输的发展。但是由于需求不旺和主要资源都偏重国际集装箱运输等原因，这阶段的内贸水路集装箱运输在发展速度、运输方式与规模等方面并没有明显的突破。

1985年，我国水路内贸集装箱港口吞吐量完成9.5万箱，货重26万t，而1990年却只完成7.3万箱，货重20万t。

（3）徘徊阶段。针对水路内贸集装箱运输发展存在的问题，原交通部于1990年11月在温州召开了全国水路国内集装箱运输工作会议，提出了积极开拓、重点发展具有优势的集装箱航线，多方面筹集资金，从提高后的运价中提取造箱资金，向货主收取集装箱的使用费，扩大租赁业务，开展多种服务等办法，以保证造箱和修箱的资金。此会议对水路内贸集装箱运输起到一定推动作用，但由于对市场发展方向把握不准，集装箱运输仍徘徊不前。同时，水路内贸集装箱运输在刚有所发展时，又受到来自公路和航空运输发展的严峻挑战，分流了水上运输的客源，直接冲击客货班轮运输。由于很多客轮运输航线亏损，航运企业整体效益下降，开始逐步撤线或减少运力的投入，这给主要依靠客货班轮捎带集装箱的水路内贸集装箱运输带来致命的打击，致使利用客货班轮捎带集装箱运输航线只剩下大连—天津、大连—烟台、大连—上海3条航线。内贸集装箱的运输处于停止或萎缩阶段，再度走入低谷。

1995年全国主要港口完成内贸集装箱吞吐量16万箱，货重51万t，其中5t箱13万个。主要分布在上海、大连、温州和海口等港口，而同期国际集装箱港口吞吐量已经达到610万

TEU，货重 4 100 万 t。

（4）发展阶段。实现了水路内贸集装箱运输的一个质的飞跃。改革开放以来，由于外贸运输需求旺盛，而且外贸运输与国际水平差距太大，所以从中央到地方，直到相关企业都把资源和精力放在了国际集装箱运输方面，从某种程度上忽视了内贸集装箱运输的开展。同时国内贸易的格局和运输方式变化不大，发展水平仍然相对落后，对运输质量的需求不高，所以内贸集装箱运输没有随着国际集装箱运输的发展而发展。直到近两三年来，由于地区产业结构的调整，贸易方式的改变和企业改革，物流在生产和流通中的作用加强，货主对运输服务的需求大大增加，为内贸集装箱运输的广泛开展提供了可能性，加上国际集装箱运输市场竞争十分激烈，资源没有得到充分利用，为开展内贸集装箱运输的发展提供了良好的机遇和条件。

随着沿海经济的发展，国内贸易中的中、高值货物交流日益活跃，集装箱专船运输这类货物具有明显优势。为顺应这一需求，广州港货运公司率先在 1993 年 11 月投入一条 65TEU 的专船开辟了上海—广州全集装箱班轮航线。最初使用 5t 箱，随着货运量的增加，又逐步使用 10t 箱，并从 1996 年开始使用 6.1m、12.2m（20ft、40ft）国际标准箱，取得了良好的经济效益及社会效益，为在逆境中发展的内贸集装箱运输找到一条新路子，代表着内贸件杂货集装箱化运输的发展方向。

到 1996 年年底，由于外贸政策的调整，国际集装箱发展过热及运力过剩以及运输结构变化等原因为发展水路内贸集装箱运输提供了难得的机遇，所以发展水路内贸集装箱运输条件基本成熟。针对市场的需求，航运企业把握时机积极地做出反应。1997 年海口南海青年实业公司经调查研究设计构筑了以上海为枢纽，长江下游、南北沿海为 T 字形水路的内贸集装箱运输网络，并与山东通达公司、深圳大洋公司联合开通上海至蛇口、海口、广州的南方航线；上海至南通、江阴、南京的长江下游航线及上海至青岛、天津的北方航线。特别是 1997 年 4 月，中海集团投入一艘 614TEU 的全集装箱船，开辟了广州—蛇口—厦门—上海航线；开通南北沿海全集装箱班轮快运航线，标志着沿海内贸集装箱运输进入一个新的发展时期。

1998 年，我国水路内贸集装箱运输继续快速增长，共开辟了 20 条航线，每月开出 320 航班，当年内贸集装箱总运量达到 15 万 TEU，有 8 家船公司从事内贸集装箱运输，投入总的运力为 40 艘船舶、载箱量约为 13 000TEU。其中，中国海运集团在投入船舶运力、运网布局和经营管理方面具有较大的规模，处于一定的市场主导地位。另一家比较活跃的公司是南海青年实业公司，共投入 15 条船舶，开辟了 6 条班轮航线，箱位达到 2 775TEU。

中远集装箱运输有限公司也于 1998 年 11 月份首次投放 680 箱位的“聊城”、1 140 箱位的“沱河”两艘全集装箱船舶进入国内集装箱运输市场。这表明我国沿海和内河集装箱运输业的快速增长已得到中国远洋运输集团的重视。

1998 年，从大连港到海口港、从上海港到长江中下游共有近 30 个港口开展内贸集装箱运输业务。当年全国内贸集装箱港口吞吐量已达 60 万 TEU，是上年的近 3 倍。以上海港为代表的华东地区吞吐量为 16 万 TEU，占全国总量的 27%；以青岛港、天津港、大连港和营口港为代表的北方沿海内贸集装箱吞吐量为 15 万 TEU，占全国的 25%；以深圳港、广州港和海口港为代表的华南地区港口吞吐量为 21 万 TEU，占全国的 35%。

上海港龙吴港务公司吞吐量达 9.7 万 TEU，比上年增长了 1.5 倍多，目前已有 14 家船公司靠泊该港，每月到发的内贸集装箱船舶达 100 多个班次，形成了以龙吴港区为中心，北至锦州港，南到海口港，连通全国28个港口，贯穿祖国南北沿海的长江下游的内贸集装箱水运网络，1999年吞吐量超过20万TEU；深圳港和黄埔港1998年内贸集装箱吞吐量分别达12万TEU和7.3万TEU，在华南形成了以深圳港和黄埔港为中心，中转海口、湛江、汕头等港口，延长至青岛、天津、营口等港口的内贸集装箱水运网络。

据不完全统计（上海港等8个主要港口），内贸集装箱港口吞吐量空箱比例为31.3%，平均箱货重为9.99t/TEU，平均重箱货重为14.53t/TEU，6.1m（20ft）箱占62%。2000年内贸集装箱港口吞吐量280万TEU，2001年达350万TEU。

2009年全国拥有内河集装箱船舶箱位数为10.11万TEU，比上年增长29.4%，船舶功率2 085.31万千瓦，比上年增长2.0%，沿海集装箱船舶箱位数13.27万TEU，比上年增长1.8%，船舶功率1 170.15万千瓦，比上年增长16.8%。

2．航线类别

目前，从各公司所经营的航线上看大致可分为3类。

（1）客货班轮捎带航线。主要有大连—天津—烟台—上海和上海—温州航线，使用5t货箱2t行李箱，由中海集团经营。

（2）杂货班轮航线。主要有大连—温州线和大连—广州线，在大连—温州线上从事内贸集装箱运输的是大连邮电部门的两条2 000～3 000t的杂货船，每周两班，运送部分5t箱。在大连—广州线上从事内贸箱经营的是广东顺峰船务公司的4条杂货船，平均每月4班，运输部分5t、10t箱和6.1m（20ft）箱货物。

（3）全集装箱班轮航线。沿海的全集装箱班轮航线是在1994年以后开辟的，已经有近20条，主要是1997年后新投入营运的。

内贸水路集装箱运输体现了运输质量好、快速方便、总体成本较低和机动灵活的优势，正在得到用户认可。如上海某电子有限公司，是一家中外合资的大企业，过去发往南方港口的彩电玻壳靠汽车运输，不仅费用高，而且损耗大，改为水路内贸集装箱运输后，每年可节约运费约300万元；上海永新彩色显像管有限公司较公路运输降低运输成本40%。相同到发地，水路集装箱的运费比铁路运价低25%左右，比公路运价低50%左右。更值得一提的是永新彩色显像管有限公司采用水路集装箱运输300TEU，货值7 000万元，完好率达100%。青岛啤酒改装集装箱后，一年中装卸1 009TEU，共1 459 090瓶，仅破损12瓶，而过去玻璃瓶酒和显像管的陆路运输损耗率高达5%～8%。这对货主弃陆路走水路具有极大的吸引力，货主的认同和参与是内贸集装箱发展的最重要动力与保障。

我国水路内贸集装箱运输经过两年多的唤醒和开发，逐步形成规模，发展环境日臻完善。1999年，水路内贸集装箱吞吐量激增到150万TEU，比1998年增长一倍多。船公司和港口对内贸集装箱运输充满信心，正在申请或准备经营内贸集装箱运输业务。如中国海运集团抓住我国沿海件杂货运输集装箱化发展机遇，从1998年7月开始，将已不适应市场需求的22艘散杂货运输船舶改装为可装运200～1 000箱位的集装箱船舶，首艘1 000多箱位的向平轮已于1998年12月7日投入营运，其余也在2002年陆续投入内贸集装箱运输市场。经交通部批准，中远集团从2002年8月起从事国内集装箱运输，首期投放多艘集装箱船开辟了国内集装箱运输航线。

交通部对水路内贸集装箱运输的发展十分重视。在1990年召开了第一次内贸集装箱运输工作会议，随着内贸集装箱运输的发展，交通部于1996年初颁布了《国内水路集装箱货物运输规则》，明确了承运人、托运人、港口经营人等有关当事人之间的权利和义务关系，使内贸水路集装箱运输有章可循。1997 年又召开了第二次水路内贸集装箱运输工作会议，及时总结经验，分析形势，提出奋斗目标，研究发展对策，对我国水路内贸集装箱运输的发展起到了十分积极的引导和推进作用。目前“国内水路集装箱班轮运输管理规定”已出台，市场管理将得到进一步加强，竞争环境有望改善。

三、2010 年内贸水路集装箱运输已成为运输市场的新动力

因世界金融危机影响，在外贸继续萎缩的态势下，国家积极采取拉动内需增长的各项措施，内贸集装箱运输的发展成为 2010 年我国航运业发展的新动力。

1. 内贸集装箱运输规模越来越大

内贸集装箱运输经过十几年的发展，特别是伴随着新世纪我国经济的飞速发展和国际集装箱化的日益推广已颇具气候。事实上，2001 年至 2008 年内贸集装箱量从 221 万 TEU 增加到 3 000 多万 TEU，增长了 14 倍，所占港口集装箱吞吐量比例从 8%提高到 24%以上。

可以说，内贸集装箱运输的发展和我国广袤大地上各地区的经济发展水平与产业结构有关，其货源结构和航线布置也与之息息相关。目前，内贸集装箱适箱货物已经从以前的单一货源，逐步发展到以粮食、化工品、建筑材料、纸浆、钢材等低值重货为基础货源，其他的货种，如汽车、日用品、家用电器、食品、饮料、白糖、橡胶、反季节瓜果蔬菜等为辅的货源结构。

目前，内贸集装箱货源流动的区域差不多遍布了沿海的所有港口，同时还向内陆延伸。受地区经济发展不平衡的影响，南方经济发展速度快于北方，东部快于西部，内贸集装箱运输的发展也出现了南先北后的情况。但是随着不断开发货源，北方港口的货运量明显超过了南方，内陆地区的货源也正在逐步增长。目前的货源流向主要为北方—华南、北方—华东、华南—华东。

北方南下采用集装箱运输的主要货种是粮食类、矿类、建材类、纸浆、酒类、食品等。北上的货源主要来自华南、华东港口，货源的种类主要是建材和轻工类产品以及海南蔬菜、瓜果等农产品，建材在整个货源中所占的比例相当大。北上的货源不仅满足进口港口和地区的需要，而且有相当一部分通过海铁联运方式转入东北和华北广阔的腹地。中海集团开辟的海南农产品经大连，再通过铁路运至东北各地的集装箱海铁联运线路做得比较成功。

华东地区的货源市场主要以上海为中心，包括浙江、江苏和福建等几个省份。华东地区是我国内贸集装箱运输开展较早的地区，该地区的货种丰富，货源市场正进一步向长江内深入。目前该地区向华南和华北地区出运的主要货种有成品纸、机电产品、化工品、家电产品以及高级建材物料等。

华南地区出运至华东和华北的货物主要有内墙砖、高档地砖、废旧五金、化工品等建材基础货源，还有部分陶瓷卫生洁具、家具、白糖、橡胶、日用百货、家用电器、海产品、反季节瓜果蔬菜、木材、淀粉等货物。广东省是主要的水运集装箱进出省份，广州港是沿海内贸集装箱吞吐量最大的港口之一。

2. 内贸集装箱吞吐量已成为港口发展的新动力

内贸集装箱货运量所占比重日益加大，尤其是在目前外贸集装箱货运量受金融危机影响全面萎缩的情况下，内贸集装箱成为各港口发展的动力确实不为过。

上海港 2008 年集装箱吞吐量为 2 800 万 TEU，其中，内贸集装箱吞吐量达到 341 万 TEU，比重占到 12%。目前，上海港正在优化“水水中转”，希望实现上海港各码头航线的优化组合。事实上，一直实施“长江计划”的上港集团，在长江流域上中下游的重要港口，如重庆、武汉、九江等重要码头都有投资，希望能够借此尽量大幅度地揽取来自长江流域腹地的货物。

同为长三角地区的宁波港，也将内贸集装箱运输的发展作为 2010 年的工作重点。他们成立了内贸箱拓展小组，深入市场寻找适箱货源，推进浙江沿海、南北主干、长江两岸的内贸中转网络建设，使内贸集装箱运输成为集装箱运输发展的重要增长点。与此同时，宁波港还尽量扩展南北货源供给网络，吸引更多的货物到宁波港中转；尽快开通海铁联运专列，拓展江西、湖南等省腹地，推进金华、义乌及江西上饶等地的“无水港”建设，加大与温州港、台州港及嘉兴港等港口的战略联盟与合作，以及推行大客户战略等。

北方的天津港实现了 2010 年“力争完成港口货物吞吐量 4 亿吨，集装箱吞吐量 1 000 万 TEU”的目标。目前天津港的策略转为与国内主要航运公司合作，扩大内贸的运载能力和市场份额。

厦门港也表示，将大力开拓内陆腹地，继续推进海铁联运，在“厦门—南昌”“厦门—赣州”海铁联运定期班列基础上，建设内陆地区“无水港”，实现港口前移，并支持现有外贸集装箱码头兼营内贸集装箱作业，拉动厦门港内贸集装箱吞吐量增长和内贸集装箱中转业务的发展。

第三节 国际集装箱运输的发展趋势及经营特点

国际集装箱运输主要以远洋班轮运输完成。其发展趋势及经营特点主要有以下几个方面。

一、船舶大型化

在有充足的货源保证下，扩大船舶的规模可降低单位运输成本，实现运输生产的规模经济。所以，集装箱船舶日趋大型化。近年来，世界上一些主要的集装箱运输航线，如太平洋航线上，出现了运力过剩的情况。在这些航线上经营的船公司为了在激烈的市场中争取有利地位，纷纷订造了一些超大型的集装箱船，试图借此进一步降低单位运输成本。这种状况更加速了船舶大型化的趋势。

2010 年 3 月马士基航运公司新订造集装箱船舶 67 艘，共 411 090 个箱位，平均每艘船 6 136 个箱位；地中海航运公司新订造集装箱船舶 49 艘，共 586 360 个箱位，平均每艘船 11 967 个箱位；法国达飞海运公司新订造集装箱船舶 53 艘，共 449 643 个箱位，平均每艘船 8 484 个箱位；美国总统轮船公司新订造集装箱船 15 艘，共 124 032 个箱位，平均每艘船 8 269 个箱位；赫伯罗特航运公司新订造集装箱船舶 10 艘，共 87 500 个箱位，平均每艘船 8 750 个箱位；中远集运新订造集装箱船舶 52 艘，共 401 331 个箱位，平均每艘船 7 718 个箱位；中海集运新订造集装箱船舶 16 艘，共 150 400 个箱位，平均每艘船 9 400 个箱位；韩进航运公司新订造集装箱船舶 27 艘，共 257 698 个箱位，平均每艘船 9 544 个箱位；日本邮船公司新订造集装箱船舶 10 艘，共 62 499

个箱位，平均每艘船 6 250 个箱位；智利南美轮船公司新订造集装箱船舶 22 艘，共 128 158 个箱位，平均每艘船 5 825 个箱位；东方海外航运公司新订造集装箱船舶 11 艘，共 81 460 个箱位，平均每艘船 7 405 个箱位；商船三井航运公司新订造集装箱船舶 26 艘，共 145 586 个箱位，平均每艘船 5 599 个箱位；川崎汽船公司新订造集装箱船舶 24 艘，共 136 397 个箱位，平均每艘船 5 683 个箱位；以星航运公司新订造集装箱船舶 20 艘，共 195 386 个箱位，平均每艘船 9 769 个箱位；阳明海运公司新订造集装箱船舶 22 艘，共 141 402 个箱位，平均每艘船 6 427 个箱位；汉堡南美航运公司新订造集装箱船舶 13 艘，共 84 800 个箱位，平均每艘船 6 523 个箱位；现代商船公司新订造集装箱船舶 6 艘，共 71 810 个箱位，平均每艘船 11 968 个箱位；阿拉伯联合航运公司新订造集装箱船舶 9 艘，共 117 900 个箱位，平均每艘船 13 100 个箱位；太平船务公司新订造集装箱船舶 14 艘，共 60 824 个箱位，平均每艘船 4 345 个箱位。

新造集装箱船舶平均超过 10 000TEU 箱位的有地中海航运公司 11 967TEU/艘、现代商船公司 11 968TEU/艘、阿拉伯联合航运公司 13 100TEU/艘。中国远洋运输集团公司最大的集装箱船载箱量已达 13 866TEU。

二、港口码头现代化

国际集装箱运输船舶的大型化、国际集装箱运输的普及化要求有现代化的集装箱港口（码头）相配合。为了进一步降低集装箱运输成本，集装箱船舶越大，允许停靠在码头的时间相对越短。因此，现代化的集装箱码头至少要具备三个条件：①要有足够的码头水深，才能停靠大型、超大型集装箱船舶；②要有现代化的装卸机械和设备，以达到快装、快卸；③集装箱码头管理系统要现代化、科学化，才能使码头业务人员（商务）快速、高效地进行工作。由于件杂货运输的集装化，集装箱吞吐量在港口吞吐总量中的比重日益增加。因此，现代化的集装箱码头往往成为国际枢纽大港口的主要标志，也是国际航运中心的重要标志之一，如上海洋山集装箱深水港口是上海国际航运中心组合港的重要标志和主要条件。

三、船舶高速化

船舶的航速与船舶的数量之间存在着重要的替代关系。航速高，班轮航线上所需要的船舶数量就少；航速低，需要的船舶数量就多。根据测算，在挂靠港数量相同的情况下，下列 3 种组合，均能保证在北大西洋航线上每周发一次船：

航速 9.77～10.29m/s（19～20kn㊀），4 艘船。

航速 10.8～12.35m/s（21～24kn），3 艘船。

航速 15.43～16.46m/s（30～32kn），2 艘船。

在集装箱运输步入发展时期，由于集装箱投资巨大，许多船公司都采取了高速营运的政策，以此来减少船舶投入数量，降低营运成本。这一时期，新建的集装箱船航速一般都在 11.32m/s（22kn）左右，海陆公司甚至订购了两艘航速高达 16.98m/s（33kn）的 SL-7 型高速集装箱船。促使许多船公司在这一时期内采用高速营运政策的其他原因还有：当时的石油价

㊀ kn 为节，1kn=1 852m/h。

格低廉；高速船舶能缩短运输时间，尤其是在长距离的航线上，这种效果更为明显，从而能向客户提供优质的运输服务。

但是，在2010年石油价格暴涨后，集装箱船的高速化趋势受到了抑制。大多数船公司为了控制燃油成本，降低了船舶航速。但不管怎么说，集装箱船的航速在总体上仍明显高于传统班轮，一般在10.29m/s（20kn）左右。

四、挂靠港口少

集装箱船舶挂靠的港口比传统班轮相对来说要少一些，通常只在航线两端挂靠2～3个港口。例如，中国台湾长荣公司在远东至北美西海岸的太平洋航线上挂靠旧金山港、洛杉矶港以及中国香港港、高雄港、基隆港5个港口；我国至澳大利亚航线上停靠的港口为上海港、中国香港港、墨尔本港、悉尼新港。

集装箱船之所以要减少在航线上挂靠的港口数量，原因就在于集装箱船的投资巨大，船舶的固定成本在营运总成本中占有极高的比例，尽可能地减少在港时间，加速集装箱船的周转，是提高运输经济效益的关键。例如，据有关数据统计，1 000箱位的全集装箱船，全年的资本成本为860万美元，占总成本的59%。以一年360天计算，每天的资本成本高达2.4万美元左右。这足以说明，减少挂靠港口数量，对提高集装箱的运输经济效益有重要意义。

此外，集装箱船的每天在港成本与其吨位大小成正比。据统计，600TEU、750TEU、1 000TEU、3 000TEU的集装箱船，每天的在港成本分别为7 451英镑、8 349英镑、9 856英镑、13 163英镑。由此可见，在集装箱船日趋大型化的今天，如何缩短船舶在港时间是集装箱船舶经营成败的关键所在。也许正是由于这个原因，“载运中心港”的设想才被提了出来。

由于集装箱船不再挂靠传统班轮原来挂靠的一些港口，所以在基本港与非基本港之间，用中小型集装箱船开展支线运输是必然趋势，也是集装箱运输的重要环节与有机组成部分。

五、航线班次频繁

传统班轮的航次一般是每月一次，每两周一次或每旬一次。自班轮运输进入集装箱运输时代，班轮的班次日益频繁。目前，在世界大多数航线上，大公司的发船频率普遍达到了每周一次。有些大公司，如海陆公司甚至已达到每2～3天发一次船。

导致集装箱船的班次频率增高的原因主要有两个：①增加船舶班次能提高集装箱、底盘车、集装箱码头的利用率。因为集装箱运输的投资不仅限于船舶，而且还包括上述各种设备与设施。②提高集装箱运输的地位在一定程度上超过了运价，对高价值货物来说更是如此。在世界最主要的航线，有些船公司奉行“高服务、高运价”的经营方针，目的就是为了吸引更多的高价值货物。这些船公司在向客户提供的各种服务中，包括了开航与到达时间这项内容，所以增加航线上的班次也是船公司出于竞争上的考虑。

六、运力严重过剩

集装箱船舶的大型化、高速化以及港口机械化大大提高了船舶的运输效率。以载箱量

5 000TEU，航速 13.38m/s（26kn）的船舶为例，它的年货运量与 5～6 艘同样吨位的传统杂货船的年货运量相当。所以，集装箱船舶一般应以略高于 1:6 的比例取代传统杂货船。但在实际上，由于货主希望船公司提供频繁的航运服务，即较短的发船间隔，再加上船公司为追求规模经济效益，投入大量的船舶，致使取代比例达到 1:3。于是，集装箱运力迅速增长，超过了实际的货运需求，造成运力严重过剩的现象。据有关报道，太平洋航线上的运力增长速度近年来远远超过了平稳的货运量增长。该航线上运力增长近 24%，而货运量增长仅 8%。

七、竞争很激烈

由于集装箱船舶过剩，经营者不愿放弃可以实现的规模经济效益，船舶高度专门化不能装运其他类货物等原因，集装箱船舶在经营中的竞争十分激烈。

与传统班轮相比，集装箱航线上一旦出现运力过剩情况，其持续时间将会更长一些，竞争也更加激烈一些。集装箱船舶运力过剩的时间之所以要长些，是因为它的总投资大，资本成本与固定成本比例高，对市场需求缺乏供给弹性。由于投资大，固定成本高，船公司面对萧条的市场不可能迅速做出调整。由于供给弹性很小，即使因货源不足而使船舶利用率很低，船公司还得继续维持经营，航线上的运力亦不减少。在这种情况下，大多数船公司为了求生存，必然会展开激烈的竞争。各船公司通过大量的市场活动、变换经营方式、提供优质服务等进行着残酷的运价战与揽货战。太平洋航线上近年来发生的竞争情况正是这种现象的真实写照。

第四节　集装箱运输系统及业务机构

一、集装箱运输系统

集装箱运输系统是运输大系统中的一个十分重要的子系统，也是一个涉及面最为广泛的复杂系统。下面介绍系统内的货流途径。

集装箱货物的流通途径体现了集装箱运输系统内各种运输方式之间的高度协调性，是集装箱运输之所以适用于多式联运方式的必然因素。

在传统的班轮运输中，托运人从内陆各地用火车、汽车等运输工具将货物集中到出口港，然后装船出运。货物到达目的港后，再通过火车、汽车等运输工具将货物运到交货地。由于托运人托运的货物批量都比较小，因此不可能有组织地进行运输。不难想象，当许许多多的托运人各自向公路或铁路承运人办理内陆运输的托运时，运输的路线是错综复杂的，运输的组织也是很混乱的。此外，由于托运的都是零星货物，内陆运输无法显示出规模经济效果。

然而，集装箱运输系统的内陆运输完全是有组织的。图 1-1 显示了国际集装箱货物的流通途径。从图中可以看出，在装运港附近的货物，托运人可将其直接送到集装箱码头。如果是整箱货，可直接运到码头堆场；也可先将货物交到码头集装箱货运站，货物装箱后再运到码头堆场。在远离集装箱码头的内陆站，无论是拼箱货还是整箱货，托运人均可将其送到船公司或其他运输部门设在该地的内陆站。内陆货运站与集装箱码头之间开辟有定期的集装箱专列。因此，在内陆货站堆放的集装箱会很快地通过集装箱专列运到装货港码头堆场。此外，在集装箱港口附近的卫星港也可以通过支线运输将集装箱运到码头堆场。箱子装上船运到卸货港后，又通过同样的方式将集装箱输运出去。

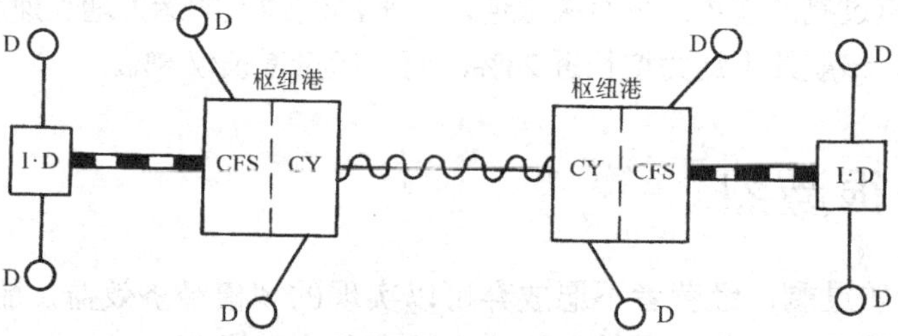

图 1-1 国际集装箱货物流通途径

I. D—集装箱内陆货运站 D—托运人或收货人的工厂（仓库）

CFS—集装箱货运站 CY—集装箱堆场

集装箱货物的运输是建立在大规模生产方式的基础上的。所以，分散在各地的小批量货物必须预先在内陆地区的某几个点加以集中，组成大批量的货源后，通过内陆、内河运输将其运至集装箱码头堆场。假如我们把内陆地点作为集装箱货物运输中的第一枢纽站，把装船港作为第二枢纽站，卸船港作为第三枢纽站，最终目的地作为第四枢纽站。图 1-2 十分清楚地说明了国际集装箱货物的整体流通途径。

集装箱货物的流通途径体现了集装箱运输系统的高度整体性与组织性。在国际多式联运过程中，由于整个运输组织都是由一个人负责的，从而为这种运输的高度整体性与组织性提供了必要的保证。从系统观点分析，只有采用这样的货流组织方式，才能使集装箱运输生产产生规模经济效应，最终降低运输总成本。

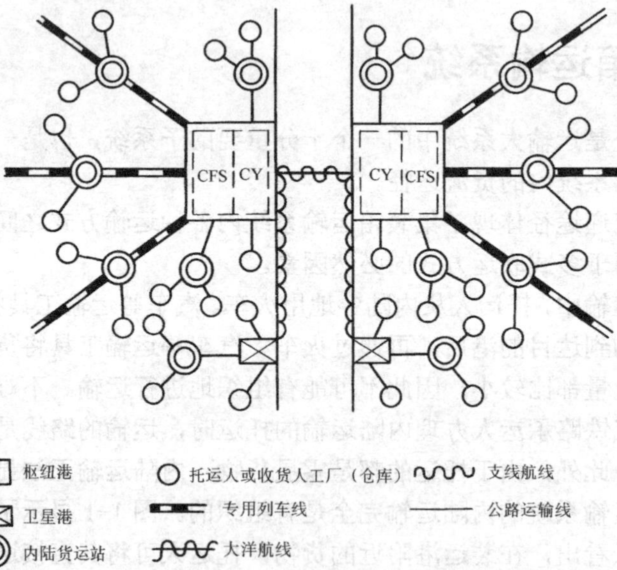

图 1-2 国际集装箱货物整体流通途径

二、集装箱运输系统业务机构

1. 集装箱内陆货运站

集装箱运输的强大生命力及其与传统班轮运输的本质区别就在于它能开展“门到门”的多式联运。然而，集装箱运输所需的巨额投资以及规模经济的限制条件决定了集装箱船舶不可能像传统班轮那样挂靠众多的港口。显然，在这种情况下，集装箱运输要真正体现“门到门”的多式联运的优势，势必需要在港口内陆腹地以及集装箱港口周围的卫星港建立一定数量的集装箱内陆货运站或集装箱集散点。

集装箱内陆货运站是多式联运的一个极为重要、必不可少的中间环节。如图 1-1、图 1-2 所示为国际集装箱港口通过内陆货运站向内陆辐射的运输线（包括铁路运输线、公路运输线与航空运输线)将各个内陆货运站与港口组成一张覆盖港口内陆腹地与附近卫星港的运输网。通过这张辐射状的运输网，托运人可以十分方便地将集装箱或货物交给位于附近的内陆货运站。反之，卸下船的集装箱通过这个运输网被有条不紊地疏散到分布在内陆腹地的内陆货运站，最终交付到收货人手中。从托运人托运货物或集装箱到收货人收到货物或集装箱，整个联运过程通过内陆货运站以及其他各种运输环节组成一个不可分割的有机整体，使集装箱“门到门”的多式联运优势得到最充分的发挥。

（1）集装箱内陆货运站的具体职能。集装箱内陆货运站兼具集装箱货运站与集装箱码头堆场的双重功能。它既接受托运人交付托运的整箱货与拼箱货，也负责办理空箱的发放与回收。在出口的情况下，如果托运人以整箱货托运，则可向内陆货运站提取空箱。在进出口的情况下，收货人自己的工厂或仓库卸完集装箱后，随即将空箱送回内陆货运站。为了便于集装箱拆箱业务在内陆货运站进行，内陆货运站也代为办理有关的海关手续。此外，内陆货运站通常还设有集装箱的维修、保养设施。

（2）集装箱内陆货运站的选址、数量与规模。集装箱内陆货运站的选址、数量与规模应根据集装箱的货源情况、交通条件等因素加以确定。一般来说，在货源比较集中的地区，内陆货运站的密度与规模相对大一些。内陆货运站的选址应设在交通方便的地方。所谓方便，即既方便客户，也方便集装箱的集疏运。所以，内陆货运站一般应设在人口众多、商业发达、经济兴旺的地区，以便于集装箱在该地区集中或疏散到重要的铁路或公路干线的枢纽点上。

集装箱内陆货运站的经营人可以是集装箱船公司、铁路运输经营者、公路运输经营者，也可以是在集装箱联运中经常充当联运人角色的无船承运人或货运代理人。

2. 无船承运人

集装箱运输在开展多式联运业务时，货物从发货人仓库到收货人仓库，以及到海、陆、空等运输区段，必须有人负责全程运输的安排、组织、协调与管理工作，这个负责人就是联运经营人，或称契约承运人。

联运经营人在全程运输中的职责是与托运人签订全程运输合同，并对其负责。至于各运输区段的实际运输，则由联运经营人作为契约承运人分别与各运输区段的实际承运人签订分运输合同来完成，由实际承运人对契约承运人负责。联运经营人就是依据这种方式对全程运输实行统一组织、统一管理的。

在集装箱多式联运中，联运经营人可以由参与某一运输区段的实际承运人来担任，如海运承运人、陆运承运人（包括公路、铁路承运人），也可以由不参与实际运输的经营者来充当，即通常所说的无船承运人。

无船承运人是随着集装箱多式联运的发展而出现的联运经营人，在集装箱运输系统中起着极为重要的作用。其实，有许多无船承运人都是由传统班轮运输中的货运代理人脱颖而出的，即将原来的陆运业务扩展到联运代理业务。

所谓无船承运人，是指在集装箱运输中，经营集装箱货运的揽货、装箱、拆箱、内陆运输以及集装箱货运站或内陆集装箱货运站，但不经营船舶的承运人。无船承运人若根据本国法律向政府主管部门登记，并在其监督下进行活动，则在法律地位上相当于实际的船舶经营人。

从无船承运人经营的业务范围来看，他最适合于充当联运经营人。这里可以举美国与日本两家无船承运人公司的例子来加以说明。

美国 Amerford International Corp 公司成立于 1946 年，原先经营海运代理与空运代理业务，曾为美国第三大国际空运代理。1980 年，为适应开展集装箱联运业务的需要，该公司成立了名叫 AllPorts Container Services 的无船承运人子公司，总部设在洛杉矶。该子公司与国内外承运人订有长期合同，运输美国的进出口货物。为了处理大量的集装箱运输业务，该子公司在美国设立了 4 个货物中心，每一个货物中心负责美国的一个地区，即纽约—美国东海岸地区、芝加哥—五大湖地区、休斯敦—海湾地区、旧金山—美国西海岸地区。该子公司还成立了货运计划部，专门分析参与运输的各公司与货物提供者的运输需求。此外，该子公司还在国外许多国家或地区设有分公司，或与当地的代理签有代理协议，并拥有最新式的电子计算机管理系统。

该子公司成立时间虽然不长，但业务发展已十分引人注目。1980 年，每周提供从美国至英国、北欧、南非、欧洲大陆的运输服务，每旬提供从美国至以色列、澳大利亚、新西兰以及远东地区的运输服务。该子公司组织的从美国至其国外 70 多个目的地的运输服务中，有一半实现了联运直达运输。

近年来，日本的无船承运人公司发展也很快，并在集装箱多式联运中发挥着越来越重要的作用。有资料表明，日本取道西伯利亚大陆桥以及通过连云港的中国大陆桥到欧洲的运输中，已基本上实现了多式联运。其中，大部分联运业务都是由日本的无船承运人组织。在这些无船承运人之中，Jeuro Container Transport Inc 公司的地位最为突出，占大陆桥联运总量的 38%。

截至 2010 年 7 月 9 日，经过交通部批准的在中国登记的无船承运人有 3 385 家。

3．集装箱出租公司

随着集装箱运输规模的迅速扩大，集装箱的需求量直线上升。因此，当集装箱需要在全世界各大航线上流通时，便会产生一系列的问题。例如，船公司对集装箱巨额投资的经济负担能力及集装箱的跟踪管理问题等。

但是，集装箱规格的标准化为集装箱的交换使用在技术上扫除了障碍。在集装箱运输系统中最终出现了专门从事集装箱租赁业务的集装箱出租公司。

由于集装箱出租公司的业务顺应了集装箱运输迅速发展的需要，故此项业务的进展速度是十分惊人的。据资料统计，2010 年集装箱出租公司所拥有的各类集装箱占当年世界集装箱总拥有量的 60%左右。

集装箱出租业务之所以能迅速发展的另一个原因是它向客户提供了方便、可靠、高质量的服务。例如，像 CTI 这样的大型集装箱出租公司，经营的范围是全球性的，在全世界许多地方设立了相当数量的集装箱中立站。集装箱中立站是集装箱出租公司专门处理集装箱出租、回收、存放、保管与维修的机构。这样，需要使用集装箱的客户可根据自己的需要，向设立在附近的集装箱中立站提取集装箱。当集装箱用完后，客户不必将空箱运回原来的集装箱中立站，只要还到集装箱租赁协议中所指定的地点即可。此外，大型的集装箱出租公司的经营规模之大足以应客户之需随时提供各类集装箱。例如，CTI 公司最多时曾拥有 36.9 万只集装箱。

集装箱出租公司的客户，除集装箱运输公司外，还包括货主以及无船承运人或货运代理人之类的联运经营人。

（1）集装箱出租公司的租赁方式。集装箱出租公司的租赁方式主要有期租、程租、活期租赁与航区租赁 4 种。

期租又分为长期期租与短期期租两种。在长期期租合同中，如果租箱合同期满后，租方将箱子买下来的话，这种租赁方式又称作金融租赁。一般来说，长期的租箱率要低于短期与程租租箱率。

程租又分为单程租赁与来回程租赁两种。单程租赁适用于航线货源不平衡的航线。但在这种情况下，租箱人除应支付租金外，有时还要负担提箱费与还箱费。

活期租赁又称灵活租赁，即在合同规定期内，租箱人可根据自己对集装箱需求的变化，酌情调整租箱数量，但原则上仍需保持一定的租箱数量。这种租赁方式的需求量比较大，对于经营航线多、货运量变化呈不规则状况的船公司来说是十分有利的。

航区租赁方式所租用的集装箱仅限于在合同规定的航区内周转。这种租赁方式的期限一般都比较短。

（2）世界上主要的集装箱出租公司。世界上集装箱出租公司业务主要被 CTI、Sea Container、ICS、FlexiVan、Itel Container、Interpool、Xtra7 家大型公司所垄断。2009 年，7 家大公司的集装箱拥有量占世界总拥有量的 30%。

7 家集装箱出租公司的经营业务主要以干货箱为主，如 CTI 公司的干货箱占 99%，这说明各公司对发展特种集装箱业务持谨慎态度。但是最近两年来，随着特种货物集装箱运输的发展，集装箱出租公司也开始注意这项业务。7 家大公司现有的集装箱中，12.2m（40ft）的箱子占了一半左右。历年来，12.2m（40ft）箱子的比例一直在稳步增长。这种趋势在一定程度上说明了 12.2m（40ft）箱子在运输上比 6.1m（20ft）箱子更有效率性与经济性。

4．集装箱船出租公司

集装箱运输的发展也推动了集装箱船租赁业务的发展。据近期资料统计，集装箱租赁船舶在世界集装箱船队的总载运能力中占有相当大的比重。若以标准箱统计，约占 32%；若以船舶艘数计算，则占 43%左右。

集装箱船租赁业务始于 20 世纪 60 年代。之后，由于集装箱运输具有需要巨额投资的特殊性，这项业务迅速发展起来。20 世纪 70 年代与 80 年代，一些海运发达国家的船东相继建造了大量的专供出租的集装箱船。这些船舶大多为 200～1 000TEU 不等的小型集装箱船与半集装箱船，其中多半是装备有装卸设备的船舶。20 世纪 90 年代后期，由于集装箱运输市场竞争激烈，一些大的集装箱船公司为了应对世界航运市场的波动情况，避免投资失误，也开始租用较大规模的集装箱船运输，其租用集装箱船的总载重箱位约占公司总运力的 20%左右，在运输繁忙时租用的船舶更多。如中国远洋集团集装箱运输公司也租用船舶运输。据航运界人士预测，这项业务仍有增长的趋势。

集装箱船出租公司主要集中在德国等 15 个国家，其中德国占 34%。由于出租公司大多集中在德国等国，汉堡与伦敦更成为世界集装箱船舶的主要租船市场。

集装箱租船市场的客户主要是一些经营规模较小的船公司。这些小公司由于资金不足等原因，靠租用集装箱船来经营一些集装箱远洋航线或从事支线运输。此外，一些大的集装箱船公司也经常出入租船市场。他们的租船目的是用租赁的集装箱船来暂时缓解集装箱运输市场上需求高涨的情况，或通过租船来调整航线上货源不平衡的状况。从目前的集装箱船租赁市场的情况来看，租船人主要是在欧洲—北非远洋航线、北欧—地中海等近洋航线，以及印度洋—东南亚和支线航线上经营集装箱运输的公司。

5. 经营集装箱运输的轮船公司

从事集装箱运输的船公司，在规划航线之初，首先要以公司的货运量、竞争条件、货物流向及种类、每批货物的数量及重量、货物的容积比例等为基础，慎重选择集装箱的种类、规格和数量、最适合的船型、船舶数，以及集装箱码头、中转站和配套设施等。

集装箱船舶运输的经营具有下列特点：

（1）集团经营。由于需巨额投资，为提高竞争能力及设备的使用功效，应扩大经营规模。

（2）运输责任。承运人的运输责任从船边交接延伸到陆上、内陆城市或其他港口。

（3）单证各异。在经营管理上，单证系统的签发和内容与传统海运有显著差异。

（4）权利与义务。船、货双方的权利、义务有所不同。

6. 集装箱货运站

集装箱货运站是指为拼箱货（即不满一箱的零星货，Less than Container Load，LCL）船货双方办理交接的场所，它与集装箱码头堆场或装卸区靠在一起（整箱货直接进堆场，拼箱货进货运站）。货运站应设有仓棚、堆场和便于车辆出入、疏运和操作的充分空地，并应有海关和检疫机构等办公地点以及必要的装卸设备。它代表承运人办理下列业务：

（1）拼箱货的理货和交接。

（2）对货物外表检验，如有异状时办理批注。

（3）拼箱货的配箱积载和装箱。

（4）进口货物的拆箱卸货和保管。

（5）代表承运人加铅封并签发码头（或场站）收据。

（6）办理各项单证的签证和编制等。

7. 集装箱装卸区

集装箱装卸区（码头堆场）是办理集装箱运输的具体经营部门。它受承运人或其代理公司的委托，办理下列业务：

（1）对整箱货运的交接（FCL—Full Container Load）。

（2）与集装箱货运站办理拼箱货运的交接。

（3）空箱的收发、存放及保管。

（4）安排空箱和装货箱在堆场的堆码，每航次编制场地分配计划。

（5）安排集装箱船舶靠泊，装卸集装箱，每航次绘制配载图。

（6）办理有关货运单证的编制和签证。

（7）编制并签验集装箱出入及流转的有关单证。

（8）办理集装箱，底盘车，拖车，装卸机械的清洗、检查、维修，以及空箱的清扫、熏蒸等业务。

8．全程联运保赔协会

全程联运保赔协会是由于集装箱运输的联运性质而产生的一种由船公司互保的保险组织，是1968年6月1日在伦敦建立的。参加该会的主要成员，一是利用集装箱进行海上货物运输的承运人；二是海运以外的陆运、空运、沿海或内河的集装箱承运人。它的建立使各方都承担了集装箱运输中的风险。

该协会的补偿范围包括：

（1）货物或集装箱的灭失。

（2）其他财产的损坏。

（3）人身伤亡赔偿。

（4）集装箱运输中共同海损分摊和救助。

（5）起除坏箱。

（6）检疫熏蒸的损失。

（7）罚款。

（8）诉讼费。

（9）附带责任和费用。

思考题

1．什么是集装箱运输？

2．简述集装箱运输的优点。

3．集装箱运输必须具备哪些条件？

4．集装箱运输的适箱货物有哪些？

5．国际集装箱运输的形成过程分为哪几个阶段？各个阶段的重要标志是什么？

6．目前我国国际集装箱运输发展的主要标志有哪些？

7．简述我国内贸水路集装箱运输发展所经历的各个阶段。

8．简述国际集装箱运输的发展趋势和经营特点。

9．简述集装箱运输货物的流通途径。

10．集装箱运输系统业务机构有哪些？

11．为什么要设内陆货运站？内陆货运站的职能有哪些？
12．什么是无船承运人？其职责是什么？
13．集装箱出租公司的租赁方式有哪几种？
14．阐述小船公司租用集装箱船的原因以及大船公司租用集装箱船的目的。
15．集装箱船舶运输经营的特点有哪些？
16．集装箱货运站代表承运人办理的业务有哪些？
17．集装箱装卸区接受承运或其代理公司委托办理的业务有哪些？

第二章 集装箱运输适用的常用国际贸易价格术语

传统的国际远洋运输是港至港之间的货物运输，货物的交接是港至港的运输交接。与其相对应的适用港至港贸易交接常用的国际贸易价格术语是FOB、CFR、CIF。

现代集装箱运输的最大优点之一是通过多种运输方式的联合运输组织实现了整箱货的门到门运输。在多式联运方式下，集装箱运输货物交接地点从港至港向两端国家的内陆延伸，而买卖双方的风险界限、责任、费用的划分等也发生了很大变化，于是出现了与集装箱多式联运相对应的常用的国际贸易价格术语FCA、CPT、CIP。

第一节 适用于传统海运的三种常用价格术语

一、FOB

FOB是"Free on Board…named port of shipment"的缩写，意为装运港船上交货（指定装运港）成本价，又称为离岸价格。

采用FOB价格术语时，卖方必须在合同规定的装运期内，在约定的装运港，将货物交至买方指定的船上，并负担货物越过船舷以前的一切费用和货物丢失或损坏的风险。风险转移的界限是货物在装运港越过船舷。

1. 2000年通则对买卖双方各自承担的责任解释

（1）卖方责任

1）负责在合同规定的装运期内，按港口惯常的装船方式，在指定的装运港将合同规定的货物交与买方指定的船上，并将详细情况通知买方。

2）负担货物在装运港越过船舷以前的一切费用和风险。

3）负责办理货物的出口手续，取得出口许可证及其他必需的出口官方证件。

4）负责提供商业发票与货物已装船的货运单据、单证。

如果买卖双方事先有约定，上述单据、单证可以被具有同等效力的电子信息所替代。

（2）买方责任

1）负责租船订舱，支付运费，并将船期、船名及时通知卖方。

2）负责办理保险，支付保险费。

3）负责办理进口手续，取得进口许可证或其他核准证书，并办理进口以及必要时经由另一国过境运输的一切海关手续。

4）负担货物在装运港越过船舷后的一切费用和风险。

5）接受按合同规定交付的货物，接受有关单据、单证。

6）负责按合同规定支付货物价款。

2. FOB价格术语的变形

尽管国际惯例对FOB价格术语买卖双方承担的经济责任作了较为明确的规定，但在具体执行时，由于运输条件（营运方式）的不同，常常对装船、理舱、平舱费用的负担问题发生争议。

所谓平舱费是指为了保持装载船舶在航行时的稳定和不损害船舶结构，对成批散装入船舱的大宗货物，如粮谷、食盐、矿砂、煤炭等需要进行整理、添平补齐所支出的费用。上述这些费用应由何方负担有争议。

国际船舶运输有使用班轮和租用不定期船两种。班轮是管装管卸的，所以有关装船、理舱、平舱费用均已包括在运费之内。在FOB术语下，按2000通则惯例解释，实际上已由承担运输的买方支付。但如果租用不定期船装运，根据国际航运惯例，租船合同上一般规定船方不负担装船费用，所以，买卖双方在进行大宗商品交易需要使用租船时，应在合同中明确装船、理舱、平舱费用由何方负担。

买卖双方在签订国际贸易货物买卖合同时，为了明确装船、理舱、平舱的责任和费用究竟由谁负担，往往在FOB价格术语后边加列了一些附加条件，从而使这一价格术语产生了如下变形。

（1）FOB班轮条件（FOB，Liner Terms）。其含义是采用班轮运输的做法，即卖方只负责将货物交到码头，然后由船方负责装船和理舱，装船费、理舱费已记入班轮运费。

（2）FOB吊钩下交货（FOB，Under Tackle）。其含义是在承租船运输方式下，装船的有关费用船方不负担，卖方仅负责把货物交到买方指派船只的吊钩所及之处，以后的装船费用由买方负担。

（3）FOB 理舱费在内（FOB，Stowed）。其含义是在承租船运输方式下，卖方负责把货物装入船舱并交付包括理舱费在内的装船费用。

（4）FOB平舱费在内（FOB，Trimmed）。其含义是指卖方负责把货物装入船舱，并交付包括平舱费在内的装船费用。

（5）FOB理舱费和平舱费在内（FOB，Stowed and Trimmed）。其含义是指卖方负责把货物装入船舱，并交付包括理舱费和平舱费在内的装船费用。

上述FOB的各种变形可明确地改变买卖双方关于费用和手续的划分，但不改变交货地点和风险转移的界限。即交货地点仍然是在装运港船上，风险转移的界限仍然是货物在装运港越过船舷。

二、CFR

CFR是“Cost and Freight ... named port of destination”的缩写，意为装运港船上交货成本加运费价（指定目的港）。

这个术语的代号以前是C&F，1990年通则改为CFR，在CFR价格术语下，卖方必须在合同规定的装运期限内在装运港将货物交至运往指定目的港的船上。风险转移的界限是货物在装运港越过船舷。

1. 2000年通则对买卖双方的责任解释

（1）卖方责任

1）负责在合同规定的期限内在装运港将合同规定的货物交至运往目的港的船上，并及时给予买方充分的通知。

2）负担货物在装运港越过船舷以前的一切费用和风险。

3）负责办理货物的出口手续，取得出口许可证及其他必需的出口官方证件。

4）负责提供商业发票和货物运往目的港的已装船的货运单据、单证。如果买卖双方约定，上述单据、单证可以被具有同等效力的电子信息所替代。

5）负责办理租船或订舱、交付至目的港的正常运费。

（2）买方责任

1）负责办理保险，支付保险费。

2）负责办理进口手续，取得进口许可证或其他核准证书。

3）负担货物在装运港越过船舷后的一切费用和风险。

4）接受按合同规定交付的货物，接受有关单据、单证。

5）负责按合同规定支付货物款项。

2. CFR价格术语的变形

按CFR价格术语成交，卖方负责租船、订舱，将合同规定的货物交至运往目的港的船上并支付运费。但在采用承租船运输的情况下，货物运到目的港后，由谁负担卸货费用的问题并无统一解释（在班轮运输的情况下，目的港的卸货由承运人负责，因为班轮运费里包括了装卸货费用），也容易引起争议。为了解决这些问题，可在CFR术语后增加一定的附加条件，这就产生了CFR的变形。

（1）CFR班轮条件（CFR，Liner Terms）。其含义是卸货费用按班轮的做法办理，即卸货费用已包括在运费之中，买方不予负担。

（2）CFR卸到岸上（CFR，Landed）。其含义是卖方要负担货物卸到岸上为止的卸货费用，包括驳船费与码头费（这一条我国不采用）。

（3）CFR吊钩交货（CFR，Ex Tackle）。其含义是卖方负责将货物从船舱吊起，卸离吊钩。如船舷靠不上码头，那么，应由买方自费租用驳船，卖方只负责将货卸到驳船上。

（4）CFR舱底交货（CFR，Ex Ship's Hold）。其含义是指将货物运达目的港后，由买方自负费用，自舱底卸货。

上述CFR的变形只是为了明确买卖双方在卸货费用上的划分，并不改变CFR术语交货地点和风险的划分，即交货地点仍然是在起运港船上，风险转移的界限仍是装运港越过船舷。

三、CIF

CIF是“Cost Insurance and Freight…named port of destination”的缩写，意为成本加运费加保险费价（指定目的港），又称为到岸价格。在CIF价格术语下，卖方必须在合同规定的装运期内，在装运港将货物交至运往目的港的船上，风险转移的界限是装运港越过船舷。

1．2000年通则对买卖双方的责任解释

（1）卖方责任

1）在合同规定的期限内，在装运港将符合合同规定的货物交至运往目的港的船上，并及时通知买方。

2）负担货物在装运港越过船舷以前的一切费用和风险。

3）负责办理出口手续，取得出口许可证及其他必需的官方证件。

4）负责提供商业发票和货物运往目的港的已装船的货运单据、单证。如果合同买卖双方约定，上述单据、单证可以被具有同等效力的电子信息所替代。

5）负责租船订舱，并交付运费。

6）负责办理保险，支付保险费。

（2）买方责任

1）负责办理进口手续，取得进口许可证及其他核准的证书。

2）负担货物在装运港越过船舷后的一切费用和风险。

3）接受按合同规定交付的货物，接受有关单据、单证。

4）负责按合同规定支付货物的价款。

2．CIF价格术语的变形

与CFR术语一样，按CIF价格术语成交，卖方负责租船订舱；将合同规定的货物运到指定的目的港并支付运费。为解决在采用租船运输情况下，卸货费用由谁负担的问题，也产生了CIF的变形。

（1）CIF班轮条款（CIF，Liner Terms）。其含义是卸货费用按班轮的做法办理，即卸货费用已包括在运费之中，买方不予负担。

（2）CIF卸到岸上（CIF，Landed）。其含义是卖方要负担货物卸到岸上为止的卸货费用，包括驳船费与码头费（这一条我国不适用）。

（3）CIF吊钩交货（CIF，Ex Tackle）。其含义是卖方负责将货物从船舱吊起，越过船舷，卸离吊钩。如船舶靠不上码头，那么应由买方自费租用驳船，卖方只负责将货卸到驳船上。

（4）CIF舱底交货（CIF，Ex Ship's Hold）。其含义是指货物运达目的港后，由买方自负费用，自舱底卸货。

在CIF变形条件下，交货点仍然是装运港船上，风险转移的界限仍旧是装运港越过船舷。

第二节　适用于国际多式联运的三种常用价格术语

一、FCA

FCA是"free carrier named place"的缩写，意为货交承运人价（指定地）。

这个术语在以前的代码为FRC，1990年通则改为FCA。

在FCA价格术语下，卖方必须在规定的交货期限内，在规定的地点，将货物交给买方指定的承运人。规定的交货地点为出口国内地或港口。买卖双方承担的风险均以货交承运人为界。

1．2000年通则对买卖双方的责任解释

（1）卖方责任

1）在规定的时间、地点，把货物交给买方指定承运人（多式联运情况，货物交给第一承运人）。

2）办理出口手续，取得出口许可证以及其他官方证件。

3）提供商业发票以及货物已交给承运人的货运单证。

4）负担货物交给承运人以前的一切与运输、保险相关的责任和费用。

（2）买方责任

1）负责与承运人签订全程运输合同或指定承运人，支付运费，并及时通知卖方。

2）负责办理全程运输保险并支付保险费。

3）负责办理进口手续，取得进口许可证及其他核准证书。

4）承担货交承运人之后与运输、保险相关的一切责任和费用。

5）接受按合同规定交付的货物，接受有关单证。

6）负责按合同规定支付货物的价款。

该术语解释的承运人是指在运输合同中规定的通过铁路、公路、海洋、航空、内河运输或这些方式的联合运输，承担履行运输或办理运输业务的任何人。该术语适用于任何运输方式，包括国际多式联运。

2．该术语对不同运输方式的交货方法作了解释

（1）在铁路运输情况下，如果货物能够装一整车或一只集装箱，卖方要负责装车或装箱，并交给铁路部门，如果货物不够一整车或一只集装箱，卖方则要将货物交到铁路收货地点。

（2）在铁路运输情况下，如果在卖方所在地交货，卖方则要将货物装到买方指派的车辆上；如果在承运人办公地点交货，卖方则需将货物交给承运人或其代理人。

（3）采用内河运输，如果在卖方所在地交货，卖方要将货物交到买方所指派的船上；如果在承运人办公地点交货，卖方则将货物交给承运人或其代理人。

（4）利用海洋运输，如货物是整箱货（FCL），卖方将装货的集装箱交给海洋承运人即可；如果是拼箱货（LCL），或者非集装箱货，卖方要将货物运到启运地交给海运承运人或其代理人。

（5）如果采用航空方式运输，卖方要将货物交给航空承运人或其代理人。

（6）在多式联运方式下，卖方均负责将货物交给承运人。

二、CPT

CPT是carriage paid to…named place of destination的缩写，意为运费付至指定的目的地价。

这一术语过去为DCP，1990年通则改为CPT。

1．2000年通则对买卖双方责任的解释

（1）卖方责任

1）负责与承运人签订全程运输合同，并支付全程运输费用。

2）在规定的时间、地点，把货物交给承运人（在多式联运情况下，交给第一承运人）。

3）办理出口手续，取得出口许可证及其他官方证件。

4）提供商业发票以及货物已交给承运人的货运单证。

5）负担货物交给承运人以前的一切风险和费用。

（2）买方责任

1）负责办理保险，支付全程保险费。

2）负责办理进口手续，取得进口许可证及其他核准证书。

3）接受按合同规定交付的货物，接受有关单证。

4）承担货物交给承运人之后的一切风险，并负担货交承运人之后除运费以外的一切费用，包括到达目的地的卸货费用及进口关税。

5）负责按合同规定支付货物的价款。

2．其他解释

该术语解释中的承运人是指在承担铁路、公路、航空、海运、内河运输或联合运输任务，办理实际运输业务的任何人。

该术语适用于任何运输方式，包括国际多式联运。卖方交货地点是出口国的内地或港口。风险转移的界限是货物交给承运人时。

三、CIP

CIP是“Carriage and Insurance Paid to … named place of destination”的缩写，意为运费、保险费付至指定目的地价。

1．2000年通则对买卖双方的责任解释

（1）卖方责任

1）负责与承运人签订全程运输合同，并支付全程运费。

2）负责办理全程货运保险，并支付保险费。

3）在规定的时间、约定的地点，把货物交给承运人。

4）办理出口手续，取得出口许可证及其他官方证件。

5）提供商业发票以及货物已交给承运人的货运单证。

6）承担货物交给承运人以前的一切风险和费用。

（2）买方责任

1）负责办理进口手续，取得进口许可证及其他核准证书。

2）承担卖方将货物交给承运人之后的一切风险，并负担除运费、保险费以外的一切费用，包括货物到达目的地的卸货费、进口关税等。

3）接受按合同规定交付的货物，接受有关单证。

4）负责按合同规定支付货物的价款。

2. 其他解释

该术语的交货地点是出口国的内地或港口，风险转移的界限是货交承运人时。

所指承运人是指承担铁路、公路、航空、海运、内河运输或联合运输任务，办理实际运输业务的任何人。该术语适用于任何运输方式，包括国际多式联运。

上述6种常用价格术语买卖双方应承担的责任以及风险和费用划分，参见表2-1。

表2-1 常用价格术语买卖双方主要责任、风险和费用划分表

国际代号	含 义	交货地点	风险划分界限	责任与费用划分						适用运输方式
				运输工具	办理保险	支付运费	支付保费	出口税	进口税	海运、内河
FOB	装运港船上交货价(成本价)	在出口国装运港指定的船上	越过船舷	买方	买方	买方	买方	卖方	买方	海运、内河
CFR	成本加运费价	在出口国装运港指定的船上	越过船舷	卖方	买方	卖方	买方	卖方	买方	海运、内河
CIF	成本加运费保险费价	在出口国装运港指定的船上	越过船舷	卖方	卖方	卖方	卖方	卖方	买方	各种运输方式多式联运
FCA	货交承运人价	在出口国的内陆或港口	货交承运人时	买方	买方	买方	买方	卖方	买方	各种运输方式多式联运
CPT	运费付至（指定目的地）价	在出口国的内陆或港口	货交承运人时	卖方	买方	卖方	买方	卖方	买方	各种运输方式多式联运
CIP	运费、保险费付至（指定目的地）价	在出口国的内陆或港口	货交承运人时	卖方	卖方	卖方	卖方	卖方	买方	各种运输方式多式联运

第三节 FCA、CPT、CIP与FOB、CFR、CIF的比较

上述适用于传统港到港海运的三种常用国际贸易价格术语FOB、CFR、CIF与适用集装箱门到门多式联运的三种常用国际贸易价格术语FCA、CPT、CIP相比较，有相似之处，但它们有着很大的不同。

1. 适用的运输方式不同

FOB、CFR、CIF只适用于港到港之间的海上运输，而FCA、CPT、CIP适用于包括海洋运输在内的或以海洋运输为主的向两端内陆延伸的多种运输方式的联合运输。尤其适用于以集装箱为基础的门到门国际多式联运。

2. 交货的地点不同

FOB、CFR、CIF卖方交货的地点是出口国装运港船上，而FCA、CPT、CIP卖方交货的地点是出口国内陆的某一地点，如出口国内陆的工厂、仓库、集装箱内陆货运站、集装箱码头货运站、集装箱码头等。

3. 风险转移的界限不同

FOB、CFR、CIF买卖双方风险转移的界限是装运港越过船舷，越过船舷以前的风险由

卖方承担，越过船舷以后的风险由买方承担，而 FCA、CPT、CIP 风险转移的界限是卖方在其内陆某一地点将货物交给承运时。在货物交给承运人以前的风险由卖方承担，在货物交给承运人以后的风险由买方承担。

4．适用的提单类型不同

FOB、CFR、CIF 适用的提单必须是货物装上船后，由船长、承运人或其代理人签发的货物已装船提单，而对于 FCA、CPT、CIP，由于卖方交货的地点在其内陆，为方便货主起见，交货时，不一定是货物已装上内陆运载工具，往往是承运人收到货物后就签发提单，这个提单是收货待运提单。

5．适用的保险险别不同

对于 FOB、CFR、CIF，买方或卖方投保的货物运输险别主要是海运险别，如平安险、水渍险、一切险、一般附加险、特殊附加险、特别附加险等，其承保的责任区段也仅仅为港到港之间的海洋运输段。而 FCA、CPT、CIP 由于承运人的责任区段是门到门或站到站等，所以买方或卖方投保的货物运输险不仅涉及海运还涉及公路运输、铁路运输、国内水运等运输方式。运输险别除了海洋运输险别外，还要承保内陆的铁路运输险别或公路运输险别或国内水路运输险别等。

思考题

1．FOB、CFR、CIF 三种价格术语为什么不能完全适用于集装箱运输？
2．FOB、CFR、CIF 三种价格术语买卖双方的责任是如何划分的？
3．FCA、CPT、CIP 三种价格术语买卖双方的责任是如何划分的？
4．FOB、CFR、CIF 与 FCA、CPT、CIP 的区别有哪些？

3

第三章

集装箱及箱务管理

第一节 集装箱的概念及标准化

一、集装箱的概念

集装箱（Container）在中国香港被称为“货箱”，在中国台湾被称为“货柜”。关于集装箱的定义，国际上不同国家、地区和组织的表述有所不同。许多国家（包括中国）现在基本上采用国际标准化组织 ISO 对集装箱的定义。

集装箱是一种运输设备，它应具备以下条件：

（1）具有足够的强度，可长期反复使用。

（2）适于一种或多种运输方式运送货物，无需中途换装。

（3）装有便于装卸和搬运的装置，特别是便于从一种运输方式转移到另一种运输方式。

（4）便于货物的装满和卸空。

（5）内容积为 $1m^3$ 或 $1m^3$ 以上。

集装箱一词不包括车辆和一般包装。

可以简单地说，集装箱是具有一定强度、刚度和规格，专供周转使用的大型装货容器。使用集装箱转运货物，可直接在发货人的仓库装货，运到收货人的仓库卸货，中途更换车、船时，无须将货物从箱内取出换装。

二、集装箱外尺寸

集装箱外尺寸（Container’s Overall External Dimensions）包括集装箱永久性附件在内的集装箱外部最大的长、宽、高尺寸。它是确定集装箱能否在船舶、底盘车、货车、铁路车辆之间进行换装的主要参数，是各运输部门必须掌握的一项重要技术资料。

三、集装箱内尺寸

集装箱内尺寸（Container's Internal Dimensions）指集装箱内部的最大长、宽、高尺寸。高度为箱底板面至箱顶板最下面的距离，宽度为两内侧衬板之间的距离，长度为箱门内侧板量至端壁内衬板之间的距离。它决定集装箱内容积和箱内货物的最大尺寸，见表3-1。

表3-1 集装箱内部尺寸（Internal Dimensions）

规格	干货箱 Dry			冷藏箱 Reefer		
	L/mm	*W*/mm	*H*/mm	*L*/mm	*W*/mm	*H*/mm
6.1m（20ft）	5 890	2 350	2 390	5 435	2 286	2 245
12.2m（40ft）	12 029	2 350	2 390	11 552	2 266	2 200
规格	开顶箱 Open Top			框架箱 Flat Rack		
	L/mm	*W*/mm	*H*/mm	*L*/mm	*W*/mm	*H*/mm
6.1m（20ft）	5 900	2 330	2 337	5 628	2 178	2 159
12.2m（40ft）	12 025	2 330	2 337	11 762	2 178	1 986

四、集装箱内容积

集装箱内容积（Container's Unobstructed Capacity）按集装箱内尺寸计算的装货容积。同一规格的集装箱，由于结构和制造材料的不同，其内容积略有差异。集装箱内容积是物资部门或其他装箱人必须掌握的重要技术资料，见表3-2。

表3-2 集装箱内容积及载重量（Capacity and payload）

规格	干货箱 Dry		冷藏箱 Reefer		开顶箱 Open Top		框架箱 Flat Rack	
	C/t	*P*/t	*C*/t	*P*/t	*C*/t	*P*/t	*C*/t	*P*/t
6.1m（20ft）	33.1	21 740	27.5	21 135	32.6	21 740	—	27 800
12.2m（40ft）	67.7	26 630	58.7	26 580	56.8	26 410	—	40 250

五、集装箱计算单位

集装箱计算单位（Twenty Feet Equivalent Units，简称为TEU）又称6.1m（20ft）换算单位，是计算集装箱箱数的换算单位。目前各国大部分集装箱运输都采用6.1m（20ft）和12.2m（40ft）长的两种集装箱。为使集装箱箱数计算统一化，把6.1m（20ft）集装箱作为一个计算单位，12.2m（40ft）集装箱作为两个计算单位，以利于统一计算集装箱的营运量。

六、集装箱的标准化

在集装箱运输早期，集装箱的规格不一，如泛大西洋轮船公司使用的是2.44m×2.44m×10.67m（8ft×8ft×35ft），载重为25t的集装箱。麦逊海船公司使用的是2.44m×2.59m×7.32m（8ft×8.5ft×24ft），载重为22.5t的集装箱。不同的规格阻碍了集装箱的交换使用，影响了集装箱的运输效率。为此，一些国家和组织开始进行集装箱标准化工作。1933 年，“国际铁路联盟”（UIC）制定了集装箱标准。当时欧洲地区铁路上就使用这种集装箱标准。1959 年，美国国际运输协会建议采用 2.44m×2.44m×6.07m（8ft×8ft×20ft）和 2.44m×2.44m×12.19m（8ft×8ft×40ft）型集装箱。1946 年，美国标准协会采用了 2.44m×2.44m×3.05m（8ft×8ft×10ft）、2.44m×2.44m×6.07m（8ft×8ft×20ft）、2.44m×2.44m×9.14m（8ft×8ft×30ft）、2.44m×2.44m×12.19m（8ft×8ft×40ft）型集装箱作为国家标准集装箱。

1965 年 6 月，国际标准化组织建立了 104 技术委员会以后，国际集装箱标准化就以 104 技术委员会为中心开展工作。30 多年来，104 技术委员会对制定国际集装箱标准作了很大的努力，做出了重大贡献，对推动国际集装箱运输的发展起了决定性的作用。

集装箱标准按使用范围分有国际标准、国家标准、地区标准和公司标准 4 种。

（1）国际标准集装箱是国际标准化组织（ISO）第 104 技术委员会制定的。关于国际标准化集装箱将在第二节详细介绍。

（2）国家标准集装箱一般是各国政府按国际标准的参数，考虑到本国的具体技术条件而制定的。我国现行集装箱标准见表 3-3。

表 3-3 我国现行集装箱标准

型号	高度 *H*		宽度 *W*		长度 *L*		额定重量（最大总重）/kg
	尺寸/mm	极限偏差/mm	尺寸/mm	极限偏差/mm	尺寸/mm	极限偏差/mm	
IAA	2 591	0 −5	2 438	0 −5	12 192	0 −10	30 480
IA	2 438	0 −5	2 438	0 −5	12 192	0 −10	30 480
IAX	<2 438	0 −5	2 438	0 −5	12 192	0 −10	30 480
ICC	2 591	0 −5	2 438	0 −5	6 058	0 −6	20 320
IC	2 438	0 −5	2 438	0 −5	6 058	0 −6	20 320
ICX	<2 438	0 −5	2 438	0 −5	6 058	0 −6	20 320
10D	2 438	0 −5	2 438	0 −5	4 012	0 −5	10 000
5D	2 438	0 −5	2 438	0 −5	1 968	0 −5	5 000

（3）地区标准集装箱是由地区组织根据该地区的特殊情况制定的，一般仅适用于该地区。如欧洲国际铁路联盟（UIC）所制定的集装箱标准适用于欧洲地区。

（4）公司标准集装箱是某些大的船公司根据本公司的具体情况和条件制定的集装箱标准。例如，美国麦逊公司的 7.32m（24ft）长的集装箱和美国海陆联运公司的 10.67m（35ft）长的集装箱。

目前世界上通用的是国际标准集装箱。集装箱的标准化促进了集装箱的国际流通，有力地推动了集装箱运输的发展。

第二节 国际标准集装箱

集装箱标准化经历了一个发展过程。国际标准化组织ISO/TC 104技术委员会自1965年成立以来，对集装箱国际标准作过多次补充和修改，现行的国际标准为第I系列共13种，见表3-4。

目前，在海上运输中，经常使用的是IAA型和ICC型集装箱，在实际使用中常以不同长度作为区别的标准，如6.1m（20ft）、12.2m（40ft）集装箱就是指ICC、IAA型集装箱。

表3-4 国际标准集装箱

规格	箱型	长度 *L*	宽度 *W*	高度 *H*	最大总重量/kg
3m（10ft）箱	ID	2.99m（9ft9.75in）	2.44m（8ft0in）	2.44m（8ft0in）	10 160
	IDX			<2.44m（8ft0in）	
6.1m（20ft）箱	ICC	6.05m（19ft10.25in）	2.44m（8ft0in）	2.59m（8ft6in）	24 000
	IC			2.44m（8ft0in）	
	ICX			<2.44m（8ft0in）	
9.1m（30ft）箱	IBBB	9.12m（29ft11.25in）	2.44m（8ft0in）	2.9m（9ft6in）	28 400
	IBB			2.59m（8ft6in）	
	IB			2.44m（8ft0in）	
	IBX			<2.44m（8ft0in）	
12.2m（40ft）箱	IAAA	12.2m（40ft0in）	2.44m（8ft0in）	2.9m（9ft6in）	30 480
	IAA			2.59m（8ft6in）	
	IA			2.44m（8ft0in）	
	IAX			<2.44m（8ft0in）	

第三节 非国际标准集装箱

目前世界上还有不少非国际标准集装箱，如非标准长度集装箱有美国海陆公司的10.67m（35ft）集装箱；非标准宽度集装箱有2.5m（8.2ft）和2.59m（8.5ft）两种宽度集装箱；非国际高度集装箱主要有2.74m（9ft）和2.9m（9.5ft）两种高度集装箱等。

一、非标准长度的集装箱

美国海陆公司的10.67m（35ft）型集装箱、麦逊公司的7.32m（24ft）型集装箱以及美国总统轮船公司的13.72m（45ft）型集装箱和14.63m（48ft）型集装箱均为典型的非标准长度的集装箱。

14.63m（48ft）型集装箱的容积比12.2m（40ft）型集装箱增加45%，承载量比13.72m（45ft）增加29%，而内陆运费都与12.2m（40ft）型集装箱相同。实践表明，集装箱的搬运数量对装卸费和搬运费的影响要比集装箱尺寸变化带来的影响大得多。因此，加大集装箱的尺寸，减少集装箱的装卸和搬运量，就可以降低装卸费和搬运费，提高集装箱运输的经营效益。

二、非标准宽度的集装箱

在法国、瑞典等欧洲国家的铁路上，为了与货车运输进行竞争，使用了宽度为2.5m（8.2ft）的集装箱，可以在滚装船上装载，但不能装在全集装箱船上。此外，美国总统轮船公司14.63m（48ft）型集装箱其宽度为2.59m（8.5ft）。

从全集装箱船船舱内的箱格结构看，集装箱高度的变化对箱格结构的尺寸无多大影响，长度的改变在一定范围内也是可以的。但宽度变化是不允许的。所以非标准宽度的集装箱并不多见。

三、非标准高度的集装箱

非标准高度的集装箱可以看到的有高度为2.74m、3.96m（9ft、13ft）型的集装箱。高度超越过2.9m（9.5ft）的集装箱一般用来装运特种货物。例如，可以装载两层小汽车，高度为3.2m（10.5ft）的汽车集装箱，其长度和宽度与普通的标准集装箱相同，为6.1m（20ft）和2.44m（8ft）。所以非标准高度的集装箱在现实运输中并不多见。

除了上述谈到的非国际标准集装箱，还有非国际标准重量的集装箱。6.1m（20ft）的国际标准集装箱的总重为24t。国外，6.1m（20ft）的非国际标准集装箱总重有的达到27t和30t，但超重集装箱较少。这是因为超重集装箱的装卸和运输对公路规则、装卸设备的负荷、底盘车和船舶的承载力及船舶的稳定性等都有很大的影响。

第四节 集装箱的类型

为了适应装载不同种类货物的需要，出现了不同类型的集装箱。集装箱的类型除了有不同尺寸外，还因其用途不同、制造材料不同等而有不同种类，下面分别介绍。

一、按规格尺寸分

目前，国际上通常使用的干货柜（Dry Cargo Container）有：

外尺寸为6.1m×2.44m×2.59m（20ft×8ft×8ft6in），简称20尺货柜。

外尺寸为12.2m×2.44m×2.59m（40ft×8ft×8ft6in），简称40尺货柜。

外尺寸为12.2m×2.44m×2.9m（40ft×8ft×9ft6in），简称40尺高柜。

20尺柜：内容积为5.69m×2.13m×2.18m，配货毛重一般为17.5t，体积为24～26m^3。

40尺柜：内容积为11.8m×2.13m×2.18m，配货毛重一般为22t，体积为54m^3。

40尺高柜：内容积为11.8m×2.13m×2.72m，配货毛重一般为22t，体积为68m^3。

45尺高柜：内容积为13.58m×2.34m×2.71m，配货毛重一般为29t，体积为86m^3。

20尺开顶柜：内容积为5.89m×2.32m×2.31m，配货毛重一般为20t，体积为31.5m^3。

40尺开顶柜：内容积为12.01m×2.33m×2.15m，配货毛重一般为30.4t，体积为65m^3。

20尺平底货柜：内容积为5.85m×2.23m×2.15m，配货毛重一般为23t，体积为28m^3。

40尺平底货柜：内容积为12.05m×2.12m×1.96m，配货毛重一般为36t，体积为50m^3。

二、按集装箱的用途分

1．干货集装箱（Dry Cargo Container）

这种集装箱也称为杂货集装箱，用来运输无需控制温度的件杂货，使用范围很广，常用的有6.1m（20ft）和12.2m（40ft）两种。其结构特点是常为封闭式。一般在一端或侧面设有箱门，箱内设有一定的固货装置，这种箱子在使用时一般要求清洁，水密性好。对装入这种集装箱的货物要求有适当的包装，以便充分利用集装箱的箱容。

2．开顶集装箱（Open Top Container）

这种集装箱的箱顶可以方便地取下、装上。箱顶有硬顶和软顶两种。硬顶是用薄钢板制成的，利用起重机械进行装卸作业。软顶一般是用帆布、塑料布或涂塑布制成，开顶时只要向一端卷起就可以了。这种集装箱适于装载大型货物和重货，如钢铁、木材，特别是像玻璃板等易碎的重货，利用吊车从顶部吊入箱内不易损坏，而且也便于在箱内固定。

3．通风集装箱（Ventilated Container）

通风集装箱一般在其侧壁或顶壁上设有若干供通风用的窗口，适用于装运有一定通风和防潮湿要求的杂货，如原皮、水果、蔬菜等。如果将通风窗口关闭，可作为杂货集装箱使用。

4．台架式集装箱（Platform Based Container）

这种集装箱是没有箱顶和侧壁，甚至连端壁也去掉而只有底板和四个角柱的集装箱。这种集装箱可以从前后、左右及上方进行装卸作业，适合装载长大件和重货件，如重型机械、钢材、钢管、木材、钢锭等。台架式的集装箱没有水密性，怕水湿的货物不能装运，或用帆布遮盖装运。

5．平台式集装箱（Platform Container）

这种集装箱是在台架式集装箱上再简化而只保留底板的一种特殊结构集装箱。主要用于装卸长、重大件货物。如重型机械、钢材、整件设备等。平台的长度与宽度与国际标准集装箱的箱底尺寸相同，可使用与其他集装箱相同的紧固件和起吊装置。这一集装箱的采用打破了过去一直认为集装箱必须具有一定容积的概念。

6．冷藏集装箱（Reefer Container）

冷藏集装箱是以运输冷冻食品为主，能保持所定温度的保温集装箱。它是专为运输如鱼、肉、新鲜水果、蔬菜等食品而特殊设计的。目前国际上采用的冷藏集装箱基本上分两种：一种是集装箱内带有冷冻机的叫机械式冷藏集装箱；另一种箱内没有冷冻机而只有隔热结构，即在集装箱端壁上设有进气孔和出气孔，箱子装在船舱中，由船舶的冷冻装置供应冷气，这种叫作离合式冷藏集装箱（又称外置式冷藏集装箱）。

7．罐式集装箱（Tank Container）

这种集装箱专门用来装运液体货，如酒类、油类、化学品等液体货物。它由罐体和框架两部分组成，罐体用于装液体货。框架用来支承和固定罐体。罐体的外壁采用保温材料以使罐体隔热，内壁一般要研磨抛光以避免液体残留于壁面。为了降低液体的黏度，罐体下部还设有加热器，对罐体内温度可以通过安装在其上部的温度计观察到，罐顶设有装货口，罐底设有排出阀。装货时货物由罐顶部装货口进入，卸货时则由排货孔流出或从顶部装货孔吸出。

8．汽车集装箱（Car Container）

这种集装箱专门用来装运小型汽车。其结构特点是无侧壁，仅设有框架和箱底。为了防止汽车在箱内滑动，箱底专门设有绑扎设备和防滑钢板。大部分汽车集装箱被设计成上下两部分，可以装载 2 辆小汽车。

9．动物集装箱（Pen Container or Live Stock Container）

这是一种专门用来装运鸡、鸭、猪等活牲畜的集装箱。为了避免阳光照射，动物集装箱的箱顶和侧壁是用玻璃纤维加强塑料制成的。另外，为了保证箱内有较新鲜的空气，侧面和端面都有用铝丝网制成的窗，以求有良好的通风。侧壁下方设有清扫口和排水口，并配有上下移动的拉门，可把垃圾清扫出去。还装有喂食口。动物集装箱在船上一般应装在甲板上，因为甲板上空气流通，便于清扫和照顾。

10．服装集装箱（Garment Container）

这种集装箱的特点是：在箱内上侧梁上装有许多根横杆，每根横杆上垂下若干条皮带扣、尼龙带扣或绳索，成衣利用衣架上的钩直接挂在带扣或绳索上。这种服装装载法属于无包装运输，它不仅节约了包装材料和包装费用，而且减少了人工劳动，提高了服装的运输质量。

11．散货集装箱（Solid Bulk Container）

这种集装箱用于装运粉状或粒状货物，如大豆、大米、各种饲料等。在箱顶部设有 2～3 个装货口，在箱门的下部设有卸货口。使用集装箱装运散货，一方面提高了装卸效率，另一方面提高了货运质量，减轻了粉尘对人体和环境的侵害。

三、按集装箱的制造材料分

集装箱在运输途中，经常受到各种外力的作用和环境的影响，以及考虑到装卸机械的能力和最大限度地利用集装箱的装货箱的装货能力。因而，集装箱的制造材料要有足够的刚度和强度，尽量采用质量轻、强度高、耐用及维修保养费用低的材料。从目前采用的集装箱材料看，一个集装箱往往不是由单一材料做成的，而是以某种材料为主，并在箱子的不同结构处用不同的材料。因此，按制造材料来分类是指按箱子的主体材料划分。

1．钢制集装箱

钢制集装箱的优点是强度大，结构牢固，水密性好，能反复使用，价格低廉，主要缺点是防腐能力差，箱体笨重，相应地降低了装货能力。

2．铝合金集装箱

铝合金集装箱的优点是自重轻，因而提高了集装箱的装载能力，具有较强的防腐能力，弹性好。主要缺点是铝合金集装箱的造价相当高，焊接性也不如钢制集装箱，受碰撞时易损坏。

3. 不锈钢制集装箱

一般多用不锈钢制作罐式集装箱。不锈钢制集装箱的主要优点是不生锈，耐腐性好，强度高。主要缺点是价格高，投资大。

4. 玻璃钢制集装箱

用玻璃钢做成的集装箱主要优点是强度大，刚性好，具有较高的隔热、防腐和耐化学侵蚀能力；易于清洗，修理简便，维修费较低。主要缺点是自重大，造价高。

第五节 集装箱箱务管理

集装箱箱务管理的主要业务有集装箱的使用、租用、调运、保管、发放、交接、中转等。箱务管理涉及港、航、路、站等诸多部门，是一项十分复杂的系统工程。

一、集装箱的发放和交接

（一）集装箱发放和交接的依据

集装箱的发放和交接，应依据《进口提货单》《出口订舱单》《场站收据》以及这些文件内列明的集装箱交付条款，实行《集装箱设备交接单》制度。从事集装箱业务的单位必须凭集装箱代理人签发的《集装箱设备交接单》办理集装箱的提箱（发箱）、交箱（还箱）、进场（港）、出场（港）等手续。

（二）交接责任的划分

参加海上国际集装箱运输的企业，应对各自掌管期限内的集装箱和集装箱货物负责，加强各环节的管理，明确交接责任。承运人、港口应按下列规定办理集装箱交接：

（1）海上承运人与港口的交接由外轮理货公司代表海上承运人与港口在船边交接。

（2）经水路集疏运的集装箱，由水路承运人与港口在船边交接；在船驳直取作业时，由外轮理货公司代表海上承运人与水路承运人办理交接；在国内中转的集装箱，由外轮理货公司代表水路承运人与港口在船边交接。

（3）经公路集疏运的集装箱，由港口、内陆中转站、货运站与公路承运人在其大门交接。

（4）经铁路集疏运的集装箱，由铁路承运人与托运人、收货人或受委托的港口、内陆中转站、货运站在集装箱装卸现场或双方商定的地点交接。

集装箱交接时，交接双方应当检查箱号、箱体和封志。重箱凭封志和箱体状况交接；空箱凭箱体状况交接。交接双方检查箱号、箱体和封志后，应作记录，并共同签字确认。

集装箱的发放、交接实行《设备交接单》制度，从事海上国际集装箱运输业务的各有关单位必须凭《设备交接单》办理集装箱发放、交接手续。托运人、收货人、内陆承运人或从事集装箱业务的有关单位，不得将集装箱用于《设备交接单》规定外的用途，必须按规定的时间、地点交箱和还箱。

集装箱提离场站后，严禁随意套箱、换箱。凡需要套箱、换箱，必须事先征得集装箱所有人同意，否则套箱、换箱者应承担由此引起的责任和损失。

（三）重箱交接

1．交接标准

箱体完好，箱号清晰，封志完整无误，特种集装箱的机械、电器装置运转正常并符合进出口文件记载要求。

2．出口重箱交箱进场的交接

出口重箱进入港口，托运人、内陆承运人凭《场站收据》《集装箱装箱单》和《设备交接单》到指定港口交付重箱并办理进场集装箱交接。

港口凭《场站收据》《集装箱装箱单》和《设备交接单》收取重箱并办理进场集装箱交接。

出口重箱凡有残损或船名、航次、提单号、目的港、箱号、封志号与《场站收据》《集装箱装箱单》或《设备交接单》所列明内容不符者，港口应拒绝收箱。因拒绝收箱而产生的费用由责任方承担。

3．进口重箱提箱出场的交接

进口重箱提离港区、堆场、中转站时，货方（或其代理人）、内陆（水路，公路，铁路）承运人应持海关放行的《进口提货单》到集装箱代理人指定的现场办理处办理集装箱发放手续。

集装箱代理人依据《进口提货单》、集装箱交付条款和集装箱运输经营人有关集装箱及设备使用或租用的规定，向货方（或其代理人）、内陆承运人签发《出场集装箱设备交接单》和《进场集装箱设备交接单》。

货方、内陆承运人凭《出场集装箱设备交接单》到指定地点提取重箱，并办理出场集装箱设备交接；凭《进场集装箱设备交接单》将拆空后的集装箱及时交到集装箱代理人指定的地点，并办理进场集装箱设备交接。

（四）空箱交接

1．交接标准

箱体完好，水密，无漏光，清洁，干燥，无味；箱号清晰；特种集装箱的机械、电器装置无异常。如果有异常情况，应在《进（出）场集装箱设备交接单》上注明。

2．空箱的进场和出场交接

空箱提离港区、堆场、中转站时，提箱人（货方或其代理人，内陆承运人）应向集装箱代理人提出书面申请。集装箱代理人依据《出口订舱单》或《出口集装箱预配清单》向提箱人签发《出场集装箱设备交接单》或《进场集装箱设备交接单》。

货方或其代理人、内陆承运人凭《出场集装箱交接单》到指定地点提取空箱，办理出场集装箱设备交接；凭《进场集装箱设备交接单》到指定地点交付集装箱，并办理进场集装箱设备交接。

因检验、修理、清洗、熏蒸、退租、转租、堆存、回运、转运需要，空箱提离场站，由托运人、收货人、内陆承运人或从事集装箱业务的有关单位向集装箱代理人提出书面申请。集装箱所有人依据有关协议，向托运、收货人、内陆承运人或从事集装箱业务的有关单位签发《设备交接单》。

（五）收、发箱地点应履行的手续

在指定的收、发箱地点，凭集装箱代理人签发的《集装箱设备交接单》受理集装箱的收、发手续；凭《出场集装箱设备交接单》发放集装箱，并办理出场集装箱设备交接手续；凭《进场集装箱设备交接单》收取集装箱，并办理集装箱设备交接手续。

1．出场集装箱设备交接单的主要内容

（1）提箱人（用箱人和运箱人）。

（2）发往地点。

（3）用途（出口载货、修理、进口重箱等）。

（4）集装箱号、封号（铅封号、关封号）。

（5）集装箱尺寸、类型。

（6）集装箱所有人。

（7）提离日期。

（8）提箱运载工具牌号。

（9）集装箱出场检查记录（完好或损坏）。

2．进场集装箱设备交接单的主要内容

（1）送箱人。

（2）送箱日期。

（3）集装箱号，封号。

（4）集装箱尺寸，类型。

（5）集装箱所有人。

（6）用途：①返还重箱；②出口集装箱，此时需登记该集装箱发往的时间、地点（航次，时间）。

（7）送箱运载工具牌号。

（8）集装箱进场检查记录。

集装箱交接地点应详细认真地对进出场集装箱进行检查和记录，认真填写《集装箱设备交接单》。如发现下列情况，均应在《设备交接单》上注明：

1）箱号及装载规范不明、不全、封志破损、脱落、丢失、无法辨认或与进出口文件记载不符。

2）擦伤、破洞、漏光、箱门无法关启。

3）焊缝爆裂。

4）凹损超过内端 3 厘米、凸损超角件外端面。

5）箱内污染或有虫害。

6）装过有毒有害货物未经处理。

7）箱体外贴有前次危险品标志未经处理。

8）集装箱附属部件损坏或灭失。

9）特种集装箱机械、电器装置异常。

10）集装箱安全铭牌（CSC Plate）丢失。

除了认真记录外，集装箱交接地点还应将进出场集装箱的情况及时反馈给集装箱代理人，积极配合集装箱代理人的工作，使集装箱代理人能够及时、准确地掌握集装箱的利用情况，及时安排集装箱的调运、修理，追缴集装箱延期使用费，追缴集装箱的损坏、灭失费用等工作。

二、集装箱的堆存与保管

集装箱进入场站后，场站应按双方协议规定，按照不同的海上承运人将空箱和重箱分别堆放。空箱按完好箱和破损箱、污箱、自有箱和租箱分别堆放。

场站应对掌管期限内的集装箱和集装箱内的货物负责，如有损坏或灭失由场站承担责任。未经海上承运人同意，场站不得以任何理由将其堆存的集装箱占用、改装或出租，否则应负经济责任。

场站应根据中转箱发送的不同目的地，按船、按票集中堆放，并严格按海上承运人的中转计划安排中转。

（一）重箱堆存与保管

集装箱港口为了避免集装箱在港内大量积压，一般规定各航班装运的重箱应在指定的入港开始时间和截止时间内将重箱运至港区内指定的场地堆存。船公司应与港口箱管部门密切配合，通知货方、内陆运输人将重箱及时运至港内，并做好集装箱设备交接工作。

（二）空箱堆存与保管

1. 空箱进场操作

码头空箱进场有两种方式：空箱卸船进场和空箱通过检查口进场。空箱卸船进场前，码头堆场计划员必须安排空箱堆存计划。该计划安排的原则为：空箱根据箱尺码的不同以及箱型的不同，按不同的持箱人分开堆存，码头与船方必须在卸箱时办理设备交接单手续。

通过检查口进场的空箱主要有两种，一种为船公司指定的用于出口装船的空箱，一种为进口重箱拆箱后返回码头。如为船公司指定用箱，则根据堆场计划员所作堆存计划与不同的尺码，不同的箱型，按出口船名、航次堆放；如为进口箱拆箱后返回码头堆场，则根据堆场计划员所作堆存计划与持箱人的不同分开堆放。空箱进检查口时，码头检查口与承运人必须办理交单手续。

2. 空箱出场操作

码头空箱出场主要有两种方式：空箱装船出场和空箱通过检查口出场。

（1）装船出场的空箱主要有两种，一种为船公司指定用于出口装船的空箱，另一种为装驳船的空箱。码头箱务管理员应根据代理人出具的工作联系单、空箱装船清单或船公司提供的“出口装船用箱指令”安排装船用箱计划。码头配载计划员根据箱务管理员的用箱计划以及代理人提供的“场站收据”，结合船名、航次的配载情况，选择全部计划空箱或部分计划空箱配船。凡该船航次未能装船的空箱，箱务管理员应做好记录，以备下一航次装船之用。

（2）空箱通过检查口出场主要有下述 3 种形式：

1）门到门提空箱，主要是出口载货用空箱的提运。该空箱提运至集装箱点进行装箱后，重箱即回运本码头准备装船出口。空箱门 / 门提离港区，货主或内陆承运人应向集装箱代理人提出书面申请。集装箱代理人根据“出口集装箱预配清单”向货主或内陆承运人签发“出场集装箱设备交接单”和“进场集装箱设备交接单”。货主或内陆承运人凭出场集装箱设备交接单向码头堆场提取空箱。

2）单提空箱，是指将空箱提运至码头外的集装箱堆场。如船公司提空箱至港外堆场、提退租箱等。码头箱务管理员应根据船公司或其代理的“空箱提运联系单”发箱，联系单上一般应写明持箱人、承运车队、流向堆场等，并注明费用的结算方法。

3）因检验、修理、清洗、熏蒸、转运等原因需向码头提空箱。货方或内陆承运人应向集装箱代理人提出书面申请，集装箱代理人根据委托关系或有关协议向货方或内陆承运人签发“出场集装箱设备交接单”和“进场集装箱设备交接单”。货方或内陆承运人凭“出场集装箱设备交接单”向码头堆场提取空箱，码头凭代理的工作联系单发箱。空箱出场时，码头应与船方或承运人做好集装箱设备交接单和交接手续。

三、集装箱灭失、损坏、逾期还箱的处理

（一）集装箱灭失、损坏的处理

海上国际集装箱运输的各区段承运人、港口、内陆中转站、货运站对其所管辖的集装箱和集装箱货物的灭失、损坏负责，并按照交接前由交方承担，交接后由接主承担划分责任。但如果在交接后一百八十天内，接方能提出证据证明交接后的集装箱、集装箱货物的灭失、损坏是由交方原因造成的，交方应按有关规定负赔偿责任。

除法律另有规定外，承运人与托运人应根据集装箱货物交接方式按下列规定对集装箱货物的灭失或损坏负责：

（1）由承运人负责装箱、拆箱的货物，从承运人收到货物后至运达目的地交付收货人之前的期间内，箱内货物的灭失或损坏由承运人负责。

（2）由托运人负责装箱的货物，从装箱托运交付后至交付收货人之前的期间内，如箱体完好，封志完整无误，箱内货物的灭失或损坏由托运人负责；如箱体损坏或封志破损，箱内货物灭失或损坏由承运人负责。

（3）由于托运人对集装箱货物申报不实或集装箱货物包装不当造成人员伤亡并且使运输工具、货物自身或其他货物集装箱损坏的由托运人负责。

（4）由于装箱人或拆箱人的过失造成人员伤亡并使运输工具集装箱、集装箱货物损坏的由装箱人或拆箱人负责。

（二）逾期还箱的处理

船公司集装箱通常分为自有箱和租箱两种。自有箱是船公司自己的集装箱，其一旦投入使用，就开始起算折旧成本；租箱是船公司向其他集装箱箱东租赁的集装箱；船公司须按日支付租金，集装箱一旦被超期使用，将使船公司增加额外成本。因此，船公司必须加强对超期箱的管理，定期清理超期箱。船公司通常都有自己的集装箱跟踪系统，通过该系统，可以查出目前本公司所有集装箱的动态，从而可以查出超期箱的详细情况。通常船公司须每周清理一次超期箱，逐一核查集装箱超期的原因，然后同有关方联系，督促其将超期箱尽快归还。此外，船公司应制订超期使用费收取标准，采取措施，限令客户尽快归还超期箱。

收货人在超过免费使用期后归还空箱或船公司指定的货运站逾期拆箱以及发货人提取空箱后超过免费使用期将重箱运至码头堆场，均应按《集装箱超期使用费标准》（见表3-5）向船公司支付集装箱超期使用费。集装箱超期使用费按中国银行当日的美元与人民币的兑换率计收人民币。

表3-5 集装箱超期使用费标准 （单位：美元/天）

货箱种类	尺寸	1～4天	5～10天	11～40天	41天以上
干货箱	6.1m（20ft）	免费	免费	3.00	12.00
	12.2m（40ft）			5.00	20.00
开顶箱 框架箱	6.1m（20ft）	免费	免费	4.50	18.00
	12.2m（40ft）			9.00	36.00
冷藏箱、罐装箱等特殊用途箱	6.1m（20ft）	免费	18.00	24.00	72.00
	12.2m（40ft）		30.00	42.00	120.00

集装箱发生丢失和推定全损时的赔偿按《集装箱丢失和推定全损赔偿标准》（见表3-6）赔偿。国内或国外付费人一律计收美元。

表3-6 集装箱丢失和推定全损赔偿标准

（单位：美元）

货箱种类	尺 寸	集装箱价格	年折旧率	最低赔偿额
干货箱	6.1m（20ft）	3 200.00	5%	1 280.00
	12.2m（40ft）	4 300.00		1 720.00
超高箱2.9m（9ft6in）以上	12.2m（40ft）	5 000.00	5%	2 000.00
开顶箱	6.1m（20ft）	4 000.00	5%	1 600.00
	12.2m（40ft）	5 000.00		2 000.00
框架箱	6.1m（20ft）	5 500.00	5%	2 000.00
	12.2m（40ft）	7 500.00		3 000.00
冷藏箱、罐装箱等特殊用途箱	6.1m（20ft）	25 000.00	5%	12 500.00
	12.2m（40ft）	33 000.00		16 500.00

四、集装箱码头内中转箱的箱务管理

集装箱码头的中转箱主要包括国内中转箱和国际中转箱。国内中转箱是指在境外装货港装船后，经国内中转卸船后转运到境内其他港口的集装箱，以及在国内装货港已办理结关手续，船公司出具全程提单，经国内中转港转运至国外目的港的集装箱。国际中转箱是指由境外起运，经中转港换装国际航线船舶后，继续运往第三国或地区指运口岸的集装箱。集装箱码头设有专职中转业务员，负责码头内中转箱的箱务管理，掌握中转箱的动态，做好中转箱单证的流转管理工作。

（一）一程船卸船

国际海运中的“一程船”是指对某一中转箱而言将该箱从起运港运至中转港的船舶。码头配载计划员在收到船公司资料后，将其中的中转资料交中转业务员处理。中转业务员将中转资料输入计算机。在船舶卸船后，应将中转资料与实卸情况进行核对，发现问题立即通知有关方面协调解决。对于一程船卸船后超过一定时间（14天）还没有出运的中转箱，码头中转业务员要主动与代理联系，及时安排二程船转运。

（二）二程船装船

国际海运中的“二程船”是指对某一中转箱而言将该箱从中转港载运至目的港的船舶。中转业务员收到中转通知书后，将中转通知书（需有海关放行章）连同外区拖进本码头的中转箱的动态表一起交配载员处理。在装船结束后，中转业务员将经由配载员注明中转箱实际装箱情况和卸船时间的中转通知书与已装船的动态表等单证一起交收费部门。外区拖进本码头的中转箱因故未能装上船的，中转业务员要妥善保管好动态表，以备使用。

（三）中转箱跨区拖运

如果中转箱一程船卸船与二程船装船不在同一码头，则在卸船后，该中转箱必须跨区拖运。拖出地码头的中转业务员在安排出场计划的同时开具中转动态表（一式三联），附在作业申请单上交出场检查口。司机拖箱时与检查口人员办理设备交接，检查口人员自留动态表一联，附在出场报表上交收费部门，其余交司机。在拖进地码头，检查口业务员和司机办理设备交接，同时收下两联动态表，一联交中转业务员，另一联附在进场报表上交收费部门。其后的工作与卸船进场的中转箱作业类同。

（四）危险品中转箱转存

凡不宜在码头堆存的危险品中转箱，码头中转业务员应严格把关，及时通知代理安排转运，确保码头生产的安全。危险品中转箱出场，中转业务员填写作业申请单和动态表（一式三联）交检查口。检查口自留一联附在出场报表上交收费部门，其余交司机。司机进场将动态表交堆场业务员，堆场业务员保留以备日后进场之用。

（五）中转箱倒箱

国际中转箱如因箱体损坏、用错箱等原因需要倒箱的，船舶代理应出具联系单给码头和海关。如在码头外倒箱，码头应根据海关许可证，安排出场计划和进场计划；如在码头内倒箱，则在倒箱时，要有海关、船舶代理、理货员在场。倒箱结束后，由海关加铅封。

五、箱务管理现代化

目前集装箱运输已进入成熟阶段，计算机得到广泛运用，信息管理日趋现代化。由于箱务管理具有跨行业、跨地区、跨国界的特点，因此必须实现大范围、多机种、远距离的计算机网络管理系统，使企业内部的单机管理系统与各港、航、路、站相关部门联网组成综合信息管理网络系统，实现信息自动交换和自动处理，使每个集装箱每次状态和地理位置的变化都能自动、实时地反馈到各有关部门，大大提高生产效率，实现箱务管理现代化，充分发挥出集装箱运输的优势。下面以中国远洋运输总公司为例，说明集装箱箱务管理现代化的情况。

中国远洋运输总公司引进的美国通用电气公司提供的集装箱管理系统（EMS）及通信网络，采用一级调度、三级管理体制对中远集装箱实行全球跟踪和管理。

（一）营运管理体制

中远集装箱实行统一管理制度。以总公司箱管中心为核心，下设箱管分中心、中远航线经营人和港口箱管代理。总公司箱管中心设有营运管理、信息管理、商务管理、财务结算等 4 个职能部门。各箱管分中心和航线经营人也都设有相应的机构。港口箱管代理对其到内陆堆场、货运站、修箱场及货主处的集装箱实施跟踪管理。

箱管中心在上海、天津、广州、中国香港、欧洲、美洲等地方设了 6 个箱管分中心。箱管中心根据航线分布情况及货箱供求关系，将接受航线经营人提、还箱的港口指定为“开放”港口；将不接受航线经营人提、还箱的港口指定为“封闭”港口。箱管中心对中远集装箱集中控制、统一调度，由各航线经营人共同使用。

（二）箱管业务程序

中远集装箱营运管理是由箱管中心通过 EMS 系统与各箱管分中心、航线经营人之间进行信息交换完成的。其营运程序为：各箱管分中心、航线经营人每月 25 日分别向 EMS 系统输入各自下月的供箱预测合用箱计划，并根据所辖区域的实际情况，向 EMS 系统输入各自“开放”港口之间的调箱计划建议和“封闭”港口的调箱计划。以上信息由 EMS 系统传递到箱管中心，经箱管中心统一调度后，通知 EMS 系统向箱管分中心、航线经营人发出调箱指令，并由 EMS 系统对调箱计划进行统一平衡，直至满足各方的用箱需求，最终由箱管中心正式落实用箱计划。中远系统集装箱管理业务流程如图 3-1 所示。

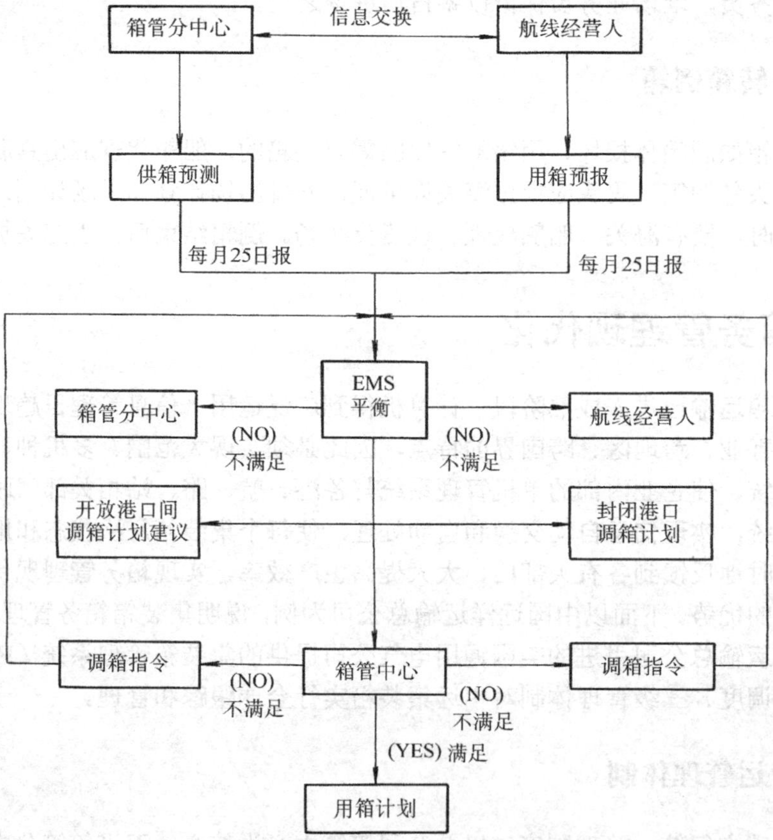

图 3-1　中远系统集装箱箱管业务流程图

思考题

1. 简述集装箱的概念。
2. 简述国际标准集装箱的概念。
3. 集装箱的类型有哪些？
4. 集装箱交接责任是如何划分的？
5. 重箱如何交接？
6. 空箱如何交接？
7. 集装箱码头内中转箱怎样进行箱务管理？

第四章 集装箱码头业务

第一节　集装箱码头概况

集装箱码头是集装箱运输的枢纽，它外连海洋的国际远洋运输航线，内连国内的铁路、公路、水路等运输线路。因此，集装箱码头是各种运输方式衔接的换装点和集散地。集装箱码头在整个集装箱运输过程中具有重要的地位。做好集装箱码头的建设和管理工作对于加速集装箱及其运载工具的周转、降低运输成本、提高经济效益和社会效益具有极其重要的意义。

一、集装箱码头的特点

集装箱码头与普通件杂货码头相比具有如下特点。

1．码头大型化

随着集装箱运输的发展，件杂货物集装箱化的比例不断提高，集装箱运量不断上升。根据规模经济原理，船舶越大，单位成本越低。因此，为了降低集装箱船舶运输成本，各个集装箱船舶运输公司新投入的集装箱船舶越来越大，而与此相对应的码头也越来越大。集装箱码头大型化的主要标志是码头前沿水深增加，岸线泊位长度延长，堆场及整个港区扩大。

2．装卸搬运机械专门化、自动化、高速化

由于集装箱船舶越来越大，从航次经济核算分析，允许船舶停留在码头的时间相对较短。因为船舶越大，停留在码头的成本越来越高，而缩短集装箱船舶在码头的停泊时间可以降低集装箱运输的停泊成本，提高集装箱运输的航行率，充分发挥其降低船舶单位运输成本的优势。从而降低水路全程运输的成本，提高经济效益。

为了保证集装箱船舶在码头以最短的时间装卸完集装箱，现代集装箱专用码头一般都配备了专门化、自动化、高效率化的装卸搬运机械。

3. 管理现代化

大型集装箱船舶靠在码头的时间很短，要在短时间内办理完成所有的集装箱商务手续，必须有现代化的管理方法和手段。

4. 码头投资巨大

上述码头大型化，装卸搬运机械自动化、专门化、高速化，管理现代化都需要有较大的投资。另外，诸如集装箱码头堆场造价也比件杂货码头造价高得多。所以，集装箱码头投资巨大，这也是目前许多大型集装箱码头都采用中外合资等形式进行招商融资建造集装箱码头的主要原因之一。

二、集装箱码头的要求

集装箱码头必须满足下列基本要求：

（1）具备设计船型所需的泊位、岸线及前沿水深和足够的水域，保证船舶安全靠离。

（2）具备码头前沿所必须的宽度、码头纵深及堆场所必须的面积，具有可供目前及发展所需的广阔的陆域，保证集装箱堆存和堆场作业及车辆通道的需要。

（3）具备适应集装箱装卸船作业、水平运输作业及堆场作业所必需的各种装卸机械及设施，以实现各项作业的高效化。

（4）具有足够的集疏运能力及多渠道的集疏运系统，以保证集装箱及时集中和疏散，防止港口堵塞及快速装卸船舶的需要。

（5）具有维修保养的设施及相应的人员，以保证正常作业的需要。

（6）由于集装箱码头高科技及现代化的装卸作业和管理工作，要求具有较高素质的管理人员和机械司机。

（7）为满足作业及管理的需要，应具有现代管理和作业的必需手段，采用电子计算机及数据交换系统。

三、集装箱码头的构成

（一）集装箱码头的布局

集装箱码头的整个装卸作业是采用机械化、大规模生产方式进行的，要求各项作业密切配合实现装卸工艺系统的高效化。这就要求集装箱码头布局合理，使码头上各项设施合理布置，并使它们有机地联系起来，形成一个各项作业协调一致，相互配合的有机整体，形成高效率的、完善的流水作业线，以缩短车、船、箱在港口码头的停泊时间，加速车、船、箱的周转，降低运输成本和装卸成本，实现最佳的经济效益。

图4-1为吊装式全集装箱船专用码头平面布局简图，对于集装箱专用码头，码头布置主要要求集装箱泊位岸线长为300m以上，集装箱码头陆域纵深应能满足各种设施对陆域面积的要求。由于集装箱船舶日趋大型化，载箱量越来越多，因此，陆域纵深一般为350m以上，有的集装箱码头已高达500m；码头前沿宽度一般为40m左右，这取决于集装箱装卸工艺系

统及集装箱岸壁起重机的参数和水平运输的机械类型；一般码头前沿不铺设铁路线，不考虑车船直取的装卸方式，以确保码头前沿船舶装卸效率不因此而受影响；每一集装箱专用泊位，配置 2 台岸壁集装箱起重机。集装箱堆场是进行集装箱装卸和堆存保管的场所，集装箱堆场的大小，应根据设计船型的装卸能力及到港的船舶密度决定。有关资料表明，岸线长 300m 的泊位，堆场面积达 105 000m^2，甚至更大，这还与采用的装卸工艺系统和集装箱在港停留时间有关；集装箱货运站（拆装箱库）可布置在集装箱码头，一般布置在大门与堆场之间的地方，也可布置在集装箱码头以外的地方；所有通道的布置应根据装卸工艺与机械要求而定。

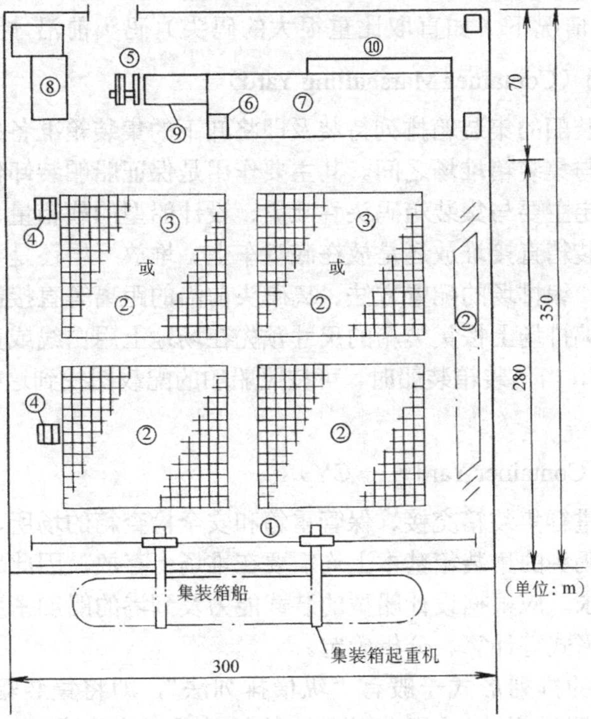

图 4-1　吊装式集装箱码头的标准布局

①—码头前沿　②—编排场　③—集装箱堆场　④—调头区　⑤—大门

⑥—控制塔　⑦—拆、拼箱库　⑧—维修车间　⑨—办公楼　⑩—清洗场

（二）集装箱码头构成

根据集装箱码头装卸作业、业务管理的需要，集装箱码头应由以下主要设施构成。

1. 靠船设施（Wharf）

靠船设施主要由码头岸线和码头岸壁组成。码头岸线是供来港装卸的集装箱船舶停靠使用，其长度应根据其所停靠集装箱船的主要技术参数及有关安全规定而定。码头岸壁一般是指集装箱船停靠时所需要的系船设施。集装箱泊位长度一般为 300m，前沿水深应满足设计船型的吃水要求，一般为 12m 以上。岸壁上设有系船柱，用于船靠码头时通过缆绳将船拴住。为保持岸壁不受损坏，岸壁上设置预防碰撞装置，通常为橡胶材料制作。

2．码头前沿（Frontier）

码头前沿是指沿码头岸壁到集装箱编排场（或称编组场）之间的码头面积。码头前沿设置有岸边集装箱起重机及其运行轨道。码头前沿的宽度可根据岸边集装箱起重机的跨距和使用的其他装卸机械种类而定，一般为40m左右。

集装箱码头前沿一般不设铁路线。因为各种车辆及集装箱的衔接交换都是在前沿进行的，非常繁忙，如果为了部分集装箱的车船直取而铺设铁路线，将会严重影响更多的集装箱的装卸作业，结果可能是得不偿失。所以很多专家和学者都不主张在集装箱码头前沿设铁路线，只有在个别情况下（如直取比重很大的码头）码头前沿才设有铁路线。

3．集装箱编排场（Container Marshalling Yard）

这是将准备即将装船的集装箱排列待装及即将卸下的集装箱准备好场地和堆放的位置。通常布置在码头前沿与集装箱堆场之间。其主要作用是保证船舶装卸作业快速而不间断地进行。编排场面积的确定主要与集装箱码头吞吐量、设计船型的载箱量、到港船舶密度及装卸工艺系统有关。将集装箱直接堆放还是放在底盘车上，堆放一层还是数层，情况不同则所需的面积也不同。同时，编排场的配置方法、离码头前沿的距离等直接影响装卸作业，应慎重考虑。通常在集装箱编排场上按集装箱的尺寸预先在场地上用白线或黄线画好方格即箱位，箱位上编上“箱位号”，当集装箱装船时，可按照船舶的配载图找到这些待装箱的箱位号，然后有次序地进行装船。

4．集装箱堆场（Container Yard —— CY）

集装箱堆场是指进行集装箱交接、保管重箱和安全检查箱的场所，有的还包括存放底盘车的场地。由于进出码头的集装箱基本上均需要在堆场上存放，因此堆场面积的大小必须适应集装箱吞吐量的要求，应根据设计船型的装载能力及到港的船舶密度、装卸工艺系统、集装箱在堆场上的排列形式等计算、分析确定。

集装箱在堆场上的排列形式一般有“纵横排列法”，即将集装箱按纵向或横向排列，此法应用较多“人字形排列法”，即集装箱在堆场放成“人”字形，适用于底盘车装卸作业方式。

5．集装箱货运站（Container Freight Station —— CFS）

集装箱货运站有的设在码头之内，也有设在码头外面的。货运站是拼箱货物进行拆箱和装箱的场所。主要任务是出口拼箱货的接收、装箱，进口拼箱货的拆箱、交货等。货运站应配备拆装箱及场地堆码的小型装卸机械及有关设备，货运站的规模应根据拆装箱量及不平衡性综合确定。

6．维修车间（Maintenance Shop）

维修车间是对集装箱及其专用机械进行检查、修理和保养的场所。它的主要任务是及时对集装箱及主要机械进行检查、修理和保养，使其经常处于完好的技术状态，提高完好率，以保证集装箱码头生产不间断地正常进行。维修车间的规模应根据集装箱的损坏率、修理的期限、码头内使用的车辆和装卸机械的种类、数量及检修内容等确定。维修车间应配备维修设备。

7．控制塔（Control Tower）

控制塔是集装箱码头作业的指挥中心。其主要任务是监视和指挥船舶装卸作业及堆场作业。控制塔应设在码头的最高处，以便能清楚看到码头所有集装箱的箱位及全部作业情况，有效地进行监视和指挥工作。

8．大门（Gate）

大门是集装箱码头的出入口，也是划分集装箱码头与其他部门责任的地方。集装箱码头门卫工作十分重要，所有进出集装箱码头的集装箱均在门房进行检查，办理交接手续并制作有关单据，这些单据不仅作为划分责任的依据，也是实行集装箱码头电子计算机管理的主要数据来源。

9．集装箱码头办公楼（Container Terminal Building）

集装箱码头办公大楼是集装箱码头行政、业务管理的大本营。目前已基本上实现了管理电子计算机化，最终达到管理的自动化。

10．集装箱清洗场（Container Washing Station）

集装箱清洗场主要任务是对集装箱污物进行清扫、冲洗，以保证空箱符合使用要求。清洗场一般设在后方并配备多种清洗设施。

第二节　集装箱码头装卸工艺

集装箱码头装卸工艺是指将集装箱从船上卸到码头上，再水平搬运至堆场，在堆场进行正确堆放后，再疏运出去，或将集装箱从内陆集运至码头堆场正确堆放，然后水平搬运至码头前沿再装到船上的全部过程中的机械组合和流程。不同装卸工艺有不同的机械组合和特点。设计集装箱码头装卸工艺的目的是对不同的集装箱船、不同的集装箱码头采用不同的机械组合，使装卸集装箱的时间最短，效率最高，成本最低，通过能力最大，经济效益最好。

一、集装箱吊具

根据其使用特点，集装箱吊具可分以下三种：

（1）固定式集装箱吊具　固定式吊具又分两种，如图 4-2 所示。

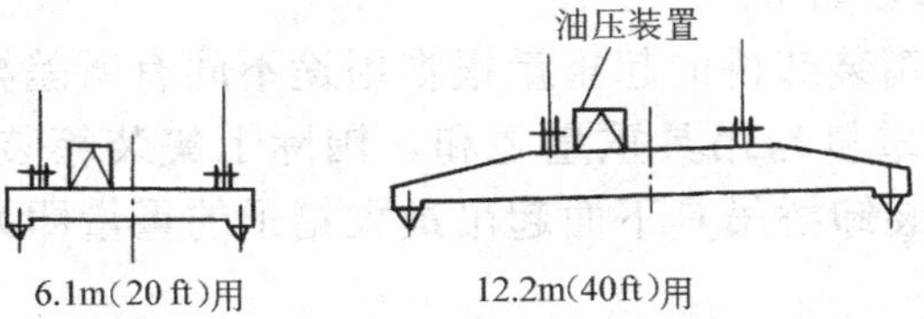

a）

图 4-2　固定式集装箱吊具外形图

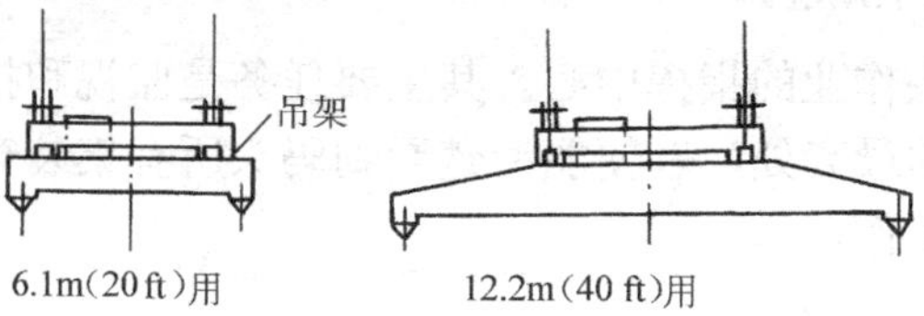

b）

图 4-2 固定式集装箱吊具外形图（续）

a）集装箱吊具有直接吊箱 b）集装箱吊具安装在吊架上

（2）伸缩式集装箱吊具 这种吊具是专门为集装箱装卸桥而设计的，利用油压操作使框架能自行伸缩，可用于装卸多种不同尺寸的集装箱。如图 4-3 所示为伸缩式集装箱吊具外形图。伸缩式集装箱吊具的特点是在变换吊具时所花的时间很少，一般为 1min 左右，但它的缺点是自重大，通常为 9～10t 左右。

（3）组合式集装箱吊具 它是由装卸 6.1m（20ft）型集装箱用的基本吊具和摘挂方便的 12.2m（40ft）型集装箱用的辅助吊具两者组合而成的，如图 4-4 所示为组合式集装箱吊具外形图。

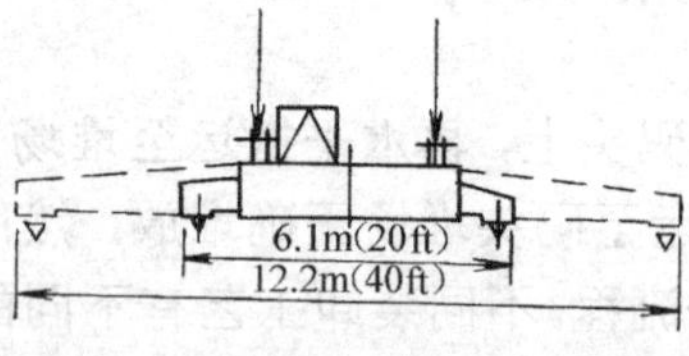

图 4-3 伸缩式集装箱吊具外形图

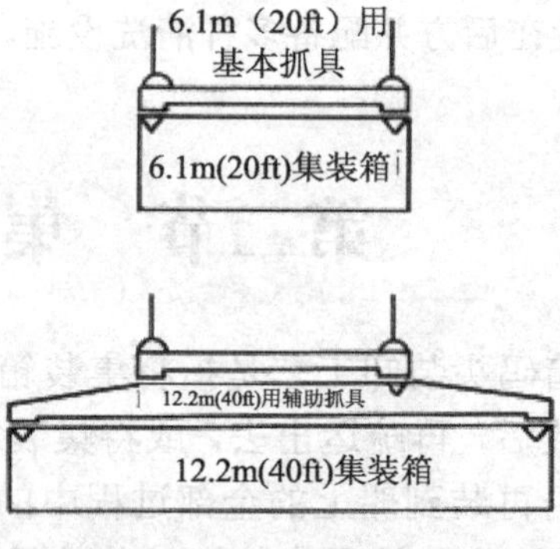

图 4-4 组合式集装箱吊具外形图

二、集装箱装卸桥

集装箱装卸桥是集装箱码头前沿装卸集装箱船舶的作业机械，现代化集装箱码头普遍采用岸壁集装箱装卸桥来装卸集装箱船舶。集装箱装卸桥从外表框架形式上看有 A 型和 H 型两种，如图 4-5 所示。

集装箱装卸桥技术参数如下：

（1）起重量 集装箱装卸桥的起重量根据用途不同有所差异。集装箱装卸桥的起重量是指起吊最大集装箱重量与吊具重量之和。国际上集装箱装卸桥的起重量多为 40.5（30.5＋10）t。集装箱装卸桥吊具下面起吊最大箱子的重量即为集装箱装卸桥的额定起重量。

（2）起升高度 集装箱装卸的起升高度由两部分组成，即轨顶面以上的高度和轨顶面以下的高度。它取决于集装箱船舶型深、吃水、潮差、甲板面上装载集装箱层数以及码头标高等因素。

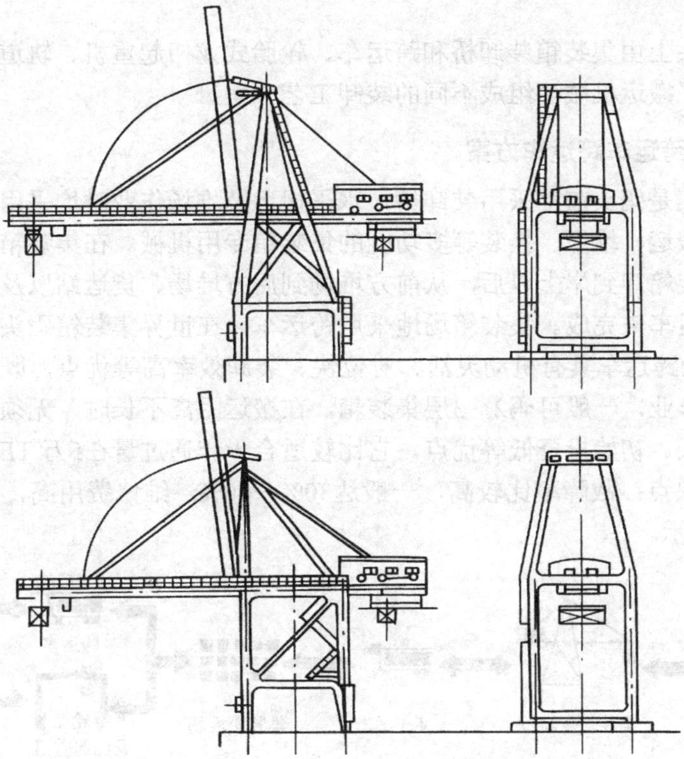

图 4-5　集装箱装卸桥框架形式

一般集装箱装卸桥轨顶面以上高度约 25m；轨顶面以下高度约 12m；故集装箱装卸总起升高度为 37m。

（3）外伸距　外伸距是指集装箱装卸桥海侧轨道中心线向外至集装箱吊具铅垂中心线之间的最大水平距离。它主要取决于来港船型和装卸时允许向外横倾 3°等因素。外伸距一般为 35m。

（4）内伸距　内伸距是指集装箱装卸桥陆侧轨道中心线向内至吊具铅垂中心线之间的最大水平距离。内伸距的作用，一是放置集装箱，二是放置集装箱舱盖板。一般内伸距为 35m。

（5）轨距　轨距是指装卸桥两行走轨道中心线之间的水平距离。轨距的大小影响到装卸桥的稳定性，故轨距太小对装卸桥是不利的。一般考虑要在轨距内布置 3 条跨运车的作业线，故轨距一般为 6m。

（6）横梁下面的净空高度　横梁下面的净空高度是指集装箱装卸桥横梁的下部到轨顶面之间的垂直距离。一般取决于最大搬运集装箱机械的最大高度。目前的集装箱装卸桥横梁下面净空高度为 10m。

（7）基距　基距是指同一轨道两个主支承中心线之间的距离。考虑到门框内要能安全地通过 12.2m（40ft）型的集装箱，一般基距为 16.8m。

（8）生产率　集装箱装卸桥的效率取决于起重小车的起升、下降以及行走速度等因素，一般集装箱装卸桥小时效率 20～25 箱左右。

三、集装箱装卸工艺方案

在集装箱码头上由集装箱装卸桥和跨运车、轮胎式龙门起重机、轨道式龙门起重机、底盘车和叉车等水平搬运机械可组成不同的装卸工艺方案。

1. 装卸桥、跨运车跨运车方案

这种工艺方案是码头前沿采用装卸桥，水平搬运及堆场作业时均采用跨运车。跨运车又叫跨车，是一种搬运、堆垛、换装等多功能的集装箱专用机械。在集装箱码头上，集装箱装卸桥将船上的集装箱卸到岸上以后，从前方堆场到后方堆场、货运站以及对底盘车进行换装等作业均可由跨运车来完成。集装箱场地采用跨运车，在世界集装箱码头场地工艺方案中约占40%，这是因为跨运车具有机动灵活、对位快、装卸效率高等优点，既可作水平搬运，又可作场地堆拆垛作业，一般可码2～3层集装箱，在搬运距离不长时，无须再配拖挂车，有省人力、单机造价低、初始投资低等优点。它比较适合于年通过量在5万 TEU 的集装箱码头上使用。它的主要缺点：故障率比较高，一般达30%～40%，维修费用高，不能用于装卸铁路车辆。如图4-6所示。

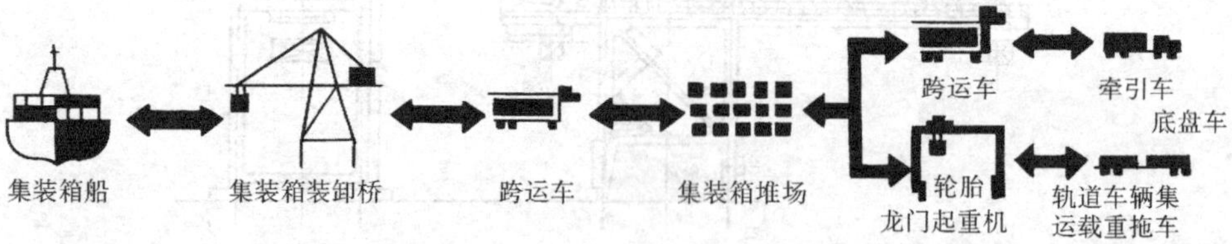

图 4-6　装卸桥、跨运车、跨运车方案

2. 装卸桥、底盘车轮胎式龙门起重机方案

该方案是码头前沿采用装卸桥，水平搬运采用底盘车，堆场采用轮胎式龙门起重机。轮胎式龙门起重机由于其行走部分是轮胎，顾而得名。这种工艺方案是把通过装卸桥从船上卸下来的集装箱放到底盘车上，码头前沿到堆场通过底盘车连接。集装箱运到堆场后，再用轮胎式龙门起重机进行场地作业。这种机械也可进行内陆车辆的换装作业。轮胎式龙门起重机方式的主要优点：场地面积利用率高，装卸效率高，灵活性比较大，能适应铁路、公路车辆的运输；轮胎式龙门起重机可以说是一种增大了自由弯度和宽度的跨运车，它可跨 1～7 排集装箱和一条底盘车通道，能堆码 1～4 层集装箱；操作简便；便于实现自动化和电子计算机的管理。它比较适合于年通过量 8 万～10 万标准箱的集装箱码头使用。它的主要缺点：轮压比较大，一般为 50t，故对场地要求高；对驾驶员操作技术要求高。如图 4-7 所示。

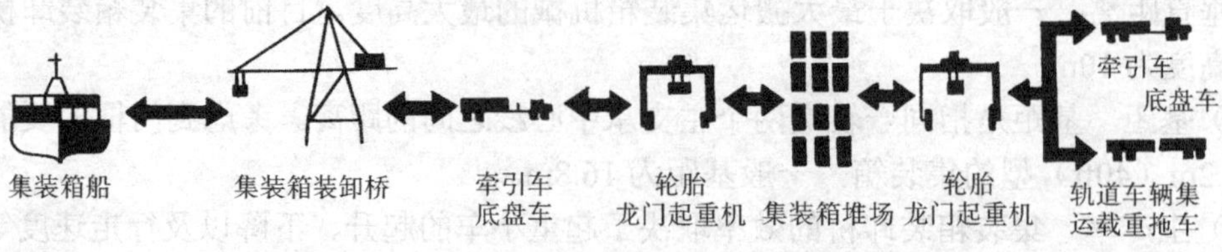

图 4-7　装卸桥、底盘车、轮胎龙门起重机方案

3. 装卸桥、底盘车轨道式龙门起重机方案

这种工艺方案是通过装卸桥把集装箱从船卸到码头后再搬放到底盘车上，通过底盘车把集装箱运到堆场，堆场作业采用轨道式龙门起重机。轨道式龙门起重机的主要特点是机械沿轨道运行，具有能实现自动化控制的优点。与轮胎式龙门起重机相比，堆场堆箱的自由空间和宽度更大，在所有集装箱堆场机械中场地面积利用率最高，单位面积堆箱数最多，它可跨14 排或更多排集装箱，堆码高度可达 4～5 层集装箱。机械机构简单，操作比较可靠，但初始投资大。轨道式龙门起重机方式适合于年吞吐量 10 万 TEU 以上或两个以上连续泊位的集装箱码头使用。如图 4-8 所示。

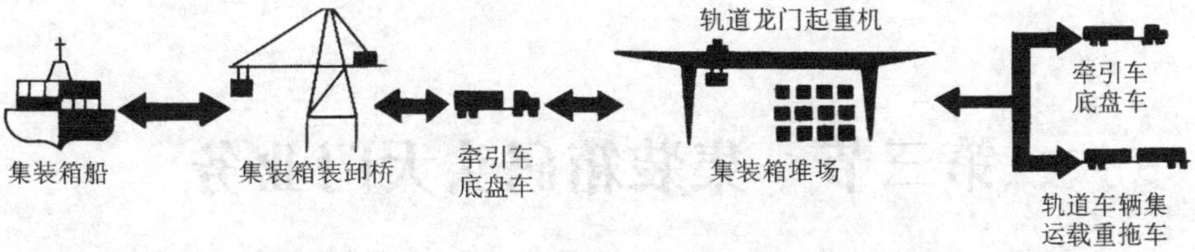

图 4-8 装卸桥、底盘车、轨道龙门起重机方案

4. 装卸桥、底盘车方案

这种工艺方案是码头前沿采用装卸桥，水平搬运及堆场作业均采用底盘车。底盘车又叫拖挂车，根据其使用场所不同，分为一般公路用和货场用两种。一般公路上用的其长、宽、高外廓尺寸及轮压和轴负荷均应符合国家标准规定；货场运输用的其外廓尺寸一般可不受国家对于车辆限界的规定限制，但挂车的全长和轴负荷要考虑到码头货场道路的技术条件。采用底盘车的方式是：从船上卸下来的集装箱直接安放在底盘车上。集装箱上底盘车后，用牵引车把它拖到场地，在场地上集装箱存放在挂车上，当需要进行内陆运输时，很方便地用牵引车将其拖走。这一方式与前几种方式比较，集装箱不落地，特别适合于公路四通八达的“门到门”运输方式。主要缺点：占地面积大（一般一个泊位需要 22 万～25 万 m^2 的陆域）；投资大（一般每个泊位平均需配备 2 000～3 000 辆挂车）；由于不能重叠堆放，故场地面积利用率很低。如图 4-9 所示。

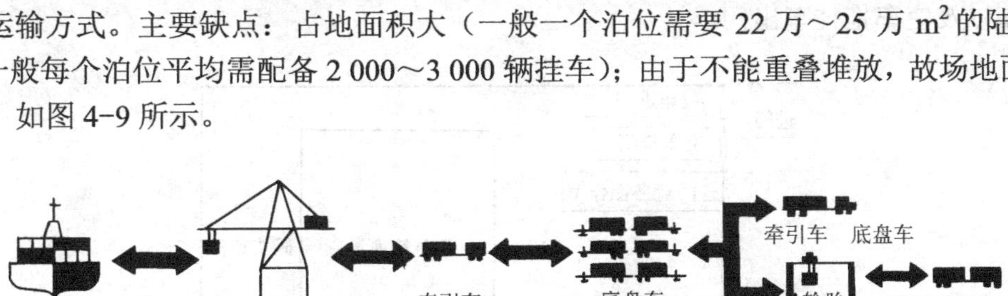

图 4-9 装卸桥、底盘车方案

5. 装卸桥、集装箱叉车、叉车方案

该方案是码头前沿采用装卸桥，水平搬运及场地采用叉车。集装箱叉车是集装箱码头上常用的一种装卸机械。一般码头前沿利用船机或门机进行装卸，码头前沿和堆场上的作业都用叉车。叉车除了进行场地码垛作业和短距离的搬运作业外，还可用它来进行装卸车辆作业。

当水平运输距离比较远时，可采用拖挂车配合作业。叉车作业要求比较宽敞的通道及场地，因此，场地面积利用率比较低。这种工艺方式较适合于年吞吐量3万TEU以下沿海件杂货泊位兼作集装箱泊位使用，或兼做修理箱场地和空箱场地作业。如图4-10所示。

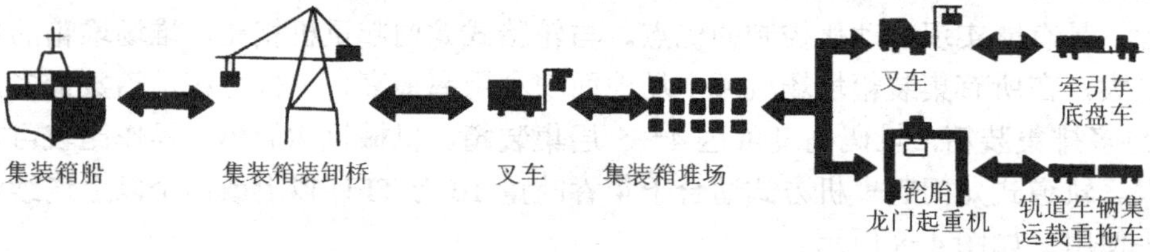

图4-10　装卸桥、集装箱叉车、叉车方案

第三节　集装箱码头大门业务

集装箱码头大门肩负着集装箱进出口的操作业务，任务重大。因此对其设置和管理要求较高。在实际业务中，集装箱码头大门又称为闸口或门口。

一、码头大门口的设置

由于集装箱码头进出集装箱频繁，所以门口设置的目的是为进出大门的集装箱快速、方便地通行而又不出差错。大门口设置的要求是使办理集装箱进出口的手续方便、高效、安全、畅通无阻。

集装箱码头大门口的设置如图4-11所示。门口是集装箱码头港区与外界的分界处。集装箱码头大门共有两个门口。一个门口负责载箱拖挂车和空车挂车进门；另一个门口负责载箱拖挂车以及空车拖挂车出门。

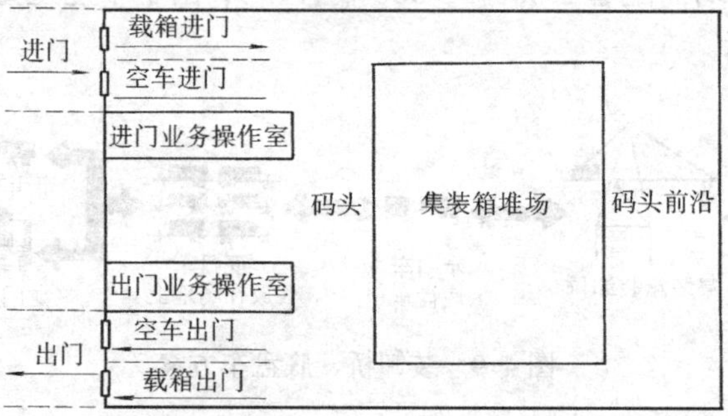

图4-11　集装箱码头大门口的设置

进门和出门都分别设置载箱拖挂车进出门和空车拖挂车进出门。这是因为：

（1）载箱拖挂车出入门与空车拖挂车进出门所办理的手续不一样。

（2）载箱拖挂车和空车拖挂车进出门分别行走各自的路线，可保证门口处的交通畅通。

二、码头门口业务操作程序

集装箱码头大门口的操作程序分为出口操作程序和进口操作程序。在整箱货运情况下，出口操作程序是指从货主（客户）到码头堆场提取空箱开始至将装满货的重箱送交码头堆场为止的过程。进口操作程序是指货主（客户）到码头堆场提取重箱至将卸完货的空箱送交码头堆场为止的全过程。现以整箱货运为例说明出口操作程序和进口操作程序。

（一）整箱货运出口操作程序

（1）船公司或其代理人安排拖车或通知货主（客户）安排拖车去码头堆场领取空箱。

（2）拖车司机到船公司或其代理人处领取交收箱用的集装箱收发单。该收发单一式6联（见表4-1～表4-6）。与此同时，船公司或其代理人还发给司机封条（类似于锁），封条为每只集装箱一个，装货完毕，加封在集装箱端门上。

（3）拖车司机开车到码头大门口，从空车进口处进门，在入门口处停车，将集装箱收发单的第一联递交给入门口处的码头职员，用于办理入门手续。司机递交收发单第一联后，无需等候，可直接开车去码头专用停车场等候通知。

（4）门口职员将收发单第一联中的有关数据输入计算机，如船公司名称、船名、航次、箱主、订舱单号、拖车号以及集装箱类型和尺寸等。然后安排取箱位置（空箱在堆场的位置）和集装箱号码，打印出一张堆场作业纸交给司机。堆场作业纸上注明有箱号和取箱的堆场位置，拖车司机便可开车到堆场作业纸上指定的堆场位置提取空箱。

（5）堆场理货员按司机提供的堆场作业纸，指挥起重机司机将指定的集装箱（空箱）吊到拖车上。吊装时，堆场理货员应观察集装箱底部有无损坏，如有损坏，堆场理货员应通知大门口职员更换集装箱，此时拖车司机须持原有堆场作业纸回到入门口处改单，即更改集装箱箱号和取箱位置，再回到新的堆场位置取空箱，直到所取集装箱完好为止。

（6）拖车司机取到空箱后，开车到验箱处验箱。出门口前须经过详细验箱。因为集装箱装到拖车上后，底部与拖车架接触，无法观察，所以堆场理货员验箱是检查箱底。而出门前的验箱是检查集装箱底部以外的其他所有部位。验箱方法如下：

1）外部检查。即对箱体的表面察看，是否有变形、损伤等。

2）内部检查。检查时理货员进入箱内，关上箱门，观察有无漏光现象。以此判断集装箱是否破损。

3）箱门检查。箱门应完好、水密。

4）根据货种及有关要求进行其他检查。如防虫防病疫检查等。

理货员根据验箱结果在堆场作业纸上记录签字，具体说明箱型、材质以及箱体是否完好，然后交给司机。

（7）司机持堆场作业纸（已加验箱记录）和入门时剩下的5联收发单到载箱出门处办理出门手续。出门处职员根据司机递交的材料重新核对箱主、订舱单号、拖车号等，看计算机记录是否有错，同时检查实际取的箱是不是堆场作业纸上指定的箱，即核对箱号。核对正确无误后，出门处职员收下堆场作业纸及收发单第6联留存，同时打印设备交接单连同剩下的4联收发单一起交给司机。设备交接单上记录有拖车号、箱号、订舱单号等。

（8）拖车司机凭设备交接单出门离开码头。

表4-1 集装箱收发单（1）

Packing Address 装货地点 Contact/Tel 联系人/电话	Appointed Date/Time 装货时间	蛇口集装箱码头有限公司 Shekou Container Terminals Ltd. 集装箱收发单 Acceptance Order(In)
Contractor 托运人		持箱人 签发者 Operator________ Agents________

Empty Container Collection Address 提空箱地点		Full Container Return Address 收重箱地点	
集装箱码头 SHEKOU CONTAINER TERMINALS LTD. JETTY THREE, HARBOUR ROAD, SHEKOU, SHENZHEN,PRC	Releasing Location 发箱场位	集装箱码头 SHEKOU CONTAINER TERMINALS LTD. JETTY THREE, HARBOUR ROAD,SHEKOU, SHENZHEN, PRC	Receiving Location 收箱场位

Vessel/Voy 船名/航次	Port of Discharge 卸货港	Final Destination 目的港	Shipping Order No 托运军号
Container No.柜号	Size/Type 尺寸/种类	Weight Category 重量等级	Special Requirement 特殊要求
Seal No.船封号	Tractor/Trailer No.车牌号码	Remarks 备注	

导出场检查记录（INSPECTION AT THE TIME OF INTERCHANGE）

普通集装箱（GP CONTAINER）	冷藏集装箱（RF CONTAINER）	特种集装箱（SPECIAL CONTAINER）	发电机（GEN SET）
□正常（SOUND） □异常（DEFECTIVE）	□正常（SOUND） □异常（DEFECTIVE）	□正常（SOUND） □异常（DEFECTIVE）	□正常（SOUND） □异常（DEFECTIVE）

损坏记录及代号（DAMAGE & CODE）

B	BR	C	CO	D	DG	FI	H	M	O	OD	S	W	Z
擦伤	断裂	割伤	锈蚀	凹损	标签	污秽	破洞	丢失	油渍	气味	弯曲	湿	扭转
BRUISE	BROKEN	CUT	CORRODED	DENT	LABEL	FILTHY	HOLE	MISSING	OIL STAINED	ODOUR	BUCKLED	WET	DISTORTED

左侧（LEFT SIDE）

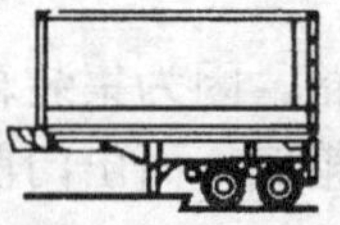

右侧（RIGHT SIDE）

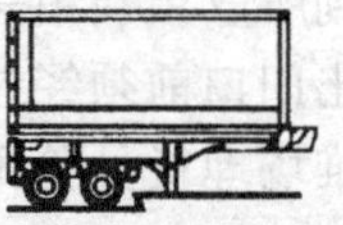

前面（FRONT）

集装箱内部（CONTAINER INSIDE）

顶面（TOP）

底板（FLOOR BASE）

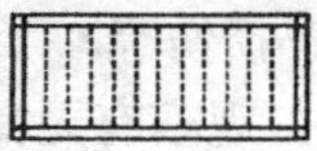

后面（REAR）

备注（REMARKS）

Received in apparent good order and condition and teal intact unless otherwise stated (as per above) 除上述列明外・所发箱完好无缺 No.编号__________ Terminal Representative 码头人员签署	For SCT use only	Time arrived premises 到达时间 Time left premises 离开时间 The above time are correct and seal intact 上述时间正确无误 Shipper's representative 发货人签名

1.Terminal Copy 码头留底联

进入码头前　请仔细阅读第3页背面的入场须知。

表 4-2　集装箱收发单（2）

Packing Address 装货地点	Appointed Date/Time 装货时间
Contact/Tel 联系人/电话	
Contractor 托运人	

蛇口集装箱码头有限公司
Shekou Container Terminals Ltd.
集装箱收发单

Acceptance Order(In)

持箱人 Operator________　签发者 Agents________

Empty Container Collection Address 提空箱地点			Full Container Return Address 收重箱地点	
集装箱码头 SHEKOU CONTAINER TERMINALS LTD. JETTY THREE, HARBOUR ROAD, SHEKOU, SHENZHEN,PRC		Releasing Location 发箱场位	集装箱码头 SHEKOU CONTAINER TERMINALS LTD. JETTY THREE, HARBOUR ROAD, SHEKOU, SHENZHEN,PRC	Receiving Location 收箱场位
Vessel/Voy 船名/航次	Port of Discharge 卸货港		Final Destination 目的港	Shipping Order No 托运军号
Container No.柜号	Size/Type 尺寸/种类		Weight Category 重量等级	Special Requirement 特殊要求
Seal No. 船封号	Tractor/Trailer No. 车牌号码		Remarks 备注	

导出场检查记录（INSPECTION AT THE TIME OF INTERCHANGE）

普通集装箱（GP CONTAINER）	冷藏集装箱（RF CONTAINER）	特种集装箱（SPECIAL CONTAINER）	发电机（GEN SET）
□正常（SOUND） □异常（DEFECTIVE）	□正常（SOUND） □异常（DEFECTIVE）	□正常（SOUND） □异常（DEFECTIVE）	□正常（SOUND） □异常（DEFECTIVE）

损坏记录及代号（DAMAGE & CODE）

B	BR	C	CO	D	DG	FI	H	M	O	OD	S	W	Z
擦伤	断裂	割伤	锈蚀	凹损	标签	污秽	破洞	丢失	油渍	气味	弯曲	湿	扭转
BRUISE	BROKEN	CUT	CORRODED	DENT	LABEL	FILTHY	HOLE	MISSING	OIL STAINED	ODOUR	BUCKLED	WET	DISTORTED

左侧（LEFT SIDE）　右侧（RIGHT SIDE）　前面（FRONT）　集装箱内部（CONTAINER INSIDE）

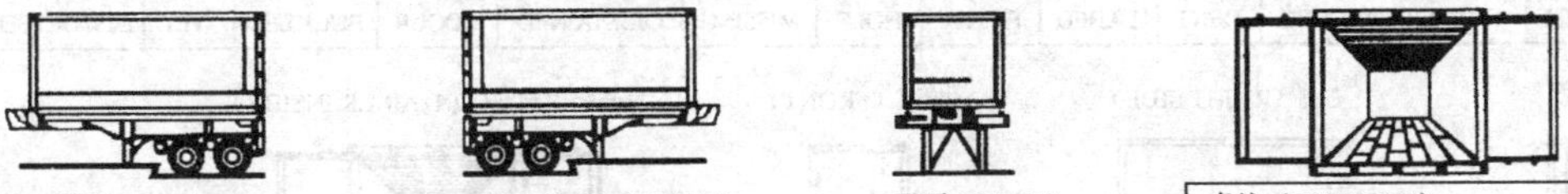

顶面（TOP）　底板（FLOOR BASE）　后面（REAR）

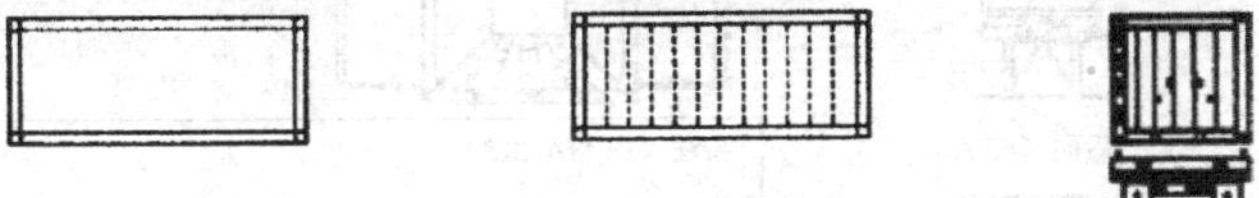

备注（REMARKS）

Received in apparcnt good order and condition and teal intact unless otherwisc stated （as per above） 除上述列明外・所发箱完好无缺 no.编号______________ Terminal Representative 码头人员签署	For SCT use only	Time arrived premises 到达时间 Time left premises 离开时间 The above time are correct and seal intacl 上述时间正确无误 Shipper's representative 发货人签名

2. Terminal Copy 码头留底联

进入码头前　请仔细阅读第 3 页背面的入场须知。

表4-3 集装箱收发单（3）

Packing Address 装货地点 Contact/Tel 联系人/电话	Appointed Date/Time 装货时间
Contractor 托运人	

蛇口集装箱码头有限公司

Shekou Container Terminals Ltd.

集装箱收发单

Collection/Acceptance Order(In)

持箱人 Operator________ 签发者 Agents________

Empty Container Collection Address 提空箱地点		Full Container Return Address 收重箱地点	
集装箱码头 SHEKOU CONTAINER TERMINALS LTD. JETTY THREE, HARBOUR ROAD, SHEKOU, SHENZHEN,PRC	Releasing Location 发箱场位	集装箱码头 SHEKOU CONTAINER TERMINALS LTD. JETTY THREE, HARBOUR ROAD,SHEKOU, SHENZHEN, PRC	Receiving Location 收箱场位
Vessel/Voy 船名/航次	Port of Discharge 卸货港	Final Destination 目的港	Shipping Order No. 托运军号
Container No.柜号	Size/Type 尺寸/种类	Weight Category 重量等级	Special Requirement 特殊要求
Seal No.船封号	Tractor/Trailer No.车牌号码	Remarks 备注	

导出场检查记录（INSPECTION AT THE TIME OF INTERCHANGE）

普通集装箱（GP CONTAINER）	冷藏集装箱（RF CONTAINER）	特种集装箱（SPECIAL CONTAINER）	发电机（GEN SET）
□正常（SOUND）	□正常（SOUND）	□正常（SOUND）	□正常（SOUND）
□异常（DEFECTIVE）	□异常（DEFECTIVE）	□异常（DEFECTIVE）	□异常（DEFECTIVE）

损坏记录及代号（DAMAGE & CODE）

B	BR	C	CO	D	DG	FI	H	M	O	OD	S	W	Z
擦伤	断裂	割伤	锈蚀	凹损	标签	污秽	破洞	丢失	油渍	气味	弯曲	湿	扭转
BRUISE	BROKEN	CUT	CORRODED	DENT	LABEL	FILTHY	HOLE	MISSING	OIL STAINED	ODOUR	BUCKLED	WET	DISTORTED

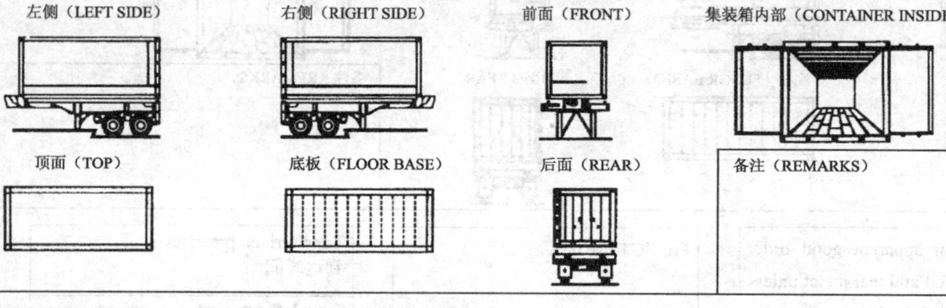

备注（REMARKS）

Released in apparent good order and condition unless otherwise stated (as per above) 除上述列明外，所发箱完好无缺 no.编号________ Terminal Representntive 码头人员签署	Received in apparent good order and condition and teal intact unless otherwisc stated (as per above) 除上述列明外，所发箱完好无缺，铅封完整 no.编号________ Terminal Representative 码头人员签署	For SCT use only	Time arrived premises 到达时间 Time left premises 离开时间 The above time are correct and seal intacl 上述时间正确无误 Shipper's representative 发货人签署	Received in apparent good order and condition unless otherwisc stated (as per above) 除上述列明外，所发箱完好无限 no.编号________ Haulier's Representative 司机签署

3.Haulier's Copy 司机联

进入码头前 请仔细阅读第3页背面的入场须知。

表4-4 集装箱收发单（4）

Packing Address 装货地点 Contact/Tel 联系人/电话	Appointed Date/Time 装货时间	蛇口集装箱码头有限公司 Shekou Container Terminals Ltd. 集装箱收发单 **Acceptance Order(In)**
Contractor 托运人		持箱人 Operator________ 签发者 Agents________

Empty Container Collection Address 提空箱地点		Full Container Return Address 收重箱地点	
集装箱码头 SHEKOU CONTAINER TERMINALS LTD. JETTY THREE, HARBOUR ROAD, SHEKOU, SHENZHEN,PRC	Releasing Location 发箱场位	集装箱码头 SHEKOU CONTAINER TERMINALS LTD. JETTY THREE, HARBOUR ROAD, SHEKOU, SHENZHEN,PRC	Receiving Location 收箱场位

Vessel/Voy 船名/航次	Port of Discharge 卸货港	Final Destination 目的港	Shipping Order No. 托运军号
Container No.柜号	Size/Type 尺寸/种类	Weight Category 重量等级	Special Requirement 特殊要求
Seal No. 船封号	Tractor/Trailer No. 车牌号码	Remarks 备注	

导出场检查记录（INSPECTION AT THE TIME OF INTERCHANGE）

普通集装箱（GP CONTAINER）	冷藏集装箱（RF CONTAINER）	特种集装箱（SPECIAL CONTAINER）	发电机（GEN SET）
□正常（SOUND） □异常（DEFECTIVE）	□正常（SOUND） □异常（DEFECTIVE）	□正常（SOUND） □异常（DEFECTIVE）	□正常（SOUND） □异常（DEFECTIVE）

损坏记录及代号（DAMAGE & CODE）

B	BR	C	CO	D	DG	FI	H	M	O	OD	S	W	Z
擦伤	断裂	割伤	锈蚀	凹损	标签	污秽	破洞	丢失	油渍	气味	弯曲	湿	扭转
BRUISE	BROKEN	CUT	CORRODED	DENT	LABEL	FILTHY	HOLE	MISSING	OIL STAINED	ODOUR	BUCKLED	WET	DISTORTED

左侧（LEFT SIDE）

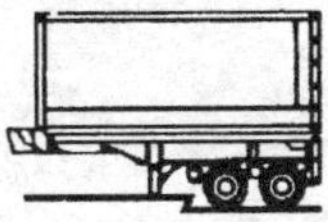

右侧（RIGHT SIDE）

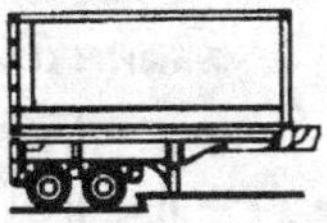

前面（FRONT）

集装箱内部（CONTAINER INSIDE）

顶面（TOP）

底板（FLOOR BASE）

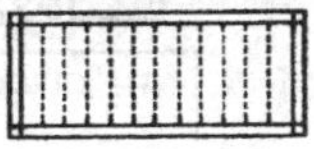

后面（REAR）

备注（REMARKS）

For SCT use only	
	Time arrived premises 到达时间
	Time left premises 离开时间
	The above time are correct and seal intacl 上述时间正确无误
	Shipper's representative 发货人签署

4. Office Copy 留底联

进入码头前 请仔细阅读第3页背面的入场须知。

表4-5 集装箱收发单（5）

Packing Address 装货地点 Contact/Tel 联系人/电话	APPointed Date/Time 装货时间
Contractor 托运人	

蛇口集装箱码头有限公司

Shekou Container Terminals Ltd.

集装箱收发单

Collection Order(In)

持箱人 Operator________ 签发者 Agents________

Empty Container Collection Address 提空箱地点			Full Container Return Address 收重箱地点	
集装箱码头 SHEKOU CONTAINER TERMINALS LTD. JETTY THREE, HARBOUR ROAD, SHEKOU, SHENZHEN,PRC		Releasing Location 发箱场位	集装箱码头 SHEKOU CONTAINER TERMINALS LTD. JETTY THREE, HARBOUR ROAD,SHEKOU, SHENZHEN, PRC	Receiving Location 收箱场位

Vessel/Voy 船名/航次	Port of Discharge 卸货港	Final Destination 目的港	Shipping Order NO. 托运军号
Container No.柜号	Size/Type 尺寸/种类	Weight Category 重量等级	Special Requirement 特殊要求
Seal No.船封号	Tractor/Trailer NO.车牌号码	Remarks 备注	

进出场检查记录（INSPECTION AT THE TIME OF INTERCHANGE）

普通集装箱（GP CONTAINER）	冷藏集装箱（RF CONTAINER）	特种集装箱（SPECIAL CONTAINER）	发电机（GEN SET）
□正常（SOUND） □异常（DEFECTIVE）	□正常（SOUND） □异常（DEFECTIVE）	□正常（SOUND） □异常（DEFECTIVE）	□正常（SOUND） □异常（DEFECTIVE）

损坏记录及代号（DAMAGE & CODE）

B	BR	C	CO	D	DG	FI	H	M	O	OD	S	W	Z
擦伤	断裂	割伤	锈蚀	凹损	标签	污秽	破洞	丢失	油渍	气味	弯曲	湿	扭转
BRUISE	BROKEN	CUT	CORRODED	DENT	LABEL	FILTHY	HOLE	MISSING	OIL STAINED	ODOUR	BUCKLED	WET	DISTORTED

左侧（LEFT SIDE）

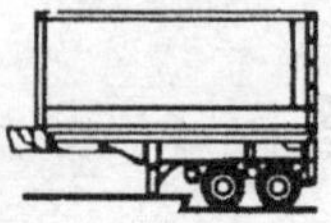

右侧（RIGHT SIDE）

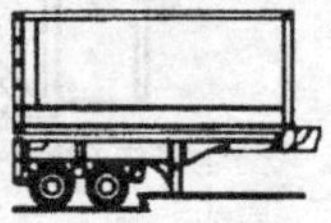

前面（FRONT）

集装箱内部（CONTAINER INSIDE）

顶面（TOP）

底板（FLOOR BASE）

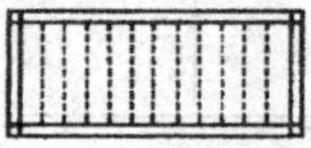

后面（REAR）

备注（REMARKS）

Released in apparent good order and condition unless otherwise stated (as per above) 除上述列明外·所发箱完好无缺 no.编号________ Terminal Representative 码头人员签署	Received in apparent good order and condition and teal intact unless otherwisc stated (as per above) 除上述列明外·所发箱完好无缺·铅封完整 no.编号________ Terminal Representative 码头人员签署	For SCT use only	Time arrived premises 到达时间 Time left premises 离开时间 The above time are comect and seal intacl 上述时间正确无误 Shipper's representative 发货人签署	Received in apparent good order and condition unless otherwisc stated (as per above) 除上述列明外·所收箱完好无误 no.编号________ Haulier's Representative 司机签署

5.Shipper's Copy 货主联

进入码头前 请仔细阅读第3页背面的入场须知。

表 4-6　集装箱收发单（6）

Packing Address 装货地点 Contact/Tel 联系人/电话	Appointed Date/Time 装货时间
Contractor 托运人	

蛇口集装箱码头有限公司

Shekou Container Terminals Ltd.

集装箱收发单

Collection Order(OUT)

持箱人 Operator________　签发者 Agents________

Empty Container Collection Address 提空箱地点		Full Container Return Address 收重箱地点	
集装箱码头 SHEKOU CONTAINER TERMINALS LTD. JETTY THREE, HARBOUR ROAD, SHEKOU, SHENZHEN,PRC	Releasing Location 发箱场位	集装箱码头 SHEKOU CONTAINER TERMINALS LTD. JETTY THREE, HARBOUR ROAD, SHEKOU, SHENZHEN,PRC	Receiving Location 收箱场位

Vessel/Voy 船名/航次	Port of Discharge 卸货港	Final Destination 目的港	Shipping Order No. 托运单号
Container No.柜号	Size/Type 尺寸/种类	Weight Category 重量等级	Special Requirement 特殊要求
Seal No. 船封号	Tractor/Trailer No. 车牌号码	Remarks 备注	

导出场检查记录（INSPECTION AT THE TIME OF INTERCHANGE）

普通集装箱（GP CONTAINER）	冷藏集装箱（RF CONTAINER）	特种集装箱（SPECIAL CONTAINER）	发电机（GEN SET）
□正常（SOUND） □异常（DEFECTIVE）	□正常（SOUND） □异常（DEFECTIVE）	□正常（SOUND） □异常（DEFECTIVE）	□正常（SOUND） □异常（DEFECTIVE）

损坏记录及代号（DAMAGE & CODE）

B	BR	C	CO	D	DG	FI	H	M	O	OD	S	W	Z
擦伤	断裂	割伤	锈蚀	凹损	标签	污秽	破洞	丢失	油渍	气味	弯曲	湿	扭转
BRUISE	BROKEN	CUT	CORRODED	DENT	LABEL	FILTHY	HOLE	MISSING	OIL STAINED	ODOUR	BUCKLED	WET	DISTORTED

左侧（LEFT SIDE）

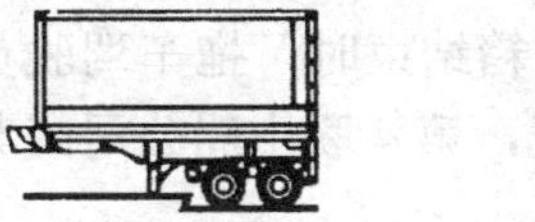

右侧（RIGHT SIDE）

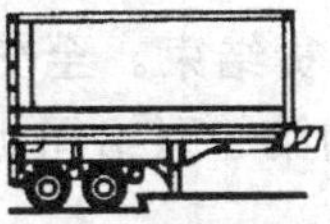

前面（FRONT）

集装箱内部（CONTAINER INSIDE）

顶面（TOP）

底板（FLOOR BASE）

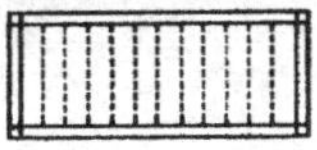

后面（REAR）

备注（REMARKS）

For SCT use only

6. Office Copy 留底联

进入码头前　请仔细阅读第 3 页背面的入场须知。

（9）客户拿到空箱后，即安排装货，装货时，有海关人员监督。装好货后，在箱门上加装厂家封条，同时还应经海关检查批准后加封海关封条，上了封条的集装箱不能随意打开，以保货物不致丢失。

（10）集装箱装箱完毕，加封后，再安排拖车将装有货的集装箱（重箱）送到码头。此时拖车从载箱进口处入门，在进口处递交集装箱收发单（此时司机携带的运输单证就是上次提取空箱时剩下的4联集装箱收发单和设备交接单），办理交接箱手续。在办手续前，先经过门口处理货员验箱，验箱的内容为：

1）箱体外观检查，是否有损伤、翘曲、破裂现象。

2）核对箱号是否与单证上相符。

3）记录封条号码，包括海关关封及厂家施加的厂封。

4）注明集装箱的类型、材质。

验箱内容写在集装箱收发单第2联上。

（11）验箱完毕，门口处职员审单（即审查集装箱收发单），并将有关箱的资料记录输入到计算机。例如：拖车号、箱号、船名、航次、订舱单号、卸货港、封条号、箱毛重等。输入完毕，撕下收发单第2联留存，其余3联交给司机，并打印一张堆场作业纸给拖车司机。此堆场作业纸同上次提空箱时的堆场作业纸形式一样，只是一个用于提箱，另一个用于交箱。堆场作业纸上注有卸箱的堆场位置，拖车司机到指定堆场位置，将堆场作业纸交给堆场理货员。

（12）堆场理货员先审查拖车驾驶员提交的资料，如没有问题，即指挥起重机驾驶员卸箱。卸箱完毕，堆场理货员应在堆场作业纸上签字确认。

（13）拖车离开堆场到空车出门处办理出门手续。出门处码头职员重新核对进门时输入到计算机里的文件资料记录，应特别注意核对箱号、船名、航次、卸货港以及堆场作业纸上有无堆场理货员确认已卸箱到堆场的记录，然后打印设备交接单（即出门纸），撕下收发单第5联留存，剩余2联收发单连同设备交接单交给司机，此设备交接单与上次来提箱时的设备交接单一样。

（14）拖车驾驶员凭设备交接单出门。出口重箱交货结束。至交箱结束时，拖车驾驶员原持有的6联集装箱收发单只剩下两联了。这两联中的第3联给司机，第4联由船公司或其代理人保留。

（二）整箱货运进口操作程序

整箱货运进口操作程序与出口操作程序相反。

（1）船公司或其代理人安排拖车或通知客户安排拖车去码头提取重箱。

（2）拖车驾驶员去码头提取重箱前先到船公司或其代理人处领取交收箱用的集装箱收发单及其海关放行条，收发单通常为一式6联（前已述及）。

（3）拖车驾驶员开车到码头门口处，从空车进口处入门，在入门口处停车，将手中的收发单第1联和海关放行条递交给入闸口处码头职员，用于办理入闸手续。驾驶员递交收发单后，无需等候，可开车进入码头专用停车场等候通知。

（4）门口职员根据收发单将有关数据输入计算机，如箱主、拖车号以及集装箱类型和尺寸等，然后安排取箱位置（堆场位置）和集装箱号码，打印出一张堆场作业纸交给驾驶员。堆场作业纸上注明有箱号和取箱的堆场位置，拖车驾驶员便可开车到堆场作业纸上指定的堆场位置提取重箱。

（5）堆场理货员按驾驶员提供的堆场作业纸，指挥起重机驾驶员将指定集装箱（重箱）吊到拖车上。吊装时，堆场理货员应观察集装箱底部有无损坏，如有损坏，应做好详细记录并通知船公司加以确认。

（6）驾驶员持堆场作业纸（已经堆场理货员确认）和入门时剩下的5联收发单到载箱出门处办理出门手续。出门处职员根据司机递交的材料重新核对箱主、箱号、拖车号等，看计算机记录是否有错，同时检查实际取的重箱是不是堆场作业纸上指定的重箱，即核对箱号。核对正确无误后，出门处职员收下堆场作业纸及收发单第6联留存，同时打印设备交接单连同剩下的4联收发单一起交给驾驶员。设备交接单上记录有拖车号、箱号等，此设备交接单与提空箱的设备交接单基本一样，唯一不同的是提取重箱时的设备交接单带有条形码，拖车驾驶员出门时凭此条形码开启电子锁（通过电子扫描），出门处的交通栏杆即会自动抬起。

（7）拖车驾驶员凭设备交接单出门离开码头，将重箱取回。

（8）客户提到重箱后，即安排卸货，卸箱时有海关人员现场监督。

（9）集装箱卸货完毕，拖车将空箱送回码头，此时拖车从载箱进门处进门，在进门口处递交集装箱收发单（此时驾驶员携带的运输单证就是上次提重箱时剩下的4份收发单），办理交接箱手续。在办手续前，先经过门口处理货员验箱，验箱的内容为：

1）箱体外观检查，是否有损伤、翘曲、破裂现象。

2）核对箱号是否与单证上相符。

3）注明集装箱的类型、材质。

验箱内容写在收发单第2联上。

（10）验箱完毕，门口处职员审单（即审查集装箱收发单），并将有关箱的资料记录输入到计算机。例如：箱主、拖车号、箱号等。输入完毕，撕下集装箱收发单第2联留存，其余3联收发单交给驾驶员，并打印一张堆场作业纸给拖车驾驶员。此堆场作业纸同上次提空箱时的堆场作业纸形式一样，只是一个用于提箱，另一个用于交箱。堆场作业纸上注有卸箱的堆场位置，拖车司机到指定堆场位置，将堆场作业纸交给堆场理货员。

（11）堆场理货员先审查拖车驾驶员提交的资料，如没有问题，即指挥起重机驾驶员卸箱，卸箱完毕，堆场理货员应在堆场作业纸上签字确认。

（12）拖车离开堆场到空车出门处办理出门手续。出门处码头职员重新核对进门时输入到计算机里的文件资料记录，特别注意核对箱号、箱主以及堆场作业纸上有无堆场理货员确认已卸箱到堆场的记录，然后打印设备交接单，撕下集装箱收发单的第5联留存，剩余2联连同设备交接单交给驾驶员，此设备交接单与提空箱时的设备交接单一样。

（13）拖车司机凭设备交接单出闸。进口提取重箱，交还空箱程序结束。

第四节　集装箱码头堆场的有关操作

一、集装箱在码头堆场上的位置表示

1．码头堆场区、段的划分

集装箱码头堆场总面积较大。根据码头堆场的位置，往往将整个港区堆场划分为若干个分堆场，如1号堆场、2号堆场、3号堆场等。对每一个分堆场可再划分若干个区，如1区、2区、3区等。然后再对每一个区划分为若干个段，并用代号表示，如A段、B段、C段等。每个段的形状为矩形。其宽度为6个标准箱的宽度（应留有一定的空隙），因而每个段的宽度可表示为6行，用01、02、03、04、05、06表示。每段的长度通常为30个6.1m（20ft）标准箱的长度。因而每行有30个6.1m（20ft）箱长度方向的堆放位置，每个位置表示为间，用01、03、05、07、09、…，57、59表示，共30个间位。另外，集装箱在码头堆场的堆放高度通常为4～6层集装箱，具体表示为地面往上表示1层、2层、3层、4层、5层、6层。由于层数不多，在实际操作中，在同一个平面箱位上，从6层中找出一个集装箱并不困难，因而在码头箱位表示中，并不使用层这个位置，只用区、段、行、间4个位置就已经足够了。如图4-12所示为堆场平面区、段、行、间示意图。

2．集装箱在码头堆场箱位的表示

集装箱在堆场的箱位，首先表明区，然后表明段，再表明集装箱在某个段中的行位，最后表明集装箱在该行的间位。这样，集装箱在码头堆场堆放的位置就清楚了，极易查找。

每个集装箱运到码头时，大门口的业务操作员会给出一个箱位给该集装箱堆放，并输入计算机存档。下次要查找这个集装箱时，只要在计算机中输入该箱的箱号，计算机就会显示该箱的位置。例如：2B0403，表示该集装箱在2区B段第4行的第3区间，如图4-12所示。

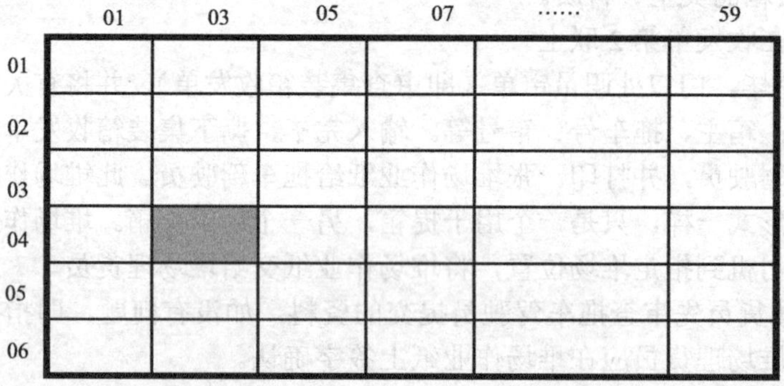

图4-12 码头堆场平面区、段、行、间示意图

上述所讲的是重箱的位置表示方法。而对于空箱的位置，通常只规定区位和段位，而没有行位和间位。主要原因是空箱的使用很少有指定箱号，即如果船公司或代理人或客户要去堆场取空箱装货，只要是该船公司的空箱就可以了，不必非要领取某一个号码的空箱。所以在码头堆场上会划出几个空箱区，专门存放空箱，每个区分为若干区段，再将段分给集装箱箱主。在空箱堆场上，集装箱按箱主不同而分开并分段摆放，由于不需要领取指定号码箱，因而取箱时不会有查找困难的问题。也有的规模较大的集装箱堆场，其空箱的摆放也像重箱一样规定，这样的堆场龙门起重机也较多。

二、堆场堆存能力的确定

集装箱堆场的堆存能力不仅与总堆存面积有关，还与允许堆放高度的层数有关。而允许堆高的层数在场地强度足够的情况下决定于集装箱堆码的机械，如叉车一般堆4层，龙门起重机可堆 5 层。

另外，在同一个间位，不能将所有的行位都堆高至 4 层或 5 层（最高层），必须在每一个间位靠边的 1～2 行留出足够的空位，作为装卸作业时的翻箱之用。如图 4-13 所示，比如说想取 1 行底或 3 行底的箱子，就必须先将压在该箱子上面的所有箱子移开，才能取出。而上面的箱子就移到翻箱位。根据经验，堆 4 层高时，应留有 3 个翻箱位；堆放 5 层高时，应留有 4 个翻箱位；堆高 6 层时应留有 5 个翻箱位。所以 6 行 4 层共 24 个箱位的间位，实际只能堆放 21 只箱子，留有 3 个翻箱位。6 行 5 层共 30 个箱位的间位，实际只能堆放 26 只箱子，要留出 4 个翻箱位。如图 4-13 所示。

如前所述，在已知码头共有几个分堆场，每个分堆场共有几个区，每个区有几个段，各个段行位有多少，间位有多少，就能计算出整个港区理论堆存能力（箱位数），而将理论堆存能力（箱位数）减去各个段的翻箱位数之和就得出整个港区的实际堆存能力（箱位数）。

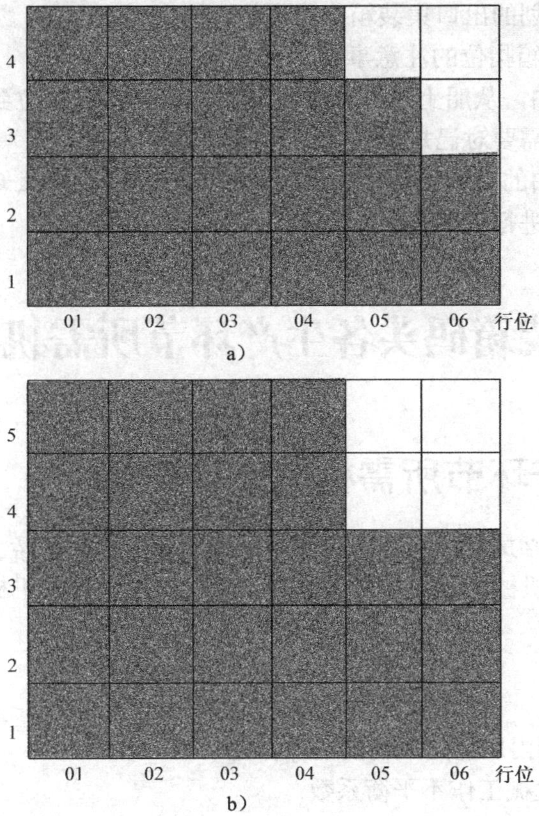

图 4-13 翻箱位示意图（空白为翻箱位）

a）堆 4 层高的翻箱位 b）堆 5 层高的翻箱位

三、堆场指位

堆场指位是指堆场业务人员给客户通过集装箱拖挂车送到码头的集装箱（出口箱）或从船上卸下来的集装箱（进口箱）安排在堆场堆放位置的行为。

（1）根据已规划的货位图指位，其步骤如下：

1）绘制堆场空白平面图。要求堆场业务人员在前一天下午就绘制好计划作业天（后一天）的堆场空白平面图。

2）掌握计划作业天到港船舶停靠的泊位、卸箱时间、卸箱量。

3）掌握计划作业天出口箱进场的交箱量及交箱时间。

4）掌握计划作业天出口箱装船时间、装箱量、船舶靠泊情况。

5）掌握计划作业天客户提箱量、提箱时间。

6）编制计划作业天到港集装箱堆存计划，规划集装箱堆存货位图。

7）对实际到港的集装箱根据已规划的货位图指定集装箱堆放位置。

（2）对出口集装箱指位的注意事项：

1）对计划天靠泊的船舶，看需装上该船的集装箱在堆场上的位置是否合理，如集装箱在堆场的堆放位置与到达船舶舱位的距离是否最短等。如不合理就需要做出移位。

2）根据客观实际，随时更改集装箱货位。如船期变动、船舶舱位不够、转船、转港等原因，都需要对已规划的出口集装箱位置作相应的变动。

（3）对进口集装箱指位的注意事项：

1）对计划天靠泊，从船上卸下来的集装箱，看从卸箱舱位到预先规划的货位的距离是否最短，如果不是则需要对已规划的货位进行调整。

2）对计划天靠泊的卸箱船舶，如果到港时间有变动，那么卸箱时间肯定有变动，同样需要对已规划的货位进行调整。

第五节　集装箱码头各生产环节所需机械数及能力确定

一、各生产环节所需机械数的确定

集装箱码头各生产环节所需机械数量与采用的装卸工艺系统、机械台时作业效率、机械利用情况、营运期内机械所能完成的操作量、营运期的长短及机械工作不平衡性有关，其计算公式为

$$N=\frac{Q_{操}K_{机}}{P_{时}fT_{营}} \tag{4-1}$$

式中 $Q_{操}$——运营期内所能完成需要的操作量（TEU）；

$K_{机}$——装卸机械工作不平衡系数；

$P_{时}$——装卸机械作业台时效率（TEU/台·h）；

f——装卸机械利用系数；

$T_{营}$——集装箱码头营运期，一般 $T_{营}=365\times24=8\,760$h；

N——装卸工艺系统工序所需机械台数。

$$K_{机}=\frac{q_{最大}}{q_{平均}} \tag{4-2}$$

式中 $q_{最大}$——月最大吞吐量（TEU）；

$q_{平均}$——月平均吞吐量。

在考虑各工序实际配机数时，还应增加营运期内正常维修保养所需的机械数。同时，为了使整个装卸工艺系统各工序装卸能力匹配，一般应以码头泊位生产能力（装卸能力）为基准，其他工序如水平运输工序和堆场作业工序的生产能力应适应泊位能力的要求。因此，其他工序的机械需要数量应符合下式要求

$$N_{序} = \frac{P_{泊}}{P_{序}} \tag{4-3}$$

式中 $N_{序}$ —— 其他工序所需机械台数；

$P_{泊}$ —— 码头泊位装卸机械生产率（TEU/台·h）；

$P_{序}$ ——某工序装卸机械生产率（TEU/台·h）。

二、生产能力的确定

1．集装箱码头泊位年通过能力

$$P_{泊通} = P_{泊}NT_{营}U_1U_2 \tag{4-4}$$

式中 $P_{泊通}$——年泊位通过能力（TEU）；

$P_{泊}$——岸壁集装箱起重机生产率或作业台时效率（TEU/台·h）；

N ——岸壁集装箱起重机台数；

$T_{营}$——码头营运期（年工作小时数）T＝365×24＝8 760h；

U_1——泊位利用系数（根据实际情况分析确定），建议取0.5～0.8；

U_2——装卸效率影响系数（从开始作业到结束，包括移机、清舱，其他影响因素等），建议取0.3～0.7。

2．堆场年堆存能力的确定

$$P_{堆} = \frac{Q_{堆}aT_{营}}{t_{堆}K_{不}} \tag{4-5}$$

式中 $P_{堆}$ —— 堆场年堆存能力（TEU）；

$Q_{堆}$ —— 堆场一次堆存量（最大堆存量）（TEU）；

a ——堆存高度系数（一般堆一层 a＝1，二层以上 a＝0.8）；

$T_{营}$ ——堆场营运期，$T_{营}$＝365a；

$K_{不}$ ——堆场工作不平衡系数。

$K_{不}$反映堆场工作及出、入库集装箱保管不平衡情况，该数值与集装箱到、发、船舶到港、生产管理水平、堆存期的长短等因素有关，可按下式确定

$$K_{不} = \frac{q_{最大}}{q_{平均}} \tag{4-6}$$

$q_{最大}$—— 月最大堆存量（TEU）；

$q_{平均}$——月平均堆存量（TEU）；

$t_{堆}$——集装箱平均堆存期，可取7天～10天。

思考题

1．集装箱码头与普通件杂货码头相比具有哪些特点？为什么具有这些特点？

2．建设集装箱码头必须具备哪些要求？

3．详细简述吊装式集装箱船专用码头所具有的设施。

4．简述集装箱吊具的类型。

5．简述集装箱装卸桥的类型及其技术参数。

6．集装箱码头水平搬运机械和堆场作业机械有哪几种？这些机械分别具有哪些优缺点？

7．集装箱码头装卸工艺方案有哪些？请阐述各种装卸工艺方案的机械组合。

8．集装箱码头大门是如何设置的？

9．详细阐述集装箱码头大门整箱货进口操作程序和出口操作程序。

10．简述集装箱码头堆场的区、段、行位、间位是如何表示的？举例说明集装箱码头堆场的箱位表示方法。

11．简述集装箱码头堆场的实际堆存能力（箱位数）是如何确定的？

12．码头堆场的每个段为什么要留有翻箱位？如何确定翻箱位？

13．什么叫堆场指位？码头堆场是如何指位的？

14．出口箱和进口箱的指位应注意哪些事项？

15．集装箱码头各生产环节所需机械数是如何确定的？

16．集装箱码头泊位年通过能力，堆场年堆存能力是如何确定的？

第五章 集装箱货流

5

第一节 集装箱货流的特点

一、集装箱货流的特点

集装箱货流按货物运量多少分为拼箱货流和整箱货流。

（一）拼箱货流的特点

典型的拼箱货物运输，是把货物先用载货汽车或其他运载工具从货主处装运到集装箱货运站进行拼箱，拼箱后，将集装箱运送到码头堆场交由集装箱船装船运输。船舶到达目的港后，卸下集装箱，并通过陆运工具或其他运载工具运送到货运站拆箱，再用载货汽车把货物运送给收货人。典型的拼箱货物运输的全过程如图 5-1 所示。

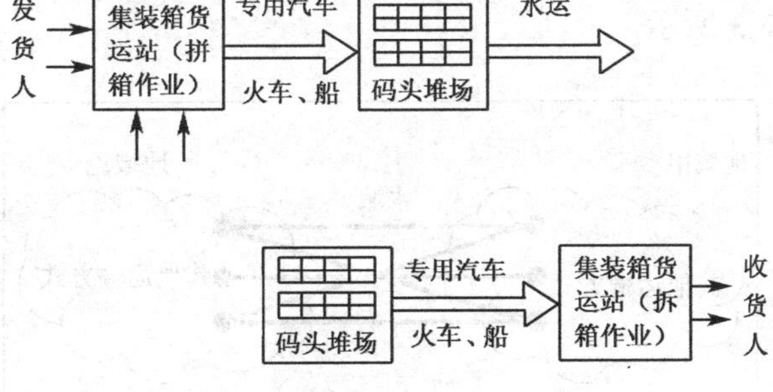

图 5-1　拼箱货物运输的全过程

拼箱货流的特点是货物批量小，而且货物来自不同起运地，待货物集中后，把不同票而到达同一目的地的货物拼装在同一个集装箱内，再通过各种运输方式把货物运送给收货人。

（二）整箱货流的特点

整箱货物运输是将货物直接在发货人处（如发货人的仓库）装箱、验关（出口），并在集装箱上铅封后，经过各种运输方式，直接送达目的地的收货人处，再行开箱、验关（进口）。典型的整箱货物运输全过程如图 5-2 所示。

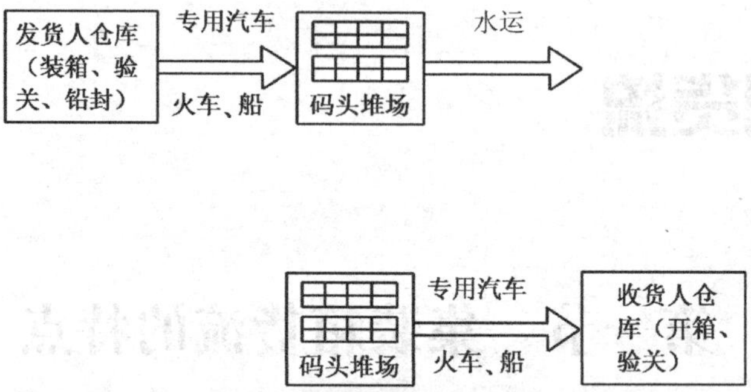

图 5-2 整箱货物运输全过程

这种形式货流的特点是货物批量大，全部货物均属于一个货主，到达地一致。货物从发货人处装箱后一直到收货人拆箱为止，一票到底。

（三）集装箱货流对物流活动的影响

随着货物集装箱化运输方式的兴起和迅猛发展，集装箱货流占整个社会货流的比重明显提高，从而对整个社会的物流活动带来了深远影响，这种影响主要表现为以下几点。

1. 货流重新整合，运输方式的分工更加明确

通过集装箱化运输，使得原有货流按照集装箱装载与运输的要求重新进行分解与整合。

在大规模实行集装箱化运输之前，公路、铁路、水路等多种运输方式相互联系并不密切，分工也不明确，如图 5-3 所示。

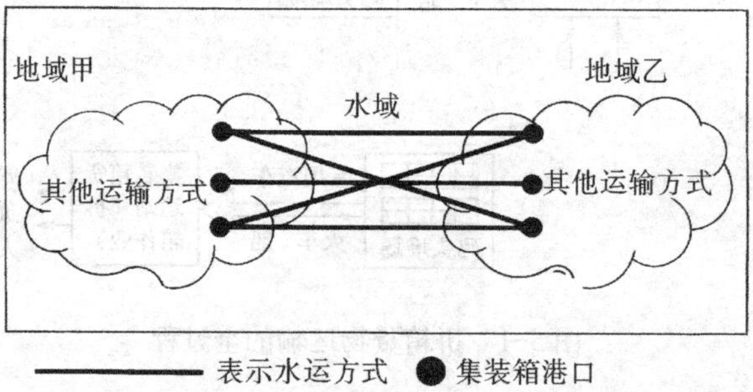

图 5-3 公路、铁路、水路等运输方式的联系（实行集装箱化运输前）

大规模采用集装箱化运输后，各种运输方式之间互有分工且协作密切，发挥了各自优势，如图 5-4 所示。

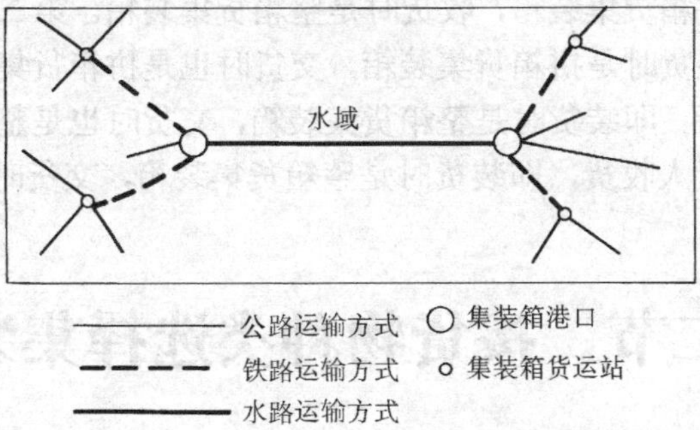

图 5-4　公路、铁路、水路等运输方式的联系（实行集装箱化运输后）

2. 各种运输方式的运输能力及运输效率有了显著提高

采用集装箱运输前，铁路运输在进行换装作业和调车作业时所需时间较长，费用大，工作效率低。实现集装箱化运输后，在内地仓库与集装箱码头间采用了固定编组的专用列车，免除了在枢纽站间和铁路中间站内调车作业和换装作业时间，明显提高了铁路车辆的周转率。

3. 公路与铁路运输合理运输距离的分界点有所改变

根据国外资料，英国的公铁合理运距的分界点为 160km，日本为 400km，我国为 200km。公路集装箱运输具有较大优势，主要表现在可满足直达运送的要求，并且运输周期短。

随着集装箱化货物运输的兴起与发展，集装箱货物运输已日益成为物流行业的一个举足轻重的运输方式。集装箱货物的集散，可由物流中心来完成。货物由物流中心汇集起来，按发货人的要求，通过集装箱配送专车，把集装箱送到集装箱码头或集装箱货运站，再通过各种集装箱运输方式把货物送到收货人所在地的物流中心或直接送达收货人处。如送到物流中心的货物，则由物流中心用配送专车把货物送到收货人处。在物流中心可专门设置集装箱综合转运站，在集装箱综合转运站可实现水运、铁运、汽运的双向转换，也可实现三者之间的转换。集装箱综合转运站是物流接点进一步集约化的表现。

4. 运输装卸效率及货物的安全性有了明显提高

集装箱货物运输是一种封闭式的运输，所以集装箱货流相对稳定、安全，货物不易损坏，可防止货损货差和中途被盗；集装箱货物装卸机械化效率高，手续简化；可以多种运输工具联运，运送速度快。

二、集装箱货流的组织形式

按拼箱货流和整箱货流两种货流形态，集装箱的货流组织形式有四种：

（1）拼箱货装，整箱货拆。

（2）拼箱货装，拼箱货拆。

（3）整箱货装，整箱货拆。

（4）整箱货装，拼箱货拆。

从四种货流组织形式来看，第一种是把几个发货人的货物拼箱装货发给一个收货人整箱拆货，也就是说装货时是拼箱货集装箱，收货时是整箱货集装箱。第二种是不同的发货人发货给不同的收货人收货，即装货时是拼箱货集装箱，交货时也是拼箱货集装箱。第三种是一个发货人发货给一个收货人收货，即装货时是整箱货集装箱，交货时也是整箱货集装箱。第四种是一个发货人发货给几个收货人收货，即装货时是整箱货集装箱，交货时是拼箱货集装箱。

第二节　按货物种类选择集装箱

一、集装箱货物分类

集装箱货物分类是根据研究目的，将货物按照某种标志划分为不同的类型和组。

集装箱货物进行分类是为了反映和研究国民经济发展过程中各类货物使用运力的情况，合理安排集装箱运输组织工作，合理使用各种不同的集装箱运输方式，消除和避免各种不合理运输，使运输能力得到有效、合理的使用，有计划、按比例发展，充分满足国民经济各方面的运输需要，保证货物运输的安全和货物运输质量的提高。因此，有必要对集装箱货物进行科学分类。

（一）按货物性质分

集装箱货物按货物性质分可分为普通货物、典型货物、特殊货物。其具体划分方法及各类内容如图 5-5 所示。

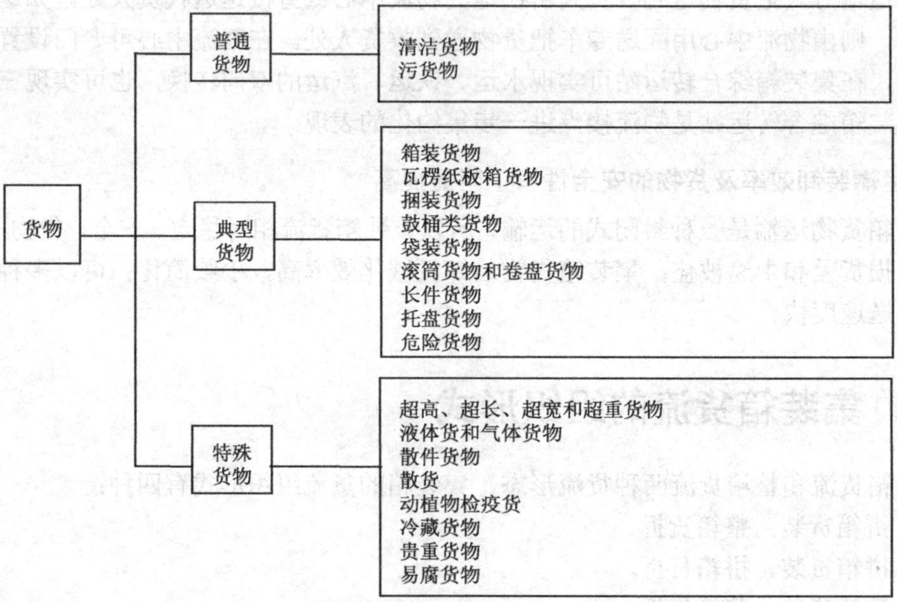

图 5-5　集装箱货物的种类

1．普通货物

普通货物可称为杂货，按货物性质不需要特殊方法保管和装卸的货物。其特点是货物批量不大，品种较多。包括各种车床、纺织机械、衣服类货物等。普通货物按有无污染又可分为清洁货物和污货物两种。

（1）清洁货物是指货物本身清洁干燥，在保管和运输时没有特殊要求，和其他货物混载时不易损坏或污染其他货物的货物。如纺织品、棉、麻、纤维制品、橡胶制品、玩具等。

（2）污货物是指货物本身的性质和状态容易发潮、发热、发臭等，容易对其他货物造成严重湿损、污损或熏染臭气的货物。如水泥、石墨、油脂、沥青、樟脑、胡椒等。

2．典型货物

典型货物是指按货物性质和形态本身已包装的、需采用与该包装相适应的装载方法的货物。包括箱装货、瓦楞纸板箱货、捆包货、袋装货、鼓桶类货、滚筒货和卷盘货、长件货、托盘货、危险货物。

典型货物的特点是对装卸要求较高。

（1）箱装货物　箱装货物主要是指木箱装载货物，其尺寸大小不一，从 50kg 以下的包装货物起到几吨重的大型机械木箱均为箱装货。通常采用木板箱、板条箱、钢丝板条箱。通常装载的货物主要有玻璃制品、电器制品、瓷器制品等。

（2）瓦楞纸板箱货物　瓦楞纸板箱货物一般用于包装比较精细的和比较轻的货物。包括水果类、酒类、办公用品、工艺品、玩具等。

（3）捆包货物　捆包货物是根据货物的品种形态需要捆包的货物。包括纤维制品、羊毛、棉花、棉布、纺织品、纸张等。

（4）袋装货物　袋装货物是指装在纸袋、塑料袋、布袋、麻袋内的货物。用纸袋装载的货物有水泥、砂糖；用塑料袋装载的货物有肥料、化学药品、可可、奶粉等；用麻袋装载的货物有粮食；布袋用于装载粉状货物。

（5）鼓桶类货物　鼓桶类货物是指货物的包装外形是圆形或鼓形的。按包装形态有铁桶、木桶、纸板桶等。包括油类、液体和粉末化学制品、酒精、糖浆等。

（6）滚筒货物和卷盘货物　滚筒货物和卷盘货物是按货物本身形态划分的。如塑料薄膜、钢瓶属于滚筒货；电缆、卷纸、卷钢、钢丝绳等属于卷盘货。

（7）长件货物　长件货物是指货物的外形尺度较长的货物，主要包括原木、管子、横梁以及特别长的木箱包装货物。

（8）托盘货物　托盘货物是指货物本身需装在托盘上的货物。

（9）危险货物　危险货物是指货物本身具有毒性、放射性、易燃性、腐蚀性、氧化性，并可能对人体的健康和财物造成损害的那些货物。包括毒品、散装液体化学品、爆炸品、易燃液体等。

3．特殊货物

特殊货物是指在货物形态上具有特殊性、运输时需要用特殊集装箱装载的货物。包括超高、超长、超宽、超重货物以及液体或气体货物、散件货、散货、动植物检疫货、冷藏货、贵重货物、易腐货物等。

（1）超高、超长、超宽和超重货物　这4类货物是指货物的尺度超过了国际标准集装箱的尺寸而装不下的货物，或单件货物重量超过了国际标准集装箱的最大载重量的货物。如动力电缆，大型、重型机械设备等。

（2）液体或气体货物　液体或气体货物是指需装在桶、箱、罐、瓶等容器内进行运输的液体和气体货物。如酒精、酱油、葡萄糖、石油、胶乳、天然气等。

（3）散件货物　散件货物一般是指货物的尺寸和重量非常大，在一个集装箱内装不下的货物，或因货物的尺寸和重量，不能装在一个集装箱内，必须把几个集装箱合起来一起装才能运输的货物。

（4）散货物　散货物是指散装在舱内无包装的货物。包括盐、谷物、煤炭、矿石、麦芽、树脂、黏土等。

（5）动植物检疫货物　动植物检疫货物是指进出口的畜产品、活动物、植检货物。如进出口的猪肉、腊肉、羊毛、兽皮、猪、狗、牛、马、树苗、苗木等。

（6）冷藏货物　冷藏货物是指需要保持在常温以下的货物。如肉类食品、鸡蛋、水果、蔬菜、奶类制品等。

（7）贵重货物　贵重货物是指单件货物价格比较昂贵的货物。如精密仪器、家用电器、手工艺品、珠宝首饰、出土文物等。

（8）易腐货物　易腐货物是指在运输过程中因通风不良或遇高温、潮湿等原因容易腐败变质的货物。如肉类食品、水果、蔬菜等。

（二）按货物是否适合装箱分

1．适合装箱货物

适合装箱货物是指这些货物的尺寸、容积与重量都适合装箱。这类货物通常具有装箱效率高、不易受损坏和被盗窃的特点。适宜装箱的货物有食品、医药品、纤维制品、家用电器、缝纫机、摩托车、机械、玩具、生皮、纸浆、木工制品、橡胶制品、电缆、金属制品等货物。

2．不适合装箱货物

不适合装箱货物是指这一类货物从技术上看包装和装箱有困难并且不经济，根据货物的性质、体积、重量、形状等不适宜装箱。例如，尺寸较大超过了集装箱内部尺寸和门框尺寸，或货物重量超过了集装箱最大载重量而无法装箱的货物。包括矿砂、砖瓦、原油、管子、大型机械设备等。

二、按货物种类选择集装箱

集装箱运输的货物品种较多，货物形态各异，因此，按货物种类选择集装箱可以充分利用集装箱容积、重量，减少货损。按货物的种类、性质、体积、重量、形状来选择合适的集装箱是十分必要的。

目前常用的集装箱有杂货集装箱、开顶集装箱、台架集装箱、平台集装箱、冷藏集装箱、散货集装箱、通风集装箱、动物集装箱、罐式集装箱、车辆集装箱、贵重金属集装箱、抽屉式集装箱、隔板式集装箱等。

普通货物适用的集装箱有杂货集装箱、开顶集装箱、通风集装箱、台架式集装箱、散货集装箱等。

难以从箱门进行装卸而需要由箱顶上进行装卸作业的货物、超高货物、玻璃板、胶合板、一般机械和长尺度货物等适用开顶式集装箱。

麦芽、大米等谷物类货物，干草块、原麦片等饲料，树脂、硼砂等化工原料，适用散货集装箱。

肉类、蛋类、奶制品、冷冻鱼肉类、药品、水果、蔬菜适用冷藏集装箱和通风集装箱。

超重、超高、超长、超宽货物适用开顶集装箱、台架式集装箱和平台集装箱。

兽皮、食品类容易引起潮湿的货物适用通风集装箱。

酱油、葡萄糖、食油、啤酒类、化学液体和危险液体适用罐式集装箱。

猪、羊、鸡、鸭、牛、马等家禽家畜等适用动物集装箱。

摩托车、小轿车、小型货车、各种叉式装卸车、小型拖拉机等适用车辆集装箱。

铝、铜等较为贵重的货物适用贵重金属专用集装箱。

散件货物适用台架式集装箱、平台集装箱。

弹药、武器、仪器、仪表适用抽屉式集装箱。

以上按货物种类选择集装箱的方法是从货物本身的特点来考虑的。实际上也可从集装箱对货物的适应性角度表明不同货物对集装箱的适用性，见表 5-1。

表 5-1 不同货物对集装箱的适用性

集装箱种类	适用的货物种类
杂货集装箱	清洁货、污货、箱装货、危险货、滚筒货、卷盘货等
开顶集装箱	超高货、超重货、清洁货、长件货、易腐货、污货等
台架式集装箱	超高货、超重货、袋装货、捆装货、长件货、箱装货等
散货集装箱	散货、污货、易腐货等
平台集装箱	超重货、超宽货、长件货、散件货、托盘货等
通风集装箱	冷藏货、动植物检疫货、易腐货、托盘货等
动物集装箱	动植物检疫货
罐式集装箱	液体货、气体货等
冷藏集装箱	冷藏货、危险货、污货等

思考题

一、填空题

1．集装箱货流按其货物装拆箱方式的不同分为_________和_______。

2．集装箱货流的 4 种组织形式是：拼箱货装，_______拆；________装，拼箱货拆；整箱货装，_________拆；_________装，拼装货拆。

3．集装箱货物按是否适合装箱分为__________ 和___________两种。

4．集装箱货物按货物性质分为_________、________和_________。

二、思考题

1．简述集装箱货物的特点（拼箱货物、整箱货物）？
2．集装箱货流对物流活动的影响表现在哪几个方面？
3．集装箱货物有哪几种组织方式？
4．集装箱货物按货物性质分为哪三种？
5．典型货物和特殊货物各包括哪些？
6．普通货物可选用哪几种类型的集装箱？

第六章

集装箱的使用与装载

第一节　集装箱使用前的准备与检查

集装箱在装货前应了解货物属性及其对装箱的要求，根据货物属性及其对装箱的要求来合理使用集装箱。对于所选用的集装箱还要作必要的清理与检查，以保证货物安全可靠地运达目的地。

一、明确货物属性及其对装箱的要求

1. 货物的种类与性质

对货物种类与性质进行了解，其目的是看其对装箱与选箱及装卸方式方法等有无特殊要求。例如，对于危险货物，要了解是属于哪一类危险货物；对于普通货物，则应了解其是清洁货还是污货等。不同的货物具有不同的特性，例如货物的危险性、易碎性、对温湿度的敏感性以及能否与其他货物进行混装等，这些具体特性在装箱前必须了解清楚。

2. 货物的尺寸与重量

对货物的具体尺寸与重量的了解，其目的在于合理选用适应其尺寸及重量的集装箱及箱内可装载的货物数量。集装箱所装货物的重量受集装箱最大载货重量的限制。

3. 货物的包装

货物因其采用不同的包装方式方法或不同的包装材料使其包装强度有所差别。货物的包装强度和包装材料应符合各种运输方式的运输条件和装卸条件的要求。

二、装载方法

装载方法按整箱货和拼箱货分，可分为两种不同的装箱方式。

1．货主或托运人装箱方式

货物批量能装满一个集装箱以上的货物称之为整箱货物，其装箱工作一般由货主完成。货主或托运人装箱后，把集装箱运到集装箱货场，交与承运人。

2．承运人装箱方式

货物批量不能装满一个集装箱的零星小批量货物通常需要进行拼装。因此，可由货运站代表承运人将不同货主但到达地相同的货物混装在同一个集装箱内。

装载货物时，要考虑到卸货时的便利性，为卸货创造便利条件。

三、集装箱的选择

正确选用集装箱，应考虑下述因素：

（1）货物特性对集装箱有无特殊要求。

（2）装载量、运输路线及其通过能力。选择装载量与货物相适应的箱型，其目的在于使集装箱载重量得到充分利用。集装箱的最大载货重量等于总重量减去自重。从装卸运输的安全性、集装箱本身及装载机械设备的负荷等方面考虑，集装箱实际装载量不能超过规定的总重数值。

根据运输道路通过能力及有关规定选择相应的运输路线或选择与其相适应的箱型。要了解集装箱货物运输经过的道路、桥梁、隧道的通过规定，防止运输当中出现问题。

（3）货物密度与集装箱的容重两者相适应。货物密度是指货物单位容积的重量，其计算式为

$$\text{某货物的货物密度}=\frac{\text{该批货物单位质量}}{\text{该批货物单位体积}}$$

集装箱的容重，是指集装箱单位容积的重量，是集装箱的最大载货重量与集装箱的容积之比，其计算式为

$$\text{某集装箱容量}=\frac{\text{该集装箱的最大载货重量}}{\text{该集装箱的容积}}$$

由于实际当中，货物装入箱内时，货物与货物之间、货物与集装箱内衬板之间、货物与集装箱箱项板之间都会产生无法利用的空隙（称为弃位容积），为此在计算集装箱的容重时，应从其标定的容积中减去弃位空间。故此，实际当中，在比较集装箱的容重与货物的货物密度时，上式集装箱的单位容重量应修订如下

$$\text{某集装箱容重}=\frac{\text{该集装箱的最大载货重量}}{\text{该集装箱的容积}-\text{装箱弃位容积}}$$

$$\text{或}=\frac{\text{该集装箱的最大载货重量}}{\text{该集装箱的容积}\times\text{箱容利用率}}$$

式中集装箱的最大载货重量是指集装箱的总重量减去集装箱的自重，集装箱的总重量绝对不能超过其标注的最大总重量［如国际标准化组织标准中规定6.1m（20ft）箱为20 320kg，

12.2m（40ft）箱为 30 480kg］。

为使集装箱的容积和载重量得到充分利用，在选箱时，应选择单位容重与货物密度相接近的集装箱。

四、集装箱需用量的确定

集装箱需用量的确定要以充分利用其容积为原则，一般分以下两种情况来考虑。

（1）对于单位体积相同的货物，可先计算单位集装箱的货物装箱量然后再推算集装箱的需求量。计算式为

$$\text{某货物的单位集装箱最大可能装载量}=\frac{\text{所选用的集装箱容积}-\text{该箱弃位容积}}{\text{单位货物体积}}\times\text{单位货物重量}$$

$$\text{或}=\frac{\text{所选用的集装箱容积}\times\text{该箱箱容利用率}}{\text{单位货物体积}}\times\text{单位货物重量}$$

如果计算出的某货物的单位集装箱最大可能装载量大于该集装箱的最大载货重量，则按集装箱的最大载货重量来计算该货物所需用的集装箱总数，其计算式为

$$\text{某货物的集装箱需用量}=\frac{\text{该批货物总重量}}{\text{单位集装箱最大载货重量}}$$

如果计算出的某货物的单位集装箱最大可能装载量小于该集装箱的最大载货重量，则按该货物的单位集装箱最大可能装载量来计算该货物所需用的集装箱总数，其计算式为

$$\text{某货物的集装箱需用量}=\frac{\text{该批货物总重量}}{\text{某货物的单位集装箱最大可能装载量}}$$

上述对集装箱需用量的计算只是一种估算，实际装载当中，对于大宗货物，可能有出入。

（2）对于单位体积不同的货物以及需要拼箱的货物，装箱前可先在装箱图上进行规划。规划时，在尽量使集装箱的装载量和容积都得到充分利用的同时，应将轻、重货物进行合理搭配与堆放，以免发生货损。

五、集装箱使用前的检查与清理

1．集装箱使用前的检查

货主或货运部门在用空箱进行装货前，首先要对集装箱进行必要检查，以确保该集装箱技术上处于良好状态。对集装箱的检查内容包括：

（1）集装箱的外部检查　对集装箱外部的检查，主要是看其外表有无损伤。如发现有弯曲、凹痕、擦伤等痕迹时，应在其损伤周围进行仔细检查，同时对该损伤处的内侧也应进行检查。有时因铆钉松动和断裂，箱顶部分有气孔等原因容易引起货物污损事故。对于经过修理的地方也要进行检查。

（2）集装箱的内部检查　可将集装箱关闭后，在其内部察看有无漏光现象，以确认是否存在破孔。也可通过内衬板上有无水湿痕迹判断其有无破孔现象。

对集装箱的内表面进行检查时，应注意检查其有无凸出物，以免对货物造成伤害。

（3）箱门与附件的检查　对于箱门进行必要的检查，主要是检查其门锁装置是否处于正常状态，箱门周围的风雨密封是否完整。

对于集装箱附件的检查，主要检查固定货物用的环、眼的安装状态，开顶集装箱专用篷布有无破损和安装用索具的状态，板架集装箱上的侧立柱、通风集装箱和冷冻集装箱的通风孔、闭锁装置和排水阀的状态是否处于正常状态。

2. 集装箱的清理

在集装箱使用前，除检查其有无破损情况外，还应对集装箱进行必要的清理，主要包括：

（1）除潮、除湿。

（2）除臭、除污染。

（3）除检疫对象的残留物。

第二节　集装箱货物装载的一般要求

可用集装箱装载的货物千差万别，装载的要求也各有不同，但一般应满足下述基本要求。

一、重量的合理分配

根据货物的体积、重量、外包装的强度以及货物的性质进行分类，把外包装坚固和重量较重的货物装在下面，外包装较为脆弱、重量较轻的货物装在上面，装载时要使货物的重量在箱底上形成均匀分布。否则，有可能造成箱底脱落或底梁弯曲。如果整个集装箱的重心发生偏移，当用扩伸抓具起吊时，有可能使集装箱产生倾斜。此外，还将造成运输车辆前后轮重量分布不均。

二、货物的必要衬垫

装载货物时，要根据包装的强度来决定是否对其进行必要的衬垫。

对于外包装脆弱的货物、易碎货物应夹衬缓冲材料，防止货物相互碰撞挤压。为填补货物之间和货物与集装箱侧壁之间的空隙，有必要在货物之间插入垫板、覆盖物之类的隔货材料。

要注意对货物下端进行必要的衬垫，使重量均匀分布。

对于出口集装箱货物，若其衬垫材料属于植物检疫对象的，箱底应改用非植检对象材料。

三、货物的合理固定

货物在装箱后，一般都会产生空隙。由于空隙的存在，必须对箱内货物进行固定处理，以防止在运输途中，尤其是海上运输中由于船体摇摆而造成货物坍塌与破损。货物的固定方法主要有以下几种：

（1）支撑，用方形木条等支柱使货物固定。

（2）塞紧，货物与集装箱侧壁之间用方木等支柱在水平方向加以固定，货物之间插入填塞物、缓冲垫、楔子等防止货物移动。

（3）系紧，用绳索、带子等索具或用网具等捆绑货物。

由于集装箱的侧壁、端壁、门板处的强度较弱，因此，在集装箱内对货物进行固定作业时要注意支撑和塞紧的方法，不要直接撑在这些地方，应设法使支柱撑在集装箱的主要构件上。此外，也可将衬垫材料、扁平木材等制成栅栏来固定货物。

此外，绑扎固定对于缓冲运输中产生的冲击和振动也具有明显效果。

随着新型缓冲衬垫材料的不断出现，货物的固定与衬垫方式方法也将发生明显变化。

四、货物合理混装

货物混装时，要避免相互污染或引起事故。

1. 干、湿货物的混装

液体货物或有水分的货物与干燥货物混装时，如果货物出现泄漏渗出液汁或因结露产生水滴，就有可能引起干燥货物的湿损、污染、腐败等事故，因此，要尽可能避免混装。当然，如果货物装在坚固的容器内，或装在下层，也可以考虑混装。

2. 尽可能不与强臭货物或气味强烈的货物混装

如肥料、鱼粉、兽皮等强臭货物，以及胡椒、樟脑等强臭货物不得与茶叶、咖啡、烟草等香味品或具有吸臭性的食品混装。对于与这些恶、强臭货物混装的其他货物也应采取必要措施，有效阻隔气味。

3. 尽可能不与粉末类货物混装

水泥、肥料、石墨等粉末类的货物与清洁货物不得混装。

4. 危险货物之间不得混装

危险货物相互混装，容易引起着火和爆炸等重大灾害。

5. 包装不同的货物要分别装载

木质包装的货物不要与纸质包装或袋包装的货物混装，防止包装破损。

五、货物装载纵向重量分布的最小长度限制

对于货物密度远大于集装箱容重的货物，在装箱时，应满足其纵向重量分布取小长度的限制。

装载货物的纵向重量分布是指沿箱体长度方向的重量分布。它对集装箱的安全使用以及

安全运输有着重要影响。

单纯地把货物均匀装载在集装箱的横向全部宽度上，并且纵向分布在一定的长度上，若把集装箱作为一个梁时，为了使弯曲力矩保持在一定的数值内，其装载货物的底长度分布率 α=*l*/*L*（*l* 为货物在箱底纵向摆放长度，*L* 为箱底纵向长度）和装载货物重量与集装箱最大载重之比 W/W_0 的关系如图 6-1 所示（*W* 为装载货物重量，W_0 为集装箱最大载重）。

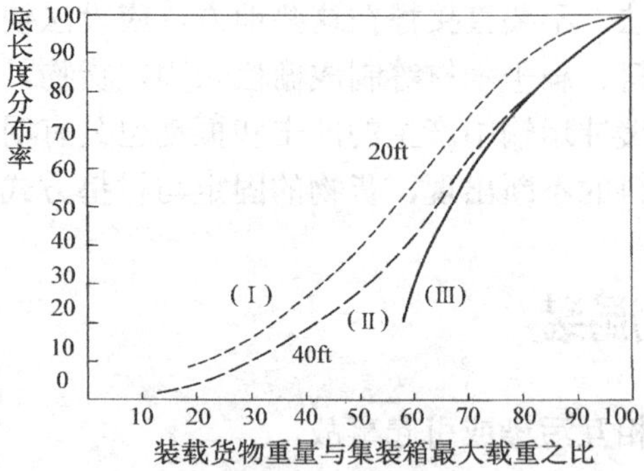

图 6-1 底长度分布率与装载货物重量与集装箱最大载重之比的关系

图中以虚线表示的曲线Ⅰ和曲线Ⅱ各为 6.1m（20ft）和 12.2m（40ft）集装箱在装货重量一定时，随着货物底分布长度的减小，底梁和下侧梁之合计挠度达到极限值的曲线。用实线表示的曲线Ⅲ是表示下侧梁中央部分的弯矩达到极限的曲线。由于这些曲线都是按极限值来考虑的，所以在实际使用这些曲线时，如装载货物的重量分布长度很小，则必须要求货物装到曲线Ⅰ或曲线Ⅱ的左上方的状态时才能满足条件要求。

例如，用 6.1m（20ft）杂货集装箱（标定的最大载货重量为 21 790kg）装载了 10 900kg 的货物（假如为笨货），其最小的货物分布长度应为多少？

（1）先求出货物重量与集装箱最大载货重量之比值，即

$$W/W_0 = 10\,900/21\,790 = 0.5$$

（2）如图 6-1 所示可看出当为 0.5 时，α=*l*/*L* 约为 0.4，因 6.1m（20ft）杂货集装箱的长度 *L* 为 6 058mm，所以可得货物摆放长度 *l* 数值为

$$l = 0.4 \times 6\,058\,\text{mm} = 2\,423.2\ \text{mm}$$

因此，该货物在箱内的摆放长度不能小于 2 423mm。

六、货物的偏心容许范围的限制

装载货物的重量与集装箱最大载重之比和偏心两者关系如图 6-2 所示。

如图 6-2 所示，当 W/W_0 确定后，相应的装载重心纵向偏心容许值 *X* 被限制在曲线的下方。例如，W/W_0 为 0.833 时，α 应小于 0.314。

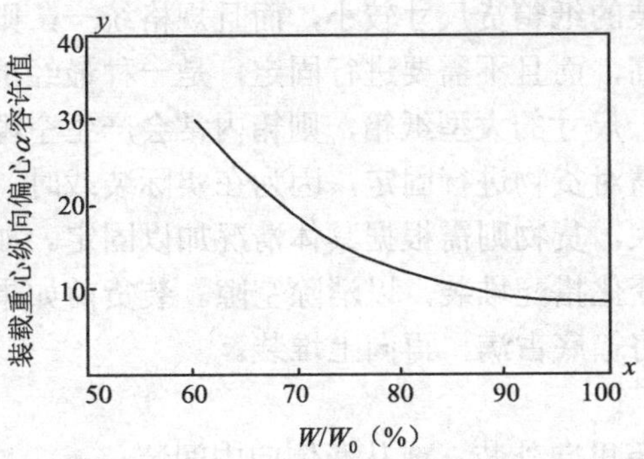

α（=Δl/L）	0.1	0.115	0.134	0.181	0.310	0.405
W/W_0	1.000	0.909	0.833	0.714	0.588	0.555

图 6-2 装载货物的重量与集装箱最大载重之比和偏心的关系

第三节 典型货物的装载方法

典型货物是指集装箱货物中具有代表性的大宗货物。

一、箱装货的装载

普通木箱、框架木箱、钢丝板条箱装箱时，如无其他特殊要求，外包装无破损，则可从下往上堆装。

体积较小的木箱可装入密闭式集装箱内，体积大的木箱，由于受装载作业面的限制，应装入开顶集装箱。

除对装载有特殊要求的货物外或包装脆弱的木箱外，一般在货物之间都不需要插入衬垫。

现以木箱货的装载为例，简述其装载方法：

（1）对于较重的小型木箱，可采用骑缝装载法，使上面的木箱压在下面两木箱的缝隙上，利用上层木箱的重量限制下层木箱的移动。但最上层的木箱必须加固牢靠。

（2）装载完毕后，如果箱门处尚有较大空隙时，须用木板和木条将木箱总体撑牢，防止其在运输过程中对箱门的冲击。

（3）对于重量较大、体积较小的木箱货，如果装载后其四周均有空隙时，须从四周进行支撑固定。

（4）对于重心高的木箱，除对其底部加以固定外，还须在其上面用木条撑开空隙。

二、纸箱货的装载

纸箱货是集装箱货中较为常见的一种包装，一般用来包装较为精细的货物。纸箱货的尺寸大小不一，如集装箱内装的纸箱货尺寸较小，而且规格统一，则可进行无空隙堆装。这种装载方式的箱容利用率较高，而且不需要进行固定，是一种最经济最理想的装载形式。

如果集装箱内装载同一尺寸的大型纸箱，则箱内常会产生空隙。在集装箱的横向，如空隙为 10cm 左右，一般不需对货物进行固定，因为在实际装载时，这样大小的空隙可人为的分散开来。但如果空隙较大，货物则需根据具体情况加以固定。如果是不同尺寸的纸箱进行混装时，可以利用其大小变化搭配堆装，以消除空隙。装货前如果可以判定出货物数量装入箱内有较大空隙时，应先将箱底占满，再向上堆装。

纸箱货的装载方法：

（1）装箱顺序是先从箱里向外装，或从两侧向中间装。

（2）对于小于 300mm 的装载空隙，在装载时，由于可利用上层货物重量相互压紧，所以可不必进行特别处理，但最上一层则需用填塞的方法来消除空隙。

（3）为了不使下层纸箱受压变形，需要在集装箱的中间层进行衬垫。衬垫材料最好用波纹纸板，其优点是重量轻、价格便宜、摩擦力大，对防止货物滑动效果明显。

（4）装载小型纸箱货时，为防止倒塌，可采用纵横交错的堆装法。一般有三种堆装法，分别如图 6-3、图 6-4、图 6-5 所示。

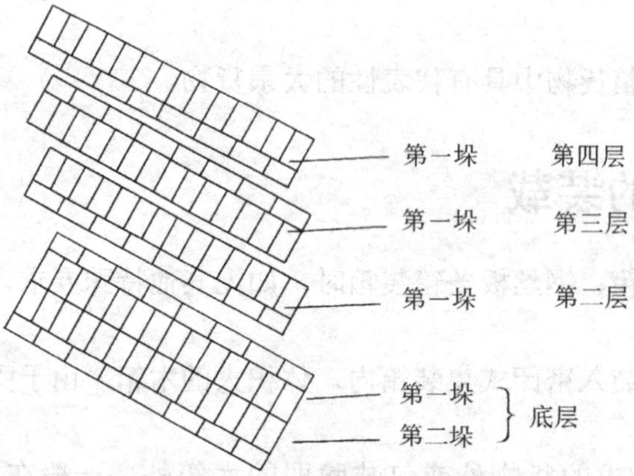

图 6-3　堆箱法（一）

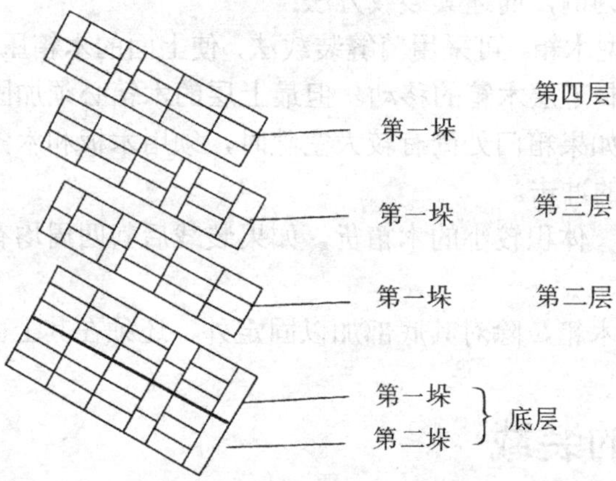

图 6-4　堆箱法（二）

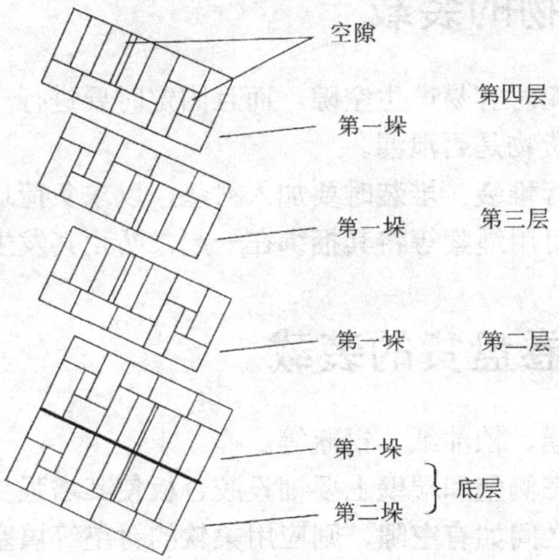

图 6-5　堆箱法（三）

波纹纸板箱因大部分压力是由箱的周边支承的，因此，堆装时要把箱角对齐。在码垛时，一般应按砌砖墙的方式或交错方式进行堆装，以增强货物相互间的拉力。波纹纸板箱在整个面上承受负荷时，其强度较大，因此，应正确装载使负荷承受在整个面上。

三、捆包货的装载

捆包货根据货物种类的不同，其包装形态有较大区别。如棉布、纺织品等捆扎之后，一般还需要用牛皮纸或粗布进行外包装，国外有的还要求将其装在纸板箱内方可运输。但办理货运手续时，还要按捆包货处理。

捆包货因其重量与体积较大，在装箱时一般采用机械作业。

捆包货装载时，为了防止其箱底的潮湿对货物的不利影响，同时便于用叉式装卸或起重机进行作业，一般需要用木板对货物进行衬垫。

对于鼓腹型的捆包货，为避免由于运输过程中的摇摆所造成的塌垛堵挤箱门现象，应在箱门处用方木条做成栅栏，用以保护箱门。

四、袋装货的装载

对于装砂糖、水泥的纸袋，装粮谷的麻袋，装粉货的布袋等货物的装载，在装箱前，箱内应敷设聚氯乙烯薄膜或帆布，防止发生破袋后，漏出的货物污损集装箱。

为了防止袋装货因箱顶漏水受潮，应在货物上面进行必要的防水遮盖。

袋装货堆装后，容易倒塌和滑动，为了防止袋与袋之间的滑动，可在袋装货中间插入衬垫板和防滑粗纸。在堆装时，可采用砌墙堆放法和交错堆放法。

五、鼓桶类货物的装载

鼓桶类货物装入集装箱时容易产生空隙，而且固定时要进行一定的技术处理。

在装箱前要严格检查货物是否泄漏。

装载时要将盖朝上进行堆装。堆装时要加入衬垫，以求负荷均匀和鼓桶稳定。对于最上层的鼓桶，为稳固起见，可用绳索等将其捆绑在一起，防止其发生滚动。

六、滚筒货和卷盘货的装载

滚筒货一般有塑料薄膜、柏油纸、钢瓶等。

滚筒货通常要竖装，在侧壁和端壁上要铺设胶合板使其增强受力的能力。装载时，从箱端开始要堆装紧密。货物之间如有空隙，则应用柔软的衬垫等填塞。

对于滚筒货，一般情况下不便于横装，以防止产生变形或造成货损。如果特殊原因必须横装时，必须要利用楔子或相应材料使它离开箱体四壁，而且每一层都要用楔子固定。

卷盘货一般有卷纸、卷钢、钢丝绳、电缆等。

卷盘货在水平装载时要铺满整个箱底。为防止运输中因摇摆产生对箱体四壁的冲撞，必须用若干个坚固的空心木座插在货物和端壁之间，牢固地靠在侧壁上。装载中，要采取必要的措施，充分保护好端壁和箱门。

七、长件货的装载

长件货在长度方向上容易滑动，因此，对端壁和箱门要特别注意防护，对集装箱两端一定要加衬垫，货物与集装箱有空隙必须支撑、塞紧。

如钢管类货物容易移动，货物装箱后，应用钢丝绳或钢带把货物扎紧，防止在运输途中散捆而破坏箱壁。另外，还需在侧壁内用方形木条竖上几根立柱，再把各个立木柱之间用纵向水平木条连接起来，以保护侧壁。钢管货装完后还应用塑料薄膜或防水帆布加以覆盖，防止受潮生锈。

长件货通常装载在板架集装箱和开顶集装箱内，并利用机械进行装卸。如果采用预扎吊索法，则在卸货时就非常快，但吊索回收有困难。为了便于叉式装卸车作业，要适当地利用衬垫。

八、托盘货的装载

托盘货，主要指纤维板、薄钢板、胶合板、玻璃板、木制或钢制的门框等。这些货物的包装形式一般是用木箱或亮格木箱。

这类货物的装载方法各有不同，有的需要横装，有的需要竖装。比如，纤维板、胶合板等，一般要求横装；而玻璃板必须竖装，如果对玻璃板采用横装时，因其自重或重叠堆放的原因容易发生碎裂。所以在玻璃板装载过程中，对于每一吊装入箱的货物，都要进行临时固定，否则集装箱稍有振动，货物就会翻倒。装载玻璃板，应先靠着侧壁开始装，空隙留在中间，最后再用木框架作填充物加以塞紧。为防止木箱之间的碰撞，还应在木箱顶部或端部用木板或木条把木箱连接起来。

考虑到装卸的便利性，对这类货物一般选用开顶式集装箱装载。用集装箱装载托盘货，其货物本身要用钢带、布带或收缩性的塑料（收缩包装方式）等固定在托盘上。

九、危险货物的装载

所谓危险货物是指具有引火爆炸或货物本身具有毒性、腐蚀性、氧化性并可能使人体的健康和财物遭受损害的运输对象的总称。

1. 危险货物的装载规则

用集装箱装载出口的危险货物时，应事先了解和遵守目的港所在国的有关规则，如美国的联邦章程规则、英国的蓝皮书、联合国的政府间海事组织规则等。

在接收危险货物时，先要调查清楚该危险货物的性质、危险等级、标志、装载方法、包装容器、发生事故时应采取的措施等。另外，还要核对装卸港的危险货物规则。

2. 装载方法

装载危险货物前，先要仔细检查集装箱的强度、结构是否适合装载危险货物，并对集装箱进行彻底清扫，装载时必须使该危险货物不会产生移动、翻倒、冲击、摩擦、压坏、泄漏等危险。

固定货物选用的材料应具有更大的安全系数和强度。危险货物的任何部位都不能突出集装箱外。危险货物装卸时，严禁抛扔、摔碰、坠落、翻滚，避免货物之间的碰撞、摩擦。

3. 混装的限制

不同种类的危险货物要禁止混装于同一集装箱内，因此，同一集装箱内只能装同一等级的危险货物。不过即使是同一等级的危险货物也只限于装同一品种的危险货物。这是因为虽是同一等级的危险货物，但相互作用时也可能发生危险。另外，当危险货物与非危险货物相互作用可能产生危险时，也不能装在同一集装箱内。危险货物与杂货混装时，应将危险货物装在集装箱箱门附近，以备万一发生事故时便于处理。

4. 标志

集装箱装载危险货物时要把该危险货物的分类名称和标志标示在集装箱外表面容易看到的位置上，图案、形状要醒目。应使用统一规定的危险货物标志。

5. 集装箱危险货物清单

集装箱装载危险货物时，装箱人要按箱编制记载有下列事项的“集装箱危险货物清单”，并在清单上附记有关表明该危险货物的容器、包装、标志、装载方法等有关规则要求，适合于运输状态等内容，提交给承运人。

记载事项有：

（1）集装箱号。

（2）发货人的姓名、名称和地址。

（3）收货人的姓名、名称和地址。

（4）危险货物的分类、项目、品种、货名以及容器和包装的名称。

（5）危险货物的件数和重量或容积。

（6）装载检查。

6．装箱检查

根据《中华人民共和国质量监督局船舶载运外贸危险货物申报规定》的规定：凡船舶载运下列危险货物进港或过境，船舶或其代理人在申报时应提供有关货物特性、安全作业注意事项、人员防护及其他有关资料。这些货物有：

（1）放射性物质。

（2）感染性物质。

（3）新的有机过氧化物。

（4）《国际海运危险货物规则》中“未另列明”的物品。

（5）散装液体化学品。

另外，凡使用集装箱装运危险货物的，应提交经港务监督考核的装箱检查人员现场检查后签发的《集装箱装箱证明书》。此证明书应由装箱现场检查员填写，一式两份，正本应于集装箱装船三天前向港务监督提交，副本应在办理集装箱移交时交付给承运人。

第四节　特殊货物的集装箱装载

一、超高货物的装载

超高货物是指货物的高度超过集装箱的箱门高度的货物。超高货只能用开顶式集装箱或板架式集装箱装载。装载超高货物不仅需要考虑装载作业本身的可能性，而且还需考虑下述因素条件。

1．道路通过能力的限制

在陆上运输时，公路对通过的高度一般都有一定的限制。国外大城市内的安全通行高度在4 500mm左右。例如日本政府规定，限制高度离地面不得超过3 800mm。如果超过这一限制高度，则必须经有关机关批准方可运输。对于超过国际标准集装箱高度20mm以上的货物，需事先向交通部门提出申请。对高度有限制的路段或隧道等，应用特制的低架式底盘车运输，或改用驳船进行水上运输。装载超高货物前，应对运输路线作好周密细致的调查。

2．车站和码头装卸作业条件的限制

车站和码头所使用的装卸设备，例如装卸桥、跨运车、搬运吊车等都是按标准集装箱设计的，没有考虑装载超高货等特殊情况。因此，装卸超高货时，在机械上要临时安装一定的附属工具，如在装卸桥的集装箱专用吊具的四角分别安装钢丝绳，用来吊装超高集装箱货物。

3．船舶装载空间的限制

集装箱船装载超高货物时，一般只能装在舱内或甲板上的最上层。集装箱船舱内的高度是以每层 2.59m（8ft6in）的高度为单位标准高度设计的。对于可装 6 层的集装箱船来讲，可有 0.15m（6in）×6=0.9m（36in）高的空隙。实际装载中可利用其高度上的空隙装运超高货物。

二、超宽货物的装载

对于宽度超过集装箱宽度的货物，除受到集装箱结构上的限制外，还受到装卸作业条件和集装箱船装载条件的限制。对于车站和码头的超宽限制是根据所使用的机械设备的种类而定的。例如跨运车对超出箱体（单边）10cm 以上的超宽货就难以进行装卸作业。

集装箱船对超宽货物的限制主要由箱格结构入口导槽的形状而定。另外，堆放集装箱时，其集装箱之间的空隙大小对超宽货物也有相应的限制。通常日本集装箱船为 200mm 左右，而其他国家船舶约为 180mm。如果所装的超宽货物不超过上述范围，一般在箱格内是可以装载的，而且集装箱与箱格导柱之间有一些超宽余量。这种超宽余量一般为 80～150mm。

装载超宽货时，还必须充分注意货物的横向固定问题。

如果超宽货物产生了横向移动，货物就会紧靠在相邻的集装箱上，严重时甚至会戳破相邻集装箱的箱壁，因此，超宽货集装箱的固定作业要比普通集装箱更为严格。

三、超长货物的装载

超长货物，一般只能用板架式集装箱装载。装载时，需将集装箱两端的插板取下，并铺放在货物下部。超长货物的超长量有一定限制，最大不得超过 306mm（即 1ft 左右）。

在箱格结构的集装箱船上，舱内是不能装载超长货的，因为每个箱格都有横向构件，所以只能在其甲板上装载。

四、超重货物的装载

由于集装箱运输和装卸中所使用的机械都是按国际标准化组织标准的最大总重来设计的，所以集装箱的实际总重以及集装箱的载货重量都不能超过相应的规定，如 6.1m（20ft）集装箱总重规定为 24t，12.2m（40ft）集装箱总重规定为 30.48t。从装卸作业和运输安全角度来讲，在装载货物时，不能超过相应规定。为此，在装载超重货物时，应将其超重部分从货物上拆卸下来另行装运，也可将超重货物改用总重略大的集装箱装载。

此外，运送超重货物也将受到运载工具的运载能力与道路通过能力的限制。

五、散件货物的装载

对尺寸和重量较大而且必须要由几个平台集装箱拼起来装载的货物称为散件货。在用船舶运载时，装载这些货物时其装载的尺寸和重量受船舶结构的限制。如舱内不能达到所需空间时，可装在上甲板的舱口盖上。装载这种货物时应事先了解与明确下列事项：

（1）从装卸地运到船边或离开船边所采用的运输方法。

（2）能否使用岸上的集装箱装卸桥。

（3）不能使用装卸桥时要安排好浮吊，但必须考虑浮吊的跨距和高度是否足够。

（4）是否可以直接靠岸卸货或者需要过驳。

（5）根据货物的形状确定安装吊索的位置。

（6）确定货物的固定方法，准备好固定货物用的材料和作业人员。

（7）考虑分散负荷的方法。

六、散货的装载

用散货集装箱运输散货可节约劳动力、包装费、装卸费，并减轻装卸工人的劳动强度和提高装卸效率，所以是一种理想的运输方式。

用散货集装箱运输的散货主要有：麦芽、燕麦、大豆等谷类，粒状和小块状的饲料，粉状和颗粒状的化学制品以及其他如树脂、铝渣、黏土等工业原料的散货。

散货也可采用杂货集装箱运输，但由于杂货集装箱的强度较差，只限于运输干草块、麦芽等较轻的散货。所以在选择运输散货的集装箱时，要充分掌握货物的特性、货物的密度及集装箱的强度等装载条件。

1．散货集装箱的装载和卸载

（1）装载　散货集装箱的箱顶上一般都设有 2～3 个装货口，装货时利用圆筒仓或仓库的漏斗或使用带有铲斗的起重机进行装载。利用杂货集装箱装载散货时，通常要把箱门打开后，用带式输送机或带铲斗的装卸车将散货装入箱内。也可根据散货的特性，用导管利用空气把货物吹入箱内。

（2）卸载　散货集装箱一般采用将集装箱倾斜的方式使散货产生自流的方法卸货。常用的方法有两种，一种是利用拖头上的重型提升耦合装置把底盘车连同集装箱的一端一并举升；另一种是利用底盘车上的特种装置，使集装箱前端抬高而倾斜。现在国外常见的是用自动倾斜底盘车运载散货。通常自动倾斜底盘车举升的最大倾斜角为40°。

此外，还可选用吸管卸货。

2．装载散货集装箱的注意事项

（1）运输散装的化学制品时，首先要判明其是否属于危险货物。

（2）在选定装载散货的集装箱时，必须考虑装货地点和卸货地点的装载和卸载的设备条件。

（3）对于单向的散货运输，其回程如果装载其他杂货，一般在箱内需衬垫塑料袋，使散货与箱体隔开。塑料袋的两端呈框架型，不用时可把中间的塑料薄膜折起来，使用时可像手风琴风箱方式方便地拉开。也有的像普通散货集装箱那样，把装货口设在箱顶上，出货口设在门端的衬袋。

（4）在运输谷物、饲料等散货时，应注意该货物是否有熏蒸要求。因此，在装货前应查阅进口国的动植物检疫规则。对需要进行熏蒸的货物应选用有熏蒸设备的集装箱装运。

（5）在装运谷类和饲料等货物时，为了防止水湿而损坏货物，应选用有箱顶内衬板的集装箱装运。

（6）在装载容易飞扬的粉状散货时，应采取措施进行围圈作业。

七、液体货物的装载

散装运输的液体货物虽然也可以认为是散货的一种，但由于液体货需要用专用的罐状集装箱来运输，因此液体货被列为特殊货物。

用罐状集装箱运输的液体货主要有酱油、葡萄糖、各种酒类等食品类货物和甲酚等各种化学类货物。虽然用罐状集装箱运输液体货能大量地节约包装费和装卸费，但是由于液体货中食品类货物所占比重较大，而对食品的运输要求又较为严格，受限制的条件很多，所以液体货的集装箱运输除一部分能装罐状集装箱运输外，还有大量的液体货仍选用杂货集装箱，并在装箱前进行了罐装处理。

1. 液体货的罐状集装箱装载注意事项

罐状集装箱在选用时应注意下列事项：

（1）罐子本体所使用的材料和罐内所使用的涂料在理化特性上与货物有无抵触。如有抵触时，则罐内应使用内衬袋来装载。

（2）罐状集装箱的容积和强度是以装载某种特定货物为条件来设计的，如所装货物的密度比特定货物的密度大，罐内则形成半罐状态。在半罐状态下进行运输，货物对罐壁将产生较大的冲击力，严重时会损坏罐体，因此，要根据具体的情况，必要时在罐内安装隔板，以缓和其冲击作用。

（3）液体化的注入和排出是用管路进行的，因此要注意装货和卸货地点的配套设施，是否能与罐状集装箱的设备相互配合。

（4）要掌握货物的凝固点、膨胀系数和运输区间内外界气候条件的变化情况，注意货物受热膨胀时是否会溢出集装箱或受冷时是否会凝固而无法排出。对于会凝固的货物（如沥青），应选用有加热设备的罐状集装箱运输，同时必须注意卸货地点是否有蒸汽源和电源设备。

（5）对液罐的清洗作业应事先作好安排，要求清洗后能完全除去货物的残渣。

2. 用其他容器装在集装箱内运输液体货

如果液体货是装在较小的容器里即可与一般杂货的装载方法一样处理。这里说的其他容器是指比铁桶还大的容器，其容量一般为 1 000L 至 2 000L 左右。采用这种方法运输的主要问题是容器的回收问题。由于容器较大，从反复使用角度考虑，要求容器的强度大、结构牢，因此造价相对较高。

国外使用的这种容器有两种，一种为集装袋，另一种为集装罐。

（1）集装袋　这是一种用氯乙烯布等人造纤维制成的袋子，不使用时，可以折叠起来存放。

集装袋一般用以装运粒状货物和粉状货物。这种袋如装在板架集装箱内，因板架集装箱无侧壁，故装袋时需要用厚板制成的台架。如果装在有侧壁的集装箱内，袋与袋之间紧密堆装无空隙时可不需用台架。

（2）集装罐　这是一种用铝合金制造的装液体货专用的特殊容器，它分上下两部分，使用时可将其合并起来，不使用时可套叠起来，以减少回收所占用的容积。由于其材质是铝合金的，所以其重量较轻，半个罐可由人力搬运。

八、冷藏货物的装载

冷藏货物分为冷冻货和低温货两种。

冷冻货是指货物在冻结状态下进行运输的货物，运输温度的范围一般在-20～-10℃之间。低温货是指货物在还未冻结或货物表面有一层薄薄的冻结层的状态下进行运输的货物。一般的温度调整范围在-1～+16℃左右。货物要求低温运输的目的主要是为了保持货物的鲜度。有时为了维持货物的呼吸和防止箱内产生水滴而需要在箱内进行通风。

冷藏货中食品类货物占的比重较大，运输质量要求较高，此外还有医药用品、化学用品等冷藏货。冷藏货必须采用冷冻集装箱运输。

1. 运输冷藏货的注意事项

冷藏货在运输过程中为了防止货物变质需要保持一定的温度。该温度一般叫运输温度。温度值的大小应根据具体货种而定，即使是同一种货物，由于运输时间、冻结状态和货物成熟度的不同，对运输温度的要求也不同。因此，运输时货主应对某一种冷藏货所要求的运输温度有具体的温度要求，承运人必须根据货主所指定的运输温度进行运输。某些冷冻货、冷藏货的运输温度可见表6-1。

表6-1 某些冷冻货、冷藏货的运输温度

按温度分组	运输温度		货物种类
	℃	℉	
冷冻货物	-6以下	20以下	鱼类、肉类、黄油等
低温货物	-1～5	30～40	鲜肉、鱼类、药品、鸡蛋
凉温货物	5～16	40～60	水果、蔬菜、化工制剂
通风货物	常温	常温	水果、蔬菜

2. 冷冻集装箱的检查

冷冻集装箱在装货前首先应检查该箱是否处于正常状态，检查合格后方能装货，检查的主要内容如下：

（1）检查集装箱的内装、外表、隔热保温材料等有无损坏，还要检查箱门的气密性和箱内是否干燥、清洁。

（2）根据所运货物的具体要求，检查通风口的关闭状态。如有的低温货为了要维持其呼吸作用需要把通风口打开，但有的低温货却要求把通风口关上。在运输冷冻货时一定要把通风口关闭，否则热气将进入箱内引起货损。

（3）检查集装箱的通风管和排水口是否堵塞。堵塞时，必须进行清除。

3. 冷冻货物的装载

冷冻货装箱时要对集装箱进行预冷，同时检查货物本身是否预冷到指定的温度。

装货时不要挡住冷风出口，妨碍冷风在箱内的循环，也不要把货物堆装在风管下面，以免造成冷风循环不畅。为了使冷风循环畅通，在货物之间要使用冷冻的垫货板。

装载冷冻货时，集装箱的通风口必须关闭，形成气密。

4. 凉温、通风货物的装载

水果、蔬菜等货物，经常进行呼吸作用，从空气中吸收氧气，放出二氧化碳、少量的热和水分。因此，若冷风循环差，会导致氧气量减少，二氧化碳增加，货物的呼吸作用减弱，会使其变质腐败。特别是在常温运输时，其影响更为显著。为此，要使冷风循环畅通，一定要把通风口打开，进行换气，保证货物的供氧。另一种方法是箱内施放氧气，使氧气保持一定浓度，从而使新鲜物品保持在低氧状态下，不腐烂变质。

5. 冷藏货装载时的一般注意事项

（1）冷冻集装箱在装货过程中冷冻机应暂时停止运转。

（2）在装货前冷冻集装箱内的垫木和其他衬垫材料要进行预冷。

（3）应选用清洁卫生的衬垫物，以避免对货物的污染。

（4）不要使用纸、板等材料作衬垫物，以免堵塞通风管和通风口。

（5）要根据货物的性质和包装形状来选择正确的装载方法。装货时应防止货物不能堵住通风管，箱顶部分要留出适当空隙，使冷气在箱体内有效流通，达到冷却效果。

（6）由于冷藏货比普通杂货容易滑动，因此要对货物进行固定，固定货物时最好使用网格等作为衬垫材料，以确保冷气的正常流动。

（7）严格禁止已变质发臭的货物装入箱内。

九、检疫货物的装载

如果集装箱运输对象为活的动物或植物类货物，因其有可能带有某种害虫、细菌或病原体，所以在其进口时需要对其进行检疫。需要进行动、植物检疫的货物，必须经检查合格后方准进口。检查不合格时，应根据进口国的规定，进行熏蒸或消毒后才能进口，有的只能作焚烧处理。

需要进行动物检疫的货物主要有牛、马、猪、羊等活动物以及用这些动物制成的畜产品，如牛皮、羊毛、兔毛、猪肉、腊肠等。

1. 检疫的内容

检疫内容各国均有不同的具体规定，但其基本内容是：

（1）检疫对象为装载活动物或由其制成的畜产品的集装箱。如果杂货与畜产品混装时，则该集装箱在检查结束前不准打开。要求杂货与畜产品一起进行消毒处理后，才能开箱取出。

（2）装载动检货物的集装箱，大致分为两类，一类是在运输途中其所带的害虫、细菌或病原体不会逸出箱外的集装箱，如杂货集装箱、冷冻集装箱等。另一类即其所带的害虫、细菌和病原体可逸出箱外的集装箱，如板架集装箱、动物集装箱、开顶集装箱等。对于第一类集装箱，在进口国是允许进行陆上运输的，其检疫地点可以在卸货港，也可以是在货物交接的指定地点。而第二类集装箱，进口国是不允许进行陆上运输的，故只能在卸货港进行检疫工作。

（3）对于活动物必须在第一个进口港内接受检疫。

（4）消毒时一般用5%的甲酚液进行消毒。

2．动检货物的装载

（1）活动物　活动物一般采用动物集装箱装载，对装载的要求各国都有具体规定，其注意事项如下：在船上应装在甲板上受风浪影响较小的地方，周围最好用一些杂货集装箱遮蔽起来，减少风浪的袭击。另外，装载地要求供水方便，周围应留有通道，以便在航行中进行清扫和喂料，最好把饲料箱放在装畜箱附近。装载地点应不妨碍其他货物的装卸作业，便于进行检疫而不需重复地搬动集装箱。对于上一次已装过活动物的集装箱，如需要再次使用时，应根据有关国家动检规则的要求，进行清扫和消毒。动物集装箱装船时间应在所有集装箱装完后，最后装船，装卸作业最好选定在夜晚进行，以免动物受到刺激而惊乱。

（2）畜产品　畜产品一般采用通风集装箱装载。最典型的畜产品运输是兽皮运输。兽皮在运输中会流出液体，故应选择带有液槽的集装箱装运。

（3）装载中的注意事项　要备有足够的饮用淡水，如露天装载动物时间超过24h时，应有适当的遮盖设备；运输过程中应有专业人员随船照料；为便于在运输途中进行喂料、喂水和清扫作业，在厩的前后方向应留有1 068mm以上的通道。

3．植物检疫

需要进行植物检疫的货物属于食品类的一般有：麦芽等谷物；柠檬、橘子等水果；土豆等蔬菜。属于非食品类的有木材、草制品等货物。如植物检疫不合格，即发现植物上有害虫或确定为有害植物时，应按检疫机关的批示进行熏蒸消毒或就地掩埋。

（1）检疫的一般内容。集装箱进口检疫时，其具体情况应依据各国有关规则进行，其内容大致如下。

1）进口集装箱是指从国外运到本国港口以后，卸到码头岸壁、驳船或其他卸货地，进行开箱取货的集装箱。而对于某些密闭集装箱，如临时需要卸到陆地上，不开箱门而直接换装到其他船舶上的集装箱，不视为进口集装箱，所以不需要进行植物检疫。

2）检疫地点原则上应在该集装箱所卸码头的指定场所进行。如该地点不能进行检疫时，则应按照检疫人员指定的地点进行。

3）经检查后如发现有害虫或确认为是有害植物时，应遵照检疫人员的命令，按规则进行熏蒸或消毒。

4）各种货物在检疫时使用的药剂、用药量和熏蒸的时间均有规定。

5）如经过植物检疫后认为是不合格的货物，而该集装箱又无熏蒸装置时，则可先陆运到具有熏蒸设备的仓库或筒仓进行熏蒸后，再交付货主。

（2）植检货物的装载。需要进行植物检疫的货物，在谷物中主要是麦芽，在蔬果类中主要是柑橘类货物，而木材中主要是胡桃木。

1）麦芽可按散货的装载方法进行装载；

2）柑橘类货物一般采用波纹纸板箱包装，以便于进行植物检疫。这类货物通常选用冷冻集装箱装载。

3）木材应选用板架集装箱装载，但板架集装箱必须设有立柱，否则运输途中会产生塌货。木材也可以采用开顶集装箱装载，但装货时作业较复杂，而且容易损坏集装箱。

思考题

一、思考题

1．货物属性及对集装箱的要求其目的是什么?

2．集装箱在使用前应做哪些检查?

3．集装箱货物装载的基本要求包括哪几个方面?

4．危险货物装载时要了解哪些装载规则?

5．冷藏货物装载时一般注意事项是什么?

二、计算题

1．有一批规格相同的箱装货物是用波纹纸板箱包装的冰柜，共 1 000 箱，单箱货物体积为 $1m^3$，单箱重量为 98kg，箱容利用率为 100%容重。

要求：(1) 计算货物密度。

(2) 根据货流密度选用哪种集装箱箱型?

(3) 计算该集装箱对该货物的最大可能装载量。

(4) 计算所需的集装箱箱数（保留整数）。

答案提示：

(1) $98kg/m^3$。

(2) 40ft 杂货集装箱。

(3) 6 644.4kg。

(4) 14.75 箱，凑整 15 箱。

2．选用 6.1m（20ft）杂货集装箱，装载了 17 432kg 的货物（重货），试计算出该批货物的最小摆放长度是多少?

答案提示：a 约为 0.7，L 为 4 241mm。

第七章

国际集装箱运输船舶配积载与运输线路

第一节 集装箱船舶基础知识

一、集装箱船（Container Ship）的类型

集装箱船可分为部分集装箱船、全集装箱船、可变换集装箱船和滚装集装箱船 4 种。

（1）部分集装箱船　仅以船的中央部位作为集装箱的专用舱位，其他舱位仍装普通杂货。

（2）全集装箱船　专门用以装运集装箱的船舶。它与一般杂货船不同，其货舱内有格栅式货架，装有垂直导轨，便于集装箱沿导轨放下，四角有格栅制约，可防倾倒。集装箱船的舱内可堆放三至九层集装箱，甲板上还可堆放三至四层。

（3）可变换集装箱船　其货舱内装载集装箱的结构为可拆装式的。因此，它既可装运集装箱，必要时也可装运普通杂货。

（4）滚装集装箱船　主要用来运送集装箱拖挂车。这种船本身无需装卸设备，一般在船侧或船的首、尾有开口斜坡连接码头，装卸货物时，载箱拖挂车直接开进或开出船舱。这种船的优点是不依赖码头上的装卸设备，装卸速度快，可加速船舶周转。

二、集装箱船的结构特点

在进行集装箱船配载之前，必须先了解集装箱船的结构特点。全集装箱船与普通杂货船相比较具有如下特点：

（1）集装箱船均为“统舱口船”，即船舱的尺度与舱口的尺度相同，并且在船体强度允许的条件下，尽量把舱口开大。这是为了既可便于装卸，又可多装集装箱。

（2）由于集装箱装卸的需要，舱内无中间甲板。

（3）为了使舱内集装箱固定而不能随意移动，舱内采用分格结构，用箱格导轨把船舱分格成许多箱格。

（4）由于是统舱口船，故舱口缘材垂直向下直到舱底，从而形成双层侧壁（双层壳），双层侧壁的长度占船长的一半以上。横舱壁也为双层舱壁；船底为双层船底。各种集装箱船的中部剖面图如图 7-1 所示。

（5）由于集装箱船的大舱口，其纵向强度较弱，这种双层侧壁和双层船底大大地增加了其纵向和扭曲强度，对集装箱船十分有利。

（6）集装箱船的横剖面呈“U”形，为了抵抗横向的水压力、波浪的冲击载荷、纵向弯矩和扭力，防止“U”形上部自由端的变形，因此，在集装箱船的纵向设置了许多横舱壁，增加了船舶的横向强度，如图 7-2 所示。

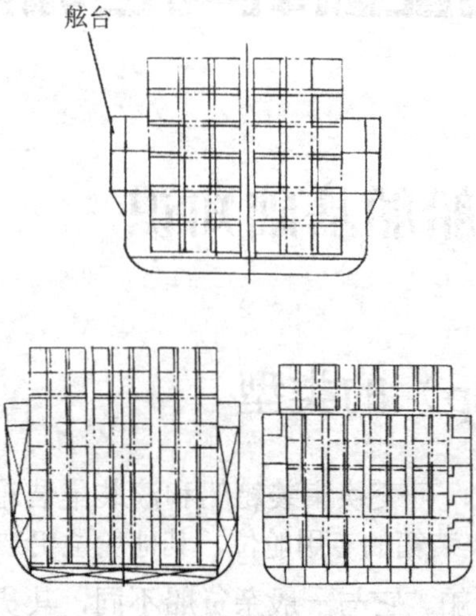

图 7-1　集装箱船中部剖面图

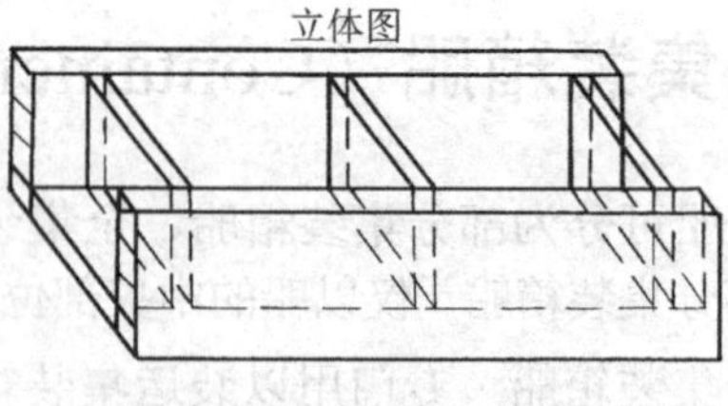

图 7-2　集装箱船的横舱壁

三、与积载有关的装置和设备

1. 箱格导柱

全集装箱船的船舱内均采用箱格结构，它是利用角钢把船舱按集装箱的尺寸分隔成许多箱格。箱格从货舱底部到舱口垂直设置，集装箱装卸时角钢起导向柱作用，故称箱格导柱，同时对集装箱在舱内进行了定位，如图 7-3 所示。

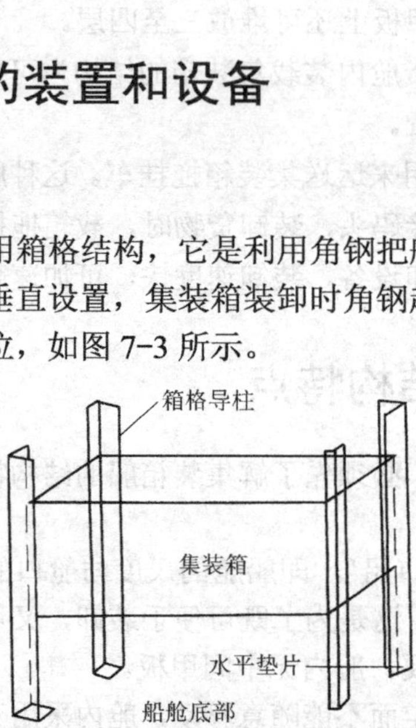

图 7-3　集装箱船的箱格导柱

箱格导柱的结构有两种，一种为组合型（Composite Type），另一种为专用型（Individual Type）。其角钢的尺寸一般为 101mm×101mm～152.4mm×152.4mm（4in×4in～6in×6in），焊接结构。在导柱根部的内底板上，装有 1in 厚的水平垫板，以承受集装箱的重量。

箱格导柱与集装箱之间的空隙长度方向一般是 38.0mm（1.5in），宽度方向为 25.4mm（1in），超过了这一限度，集装箱就会受到较大的冲击力，是不利的。

有些船舶，为了减少集装箱的绑扎作业，在露天的甲板上还装有甲板箱格导柱。

2．箱格货舱

这是指装有箱格导柱的集装箱专用舱，舱内设有箱格的目的，一方面是为了减少舱内的绑扎作业，另一方面是使舱内的上下层集装箱之间堆码整齐，不致造成偏码状态。集装箱在舱内堆码时，在舱底板上承受了集装箱四角的集中载荷，因此，位于承受集中载荷的这一部分双层底板的面积应作必要的加强。此外，由于集装箱船是大舱口船，因船体翘曲或扭曲极容易造成箱格导柱变形，变形量过大甚至会造成装卸困难。这一点必须引起注意。

3．箱格导口

由于箱格导柱与集装箱之间的空隙较小，为了便于集装箱进入箱格内，在箱格导柱的上端设有倾斜面的导向装置，称为“导口”。导口分固定式导口、铰接式导口与调节式导口三种形式，如图 7-4 所示。

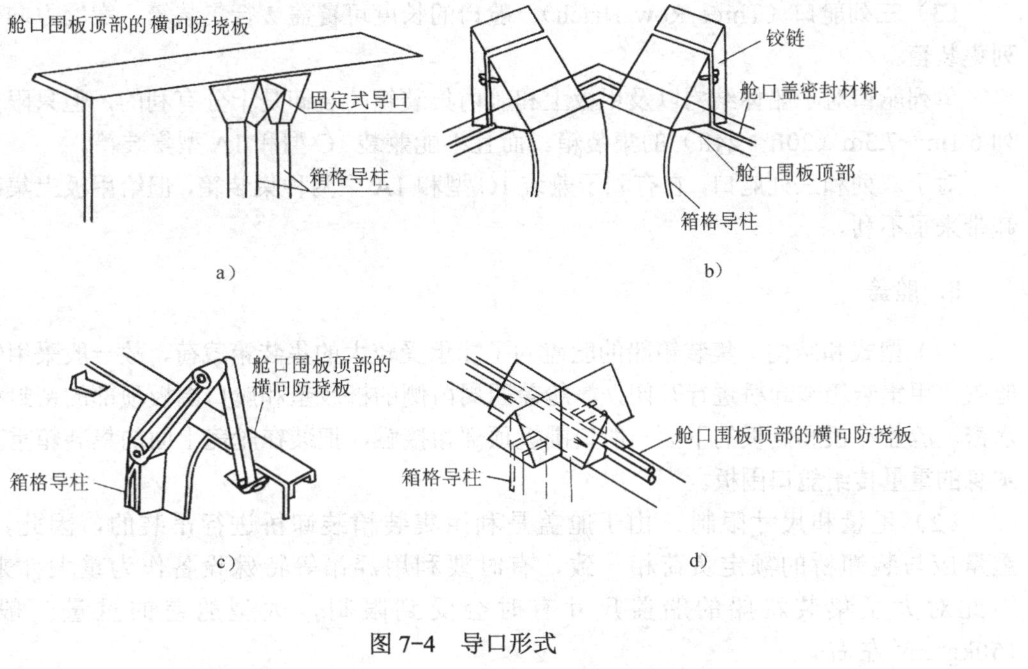

图 7-4 导口形式

a）固定式导口 b）铰接式导口 c）翻转型导口 d）移动型导口

（1）固定式导口（Fixed Type Entry Guide） 这是最常用的一种形式。从装卸集装箱所受的冲击来看，这是一种最安全的形式，缺点是造成箱与箱之间的空隙较大，如图 7-4a 所示。

（2）铰接式导口（Hinged Type Entry Guide） 该导口设置在舱口围板上方，在装卸完毕时兼作搁舱口盖装置用，与固定式导口相比较，可以减少箱格导柱间的空隙，如图 7-4b 所示。

（3）调节式导口（Adjustable Entry Guide） 这种导口又分为翻转型和移动型两种。

翻转型导口如改变导口的方向，就能把集装箱引入与舱口围板相垂直的任何一列箱格中去。采用此种型式，可以缩小箱格导柱的横向间隙，如图 7-4c 所示。

移动型导口和翻转型一样，在与舱口相垂直的箱格导柱上设有可移动的导口装置，使其横向移动，就能方便地把集装箱引入任何一列箱格中去。这种方式也可缩小箱格导柱的横向间隙，如图 7-4d 所示。

4．舱口

在研究集装箱船船舱和舱内箱格结构的同时，还必须研究舱口的布置。集装箱船的舱口有单列、双列和三列 3 种：

（1）单列舱口（One Row Hatch） 此舱口的长度覆盖 1 行集装箱，而宽度可覆盖好几列集装箱（一般可盖住 7 列以内）。

（2）双列舱口（Two Row Hatch） 此舱口的长度可覆盖 2 行集装箱，宽度方向可覆盖两列集装箱。

（3）三列舱口（Three Row Hatch） 舱口的长度可覆盖 2 行集装箱，宽度方向可覆盖三列集装箱。

单列舱口对于船体结构以及甲板上和舱内集装箱的装卸是十分有利的，但只限于装载 7 列 6.1m～7.3m（20ft～24ft）的集装箱。而且不能兼装 1C 型和 1A 型集装箱。

对于双列和三列舱口，它有利于兼装 1C 型和 1A 型两种集装箱，但给甲板上集装箱的装卸带来了不利。

5．舱盖

（1）型式和结构 集装箱船的舱盖为了能承受较大的集装箱载荷，故一般采用钢质箱型舱盖，用集装箱装卸桥进行开闭，靠舱盖四周内侧的橡胶垫和舱口围板顶部的密封材料保持水密。舱盖端板和侧板的下面与舱口围板顶部相接触，把装在舱盖上面的集装箱重量和舱盖本身的重量传给舱口围板。

（2）重量和尺寸限制 由于舱盖是利用集装箱装卸桥进行吊装的，因此，舱盖的重量应与装卸桥的额定负荷相一致，有时要利用浮吊等特殊设备作为重大件来装卸。因此对大型集装箱船的船盖尺寸有时会受到限制，大型舱盖的重量一般限制在 150kg/cm^2 左右。

（3）强度 集装箱堆放在舱盖上时，其载荷集中在集装箱四角的角件底部，由于这几个载荷承载点靠近舱盖的边板，因此在结构上是能够承受这些载荷的。但是，在装 1A 型箱船舱的舱盖上，若要堆装两行 1C 型箱时，则在舱盖中央部位承受的载荷相当大，这就要在这一部位增加舱盖桁材的高度和舱盖板的厚度，以提高这一部位舱盖的强度，但这会使甲板集装箱重心提高。

第二节　集装箱船舶的配积载

一、集装箱船配积载的概念与目的

集装箱船与普通货船一样，为了船舶的航行安全，减少中途港的倒箱，缩短船舶在港停泊时间，保证班期和提高经济效益，因而要进行配积载。

船舶的配载和积载是有不同的含义的。通常理解是，船公司根据订舱单进行分类整理以后，编制一个计划配载图，又称预配图或配载计划。而码头上实际装箱情况与预配图将会有出入，根据实际装箱情况而编制的船图称为积载图，又称最终积载图或主积载图。

二、集装箱船的箱位号

每个集装箱在全集装箱船上都有一个用 6 个阿拉伯数字表示的箱位号。它以“行”、“列”、“层”三维空间来表示集装箱在船上的位置。第 1、2 两位数字表示集装箱的行号；第 3、4 两位数字表示集装箱的列号；第 5、6 两位数字表示集装箱的层号。

1. 行号的表示方法

“行”是指集装箱在船舶纵向（首尾方向）的排列次序号，规定由船首向船尾顺次排列。由于集装箱有 6.1m（20ft）和 12.2m（40ft）之分。因此舱内的箱格也分 6.1m（20ft）和 122m（40ft）两种。根据箱格结构的不同，有的箱格导柱是固定的，6.1m（20ft）的箱格只能装 6.1m（20ft）箱，12.2m（40ft）的箱格只能装 12.2m（40ft）箱，但也有的箱格，其箱格导柱是可以拆装的，把 6.1m（20ft）的箱格导柱拆除就可以装 12.2m（40ft）箱。通常情况下，12.2m（40ft）箱格内可以装 2 个 6.1m（20ft）箱（注意：并非所有的 12.2m（40ft）箱格内都可以装 2 个 6.1m（20ft）箱）；为了区分 6.1m（20ft）和 12.2m（40ft）箱的行位，规定单数行位表示 6.1m（20ft）箱，双数行位表示 2.2m（40ft）箱。如图 7-5 所示，01、03、05、07……均为 6.1m（20ft）箱，而 02、06、10、14 均为 12.2m（40ft）箱。由于 04、08、12 等箱位间有大舱舱壁隔开，无法装 12.2m（40ft）箱。

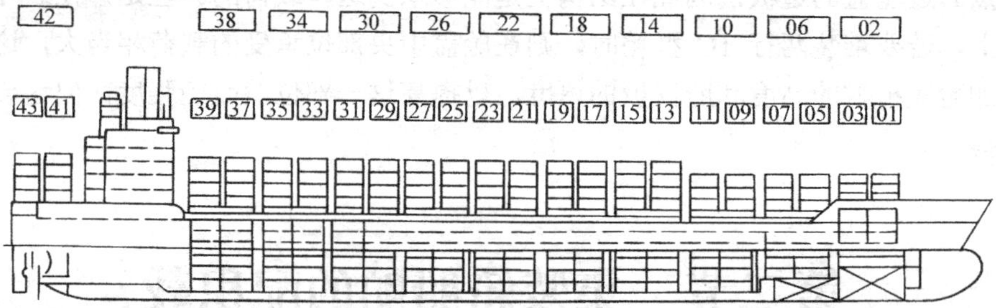

图 7-5　集装箱船的行号

2．列号的表示方法

“列”是指集装箱在船舶横向（左右方向）的排列次序号，有两种表示方法。

（1）从右舷算起向左舷顺次编号，01、02、03、04……以此类推，如图 7-6a 所示。

（2）从中间列算起，向左舷为双数编号，向右舷为单数编号。如左舷为 02、04、06……，右舷为 01、03、05……，中间列为“00”号，如列数为双数，则“00”号空，如图 7-6b 所示。这种表示法目前较常用。

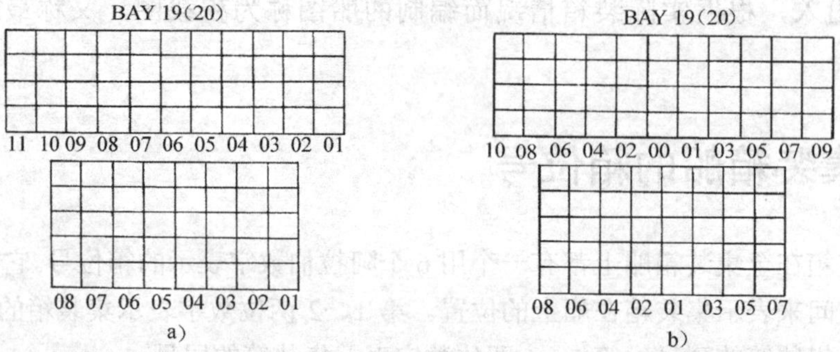

图 7-6　集装箱船的列号

a）向左舷顺次编号　b）向右舷顺次编号

3．层号的表示方法

“层”是指集装箱在船舶竖向（上下方向）的排列次序号，有三种表示方法。

（1）从舱内底层算起，一直往上推到甲板顶层，如舱底第 1 层为 01，往上为 02、03、04……，如图 7-7a 所示。

（2）舱内和甲板分开编号，舱内层号数字前加“H”字头，从舱底算起为 H1、H2、H3、H4……。甲板上层号数字前加“D”字头，从甲板底层算起为 D1、D2、D3……，如图 7-7b 所示。

（3）舱内和甲板分开编号，从舱底算起用双数，即 02、04、06、08、10……。

甲板上从甲板底层算起，层号数字前加“8”，即 82、84、86……，如图 7-7c 所示，目前常用这种编号方法。

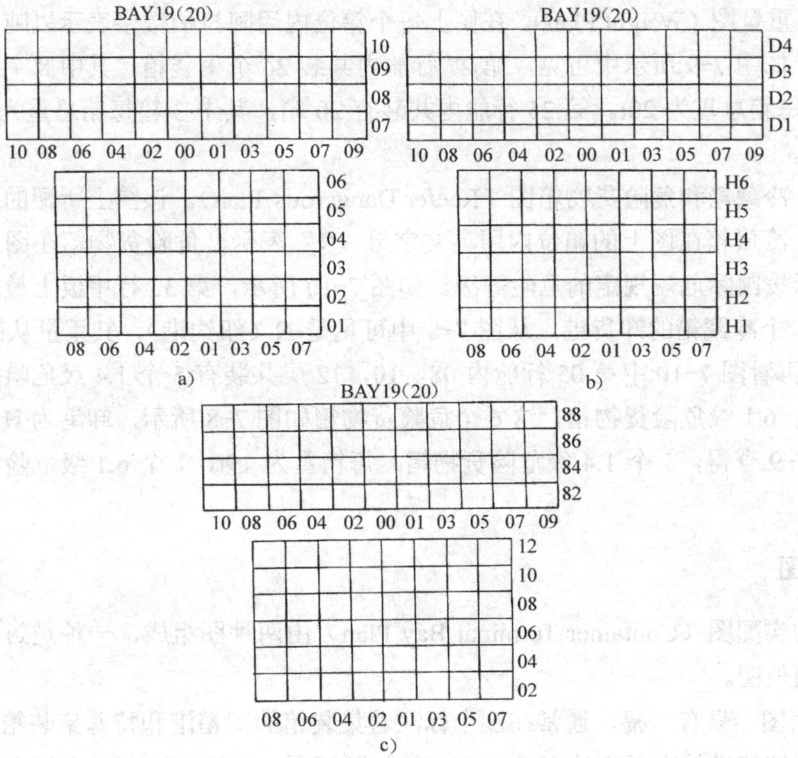

图 7-7 集装箱船的层号

三、集装箱船配积载图的编制

集装箱船的船图分预配图、实配图（又称集装箱码头配载图）和最终积载图（又称主积载图）3 种。

1. 预配图

集装箱船的预配图（Prestowage Bay Plan）是集装箱船配积载中最重要、最关键的环节，装箱船配载的好坏，不仅影响到能否保证班期和营运的经济性，还会影响航运的安全。

集装箱船的预配图由 3 幅图组成：

第一幅：字母图（Letter Plan）。船图上每个箱位内用 1 个英文字母表示该箱的卸箱港，如 K 代表神户港（Kobe），L 代表长滩港（Long Beach），N 代表纽约港（New York），H 代表休斯敦港（Houston），C 代表查尔斯顿港（Charleston）等，一般在预配图上有注明。

如图 7-8 所示为冰河轮第 18 航次的字母图，其中第 39 行舱内装有去长滩的 35 个箱位，去休斯敦的5个箱位。第37行甲板上装有去长滩的23个箱位，舱内去长滩的有36个箱位，去休斯敦的有8个箱位。

第二幅：重量图（Weight Plan）。在图上每个箱位内用阿拉伯数字表示以吨为单位计算的集装箱总重。如图7-9所示中可见，第27行舱内共装24个集装箱，其中8个箱每箱总重为17t，16个箱每箱总重为20t。第25行舱内共装有20箱，其中3箱每箱总重为18t，17箱每箱总重为20t。

第三幅：冷藏箱和危险货物箱图（Reefer/Dangerous Plan）。该图上所配的均为冷藏箱和危险货物箱，冷藏箱在图上的箱位内用英文字母“R”表示，危险货物箱在图上箱位内用阿拉伯数字表示按国际危规规定的危险等级。如图7-10所示，第33行甲板上最底层装有6个冷藏箱。这6个冷藏箱的卸货港，从图7-8中可见是N（纽约港），其重量从图7-9中可见每箱为21t。再看图7-10中第05行舱内08，10，12层共装有5个1.4级危险货物箱，舱内02层装有1个6.1级危险货物箱，这6个危险货物箱如图7-8所示，卸港为H（休斯敦港），其重量从图7-9查得，5个1.4级危险货物箱，每箱重为19t，1个6.1级危险货物箱，重量为20t。

2. 实配图

集装箱的实配图（Container Terminal Bay Plan）由两种图组成，一种是封面图，另一种是每一行的箱位图。

（1）封面图　只有一幅，通常在图上标注着集装箱的卸箱港和特殊集装箱的标记。

封面图上卸箱港的表示方法有两种，一种与预配图一样用一个英文字母表示，也有用不同的颜色来表示不同的卸箱港。两者比较起来后一种表示更清楚。

封面图上特殊的绑扎作业，与预配图一样。冷藏箱用“R”表示，危险货物箱因图上的箱格内又表示了卸箱港，故一般在该箱格上加“D”，并在旁边注明危险等级，如“D4.1”，“D6.1”等。

图7-11为“冰河”轮第18航次的实配封面图，图中第07行甲板上2个到长滩的危险货物箱为4.1级，第05行舱内5个到休斯敦的危险货物箱为4.0级，在4.0前均加“D”表示为危险货物在预配图中，第33行甲板上最底层的6个冷藏集装箱，在实配图中转移到第35行，并增加了1个而变为7个。在图上箱位中的表示方法是在卸箱港N的下方加注小“R”，以表示为冷藏箱。

（2）行箱位图　如图7-12所示为“冰河”轮第18航次第19行的行箱位图。此图每行位一张。在每一箱位图中应标有如下内容：

1）集装箱的卸箱港和装箱港。

表示方法一般卸箱港在前，装箱港在后，中间用“×”符号隔开，也有的只标注卸箱港不标注装箱港。

卸箱港和装箱港用3个英文字母代号表示，此代号表示方法借用国际航空港标准代码，不另订标准。

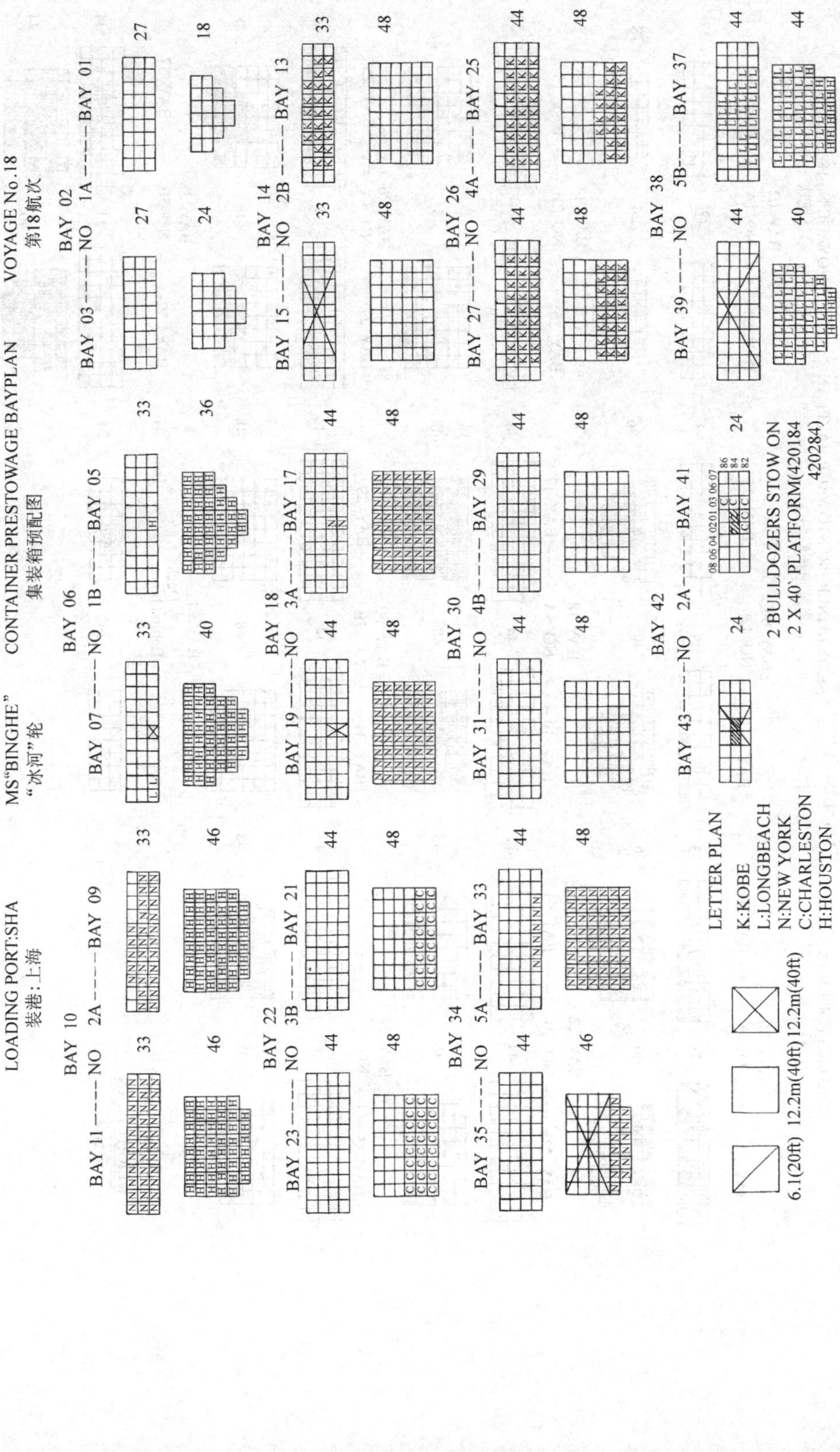
LOADING PORT:SHA
装港:上海
MS"BINGHE"
"冰河"轮
CONTAINER PRESTOWAGE BAYPLAN
集装箱预配图
VOYAGE No.18
第18航次
BAY 11 ---- NO 2A ---- BAY 09
BAY 10
BAY 07 ---- NO 1B ---- BAY 05
BAY 06
BAY 03 ---- NO 1A ---- BAY 01
BAY 02
BAY 23 ---- NO 3B ---- BAY 21
BAY 22
BAY 19 ---- NO 3A ---- BAY 17
BAY 18
BAY 15 ---- NO 2B ---- BAY 13
BAY 14
BAY 35 ---- NO 5A ---- BAY 33
BAY 34
BAY 31 ---- NO 4B ---- BAY 29
BAY 30
BAY 27 ---- NO 4A ---- BAY 25
BAY 26
BAY 43 ---- NO 2A ---- BAY 41
BAY 42
BAY 39 ---- NO 5B ---- BAY 37
BAY 38
6.1(20ft)
12.2m(40ft)
12.2m(40ft)
LETTER PLAN
K:KOBE
L:LONGBEACH
N:NEW YORK
C:CHARLESTON
H:HOUSTON
2 BULLDOZERS STOW ON
2 X 40' PLATFORM(420184
420284)

图 7-8　预配图（字母图）

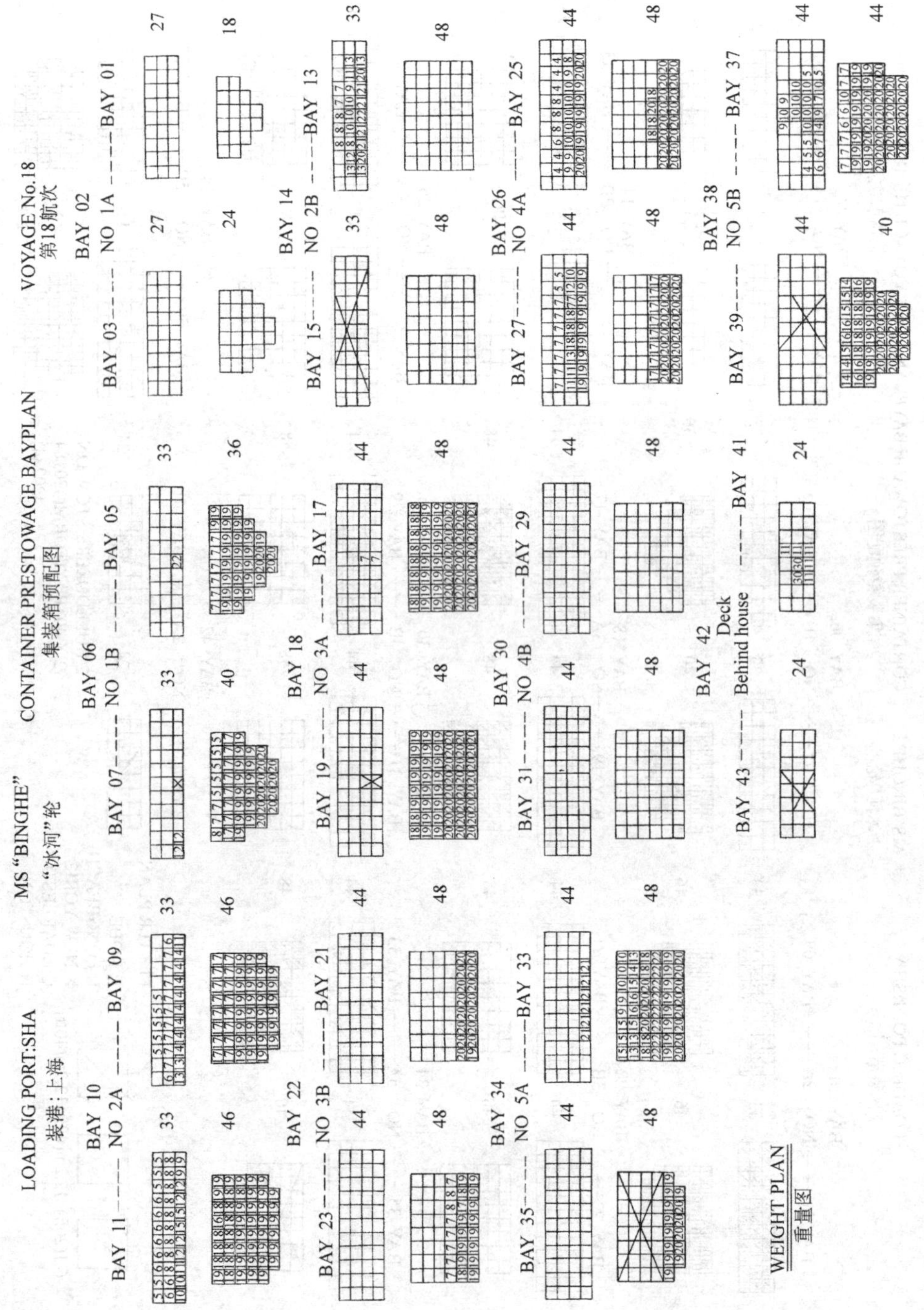
LOADING PORT:SHA
装港:上海
MS "BINGHE"
"冰河"轮
CONTAINER PRESTOWAGE BAYPLAN
集装箱预配图
VOYAGE No.18
第18航次
BAY 11 ---- BAY 10 NO 2A ---- BAY 09
BAY 07---- BAY 06 NO 1B ---- BAY 05
BAY 03---- BAY 02 NO 1A ----BAY 01
BAY 23---- BAY 22 NO 3B ----BAY 21
BAY 19---- BAY 18 NO 3A ---- BAY 17
BAY 15---- BAY 14 NO 2B ----BAY 13
BAY 35---- BAY 34 NO 5A ----BAY 33
BAY 31---- BAY 30 NO 4B ----BAY 29
BAY 27---- BAY 26 NO 4A ----BAY 25
BAY 43---- BAY 42 Deck Behind house ---- BAY 41
BAY 39---- BAY 38 NO 5B ---- BAY 37
WEIGHT PLAN
重量图

图 7-9 预配图（重量图）

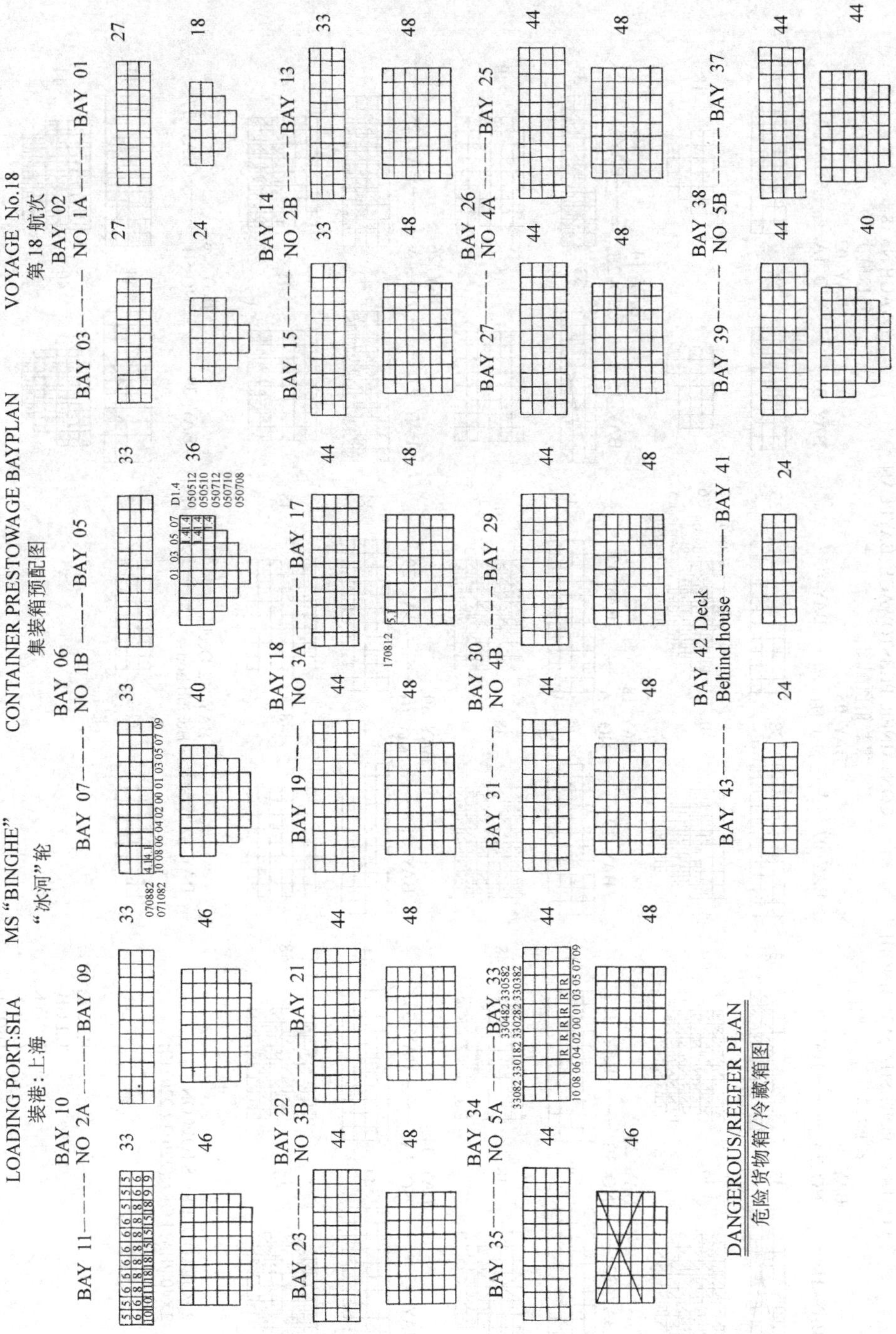

图 7-10　预配图（特殊货物箱图）

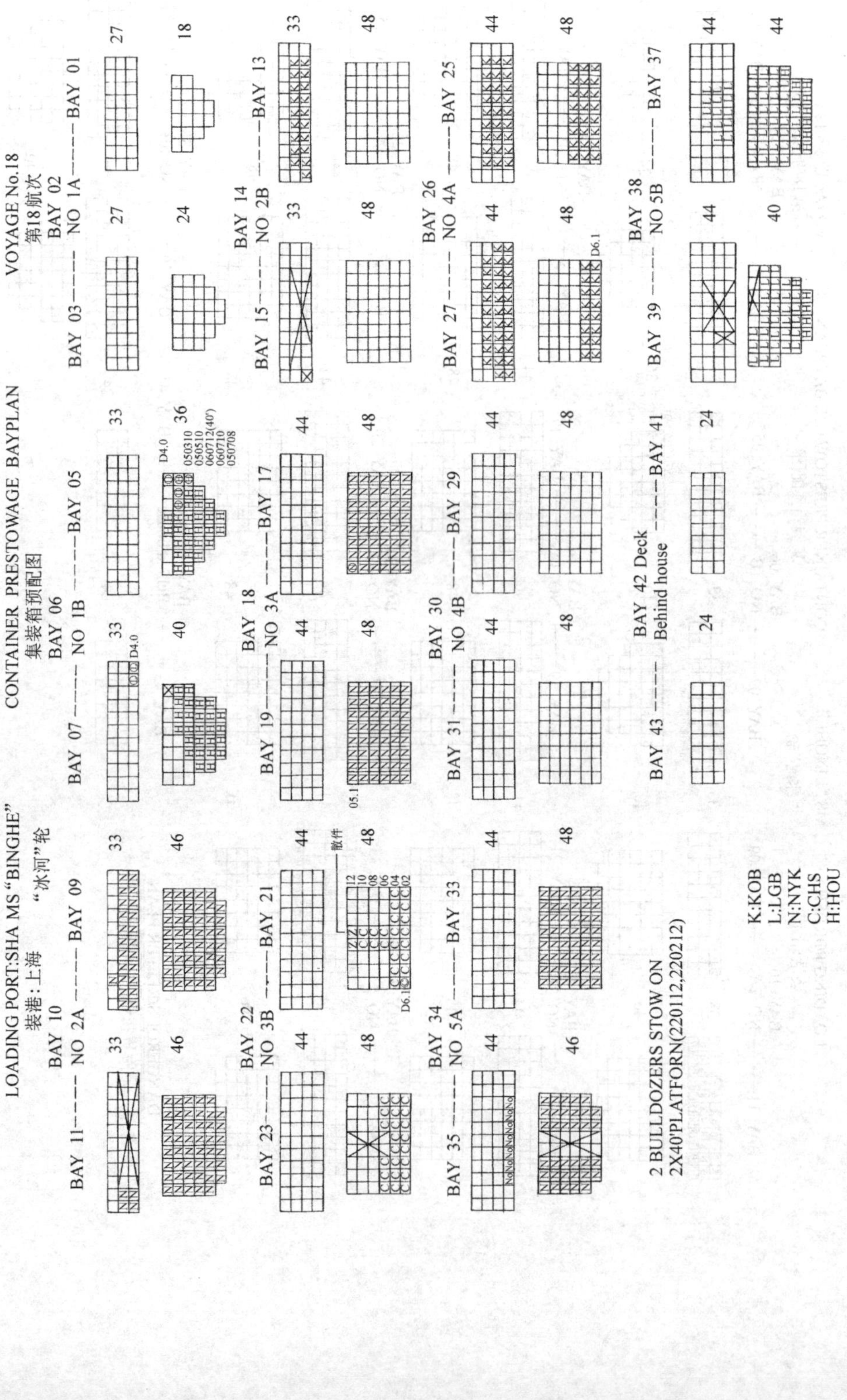
LOADING PORT:SHA MS "BINGHE"
装港：上海 "冰河"轮
CONTAINER PRESTOWAGE BAYPLAN
集装箱预配图
VOYAGE No.18
第18航次
BAY 11 —— BAY 10 NO 2A —— BAY 09
BAY 07 —— BAY 06 NO 1B —— BAY 05
BAY 03 —— BAY 02 NO 1A —— BAY 01
BAY 23 —— BAY 22 NO 3B —— BAY 21
BAY 19 —— BAY 18 NO 3A —— BAY 17
BAY 15 —— BAY 14 NO 2B —— BAY 13
BAY 35 —— BAY 34 NO 5A —— BAY 33
BAY 31 —— BAY 30 NO 4B —— BAY 29
BAY 27 —— BAY 26 NO 4A —— BAY 25
BAY 43 —— BAY 42 Deck Behind house —— BAY 41
BAY 39 —— BAY 38 NO 5B —— BAY 37
散件
2 BULLDOZERS STOW ON 2X40'PLATFORM(220112,220212)
K:KOB
L:LGB
N:NYK
C:CHS
H:HOU

图 7-11 实配封面图

BING HE　　VOY.18　　BAY 19

10	08	06	04	02	00	01	03	05	07	09	
											88
											86
											84
											82

08	06	04	02	01	03	05	07	
NYK 19.50 COSU5000154 G2901	NYK 19.35 COSU8131754 G2902	NYK 19.35 COSU8129037 G2903	NYK 19.69 ICSU3355394 G2904	NYK 20.42 COSU5000160 G3801	NYK 20.27 COSU8154385 G3802	NYK 19.87 COSU8231615 G3903	NYK 20.06 COSU8201254 G3904	12
NYK 20.27 COSU8156958 G3905	NYK 19.21 ICSU3787649 G3906	NYK 19.43 ICSU4157217 G3907	NYK 19.67 COSU8178664 G3908	NYK 18.69 HTMU8039953 G3909	NYK 19.72 COSU8013469 G3910	NYK 20.33 COSU0117550 G3911	NYK 20.06 COSU8075650 G3912	10
NYK 20.19 COSU8023169 G3913	NYK 20.05 COSU8035973 G3914	NYK 20.24 COSU8175069 G3915	NYK 19.96 HTMU8038319 G3916	NYK 20.13 HTMU8047780 G3917	NYK 20.15 COSU8183932 G3918	NYK 19.92 IEAU2353700 G3919	NYK 19.95 GSTU4557788 G3920	08
NYK 19.48 HTMU8058207 T2501	NYK 17.60 COSU8210621 T2502	NYK 19.53 TOLU2722771 T2503	NYK 19.91 COSU8028833 T2504	NYK 17.18 COSU8011419 T2505	NYK 19.32 COSU8157511 T2506	NYK 19.30 COSU5022908 T2507	NYK 19.73 CTIU3404773 T2508	06
NYK 19.62 COSU3116770 T2509	NYK 19.51 COSU8092869 T2510	NYK 17.12 COSU8233191 T2511	NYK 18.51 COSU8101739 T2512	NYK 19.18 COSU8190504 T2513	NYK 19.12 COSU8199883 T2514	NYK 18.09 COSU5037641 T2515	NYK 19.35 COSU8139164 T2516	04
NYK 19.70 ICSU4395750 T2517	NYK 19.34 COSU5034025 T2518	NYK 19.43 COSU5021199 T2519	NYK 1886 COSU8219906 T2520	NYK 18.90 COSU8143483 T2521	NYK 19.61 COSU8208922 T2522	NYK 19.51 COSU8095683 T2523	NYK 19.52 COSU8230757 T2524	02

图 7-12　实配行箱位图

2）集装箱的总重。

3）集装箱的箱主代号、箱号和核对数字。

4）堆场上的箱位号。

堆场箱位号主要给码头上的堆场管理员提供该集装箱在堆场上的堆放位置。

举例说明：

如图 7-13 所示为第 19 行中“190718”箱位。

图中：NYK：卸箱港纽约港；

20.06：集装箱总重为 20.06t；

COSU：箱主代号；

8204254：箱号和核对数字；

G3804：堆场上箱位号。

NYK　20.6
COSU　8204254
G3804

图 7-13　第 190718 箱位

3．最终积载图

最终积载图（Final Bay Plan）是船舶实际装载情况的积载图，它是计算集装箱船舶的稳性、吃水差和强度的依据。最终积载图由最终封面图、装船统计表及最终行箱位图三部分组成。现以冰河轮第 14 航次的最终积载图为例，介绍如下。

（1）最终封面图　如图 7-14 所示中可见，实际上是把预配图中的字母图和特种箱位图合并在一起，按照实际装箱情况来表示。关于各个箱的重量，在最终行箱位图中可以找出。

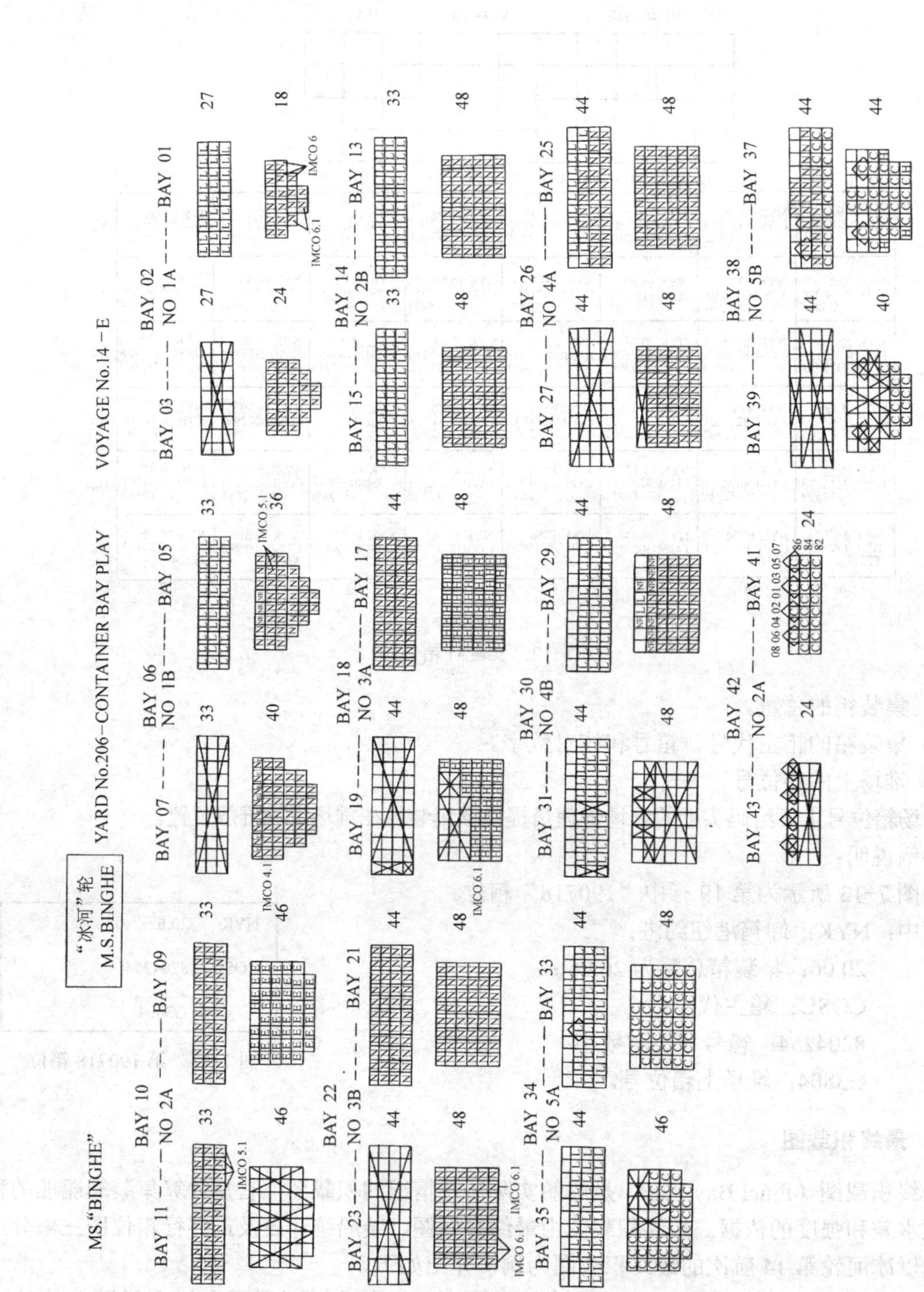

图 7-14 最终积载封面图

有关图中各种符号的说明，见最终行箱位图。

（2）装船统计表　表 7-1 是冰河轮第 14 航次在神户港装船完毕后集装箱的统计数字，统计表中包括下列内容：

表 7-1　“冰河”轮第 14 航次在神户港装船统计表　（单位：t）

冰河轮　　航次：14-E　　日期：1987 年 2 月 7 日

装货港		长滩港		纽约港		查尔斯顿港		休斯敦港		总计		选港
	箱　型	6.1m （20ft）	12.2m （40ft）	6.1m （20ft）	12.2m （40ft）	6.1m （20ft）	12.2m （40ft）	6.1m （20ft）	12.2m （40ft）	6.1m （20ft）	12.2m （40ft）	12.2m （40ft）
上海港	重箱	33 582.1	5 86.4	111 2 041.5	32 526.7	28 419.3	5 92.3	38 584.8	1 7.7	210 3 627.7	43 693.1	
	冷藏箱	2 42.1								2 42.1		
	危险货物箱			8 148.0		1 19.6				9 167.6		
	空箱			12 27.6	8 28.8					12 27.6	8 28.8	44 158.4
神户	重箱	148 2 323.1	80 1 173.5	323 5 409.3	138 1 964.3	58 1 017.3	57 725.9	21 382.9	19 221.4	550 9 132.6	294 4 112.1	
	冷藏箱											
	危险货物箱	1 20.4		11 215.5	1 20.2	1 20.1		2 30.9		15 286.9	1 20.2	
	空箱											
	重箱											
	冷藏箱											
	危险货物箱											
	空箱											
总计	集装箱	184	85	465	179	88	62	61	20	798	346	44
	重量	2 967.7	1 239.9	7 841.9	2 540.0	1 476.2	845.2	998.6	229.1	13 284.5	4 854.2	158.4
总　重		4 207.6		10 381.9		2 321.5		1 227.7		18 138.7		158.4

1）装箱港、卸箱港和选箱港。

2）集装箱状态：分重箱、空箱、冷藏箱、危险货物箱以及其他特种箱。

3）箱型：分 20ft 和 40ft。

4）数量和重量的小计和总计。

举例说明：

1）从表 7-1 中可见，由上海港装船到各港的重箱，6.1m（20ft）有 210TEU，重量总计

3 627.7t，12.2m（40ft）有 43FEU（FEU 为集装箱运输单位，表示 12.2m<40ft>集装箱。）重量总计 693.1t；空箱 6.1m（20ft）有 12TEU，重量总计 27.6t，12.2m（40ft）有 8FEU，重量总计 28.8t；冷藏箱 6.1m（20ft）有 2IEU，重量总计 42.1t；危险货物箱 6.1m（20ft）有 9TEU，重量总计 167.6t。

2）由神户港装船到各港的重箱，20t 有550TEU，重量总计9 132.6t；40ft 有294FEU，重量总计4 112.1t。危险货物箱20ft 有15TEU，重量总计286.9t；40ft 有1FEU，重量为20.2t。

3）此表是在神户港装船完毕后编制的，因此，表中已扣除了上海港到神户港的集装箱，因在神户港已卸下。

4）船上装载的总箱量：6.1m（20ft）有798TEU，总重量为13 284.5t，12.2m（40ft）有3 46IEU，总重量为4 854.2t，合计为18 138.7t。此外尚有44IEU 选港箱，总重量为158.4t。

(3)最终行箱位图　如图 7-15 和图 7-16 所示是冰河轮第 14 航次离开神户港时第 33(34) 和 35 行的最终行箱位图。

最终行箱位图的每一个箱位上应标有如下内容：

1）卸箱港和装箱港　卸箱港在前，装箱港在后，中间用“×”隔开；也可以只标卸箱港，不标装箱港。

2）箱主代号、箱号和核对数字。

3）特种箱的标志。如冷藏箱用“R”；敞顶箱用“O/T”；板架箱用“F/R”；危险货物用“IMCO”或“D”外，还要标出危险货物等级。

4）集装箱的总重。

5）船上的箱位号。

6）12.2m（40ft）箱的标志：用□表示 12.2m（40ft）箱位，即此箱位已被 12.2m（40ft）箱占用。

7）超高和超宽标志。超高（O/H）箱应在箱位上方用“∧”符号表示，并标出其超高的高度；超宽（O/W）箱要在箱位的左向或右向用“＜”或“＞”符号表示，并标出其超宽的宽度。

举例说明：

1）如图 7-16 所示中“331082”箱位

CHS×KOB：卸箱港查尔斯顿，装箱港神户。

COSU8218031：箱主代号、箱号及核对数字。

IMCO 5.1：危险货物 5.1 级。

20.1，总重 20.1t。

D/C：杂货集装箱。

331082，本箱在船上的箱位。

2）如图 7-15 所示中“350106”、“350108”箱位：表示此两箱位被 401 所占用，就是说如图 7-16 所示中可见“330106”、“330108”箱位中的 SCXU 4311160 和 COSU 4122775 这 2 个集装箱均为 40ft 箱。

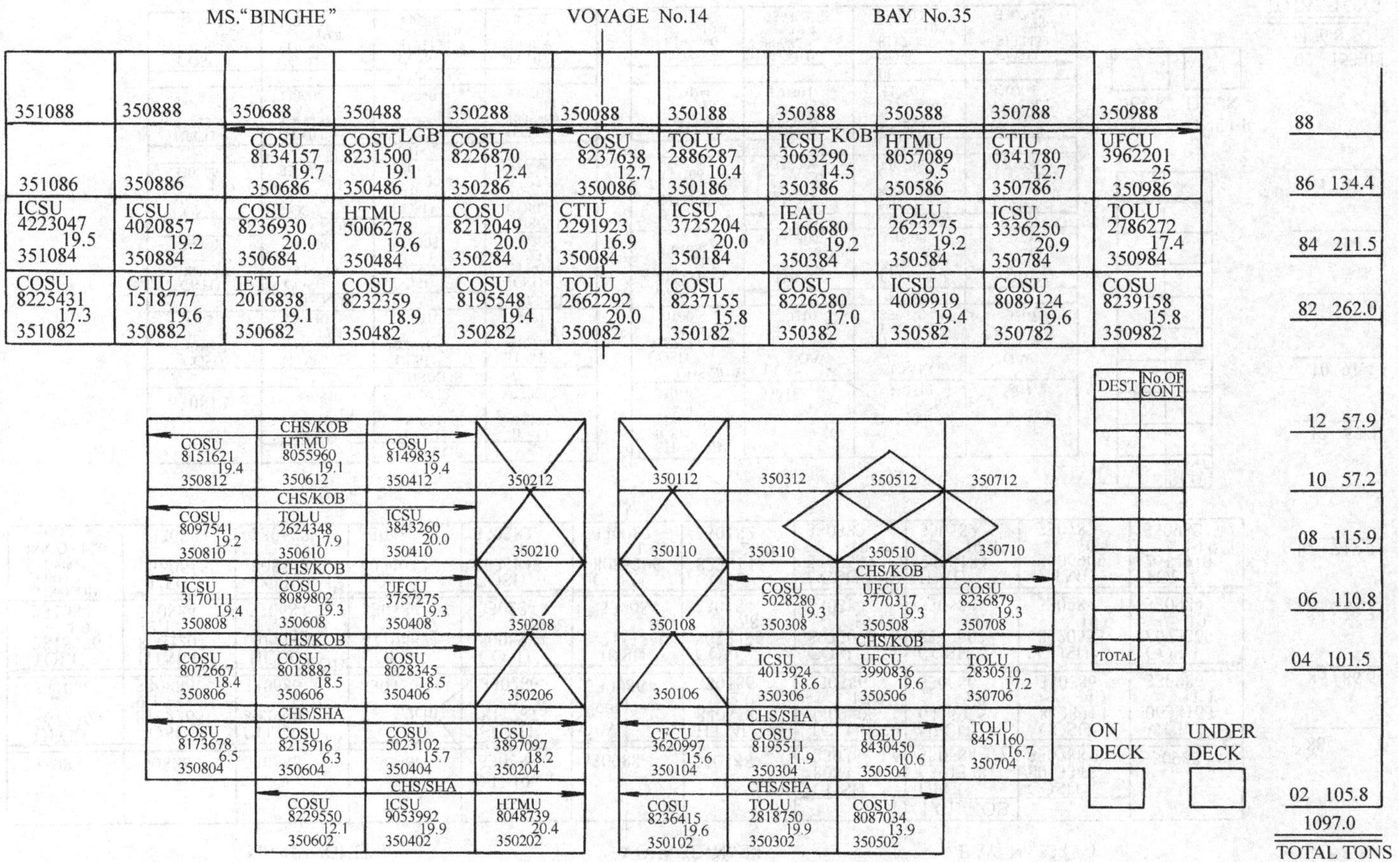

图 7-15　最终行箱位图（1）

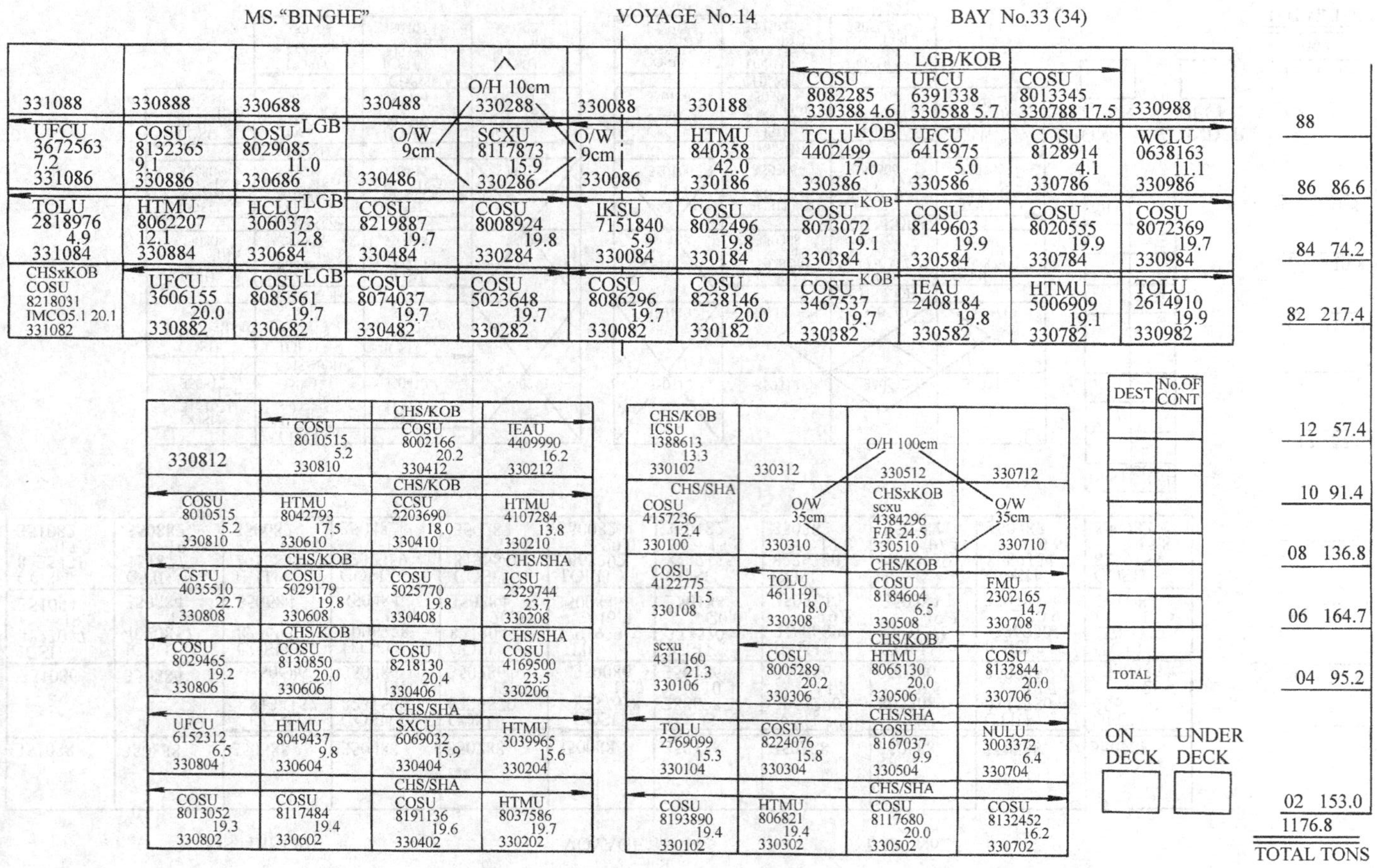

图 7-16 最终行箱位图（2）

3）如图 7-16 所示中，“330510”箱位：这是一个既超长、又超宽的板架集装箱（F/R）。

O/H100em：超高 100cm。

O/W35cm：左侧超宽 35cm。

O/W37cm：右侧超宽 37cm。

4．集装箱船配积载图的编制过程

在本节开始已说明集装箱船的配积载有三种图，即预配图、实配图和最终积载图。实配图和最终积载图都是以预配图为基础的。其编制过程如下：

（1）由船公司的集装箱配载中心或船舶大副，根据分类整理的订舱单，编制航次集装箱预配图。

（2）航次集装箱预配图由船公司直接寄送给港口的集装箱装卸公司，或通过船舶代理用电报、电传或传真形式转给港口集装箱装卸公司。

（3）港口装卸公司收到预配图后，由码头船长（Terminal Captain）或集装箱配载员，根据预配图和码头实际进箱情况，编制集装箱实配图。

（4）待集装箱船靠泊后，码头配载员持实配图上船，交由大副审查，经船方同意后应签字认可。

（5）码头按大副签字认可的实配图装船。

（6）集装箱装船完毕后，由理货公司的理货员按船舶实际装箱情况，编制最终积载图。

5．集装箱船预配图的编制方法

集装箱的预配是编制好集装箱船积载图的关键。现以冰河轮第 18 航次为例来说明预配图编制的方法。

编制预配图主要分如下三步进行：

（1）由船舶代理将该航次的订舱单进行分类整理，分类时按不同卸港、不同重量、不同箱型来分，特种箱应另行归类。

（2）船舶代理或船舶调度用传真（或电传）把资料传送给船公司的集装箱配载中心，或由船舶调度把资料直接送交船舶大副。

（3）集装箱配载中心或大副根据分类整理后的订舱单进行预配。订舱单是编制配载图的最重要的原始资料，是配载的主要依据。订舱单上主要包括如下内容：

① 装箱港和卸箱港。

② 每箱的总重量。

③ 集装箱的种类、箱型和数量。

④ 备注中应注明特种箱的特性和运输要求。

6．编制预配图的要求

（1）保证船舶的稳性　稳性对船舶航行安全是至关重要的。集装箱船都必须甲板装载，其重心很高。集装箱船发展初期，舱内装载量都大于甲板装载量，而现代的集装箱船，其甲板装载量大部分都已超过舱内。例如“汉江河”号集装箱船总载箱重为 422TEU，其中甲

板装 212TEU，舱内装 210TEU。又如“城”字号集装箱船，总载箱量为 724TEU，其中甲板装 420TEU，舱内装 304TEU。这是集装箱船重心较高的主要原因。“汉江河”轮在满载情况下。船舶总重心高度达到 11.68m，而其满载时的横稳心高度为 9.47m，显然其总重心高度大于横稳心高度了，为了获得适当的稳性，降低重心高度，故必须采用大量压载。“汉江河”轮压载水舱的容积达 4 167m^2，以便于调整船舶重心，取得合适的稳性高度（GM）值。集装箱船的 GM 值至少要达到 0.7m 以上，一般在 1.2～1.5m 范围内。对于小型集装箱船（甲板上装 8 列）GM 要求为 1.2m，横摇周期以 15s 为最佳；对于大型集装箱船（甲板上装 11 列以上）GM 值要求在 1.5m，横摇周期以 18s 为宜。

（2）保持具有适当的吃水差　船舶是不允许有首倾的，因为这会造成螺旋桨产生空泡，但也不宜有过大的尾倾，因为这会增加船舶的吃水，减少装载量，而且还会影响航速。因此集装箱船应具有适当的吃水差，以保证具有良好的操纵性。由于集装箱船一般采用尾机型，尾部较重，故要适当地将一些重箱配于船首箱位上，同时，一港货集中地配在一起，也容易造成过大的尾吃水差。船舶最佳吃水差值应从船模试验中取得，或从船舶实际操纵经验中摸索出来；例如“益河”轮从实践中摸索得出如船舶首倾 10cm 以下船舶就能发挥最大的主机功率。

（3）充分利用船舶的箱位　集装箱船一般首部箱位较少，故在配载时极易产生过大的尾吃水。尾吃水过大就需要用压载水来调整，就会增压载重量，减少集装箱的装载量。上海港是个潮汐港，航道水深浅，故大船的吃水受到很大的限制，如果箱量多，平均箱重很大时，预配时要求船舶达到平吃水出港就能减少压载而使箱位得到充分利用。

（4）要保持船舶的纵向强度　集装箱船大多数为尾机型船，而油舱、淡水舱一般也集中在尾部，所以船舶在开航时如首部箱量满载，容易产生中拱，而且集装箱船都是大舱口，船舶纵向强度本来就弱，如果配载不当，在风浪中容易断裂，为了使它具有良好的纵向强度，抵消船舶的中拱变形，配载时要适当地在船中多配重箱。

（5）尽量避免中途港倒箱　选择集装箱船，一般途中均需要靠多个中途港，因此配载时必须注意港序，避免中途港倒箱。对于某些航线上的船舶，其箱位少而挂港又多，后港箱压在前港箱上面的情况也不可避免，所以对挂靠日本港口的中远集装箱船规定倒箱数在 10 个以内，港口不收费。但是倒箱不仅是经济损失，还会贻误船期，故应尽量减少。

（6）在平衡舱时，消灭重点舱　对于箱量特别多的港口的集装箱，应分舱装载，不要集中装在一个舱内，以免造成重点舱，延长船舶在港装卸时间。在分舱配载时还要注意到几台装卸桥同时作业的可能性。

（7）在装卸作业中要能保持船舶左右平衡　全集装箱船都采用箱格结构，故在装卸中不能产生过大的横倾，一般横倾如大于 3°，集装箱进出箱格时就会产生困难。因此，在配载时要注意不要把同一港口的集装箱集中配于一侧，应左右对称，以免在装卸过程中使船舶出现过大的横倾，影响船舶作业。

（8）要注意特种箱的配载　各种特种箱都有特殊的配载要求，这些要求必须满足，例如危险货物集装箱必须按国际有关危险规定的要求配载。

第三节 国际集装箱船舶运输航线

一、世界主要集装箱运输航线

世界主要集装箱运输航线如图 7-17 所示，分别叙述如下。

（一）远东—北美航线

远东—北美航线实际上可分为两条航线，即一条为远东—北美西岸航线，另一条为远东—北美东岸、海湾航线。

1. 远东—北美西岸航线

该航线指东南亚国家、中国、东北亚国家各港，沿大圆航线横渡北太平洋至美国、加拿大西海岸各港。该航线随季节也有波动，一般夏季偏北、冬季南移，以避开北太平洋上的海雾和风暴。本航线是第二次世界大战后货运量增长最快、货运量最大的航线之一。

1986 年，在日本—加利福尼亚航线正式转入集装箱运转时，该航线的集装箱船只有 12 艘，美国和日本的船公司各 6 艘，美国船公司的 6 艘船中，属海轮联运公司的有 4 艘，属麦逊公司的有 2 艘。日本船公司的 6 艘船中，属日本邮船和昭和海运两集团公司的有 2 艘，其箱位与“箱根丸”型同型（752TEU），属大阪商船三井、川崎汽船、日本海运和山下新日本四集团公司的有 4 艘，每艘船平均箱位为 716TEU。

到 1970 年，日本六大船公司采用了箱位互用（Space Charter）方式在西雅图、温哥华航线上实现了集装箱化以后，日本的航运集团在该航线上又增加了船舶，而美国的船公司为了健全北美太平洋航线的集装箱运输体制，也增加了船舶。因此，到 1980 年，远东地区至北美太平洋沿岸各地的集装箱船的年运输能力达 90 万 TEU 箱位；相反，北美太平洋沿岸到远东以外地区的集装箱船其年运量能力只有 14 万 TEU。由此可见，在世界集装箱航线中，远东—北美西岸线地位的重要性。到 1992 年，本航线共有 234 艘船，59.5 万 TEU 箱位，与 1982 年 17.9 万 TEU 箱位相比，箱位数增加了 3 倍。在这 10 年中撤退的船公司有 BBS、Showa、Lykes、HKIL、USL、Hapag 等，而加入的船公司有 COSCO、Hyundai 和 Tricontinental 等。

2. 远东—北美东岸、海湾航线

该航线不仅要横渡北太平洋，还越过巴拿马运河，因此一般偏南，横渡大洋的距离也较长，夏威夷群岛的火奴鲁鲁港是它们的航站，船舶在此添加燃料和补给品等，本航线也是太平洋货运量最大的航线之一。

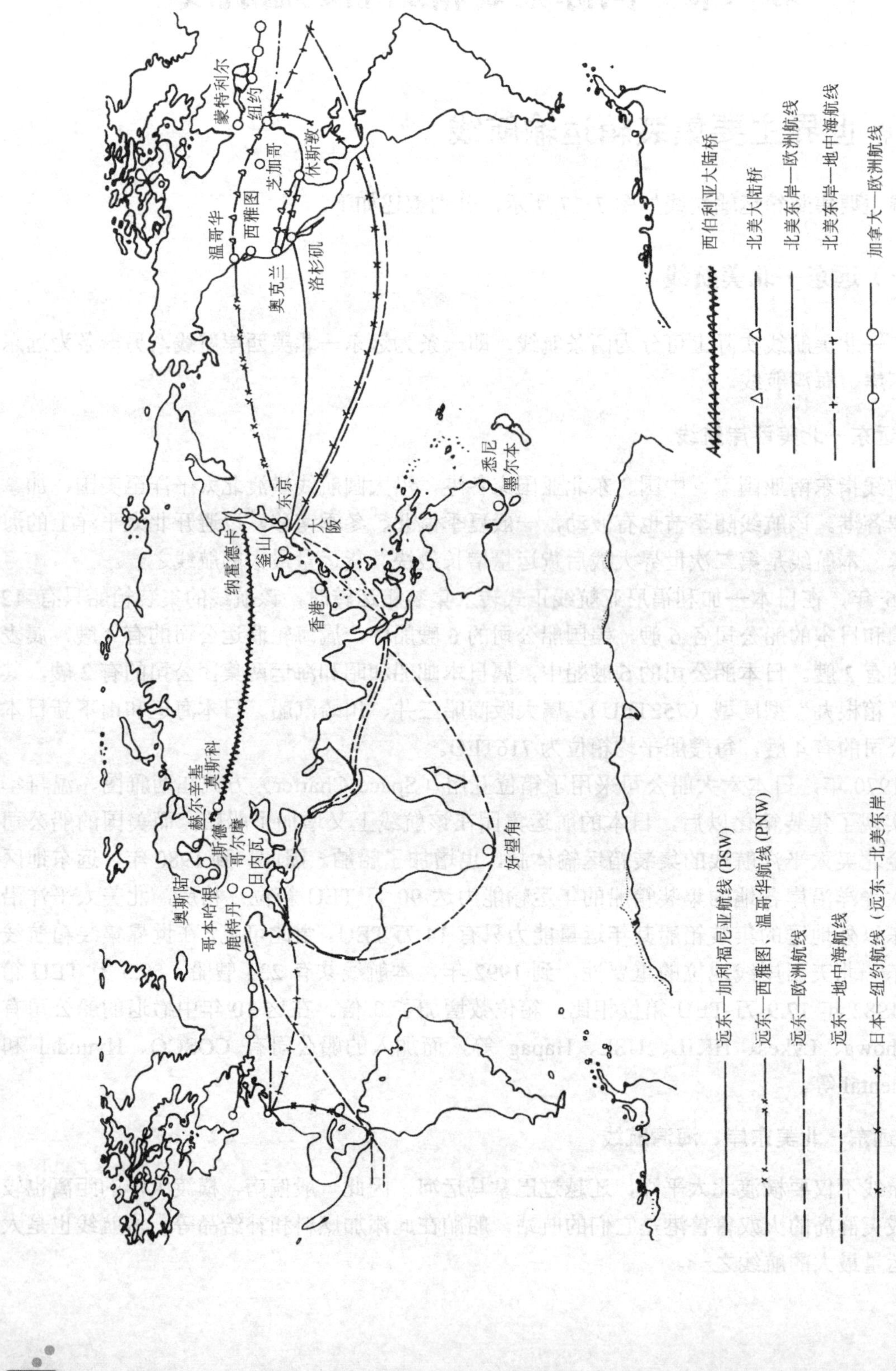

图 7-17 世界主要集装箱航线图

日本—纽约航线于1972年实现集装箱化，它比加利福尼亚航线的集装箱化晚了4年。当1968年日本—加利福尼亚航线实现集装箱化时，在北美—欧洲航线已有6家船公司经营着21艘集装箱船，每艘船的平均箱位为750TEU。而到1972年，当日本—纽约航线正式实现集装箱化时，北美—欧洲航线的船公司已发展到10家，营运船舶达45艘，每艘船的平均箱位已提高到875TEU。船公司和船舶艘数增加了一倍，而船舶箱位数增加了1.5倍，完全实现了集装箱化。到1992年，本航线船舶已达124艘，30.8万TEU箱位，比1982年11.7万TEU箱位有了大幅度的增加。

现在由CGM、Evergreen、Trcontinental等船公司经营的是环球航线，而Maersk、Willelmsen、ZIM等船公司进行的是钟摆式服务。由于NYK/NOL、NSCSA、USAC等船公司正在开始经过苏伊士河的服务航线，船舶的箱位数等要大幅度增加。

（二）远东—欧洲航线

该航线大多是经马六甲海峡往西，经苏伊士运河至地中海、西北欧的运输。本航线货运繁忙。

1969年，欧洲—澳大利亚航线开通以后，欧洲地区的集装箱运输得到了迅速地发展，接着，远东—欧洲航线也着手集装箱化。1969年，日本的日本邮船、大阪商船三井、德国的劳埃德班轮公司和英国的海外集装箱公司（OCL）和边行集装箱公司（BEN LINE）等三国与公司联合组成了三联集团，制订了宏伟的集装箱化计划，准备在远东—欧洲航线上，使用17艘载箱量为1 950～2 450TEU箱位的大型集装箱船开展集装箱运输。斯堪的纳维亚的瑞典东亚公司（SEACO）、丹麦宝隆洋行（EAC）和挪威的威廉臣航运公司（WW）等三国三公司与荷兰的劳埃德集团组成的北欧联合航行集团（Scan Dutch Group）也冒着投资巨型高速船的风险，积极地响应推动集装箱化的进程。

远东—欧洲航线集装箱化的特征是：

（1）采用大型高速集装箱船：因为该航线是一条远程航线，根据配船理论中“大船大线”的原理，只有采用大型、高速集装箱船才能获得良好的营运经济效果。

（2）组成大型国际航运集团后开展运输。因为该航线连接着许多东南亚的发展中国家，这些国家的船公司愿意和西欧船公司相互协作，组成国际航运集团，开展集装箱运输业务。

（3）推动了西伯利亚大陆桥运输的发展。这一条航线开辟以后，促进了远东—欧洲的多式联运的诞生，同时，作为与西伯利亚大陆的竞争航线，反过来又推动了西伯利亚大陆桥的发展。

从1971年12月到1973年年底，三联集团的集装箱化计划花了两年时间实现了，一共投入了17艘大型集装箱船。

北欧联营，从1972年7月起，先后投入了6艘集装箱船，1973年7月法国海运总公司（MM）加入了该集团，并增加投入1艘船，使集团在该航线上投入的船舶达到7艘。由于远东—欧洲航线上的货源充足，使航线上的船舶逐渐增多。

1982年，远东—欧洲航线上经营的船公司只有11家，71艘船，13.2万TEU箱位，10年以后的1992年，航线上经营的船公司已增加到20家，253艘船，共65.1万TEU箱位，箱位数为1982年的5倍。

在 1982 年航线上营运的船公司中目前已撤退的有：印度尼西亚的 Admiral Line、Gesuri Lloyd、泰国的Unithai 等。而10年中在远东—欧洲航线上新参加营运的公司有Sea Land、COSCO、UASC、Contship Container Line、Norasia、韩进、朝阳和现代等船公司。

不管怎么说，在过去的闭式同盟（Closed Conference）下以老的三联集团（Trio）和北欧联营（Scan-Dutch）为中心的 Ace Group、Maersk 等船公司虽然遵守了航线秩序，但新加入的船公司和同盟外船的竞争十分剧烈，从而减少了同盟船公司在远东—欧洲航线上的运量。在这种情况下，在 1992 年 2 月解散了老的三联集团（Trio Group），组成了新的三联集团（NYK、MOL、Hapag）；P&G 转向与 Maersk 共同配船，到 1992 年 12 月，Scan Dutch 也解散了，于是在船公司之间演出了一出合纵连横的大规模改组。

现在世界上的主要船公司正在不断地大量订造4 000～4 800TEU 箱位的大型集装箱船（超巴拿马型），这些新造的大型船估计如果不是配在号称世界上集装箱火流量最大的三条航线上，即太平洋航线（每年运量达550～580万TEU）、远东—欧洲航线（每年运量达400～420万TEU）或大西洋航线（每年运量达 250 万～300 万 TEU），那就是以欧洲为中心，以欧洲、亚洲和北太平洋自由贸易区为三极进行钟摆式的配船。在太平洋航线，远东—欧洲航线和大西洋航线三条航线中，今后竞争最激烈的，估计是远东—欧洲航线。

（三）远东—地中海航线

由于北欧集装箱化的迅速发展，带动了地中海国家的集装箱运输，航行于远东—西地中海航线的船公司，组织起“地中海俱乐部”。“地中海俱乐部”由意大利的劳埃德航运公司、劳罗班轮公司、Chargeurs Reanis 公司、法国邮船公司、日本邮船公司、大阪商船三井船舶公司组成。后来，法国邮船公司退出了俱乐部。

1972年10月起，地中海俱乐部共同经营3艘载箱量为720TEU 的集装箱船在本航线上营运。不久，由于货源的需要，加大了船型，用载箱量为1 400TEU 的中型船代替了720TEU 的小型船，并扩大了船队，用4艘船每月经营2～3个航班。

除地中海俱乐部之外，在该航线上营运的船公司还有北欧联合航运集团。这个集团兼营北欧航线，其船舶在地中海仅中途挂靠法国福斯（马赛）。

到1982年年底，在地中海航线上营运的船舶有44艘，6.5万TEU箱位，但发展到1992年年底，航线上集装箱船已达150艘，27.1万TEU箱位，其箱位数增加了3倍。

10年前，在航线上营运的轮船公司中，现在已撤退的有印度尼西亚的Admiral Line、Gesuri Lloyd、Unithai 等，当时都是在远东—欧洲航线上兼营的船公司。在该航线上新参加的船公司很多，有 Evergreen、MISC、Nedlloyd、CMA、POL、Contsship、Maersk、P&G、Norasia、Sea Land、沙特阿拉伯的 NSCSA、Tricontinental、UASC 等13家船公司。其中 Norasia 和 POL 两公司在10年前用集装箱船在地中海内营运。

就在远东—地中海航线上，到1993年年底，地中海俱乐部解散，重新组织了三个集团，即NYK/CMA/阳明集团（Group）、Evergreen 和 LT 集团 Nedlloyd、CGM、MISC、MOL 组成的TSA集团（group）。今后如在远东—欧洲航线上投入超过4 000TEU 箱位的大型集装箱船的话，估计竞争会激化，为了要降低运输成本，其中途挂靠港将会作进一步调整，可以想象今后在远东—欧洲航线上也会进行一次合纵连横的大规模改组。

（四）北美—欧洲、地中海航线

本航线实际包括了如下三条航线：北美东岸、海湾—欧洲航线；北美东岸、海湾—地中海航线；北美西岸—欧洲、地中海航线。

1. 北美东岸、海湾—欧洲航线

1992 年年末，该航线上有 17 家船公司，31.7 万 TEU 箱位。与 1982 年的 7.1 万 TEU 相比，箱位数增加了 3 倍。在这条竞争十分激烈的航线上，10 多年来继续营运的船公司有 ACL、CGM、Hapag、Sea Land、POL 等，此外当时比较著名的 TFL、USL 和 DART 等公司在 1992 年不是破产就是倒闭了。即使到 1992 年年底，竞争仍然十分激烈，CGM、Sea Land 等的服务范围正在合并或缩小，如当初参加泛大西洋协约同盟（Trans Atlantic Agreement: TAA）的船公司有 Maersk、ACL、朝阳、CGM、DSR/Senator、Hapag、MSC、Nedlloyd、OOCL、P&G、POL、Sea Land 等 12 个公司，现在又增加了 NYK、NOL 和 TMM3 个公司，达到 15 个公司。

1982 年，由 14 家船公司 72 艘船，7.1 万 TEU 箱位发展到 1992 年的 17 家船公司 136 艘船，31.7 万 TEU 箱位。

2. 北美东岸、海湾—地中海航线

1982 年年底，在该航线上经营的有 16 家船公司 54 艘船，5.8 万 TEU 箱位。到 1992 年年底，虽只有 14 家船公司但船舶艘数增加到 62 艘，10.1 万 TEU 箱位，箱位数增加了 1 倍。在这 10 年中继续营运的公司有 Maersk、Sea Land、Nedlloyd、ZIM、Farrell、NSCSA、Nordana、UASC，而当时订造了大量新船的 Hellenic 和 COSTA，遗迹 Italian Line 等有名的船公司有的被迫撤退，有的破产了。

到 1992 年年底，具有特色服务而引人注目的船公司有 Lykes 和 Contship，这两家公司在 10 年前都是以经营半集装箱船为主的船公司。

3. 北美西岸—欧洲、地中海航线

在 1982 年年底，由北美西岸到欧洲、地中海进行营运的船公司有意大利的 D'Amico、Hapag 等组成的联合派船同盟（Euro Pacific Service）、EAC、Blue Star、Tohnson 的联合派船同盟、J Scanstar ZIM 等。

ZIM 当时进行的营运方式是远东—北美和地中海之间的钟摆式服务方式，到 1992 年年底，Maersk、Nilhelmsen、HUNJIN，Evergreen 等船公司在北美西岸—欧洲、地中海之间的航线上最终都采用钟摆式服务或环球一周服务的集装箱典型的服务形态。

二、国际集装箱的大陆桥运输线路

（一）大陆桥（Land Bridge）与大陆桥运输

大陆桥是指以横贯大陆的铁路为桥梁，以铁路两端的海港为桥头堡的运输通道。大陆桥运输是指利用大陆桥，把大陆两端的海洋运输连接起来的海陆联运的集装箱运输方式，即海—陆—海的连续运输。随着大陆桥运输的发展，陆桥两端的集散点不断扩散，并加入了航空、公路、河运、管道等多种运输方式。因此，我们现在所指的大陆桥运输，实际上是以铁路为主体，以集装箱为媒介，海运、航空、公路、河运、管道等多种运输方式相结合，横跨洲际大陆，实行海陆衔接，“一票到底”的国际联运。

（二）世界三条大陆桥的形成

1. 北美大陆桥

大陆桥运输起始于20世纪50年代初期。世界上出现最早的大陆桥是横贯北美大陆的北美大陆桥。当时，一方面由于日本通向西方的海路受到严重威胁，一方面由于美国在战争以后需要加速发展西部地区经济，于是日美联合利用美国港口和铁路网，开辟了世界上第一条大陆桥运输通道。这条大陆桥全长4 500km，东起纽约，西至旧金山，它西接太平洋，东连大西洋，缩短了两大水域之间的距离，省去了货物由水路绕道巴拿马运河的麻烦，对恢复和发展美、日经济发挥了重要作用。由于美国国内铁路拥挤，特别是西伯利亚大陆桥的出现使这条大陆桥在运价、运期、服务等方面没有什么优势，因而衰落。后来利用其有利条件逐渐转向发展小路桥运输，从而获得新的生机。

2. 西伯利亚大陆桥

20世纪60年代末，由于埃以战争爆发，苏伊士运河关闭，航运中断，同时，由于石油危机的冲击，再加上原苏联东进开发西伯利亚，于是日本、前苏联联合，利用原苏联纳霍德卡港及西伯利亚铁路和东西欧铁路开辟了世界上第二条大陆桥，也就是世界上极负盛名的西伯利亚大陆桥。因其主要利用了东起海参崴，西到车里亚宾斯克的西伯利亚大铁路，所以称其为西伯利亚大陆桥（见图7-18，图7-19，图7-20）；又因其地跨亚、欧两个大陆，所以又称亚欧大陆桥。东端已由原来的日本发展到韩国、菲律宾、东南亚、中国香港地区和中国台湾，西端已从英国发展到整个欧洲大陆和伊朗、中东各国。这条大陆桥东起纳霍德卡港、东方港等港口，西至荷兰鹿特丹，全长13 000km。通过这条路线，比经过好望角和苏伊士运河的海上运输线缩短运距1/3，运费便宜20%～25%，运期节省35天左右。

3. 新亚欧大陆桥

随着世界政治经济格局的变化和亚欧经济贸易交流的扩大，在亚欧大陆之间又架起了一条新的大陆桥。1990年9月12日，我国北疆铁路与原苏联土西铁路顺利接轨，形成了继西伯利亚大陆桥之后，又一条横贯亚欧大陆的更为便捷的铁路通道，即新亚欧大陆桥（见图7-21为陇海兰新亚欧大陆桥中国境内沿线示意图）。它把太平洋与大西洋沟通起来，实现海—陆（铁路）—海的连贯运输。这条大陆桥东起我国的连云港、日照等沿海港口城市，西行出域穿越哈萨克斯坦等中亚地区，经俄罗斯、白俄罗斯、乌克兰、波兰、德国等欧洲国家，抵达大西洋东岸荷兰的鹿特丹、比利时的安特卫普等欧洲口岸，全程长达11 000km左右。1992年12月1日，新亚欧大陆桥过境集装箱运输开通，新亚欧大陆桥运输进入试运营阶段。

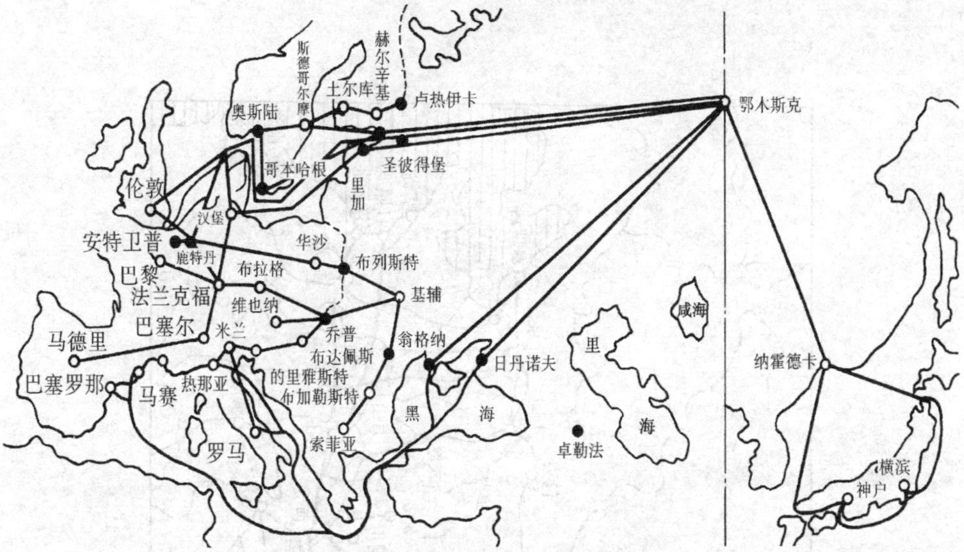

图 7-18　西伯利亚大陆桥（铁-海路线）

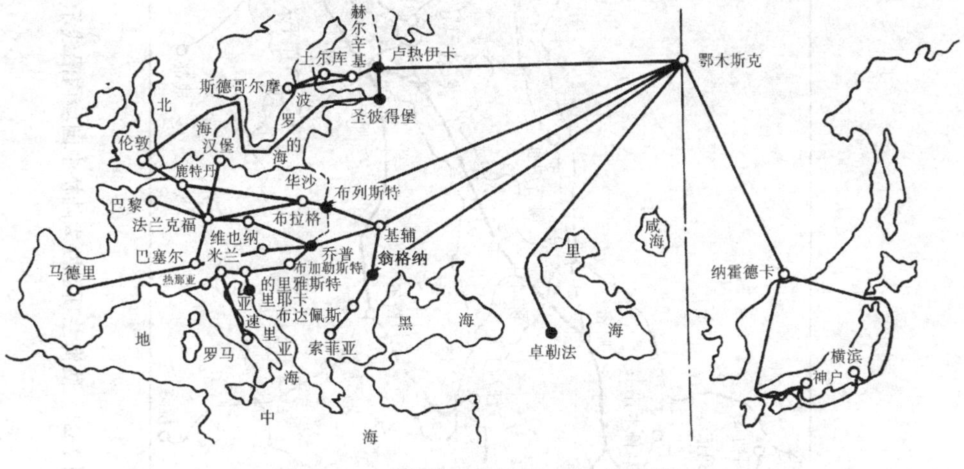

图 7-19　西伯利亚大陆桥（铁-铁路线）

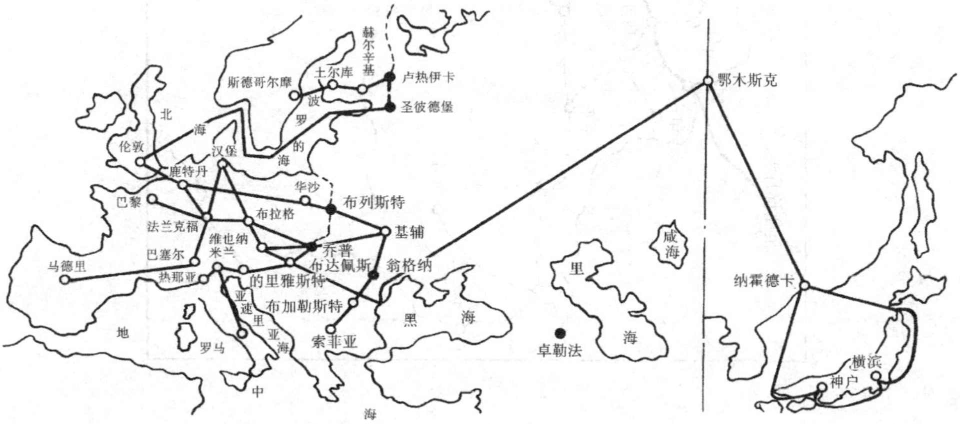

图 7-20　西伯利亚大陆桥（铁-公路线）

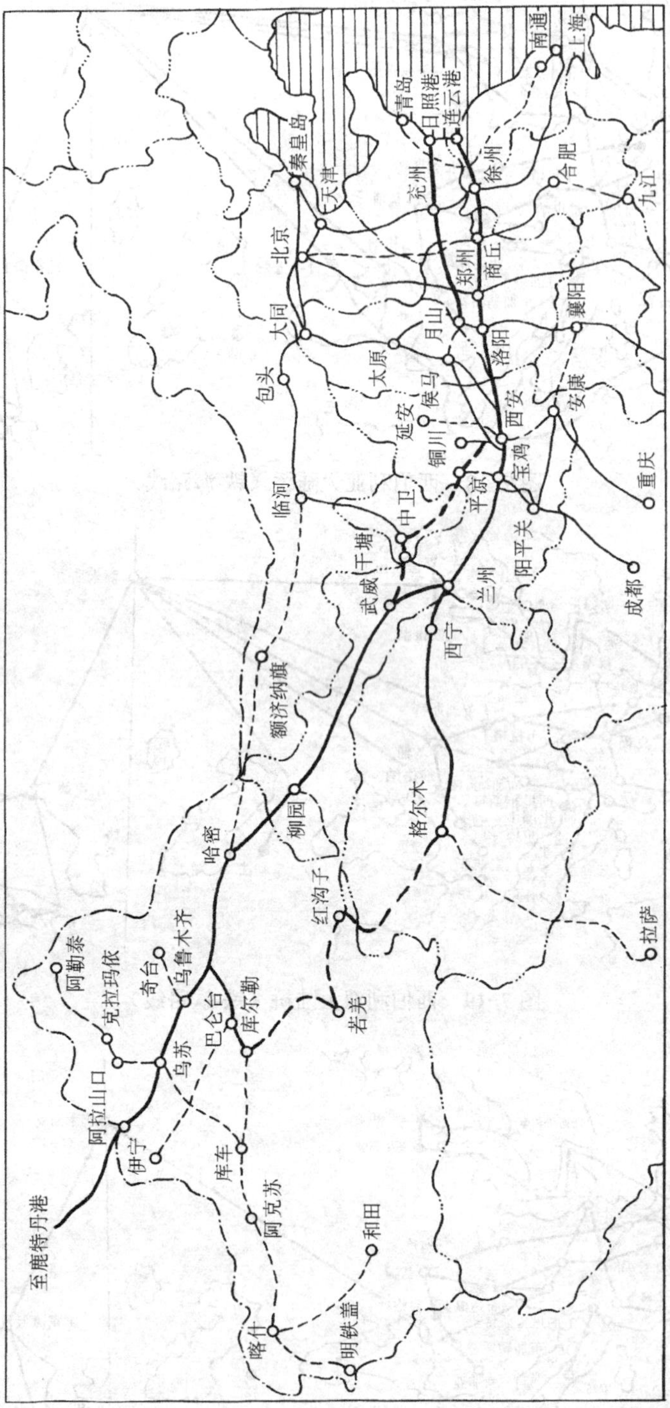

图 7-21 陇海兰新亚欧大陆桥中国境内沿线示意图

（三）大陆桥运输的优越性及发展前景

1. 优越性

（1）运输距离大为缩短 大陆桥横穿大陆，比绕道海路近得多，目前世界上开通的西伯利亚大陆桥、北美大陆桥和新亚欧大陆桥等 3 条主要大陆桥一般比传统的海运路线缩短 1/3～1/2。

（2）速度快、时间省 由于大陆桥运距较近，且能使用铁路集装箱专用直达列车，中间环节少，运行速度快，从而节省了大量的途中运输时间，并使运行时间有了保证。

（3）运行质量高 大陆桥运输实行“一票到底”的“门到门”运输，手续简便，责任明确，加上陆上运输安全可靠，集装箱运输货损、货差减少，因此大陆桥运输又具有运行质量高、效益好的特点。所以，大陆桥运输越来越受到国际运输界、贸易界的广泛重视。

2. 发展前景

（1）交通工具的现代化、高速化对大陆桥运输将产生不可估量的推动作用。现代科学技术的迅猛发展，促进着包括火车、汽车、飞机、轮船等在内的交通工具的现代化、高速化，特别是时速超过 500km 的磁悬浮列车的试运成功使铁路运输进入一个新的时代。这对以铁路运输为主的大陆桥运输必将产生不可估量的推动作用。

（2）国际贸易的急速增长迫切需要便捷高效的大陆桥运输加快发展。当今时代，世界经济的显著特征是区域化、集团化、一体化，由此推动着国际贸易以惊人的速度增长。1952 年，世界进出口贸易总额为 600 多亿美元，到 1975 年，迅速发展到 9 000 亿美元，而到 1994 年，则高达 40 000 亿美元。国际贸易的蓬勃发展迫切要求改革传统的国际贸易运输方式，大力开展便捷、高效、可靠的大陆桥运输以缩短运距，减少运费，加速货物运转。换句话说，发展大陆桥运输是国际贸易急速增长的必然结果。

（3）集装箱运输的迅速普及预示着大陆桥运输开发潜力巨大。集装箱运输是当今国际上普遍采用的一种先进运输形式。20 世纪 60 年代，集装箱货物运量仅占整个海上贸易的 12%～14%，到 20 世纪 90 年代，已上升到 23%左右，而其价值已占世界贸易的 80%。1982 年全世界集装箱运量为 4 200 万箱（TEU），约合 4.5 亿 t，到 1994 年，集装箱运量已高达 9 300 多万箱（TEU），近 10 亿 t。集装箱运输的迅速普及，既为大陆桥运输提供了稳定的箱源，促进着大陆桥运输的发展，又展示了大陆桥运输的巨大潜力所在。很明显，大陆桥运输方兴未艾，它的兴起将引发交通史上的一场新的伟大革命，把世界交通运输推向一个新阶段。

（四）世界其他陆桥介绍

1. 美国小陆桥（Minibridge）

远东、日本经美国西海岸至美国东海岸，这条小陆桥路线避免了绕道巴拿马运河，可以享受铁路集装箱专用列车优惠运价，从而减低了成本，缩短了路径，运输方式为海—铁。可从事欧洲到美国东海岸转内地或其相反方向的运输，欧洲到美国墨西哥湾地区转内地或相反方向的运输，远东、日本到美国东海岸转内地或其相反方向的运输以及澳大利亚到美国东海岸转内地或其相反方向的运输。

2．美国的微型陆桥（Microbridge）

只利用大陆桥的一部分，故又称半陆桥运输。优点是可经美国西海岸直接将货物运到美国内陆，避免了不必要的迂回和在港口的中转换装，使船舶和火车直接衔接，缩短了到达时间。

3．加拿大大陆桥

路线：日本—温哥华、西雅图—蒙特利尔—欧洲。运输方式为海—铁—海。加拿大大陆桥原来是打算与西伯利亚大陆桥竞争的，但由于它与西伯利亚大陆桥相比没有任何优势，所以一直没有运作起来。

4．印度半岛陆桥

印度半岛陆桥又称半陆桥，它是把从东南亚各国到西亚的货物利用东印度的加尔各答到西印度的孟买的铁路作为陆桥的运输。优点是可以节约绕道印度半岛的航程。

5．玻利维亚陆桥

玻利维亚陆桥是一条连接太平洋和印度洋的又一条大陆桥，这一条大陆桥始于大西洋沿岸的阿根廷首都布宜诺斯艾利斯，经过玻利维亚的拉巴斯，终于太平洋沿岸的秘鲁港口马塔腊尼，全长约3000km。

6．超级欧亚大陆桥

1998年9月初，在阿塞拜疆首都巴库举行了主旨为《振兴伟大的丝绸之路》的国际会议。有9位总统和多名政府首脑以及35个国家的代表参加了此次会议。会议制定了关于建立连接东南亚各国与欧洲的（路程经中国、哈萨克斯坦、中亚国家、里海、高加索、黑海）运输新干线的战略。俄罗斯交通部运输管理司外贸和转口货物处处长阿·列·巴利特科发表了一篇文章，分析了巴库会议确定的运输新干线的缺点，提出了建立一条西起爱尔兰的都柏林，东至日本的东京，用直通国际铁路联运连接欧亚大陆的超级干线的设想。这个设想若能实现，则可实现货物由供应商到用户的无中转快速送达。往返日本和欧洲之间的所有货物都能从发货人的铁路专用线直接运送到收货人的铁路专用线。所以被称作“超级欧亚大陆桥”。

思考题

1．集装箱船舶的发展趋势是什么？为什么？
2．集装箱的箱位号如何表示？
3．集装箱船的预配图、实配图、最终积载图有什么区别？
4．集装箱船配积载图有哪些编制过程？编制预配图有什么要求？为什么？
5．世界上主要的集装箱运输航线有哪几条？
6．大陆桥运输有什么特点和优势？
7．国际大陆桥运输线路有几条？

8

第八章

国际集装箱货物运输交接方式

传统的件杂货运输是通过多次托运、分段运输的方式完成的，各段的运输经营人独立完成自己承担区段的运输。而集装箱运输使货物的流转和交接都发生了极大的变化，使全程运输出现了统一组织的变化，实现了“门到门”的运输。

第一节 集装箱货物流程

在传统的国际货物运输中，托运人要从内陆各地用铁路、公路等运输方式将货物集中到出口港，再通过与船公司的运输合同装船出运。货物运到目的港卸船后，再通过铁路、公路等运输方式将货物运到交货地点。在货物运输的全过程中，各运输区段的运输批量、运输线路和实际承运人的选择及各段之间的衔接等运输组织工作都是由众多的托运人独立进行的。从总体来看，运输组织是混乱的。由于各托运人托运货物的批量都较小，特别在内陆运输中无法实现经济规模。与传统的国际运输相比较，集装箱货物的运输无论在全程流通过程还是在运输组织上都发生了根本性的变化。

采用集装箱运输货物时，一般先将分散的小批量货物预先在内陆集散点加以集中，组成大批量货物以后，通过内陆运输（铁路或公路运输）将其运到装船港。用船将集装箱运到卸船港后，再通过内陆运输将集装箱运到最终目的地（见图 8-1）。

集装箱货物的运输根据各国运输法规的不同和具体航线上的经济、地理等条件决定其不同的集散方式和流转程序。

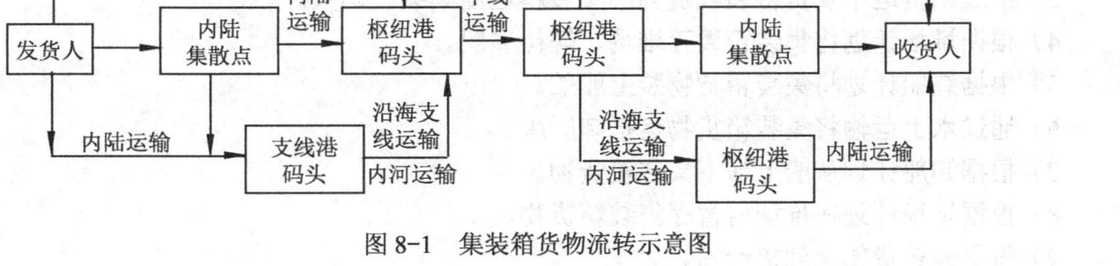

图 8-1　集装箱货物流转示意图

在集装箱货物的流通过程中，货物的集散方式有两种：整箱货和拼箱货，两者的流转程序是不同的。

整箱货（Full Container Cargo Load，简称：FCL）是指由发货人负责装箱、计数、填写装箱单，并由海关加铅封的货。整箱货通常只有一个发货人和收货人。整箱货的拆箱，一般由收货人办理。但也可以委托承运人在货运站拆箱。可是承运人不负责箱内的货损、货差。除非货方举证确属承运人责任事故的损害，承运人才负责赔偿。承运人对整箱货以箱为交接单位。只要集装箱外表与收箱时相似和铅封完整，承运人就完成了承运责任。整箱货提运单上要加上“委托人装箱、计数并加铅封”的条款。

拼箱货（Less Than Cargo Container Load，简称：LCL）是指装不满一整箱的小票货物。这种货物通常是由承运人分别揽货并在集装箱货运站或内陆站集中，而后将两票或两票以上的货物拼装在一个集装箱内，同样要在目的地的集装箱货运站或内陆站拆箱分别交货。对于这种货物，承运人要负担装箱与拆箱作业，装拆箱费用仍向货方收取。承运人对拼箱货的责任，基本上与传统杂货运输相同。

一、整箱货流转过程

1）发货人在自己工厂或仓库装箱地点配置集装箱。
2）发货人在自己工厂或仓库装箱地点装箱。
3）通过内陆运输或内河运输将集装箱货物运至集装箱码头。
4）在集装箱码头堆场办理交接，根据堆场计划在堆场内暂存集装箱货物，等待装船。
5）根据装船计划将集装箱货物装上船舶。
6）通过水上运输将集装箱货物运到卸船港。
7）根据卸船计划从船上卸下集装箱货物。
8）根据堆场计划在堆场内暂存集装箱货物。
9）通过内陆运输将集装箱货物运至收货人工厂和仓库。
10）收货人在自己工厂或仓库掏箱地点掏箱。
11）集装箱空箱回运。

二、拼箱货流转过程

1）发货人自己负责将货物运至集装箱货运站。
2）集装箱货运站负责配箱、装箱。
3）集装箱货运站负责将装载货物的集装箱运至集装箱码头。
4）根据堆场计划将集装箱暂存堆场，等待装船。
5）根据装船计划将集装箱货物装上船舶。
6）通过水上运输将集装箱货物运抵卸船港。
7）根据卸船计划从船上卸下集装箱货物。
8）根据堆场计划在堆场内暂存集装箱货物。
9）将集装箱货物运到货运站。

10）集装箱货运站掏箱交货。

11）集装箱空箱回运。

第二节　集装箱货物的交接

在集装箱运输中，根据实际交接地点不同，集装箱货物的交接有多种方式，在不同的交接方式中，集装箱运输经营人与货方各自承担的义务、责任不同，集装箱运输经营人的运输组织内容、范围也不同。

一、集装箱货物的交接地点

1．集装箱码头堆场（Container Yard，简称：CY）

集装箱码头堆场包括集装箱前方堆场和集装箱后方堆场。集装箱前方堆场在集装箱码头前方，是为加速船舶装卸作业暂时堆放集装箱的场地。集装箱后方堆场是重箱或空箱进行交接、保管和堆存的场所。有些国家对集装箱堆场并不分前方堆场或后方堆场，统称为堆场。集装箱后方堆场是集装箱装卸区的组成部分。在集装箱码头堆场交接的货物都是整箱交接。在发货港集装箱码头堆场交接意味着发货人自行负责装箱及集装箱到发货港集装箱码头堆场的运输。在卸货港集装箱码头堆场交接意味着收货人自行负责集装箱货物到最终目的地的运输和拆箱。

2．集装箱货运站（Container Freight Station，简称：CFS）

集装箱货运站是处理拼箱货的场所。它办理拼箱货的交接、配箱积载后，将集装箱送往集装箱堆场，还接受集装箱堆场交来的进口货箱，并对其进行拆箱、理货、保管，最后拨交给收货人。从集装箱货运站的任务看，它实际上起到了货物的集中、疏散的作用。集装箱货运站一般包括集装箱装卸港的市区货运站、内陆城市、内河港口的内陆货运站和中转站。在集装箱货运站交接的货物都是拼箱交接。在起运地集装箱货运站交接意味着发货人自行负责将货物送到集装箱货运站。在到达地集装箱货运站交接意味着收货人自己到集装箱货运站提取货物，并自行负责提货后的事宜。

3．发货人或收货人的工厂或仓库（Door，即门）

在发货人或收货人的工厂或仓库交接的货物都是整箱交接。一般意味着发货人或收货人自行负责装箱或拆箱。

二、集装箱货物的交接方式

1．门到门（Door to Door）交接方式

一般是货物批量较大，能装满一箱的货主，把空箱拉到自己的工厂仓库装箱后，由海关

在工厂仓库内加封验收，运输经营人在发货人工厂或仓库整箱接货，然后把重箱运到集装箱码头堆场，等待装船；在目的港，由运输经营人负责把货物运到收货人的工厂或仓库整箱交货。收货人在其工厂或仓库整箱接货。故门到门的集装箱运输一般均为整箱货运输。运输经营人负责全程运输。

2. 门到场（Door to CY）交接方式

发货人负责装箱并在其工厂或仓库整箱交货，运输经营人在发货人工厂或仓库整箱接货，并负责运抵卸货港，在集装箱堆场整箱交货；收货人负责在卸货港集装箱堆场整箱提货。这种交接方式表示承运人不负责目的地的内陆运输。在这种交接方式下，货物也都是整箱交接。

3. 门到站（Door to CFS）交接方式

发货人负责装箱并在其工厂或仓库整箱交货，运输经营人在发货人工厂或仓库整箱接货，并负责运抵卸货港集装箱货运站，经拆箱后按件向各收货人交付。在这种交接方式下，运输经营人一般是以整箱形态接受货物，以拼箱形态交付货物。

4. 场到门（CY to Door）交接方式

发货人负责装箱并运至装货港集装箱堆场整箱交货，运输经营人在装货港集装箱堆场整箱接货，并负责运抵收货人工厂或仓库整箱交货；收货人在其工厂或仓库整箱接货。在这种交接方式下，货物也都是整箱交接。

5. 场到场（CY to CY）交接方式

发货人负责装箱并运至装货港集装箱堆场整箱交货，运输经营人在装货港集装箱堆场整箱接货，并负责运抵卸货港集装箱堆场整箱交货；收货人负责在卸货港集装箱堆场整箱提货。在这种交接方式下，货物的交接形态一般都是整箱交接，运输经营人不负责内陆运输。

6. 场到站（CY to CFS）交接方式

发货人负责装箱并运至装货港集装箱堆场整箱交货，运输经营人在装货港集装箱堆场整箱接货，并负责运抵卸货港集装箱货运站或内陆货运站拆箱按件交货；收货人负责在卸货港集装箱货运站按件提取货物。在这种交接方式下，运输经营人一般是以整箱形态接受货物，以拼箱形态交付货物。

7. 站到站（CFS to CFS）交接方式

发货人负责将货物运至集装箱货运站按件交货，运输经营人在集装箱货运站按件接受货物并装箱，负责运抵卸货港集装箱货运站拆箱后按件交货，收货人负责在卸货港集装箱货运站按件提取货物。在这种交接方式下，货物的交接形态一般都是拼箱交接。

8. 站到场（CFS to CY）交接方式

发货人负责将货物运至集装箱货运站按件交货，运输经营人在集装箱货运站按件接受货物并装箱，负责运抵卸货港集装箱堆场整箱交货。收货人负责在卸货港集装箱堆场整箱提货。在这种交接方式下，运输经营人一般是以拼箱形态接受货物，以整箱形态交付货物。

9. 站到门（CFS to Door）交接方式

发货人负责将货物运至集装箱货运站按件交货，运输经营人在装货港集装箱货运站按件接受货物并装箱，负责运抵收货人工厂或仓库整箱交货，收货人在其工厂或仓库整箱接货。在这种交接方式下，运输经营人一般是以拼箱形态接受货物，以整箱形态交付货物。

思考题

1. 集装箱货物流程如何用图表示？
2. 集装箱货物交接方式有几种？交接双方的责任怎样划分？

第九章 国际集装箱运输出口货运业务

9

第一节 国际集装箱运输出口货运程序

国际集装箱运输出口货运程序包括订舱、确认、发放空箱、拼箱货装运交接、整箱货装运交接、集装箱交接签证、换取（签发）提单、装船等环节。

一、订舱

发货人最迟在船舶到港前 5 天填制订舱单，向船公司或其代理人订舱。

订舱单是发货人向船公司或其代理人（代理公司）提出托运的单证（见表 9-2、表 9-3、表 9-20、表 9-21），一经船方签证确认，即成为船、货双方订舱的凭证。订舱单应该填制的内容如下：

1）装箱港以及承运人收到集装箱的城市。

2）卸箱港以及货运目的地。

3）发货人以及发货人的代理人（通知人）。

4）货名、数量、吨数、货物外包装、货类以及特种货情况的说明。如冷藏货所需的温度，危险货物性能、等级等。

5）集装箱的种类、规格和箱数。

6）集装箱的交接点及方式，是装卸区的堆场还是货运站，是货主仓库或工厂还是门到门。

7）填明内陆承运人是由发货人或其代理人（代理公司）还是船公司安排。

8）在装卸区堆场交接时，应注明装箱地点、日期及重箱运到堆场的承运人和运到日期。

9）拼箱货中如有超长货，应注明规格及尺寸。

二、确认

发货人填制递交的订舱单经过船公司或其代理人（代理公司）确认后即成为船货双方的订舱凭证。船方将根据订舱单编制订舱清单。

订舱清单是船公司承受货物运输的凭证，也是码头接货的通知，要分送集装箱装卸区和货运站，以便安排空箱及办理货运交接。

三、发放空箱

整箱货运的空箱由发货人领取，拼箱货运的空箱由货运站内部领取。

空箱出门（附底盘车、台车、电动机等设备），集装箱所有者与使用者要办理设备交接单（见表9-4、表9-5）。设备交接单是交接集装箱及其设备的凭证。有关设备交接单的使用，将在本章第三节叙述。

四、拼箱货装运交接

货运站根据订舱清单资料核对场站收据接收拼箱货，并在集装箱货运站装箱，填制装箱单。

场站收据是证明托运的集装箱货物已经收讫，也是明确表示船公司（货运站为船公司代理人）开始对货物负责的依据。

场站收据的格式和内容见表9-6、表9-20～表9-29，有关场站收据的使用将在本章第三节叙述。

五、整箱货装运交接

发货人自行装箱，制作装箱单（见表9-7～表9-11）及场站收据，经海关加盖出口许可章，加上出口申请书原件，连同已装货物的重箱送交码头堆场，由港方核对各种单据验收。

装箱单是详细记载装进集装箱内的货物名称、数量等资料情况的唯一单据，是作为向海关申报货物运进装货地的代用单据，是作为船只通告箱内所装货物的明细表，是卸货港作为办理集装箱保税运输手续的依据。填制装箱单时应注意以下事项：

1）整箱货由发货人填制装箱单，其内容必须与订舱单及场站收据一致。

2）E/DNO（即发货人向海关申请出口许可证的号数）必须填写清楚。

3）如集装箱内装入不同货种，按货物装箱位置，由端壁起至箱门，顺序依次填写，以标明箱内积载情况。

4）除发货人签署外，运箱底盘车的驾驶员和堆场管理员必须在单上签证。

5）如原铅封因故损坏，经行政部门指定启封检查，事后应由装卸区代表船方或由行政部门另行加封，并在单上批注。

6）拼箱货由货运站填制装箱单。

7）如拼箱货同一票货分装两箱，例如一提单50包货，第一箱20包，第二箱30包，则在第一箱单的末行加注“注意：提单××号共50包，本箱20包，余另列”字样。

8）装箱单一式11联，分发制单者（发货人）或货运站、集散港（点）的代理人、集装箱管理处、集装箱港代理公司、卸箱港代理公司、卸箱港货运站、卸箱港海关、卸箱港堆场、装箱港海关、船长、装箱港堆场。

9）如在内陆城市或非出口港装运的，除上述第一、第二两联外，其余均随箱带至出口港装卸区分发。

10）有些国家对动植物检疫特别严格，故在装箱单下尚印有卫生部门检疫申请联。

六、集装箱交接签证

货运站验拼箱货，装卸区核收整箱货后，在场站收据上签收，交还发货人。

七、换取提单

发货人凭场站收据向代理公司换取提单（见表9-12～表9-14），再往银行结汇。如果信用证规定需要装船提单，则应在集装箱装船后，经船长或大副签证后，才能换取已装船提单。

集装箱运输提单与传统海运的提单有所不同，是一种收货待装提单。但在大多数情况下，根据发货人的要求，船公司在提单上填制“装船备忘录”即为签发已装船提单。这样，它就与传统提单相似了。当发货人在仓库、工厂、装卸区堆场或集装箱货运站交货交箱时，取得场站收据后即可据以向船公司要求签发。

八、装船

集装箱装卸区根据船舶性能和资料、订舱清单及场地积载计划等编制船舶积载图，候船到港后，经船方确认，即行装船。

至此，集装箱出口货运程序结束。如图9-1所示集装箱运输出口货运程序简图。

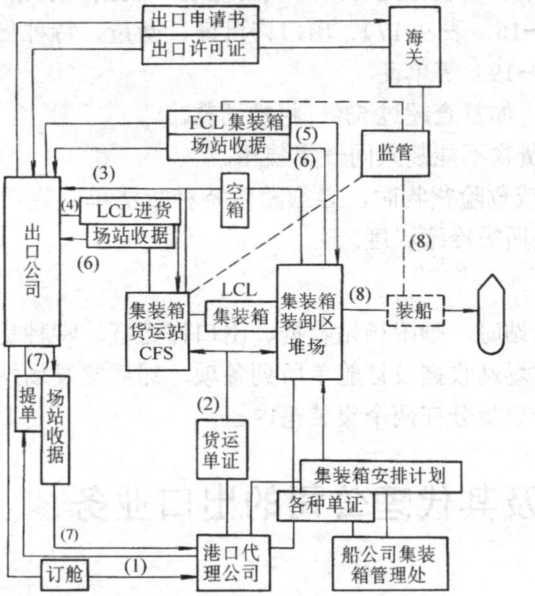

图9-1　集装箱运输出口货运程序简图

第二节 国际集装箱运输各业务单位的出口业务

这里介绍发货人、船公司及其代理公司、集装箱装卸区、集装箱货运站等业务单位的出口业务。

一、发货人的出口业务

1. 成交

发货人首先须与外国买方签订出口合同。如系集装箱货运，必须注明。

2. 申请出口许可证

发货人的出口申请书上经有关法定单位盖章签证后，即为出口许可证（见表9-15）。

3. 订舱托运

托运集装箱货必须具备下列条件：

1）信用证应列有允许装集装箱的条款，而且必须在有效期内。

2）货物适宜于集装箱货运，并有出口许可证。

3）每件货物的毛重及长度不超过集装箱所能承载的重量及长度。

4）货物的密度必须是集装箱所能承受的。

5）特种货必须具备特种集装箱。承运人难以提供时，发货人须自备。

4. 整箱货的交运

1）货物装箱完毕须加铅封再交运。

2）发送整箱货至集装箱装卸区时，必须附送场站收据、装箱单、设备交接单（入门）、商品检验证书（见表9-16，表9-17）、出口许可证、衡量、特种货清单及出口货物报关单报送单（见表9-18，表9-19）等单证。

3）重量必须正确。如复查超过5%，将被罚款。

4）不同卸货港的货物不能装入同一集装箱。

5）装载冷藏货物或危险货物时，必须随附特种货清单，说明货物的性能、标志、等级等。冷藏货物还需填写所需冷藏温度。

5. 拼箱货的装运

发送拼箱货至货运站时，须附场站收据、出口许可证、特种货清单等单证。

货运站应逐项核对场站收据及订舱单所列各项，然后签发场站收据交发货人。

货运站有权将同一票货分在两个集装箱内。

二、船公司及其代理公司的出口业务

1. 集装箱的调配

集装箱运输的首要问题是掌握货源，提高集装箱的周转率。只有这样才可以提高船公司的经营效益。因此，针对集装箱数量的决定、货源的调配、全程跟踪、加快集装箱的周转等问题，须建立一个健全、科学的管理系统，环环相扣，逐次解决。联运的船公司除总公司设立专职机构外，在各个航区还设立了集装箱管理处，直接与各个装卸港的集装箱装卸区联系，掌握集装箱的动态。

2．接受托运

各港代理公司在集装箱经营点的分配额下接受托运、确认订舱单，并据以编制订舱清单。在船舶到港10天前，开始将订舱清单送装卸区及货运站。船到港3天前再汇总清单，分送海关及船长。交给货运站的那一份订舱清单作为装箱指示。货运站即可据以联系发货人送货装箱。

船方在确认订舱的同时，如系整箱货运，应即签发集装箱收发单（第三章已讲述）或设备交接单交发货人，发货人凭以上单证向装卸区领取空箱装货。

在确认订舱单后应编制订舱汇总清单（相当于传统的装货清单），供装卸区及船长编制配载图之用，并作为向集装箱管理处汇报订舱情况的书面材料。

清单的主要内容包括船名、航次、装箱港、装箱数及备注。装箱数一栏的填写：先按卸箱港顺序填制，然后在同一卸箱港内按集装箱种类及规格分列，再在同一种集装箱内按毛重分列。重量一般分为10t以下、10～15t、15t以上（指6.1m（20ft）的箱子）或15～20t、20t以上（指12.2m（40ft）箱子）等级。

3．各种单证

代理公司应编制和对外寄发的集装箱出口货运单证，见表9-1：

表9-1中的“货载舱单”系按各公司规定格式，根据发货人所编提单编制。“巴拿马运河货运申请单”是在需要通过巴拿马运河前最后一个装箱港，由代理公司根据所装货载，按杂货、冷藏货和危险货箱数和规定格式编制，并交船长，由船长在通过巴拿马运河时呈送给运河管理部门。

除编制上述单证外，各装卸区或代理公司还须做好下列工作：

1）编送过境货舱单。该单按海关规定的格式，由上一个港装卸区堆场管理员编制，在船舶离港时交由船长转交该国下一装货港海关。

表9-1 集装箱出口货运单证

单证名称	发货人	集装箱起运地	集装箱管理处	出口港				船长	卸箱港			
				代理公司	货运站	装卸区	海关		代理公司	货运站	装卸区	海关检疫机关
订舱单	编			△								
订舱清单				编	△	△	△	△				
场站收据	编	6	4	3、5	3	8	7	2				
		△①	△	△	△	△	△	△	△			
装箱单	编	2	3	4	LCL	11	9	10	5	6	8	7
	FCL△	△	△	编	△	△	△	△	△	△	△	△
特种货清单②	编	△	△	△	△	△						
出口许可证	申请				LCL	FCL	批准					
					←	←						

（续）

单证名称	发货人	集装箱起运地	集装箱管理处	出口港				船长	卸箱港			
				代理公司	货运站	装卸区	海关		代理公司	货运站	装卸区	海关检疫机关
衡量单	申请		△	△	LCL ←	FCL ←						
提单副本	编		△	△				△	△		△	
设备交接单	△		△	签		△						
积载草图			△	△		编		△				
积载图			△	△		编		△	△		△	
装箱清单			△	△		编	△	△	△		△	
批注清单			△	△	△	编		△	△		△	
理货单证③			△	△	△	编		△				
订舱汇总清单			△	编	编	△	△	△				
装箱报告			△	△								
货载舱单			△	编		△	△	△	△	△	△	
特种货舱单			△	编		△	△	△	△	△	△	
巴拿马运河货运申请单				最后装港编				△				

① 表中△表示需要使用这一单证的部门，△上数字，表示一或几份中的第几份。

② 特种货清单包括：冷藏货危险货动植物货清单。

③ 理货单证包括：理货计数单（Tally Sheet）和溢短残损单（Outturn Report 或 short Overload Damaged Container List）。

2）拍送开航货电报。该电报内容包括载箱数、货类、集装箱种类、规格及卸货港等。

3）船舶离港后，应尽快将提单和场站收据副本送交装卸区，以便转交有关特定港口。

三、集装箱装卸区的出口业务

集装箱装卸区除负责保管、管理出借的集装箱和拖头箱机械设备外，还兼管验收、堆码及装船等重要工作。

1. 整箱货和拼箱货的验收

为做好积载装船工作，必须规定截止收箱收货时间。前方堆场应事先安排好集装箱的存放时间，且必须限制在规定的时间内。

2．堆场积载

堆场管理员及计划员应根据订舱清单和专用列车经后方堆场情况及货运站编送的有关报表编制适合装船的前方堆场的堆场积载计划。

3．船舶积载

这是具体装船的规划。根据订舱清单、装箱单和堆场积载计划编制计划积载草图，待船舶到港征得船方同意后即装船。如系中途挂港，船上已装有集装箱，应将订箱数量、规格、目的港等电告船方，以便配舱，等收到回电后再编制计划积载草图。积载应达到下列要求：

1）保证船舶的强度及稳性。

2）保持理想的吃水差，使船舶具有最好的航行性能。

3）合理地利用船舶的载重及舱容。

4）确保集装箱舱内完整无损、舱面安全。

5）便于装卸作业。

6）各港装卸时，不要造成翻舱。

编好草图后，由理货员验查集装箱数及其外表状况，编制理货单证，等装船完毕应立即编制及分送实际积载图。

堆场管理员编制装箱清单，作为对内、对外确认货物的书面报告。

理货员根据场站收据、设备交接单以及在装船时发现异状的有关批注，编制批注清单，以明确责任。

装船完毕，装卸区应提供给船长下列单证：

1）装箱单。

2）场站收据。

3）提单副本。

4）积载草图及船舶积载图。

5）货载舱单。

6）装箱清单。

7）特种货清单。

8）批注清单。

9）订舱清单。

10）理货单证。

11）订舱汇总清单。

船长应在场站收据海关联上签字，以证实集装箱已装船。然后，装卸区将该联连同出口许可证和有关装箱单送请海关盖章，以完成监管手续。

四、集装箱货运站（CFS）的出口业务

1．收货装箱准备

货运站收到拼箱货物订舱单后，应立即估计所需集装箱规格种类和数量，通知船公司并

联系堆场取空箱，再联系发货人按期送货。

货运站收到货物应对照订舱单验收，如有异状应立即批注，必要时由船方决定是否接受装箱，再查对出口许可证，全部无误后，即签发场站收据。

2．装箱

货物装箱前应先由公证行衡量，在装箱时应请海关监督理货、验货、点数。

装箱时要充分注意按货物目的地或卸港装箱，要尽量不出现亏箱，更应特别注意货物的性质及包装的状况。

装箱后，应编制相应的理货单证并编送装箱报告。这是集装箱管理处所需的基本资料。

3．交箱

装卸完毕，应立即与堆场联系，将集装箱送交堆场。双方一同验对铅封，核对有关单证，办理交接手续。

第三节　设备交接单与场站收据的使用业务

一、集装箱设备交接单的使用业务

设备交接单的格式和内容见表9-4、表9-5。

（1）用箱人/运箱人栏　由船舶代理人填写，填写时应列明责任方或委托方。

说明及要求：

1）责任方系指对集装箱使用过程中的灭失、损坏负有赔偿责任并负责支付集装箱超期使用费用的一方，或与海上承运人或其代理人签订集装箱使用合同的一方。他们可以是货方或货方代理人或受货方或货方代理人委托的内陆（水路、公路、铁路）承运人，或根据委托关系向海上承运人或其代理人提供集装箱检验、修理、清洗、租赁、堆存等服务的单位。

2）委托方系指委托责任方进行内陆（水路、公路、铁路）运输的一方。他们可以是货方或货方代理人，也可以是内陆（水路、公路、铁路）承运人。责任方可要求船舶代理人将委托方列明于本栏内。凡一并列明责任方和委托方者，船舶代理人在向责任方收取集装箱超期使用费用时，可按委托方分别开列账单，便于责任方向委托方收取费用。

3）凡具备责任方条件者，方可向船舶代理人办理集装箱发放手续。凡责任方委托委托方办理集装箱发放手续者，必须持责任方书面委托，并明示责任方委托委托方办理集装箱发放手续，承担集装箱使用过程中发生的灭失、损坏，承担集装箱超期使用费。委托书中还应列明责任方和委托方的全称、地址、电话和经办人，列明银行结算账号。

（2）提箱地点栏　进口拆箱由船舶代理人填写；出口装箱由港区、场/站填写；因检验、修理、清洗、租赁、堆存、转运出口而提离有关港区、场/站的空箱，提箱地点由船舶代理人填写。

（3）发往地点栏　进口拆箱由船舶代理人填写；出口装箱由运箱人填写。

说明及要求：该栏是实施集装箱动态管理的重要栏目。船舶代理人通过计算机的统计分析，能随时掌握海上口岸的集装箱分布情况，为生产和管理提供决策依据。填写时字体必须清楚、发往地点完整。

（4）来自地点栏　进口拆箱由船舶代理人填写；出口装箱由运箱人填写。

说明及要求：如进口箱出口箱须套箱时，必须于套箱前在船舶代理人处办理套箱手续，更正“进场”联的“来自地点”栏并加盖船舶代理人同意套箱字样，否则，港区、场/站不予收箱，船舶代理人将视其超期使用。

（5）返回/收箱地点栏　进出口全部由船舶代理人填写。

说明及要求：用箱人/运箱人或港区、场/站必须严格按《集装箱设备交接单》规定的地点还箱、收箱；收箱地点必须符合《上海口岸国际集装箱场/站管理办法实施细则》的规定向用箱人/运箱人提供服务。

（6）船名/航次栏　进出口全部由船舶代理人填写。

（7）集装箱箱号栏　进口拆箱由船舶代理人填写；出口装箱除指定箱号外，由港区、场/站填写。

说明及要求：因出口货物短装或退关造成集装箱不能按《集装箱设备交接单》规定的船名/航次使用，用箱人/运箱人可持该单证“进场”联到船舶代理人处办理更正手续后方可继续使用。但不得违背用箱原则，即上运箱装上运货，装上运船。

（8）尺寸/类型栏　进出口全部由船舶代理人填写。

（9）营运人栏　进出口全部由船舶代理人填写。

说明及要求：

1）营运人栏是港区、场/站对集装箱进行管理的主要依据。凡《集装箱设备交接单》签发后，营运人发生变更时必须由船舶代理人及时通知港区、场/站。

2）用箱人/运箱人根据情况需要套箱时，必须于套箱前到船舶代理人处办理套箱手续，以免盲目套箱。

（10）提单号栏　进口拆箱由船舶代理人填写，出口装箱由运箱人要求装箱点填写。

说明及要求：凡货运站交付或拼箱交货的进出口集装箱，只需在该栏内列明一票提单号码，但填写必须清楚正确。

（11）铅封号栏　进口拆箱由船舶代理人填写，出口装箱由运箱人要求装箱点填写。

（12）免费使用期栏　进出口全部由船舶代理人填写。

（13）运载工具牌号栏　进出口全部由运箱人填写。

说明及要求：填写时必须列明内陆承运人单位简称及承运车辆牌号。

（14）出场目的/状态栏　由船舶代理人填写。

（15）进场目的/状态栏　由船舶代理人填写。

（16）出场日期栏　由港区、场/站道口填写。

说明及要求：填写时必须按24h写法。

（17）进场日期栏　由港区、场/站道口填写。

（18）出场检查栏　由运箱人与港区、场/站道口工作人员联合检查，如有异状，由港区、场/站道口工作人员注明程度及尺寸。

（19）进场检查栏　由运箱人与港区、场/站道口工作人员联合检查，如有异状，由港区、场/站道口工作人员注明程度及尺寸。

说明及要求：集装箱进出场责任划分，交接前由交方承担；交接后由接方承担。

（20）用箱人/运箱人签署栏　由运箱人签署。

（21）码头/堆场值班员签字栏　由港区、场/站道口工作人员签署。

说明及要求：签署《集装箱设备交接单》时，字体必须清楚，姓名应写全名。

（22）《集装箱设备交接单》一经签发不得更改　凡需更改者，必须到船舶代理人处办理更正手续，并于《集装箱设备交接单》更正处盖船舶代理人箱管更正章，其他更正章一律无效。未经办理更正手续的《集装箱设备交接单》一律不得进入港区，违者按规定追究责任。

二、集装箱场站收据的使用业务

场站收据的格式和内容见表9-20～表9-29。

（一）“场站收据”用纸

应用无碳复印纸印刷。

（二）“场站收据”格式

系集装箱运输专用出口单证，标准格式一套共9联。

1）货方留底[㊀]　白色
2）集装箱货物托运单（船代留底）　白色
3）运费通知（1）　白色
4）运费通知（2）　白色
5）装货单——场站收据副本　白色
6）场站收据副本——大副联　粉红色
7）场站收据　淡黄色
8）货代留底　白色
9）配舱回单　白色

（三）“场站收据”填制

1）“场站收据”各栏目由托运人用打字机填制以求清晰。在托运过程中，任何项目更改，

㊀ 货主留底联数如需增加，由货主自己确定，但其页次必须放在第9联之后。

应由提出更改的责任方编制更正通知单，并及时送达有关单位主管部门。

2）场站收据的收货方式和交货方式应根据运输条款如实填写，同一单不得出现两种收货方式或交货方式。

3）冷藏货出运，应正确填报冷藏温度。

4）危险品出运应正确填报类别、性能、危规页数（IMDG Code Page）和联合同编号（UN No.）。如国际危规规定主标以外还有副标，在性能项目栏用“（主标）/（副标）”方式填报。

5）第2、3、4联和第8、9联右下角空白栏供托运人备注用。

（四）“场站收据”流转程序

1）托运人制单后留下货主留存联，将其余九联送船代订舱签单。

2）船代编号后，留下第2、3、4联，并在第5联装货单上签章确认订舱，将剩余第5～9联退给货代。第8联货代留底。第9联由货代退给托运人作配舱回单。

3）第5～7联供报关用。

4）海关审核认可后，在第5联装货单上加盖海关放行章，将5、6、7三联一并退回报办人。

5）货代安排将箱号/封志号/件数填入5、6、7联，在集装箱进场站完毕24h前交场站签收。

6）“场站”业务员在集装箱进场完毕时，在第5、6、7联上加批实收箱数并签收。（场站业务员的签收仅属核对性质，集装箱内货物件数和货物状况仍由装箱单位负责）并在右上角日期填入进场完毕日期，由场站加盖公章。第5联由场站留底，第6联（大副联）由场站业务员在装船前24h分批送外轮理货员，最后一批不得迟于开装前4h。理货于装船时交大副。第7联场站收据由场站业务员返回货代（托运人）。托运人凭场站收据向船代换取待装提单，或在装船后换取装船提单。

（五）场站收据中货代（托运人）业务

1）货物装箱必须在24h前向海关申报，经海关在装货单上盖章验放后，才能装箱，在海关盖章验放前装箱必须征得海关同意。

2）经海关同意在盖章验放前，货物装箱先进场站的集装箱，必须在装船前24h，将海关盖章的“场站收据”立即送交收货港区场站业务员，否则一切责任由货主或货代自负。

3）出口重箱箱号，允许在货物装箱后由货代或货代委托装箱点正确填写。海关验放时允许无箱号，但进场站后场站收据上所列箱子进场站完毕时必须写清所有箱号/封志号、箱数。

4）货代（或托运人）凭场站业务员签收盖章的场站收据正本向船代换取提单。

5）如场站收据内容有变更应及时通知有关方，并在24h内出具书面通知。

（六）场站收据中港区及场站业务

1）港务局所属装卸公司，有“场站收据”签收权。受船公司委托后，凭其签收的“场站收据”可以向船代换取提单。

2）CY 条款，货主对箱内货物承担责任。

CFS 条款，装箱单位对箱内货物承担责任，拼箱货一票一单以箱为单位签“场站收据”。

3）场站业务员签收“场站收据”必须做到：

① 验看第 5 联（装货单）上有无海关放行章。没有海关放行章，不得签发“场站收据”，并不安排所属集装箱装船。

② 验看所列货物箱号、箱数是否正确填写。

③ 将“场站收据”正本退货代（托运人）。

4）场站业务员必须在装船前 24h，将“场站收据”大副联分批送外轮理货员，最后一批不得迟于开装前 4h。

5）港区场站业务员在船舶开航后立即将已签“场站收据”而未装上船出口箱信息通知船代，并在 24h 内开出工作联系单。

6）港区及场站受船公司委托签发“场站收据”，应对由于其工作中的过失而造成的后果负责。

（七）场站收据中船公司业务

1）已签出“场站收据”的集装箱货物在装船前的风险和责任由船公司承担。

2）船公司委托“场站”签“场站收据”必须有书面协议，明确双方的责任、权利和义务。

3）在与港区及场站签订协议后，船公司有追索权。

（八）场站收据中外轮理货业务

1）外轮理货员应该在船公司指定的场站理货。CY/CY 条款，在船边理箱；CFS/CY 条款应在装箱时理货和在船边理箱。并在有关单证上加批注，提供理货报告。

2）外轮理货在港区的理货员收齐港区场站业务员送来的“场站收据”副本—大副联后，在装船时将装船集装箱与单据核对无误后交大副。如有变更，应及时更正“场站收据”。并在船开后 24h 内通知船代。

3）开船后 24h 内，将装船集装箱理箱单交船代。

（九）场站收据中船代业务

1．订舱签单时，船代应仔细核对托运人所填项目是否完整，如有问题，应及时联系托运人或其货运代理。“场站收据”编号应用打字机打上。

2．装船后，应核对单据与集装箱装船的情况是否一致。如不一致，应迅速与港方和理货员联系，避免差错的出现。

3．每天派人到港方和理货分别收取《联系单》和《理箱单》。

4．凭“场站收据”船代应立即签发 “待装提单”。集装箱装上船在船开航后 24h 内，船代应核对并签发装船提单。

表 9-2　集装箱货运订舱单（托运单）

公司

CHINA OCEAN SHIPPING AGENCY

留　底

COUNTERFOIL　　　　S/O No.________

船名　　　　　航次　　　　　目的港

Vessel Name________ Voy.________ For________

托运人

Shipper________

收货人

Consignee________

通知

Notify________

标记及号码 Marks&Nos.	件数 Quantity	货　名 Description of Goods	毛重量公斤 Gross Weight In Kilos	尺码 Measurement 立方米 Cu.M.

共计件数（大写）

Total Number of Packages in Writing________

委 托 号		可否转船	
装 船 期		可否分批	
结 汇 期		存货地点	
总 尺 码			

表9-3 集装箱货运托运单（订舱单）

∇

Shipper （发货人）	D/R No.（编号）
Consignee （收货人）	集装箱货物托运单 货主留底
Notify Party （通知人）	

第一联

Pre carriage by （前程运输）	Place of Receipt （收货地点）	
Ocean vessel （船名） Voy. No.（航次）	Port of Loading （装货港）	
Port of Discharge （卸货港）	Place of Delivery （交货地点）	Final Destination for Merchant's Reference（目的地）

Particulars Furnished by Merchants

Container No.（集装箱号）	Seal No.（封志号） Marks & Nos.（标记与号码）	No. of containers or P'kgs.（箱数或件数）	Kind of Packages: De scription of Goods （包装种类与货名）	Gross Weight 毛重（公斤）	Measurement 尺码（立方米）

TOTAL. NUMBER OF CONTAINERS OR PACKAGES（IN WORDS） 集装箱数或件数合计（大写）		

FREIGHT & CHARGES（运费与附加费）	Revenue Tons（运费吨）	Rate（运费率） Per （每）	Prepaid（运费预付）	Collect （到付）

Ex Rate:（兑换率）	Prepaid at （预付地点）	Payable at （到付地点）	Place of issue（签发地点）
	Total Prepaid （预付总额）	No of Original B（s）/L（正本提单份数）	

Service Type on Receiving □-CY，□-CFS，□-DOOR	Service Type on Delivery □-CY，□-CFS，□-DOOR	Reefer Temperature Required.（冷藏温度）	°F	℃

TYPE OF GOODS（种类）	□Ordinary，（普通） □Reefer，（冷藏） □Dangerous，（危险品） □Auto.（裸装车辆） □Liquid，（液体） □Live Animal，（活动物） □Bulk（散货） □______	危险品	Glass: Property: IMDG Code Page: UN NO.

可否转船:	可否分批:	
装　期:	效　期:	
金额:		
制单日期:		

表 9-4 设备交接单 A

集 装 箱 公 司

CONTAINER COMP ANY FOR CHINA SINOTRANS

集装箱发放/设备交接单　　No.　　IN

进场

EQUPMENT INTERCHANGE RECEIPT

0016582

用箱人/运箱人（CONTAINER USER/HAULIER）		提箱地点（PLACE OF DELIVERY）	
来自地点（WHERE FROM）		返回/收箱地点（PLACE OF RETURN）	
船名/航次（VESSEL/VOYAGE NO）	集装箱号（CONTAINER NO.）	尺寸/类型（SIZE/TYPE）	营运人（CNTR.OPTR.）
提单号（B/L.NO.）	铅封号（SEAL NO.）	免费期限（FREE TIME PERIOD）	运载工具牌号（TRUCK, WAGON, BARGE NO.）
出场目的/状态（PPS OF GATE-OUT/STATUS）	进场目的/状态（PPS OF GATE-IN/STATUS）	进场日期（TIME-OUT）	
		月　日　时	

进场检查记录（INSPECTION AT THE TIME OF INTERCHANGE）			
普通集装箱（GP CONTAINER）	冷藏集装箱（RF CONTAINER）	特种集装箱（SPECIAL CONTAINER）	发电机（GEN SET）
□正常（SOUND） □异常（DEFECTIVE）	□正常（SOUND） □异常（DEFECTIVE）	□正常（SOUND） □异常（DEFECTIVE）	□正常（SOUND） □异常（DEFECTIVE）

损坏记录及代号（DAMAGE & CODE）

BR	D	M	DR	DL
破损（BROKEN）	凹损（DENT）	丢失（MISSING）	污箱（DIRTY）	危标（DGLABEL）

左侧（LEFT SIDE）

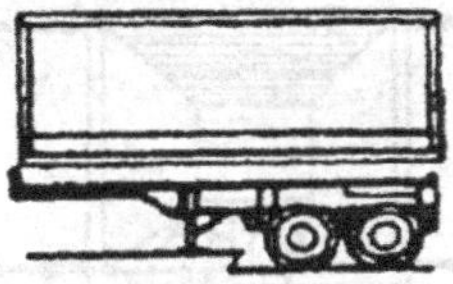

右侧（RIGHT SIDE）

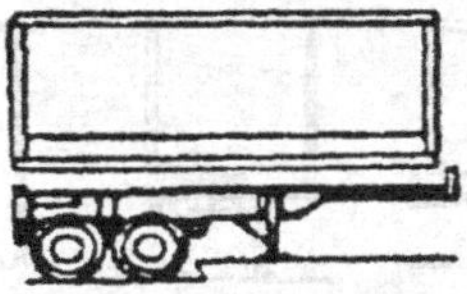

前部（FRONT）

集装箱内部（CONTAINER INSIDE）

顶部（TOP）

底部（FLOOR BASE）

箱门（REAR）

如有异状，请注明程度及尺寸（REMARK）

除列明者外，集装箱及集装箱设备交换时完好无损，铅封完整无误。

THE CONTAINER/ASSOCIATED EQUIPMENT INTERCHANGED IN SOUND CONDITION AND SEAL INTACT UNLESS OTHERWISE STATED

用箱人/运箱人签署（CONTAINER USER/HAULIER'S SIGNATURE）

码头/堆场值班员签署（TERMINAL/DEPOT CLERK'S SIGNATURE）

表9-5 设备交接单B

集装箱公司

CONTAINER COMPANY FOR CHINA SINOTRANS

集装箱发放/设备交接单 No. OUT 出场

0016582 EQUIPMENT INERCHANGE RECEIPT

用箱人/运箱人（CONTAINER USER/HAULIER）		提箱地点（PLACE OF DELIVERY）	
发往地点（DELIVERED TO）		返回/收箱地点（PLACE OF RETURN）	
船名、航次（VESSEL/VOYAGE NO.）	集装箱号（CONTAINER NO.）	尺寸/类型（SIZE/TYPE）	营运人（CNTR.OPTR）
提单号（B/L.NO.）	铅封号（SEAL NO.）	免费期限（FREE TIME PERIOD）	运载工具牌号（TRUCK. WAGON. BARGE NO.）
出场目的/状态（PPS OF GATE-OUT/STATUS）	进场目的/状态（PPS OF GATE-IN/STATUS）	出场日期（TIME-OUT）	
		月 日 时	

出场检查记录（INSPECTION AT THE TIME OF INTERCHANGE）

普通集装箱（GP CONTAINER）	冷藏集装箱（RF CONTAINER）	特种集装箱（SPECIAL CONTAINER）	发电机（GEN SET）
□正常（SOUND） □异常（DEFECTIVE）	□正常（SOUND） □异常（DEFECTIVE）	□正常（SOUND） □异常（DEFECTIVE）	□正常（SOUND） □异常（DEFECTIVE）

损坏记录及代号（DAMAGE & CODE）

BR	D	M	DR	DL
破损（BROKEN）	凹损（DENT）	丢失（MISSING）	污箱（DIRTY）	危标（DGLABEL）

左侧（LEFT SIDE） 右侧（RIGHT SIDE） 前部（FRONT） 集装箱内部（CONTAINER INSIDE）

如有异状，请注明程度及尺寸（REMARK）

顶部（TOP） 底部（FLOOR BASE） 箱门（REAR）

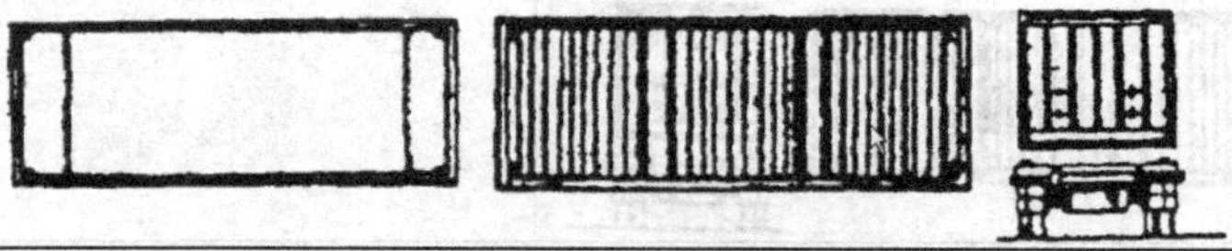

除列明者外，集装箱及集装箱设备交接时完好无损，铅封完整无误。

THE CONTAINER/ASSOCIATED EQUIPMENT INTERCHANGED IN SOUND CONDITION AND SEAL INTACT UNLESS OTHER WISE STATED

用箱人/运箱人签署（CONTAINER USER/HAULIER'S SIGNATURE）

码头/堆场值班员签署（TERMINAL/DEPOT CLERK'S SIGNATURE）

表 9-6　集装箱货运场站收据

∇

Shipper　（发货人）

D/R No.（编号）

Consignee　（收货人）

场站收据

DOCK RECEIPT

Notify Party　（通知人）

Received by the Carrier the Total number of containers or other packeges or units stated below to be transported subject to the temrs and conditions of the Carrier's regular form of Bill of Lading (for Combined Transport or porttoport Shipment) which shall be deemed to be incorporated berein.

Date　（日期）：

场站章

Pre carriage by　（前程运输）　Place of Receipt　（收货地点）

Ocean vessel　（船名）Voy. No.（航次）Port of Loading　（装货港）

Port of Discharge　（卸货港）　Place of Delivery　（交货地点）

Final Destination for Merchant's References（目的地）

Particulars Furnished by Merchants

Container No.（集装箱号）	Seal No.（封志号）Marks & Nos.（标记与号码）	No.of containers or P'kgs.（箱数或件数）	Kind of Packages: Description of Goods（包装种类与货名）	Gross Weight 毛重（公斤）	Measurement 尺码（立方米）
TOTAL NUMBER OF CONTAINERS OR PACKAGES（IN WORDS）集装箱数或件数合计（大写）					

Container No.　（箱号）Seal No.　（封志号）Pkgs.（件数）Container No.　（箱号）Seal No.　（封志号）Pkgs.　（件数）

Received　（实收）　By Terminal clerk　（场站员签字）

FREIGHT & CHARGES	Prepaid at　（预付地点）	Payable at（到付地点）	Place of Issue（签发地点）
	Total Prepaid（预付总额）	No. of Original B(s)/L（正本提单份数）	BOOKING（订舱确认）APPROVED BY

Service Type on Receiving		Service Type on Delivery	Reefer Temperature Required.（冷藏温度）	°F	°C
□-CY　□-CFS　□-DOOR		□-CY　□-CFS　□-DOOR			
TYPE OF GOODS（种类）	□ Ordinary,（普通）　□ Reefer,（冷藏）　□ Dangerous,（危险品）　□ Auto.（裸装车辆）		危险品	Class Property !MDG Code Page: UN NO.	
	□ Liquid,（液体）　□ Live Animal,（活动物）　□ Bulk（散货）　□				

表 9-7 集装箱装箱单

CONTAINER LOAD PLAN

装 箱 单

（1）Terminal's Copy
码头联

Reefer Temperature Required 冷藏温度 ˚C. ˚F.			
Class 等级	IMDG Page 危规页码	UN NO. 联合国编号	Flashpoint 闪点

Ship's Name/Voy No. 船名/航次	Port of Loading 装港	Port of Discharge 卸港	Place of Delivery 交货地	SHIPPER'S/RACKER'S DECLARATIONS: We hereby declare that the container has been thoroughly cleaned without any evidence of cargoes of previous shipment prior to vanning and cargoes has been properly stuffed and secured.		
Container No. 箱号	Bill of lading No. 提单号	Packages & Pocking 件数与包装	Gross Weight 毛重	Measurements 尺码	Description of Goods 货名	Mark & Nurmbers 唛头
Seal No. 封号	Front 前					
Cont. Size. 箱型 20′ 40′ 45′ / Cont type. 箱类 Gp=普通箱 TK=油罐箱 RF=冷藏箱 PF=平板箱 OT=开顶箱 HC=高 箱 FR=框架箱 HT=挂衣服						
ISO Code For Container Size/Type 箱型/箱类ISO标准代码						
Packer's Name/Address 装箱人名称/地址 TEL. NO. 电话号码	Door 门					
Packing Date. 装箱日期	Received By Drayman 驾驶员签收及车号	Total Packages 总件数	Total Cargo Wt. 总货重	Total Cargo Wt. 总尺码	Remarks: 备注	
Packed By 装箱人签名	Received By Terminals/Date Of Receipt 码头收箱签收和收箱日期		Cont Tare Wt. 集装箱皮重	Cgo/Cont Total Wt. 货/箱总重量		

表 9-8 集装箱装箱单

CONTAINER LOAD PLAN

装 箱 单

（3）Carrie's Copy
承运人联

Reefer Temperature Required. 冷藏温度 °C. °F.			
Class 等级	IMDG Page 危规页码	UN NO. 联合国编号	Flashpoint 闪点

Ship's Name/Voy No. 船名/航次	Port of Loading 装港	Port of Discharge 卸港	Place of Delivery 交货地	SHIPPER' S/PACKER'S DECLARATIONS: We hereby declare that the container has been thoroughly cleaned without any evidence of cargoes of previous shipment prior to vanning and cargoes has been properly stuffed and secured.		
Container No. 箱号	Bill of Lading No. 提单号	Packages & Pocking 件数与包装	Gross Weight 毛重	Measurements 尺码	Description of Goods 货名	Marks & Numbers 唛头
Seal. No. 封号	Front 前					
Cont. Size 箱型 20′ 40′ 45′ / Cont. type. 箱类 GP=普通箱 TK=油罐箱 RF=冷藏箱 PF=平板箱 OT=开顶箱 HC=高 箱 FR=框架箱 HT=挂衣箱						
ISO Code For Container Size/Type. 箱型/箱类ISO标准代码						
Packer's Name/Address. 装箱人名称/地址 TEL .NO. 电话号码	Door 门					
Packing Date. 装箱日期	Received By Drayman 驾驶员签收及车号	Total Packages 总件数	Total Cargo Wt 总货重	Total Meas. 总尺码	Remarks: 备注	
Packed By 装箱人签名	Received By Terminals/Date Of Receipt 码头收箱签收和收箱日期		Cont Tare Wt 集装箱皮重	Cgo/Cont Total Wt 货/箱总重量		

表 9-9　集装箱装箱单

CONTAINER LOAD PLAN

装 箱 单

（4）Shipper's/Packer's Copy
发货人/装箱人联

<table>
<tr><td colspan="4">Reefer Temperature Required .冷藏温度
°C.　°F.</td><td colspan="6" rowspan="2"></td></tr>
<tr><td>Class
等级</td><td>IMDG Page
危规页码</td><td>UN NO.
联合国编号</td><td>Flashpoint
闪点</td></tr>
<tr><td colspan="4">Ship's Name/Voy No. 船名/航次</td><td>Port of Loading
装港</td><td>Port of Discharge
卸港</td><td>Place of Delivery.
交货地</td><td colspan="3">SHIPPER' S/PACKER'S DECLARATIONS: We hereby declare that the container has been thoroughly cleaned without any evidence of cargoes of previous shipment prior to vanning and cargoes has been properly stuffed and secured.</td></tr>
<tr><td colspan="4">Container No. 箱号</td><td>Bill of Lading No.
提单号</td><td>Packages & Packing
件数与包装</td><td>Gross Weight
毛重</td><td>Measurements
尺码</td><td>Description of Goods
货名</td><td>Marks & Numbers
唛头</td></tr>
<tr><td colspan="4">Seal No. 封号</td><td colspan="2" rowspan="4">Front
前

Door
门</td><td rowspan="4"></td><td rowspan="4"></td><td rowspan="4"></td><td rowspan="4"></td></tr>
<tr><td colspan="2">Cont. Size 箱型
20'40'45'</td><td colspan="2">Cont. type. 箱类
GP=普通箱 TK=油罐箱
RF=冷藏箱 PF=平板箱
OT=开顶箱 HC=高 箱
FR=框架箱 HT=挂衣箱</td></tr>
<tr><td colspan="4">ISO Code For Container Size/Type.
箱型/箱类ISO标准代码</td></tr>
<tr><td colspan="4">Packer's Name/Address.
装箱人名称/地址

TEL. NO.
电话号码</td></tr>
<tr><td colspan="4">Packing Date. 装箱日期</td><td>Received By Drayman
驾驶员签收及车号</td><td>Total Packages
总件数</td><td>Total Cargo Wt
总货重</td><td>Total Meas.
总尺码</td><td colspan="2" rowspan="2">Remarks: 备注</td></tr>
<tr><td colspan="4">Packed By: 装箱人签名</td><td colspan="2">Received By Terminals/Date Of Receipt
码头收箱签收和收箱日期</td><td>Cont Tare Wt.
集装箱皮重</td><td>Cgo/Cont Total Wt
货/箱总重量</td></tr>
</table>

表 9-10 集装箱装箱单

SHIPPING MARKS:

DURBAN
J.H.B.
C/NO:MC1-UP

装 箱 单

PACKING LIST

发票编号
Invoice No. MW23DCY-02

销货确认书号数
Sales Confirmation No.

日 期
Date MAY.09,2013

品 名
Commodity: HAT

编 号 Nos	品 名 Commodity	件 数 Package	数 量 Quantity	毛 重 Gr.Wt.	净 重 Net.Wt.	尺 码 Measurment
	HAT	135CTNS	4050DOZS	4725.50KGS	4455.00KGS	25.92CBM
	TOTAL:	135CTNS	4050DOZS	4725.50KGS	4455.00KGS	25.92CBM

表 9-11　集装箱装箱单

装　　箱　　单
CONTAINER LOAD PLAN

集装箱号 Container No.	集装箱规格 Type of Container:　20　40
铅封号 Seal No.	冷藏温度　°F　°C Reefer. Temp. Required

船名 Ocean Vessel	航次 Voy. No.	收货地点 Place of Receipt □－场 CY　□－站 CFS　□－门 Door	装货港 Port of Loading	卸货港 Port of Discharging	交货地点 Place of Delivery □－场 CY　□－站 CFS　□－门 Door

箱主 Owner	提单号码 B/L No.	1. 发货人 Shipper	2. 收货人 Consignee	3. 通知人 Notify	标志和号码 Marks & Numbers	件数及包装种类 No. & Kind of Pkgs.	货名 Description of Goods	重量（公斤） Weight kg.	尺码（立方米） Measurement Cu. M.
			底 Front 门 Door						
							总件数 Total Number of Packages 重量及尺码总计 Total Weight & Measurement		

危险品要注明危险品标志分类及闪点 In case of dangerous goods, please enter the label classification and flash point of the goods.	重新铅封号 New Seal No.	开封原因 Reason for breaking seat	装箱日期 Date of vanning: …… 装箱地点 at: …… （地点及国名 Place & Country）		皮重 Tare Weight
	出口 Export	驾驶员签收 Received by Drayman	堆场签收 Received by CY	装箱人 Packed by: 发货人 货运站 (Shipper/CFS)	总毛重 Gross Weight
	进口 Import	驾驶员签收 Received by Drayman	货运站签收 Received by CFS	…… （签署）Signed	发货人或货运站留存 1. SHIPPER/CFS (1) 一式十份 此栏每份不同

表 9-12 海运提单

Shipper		B/L No. 中国对外贸易运输总公司 CHINA NATIONAL FOREIGN TRADE TRANSPORTATION CORP. 直运或转船提单 BILL OF LADING DIRECT OR WITH TRANSHIPMENT
Consignee or order		
Notify address		SHIPPED on board in apparent good order and condition (unless otherwise indicated) the goods or packages specified herein and to be discharged at the mentioned port of discharge or as near thereto as the vessel may safely get and be always afloat. The weight, measure, marks and numbers, quality, contents and value, being particulars furnished by the Shipper, are not checked by the carrier on loading. The Shipper, Consignee and the Holder of this Bill of Lading hereby expressly accept and agree to all printed, written or stamped provisions, exceptions and conditions of this Bill of Lading, including those on the back hereof. IN WITNESS whereof the number of original Bills of Lading stated below have been signed, one of which being accomplished, the other(s) to be void.
Pre-carriage by	Port of loading	
Vessel	Port of transhipment	
Port of discharge	Final destination	

PARTICUL ARS FURNISHED BY SHIPPER

Container seal No. or marks and Nos.	Number and Kind of packages	Description of goods	Gross weight (kgs.)	Measurement (m^3)
		COPY		

Freight and charges	REGARDING TRANSHIPMENT INFORMATION PLEASE CONTACT

Ex.rate	Prepaid at	Freight payable at	Place and date of issue
	Total Prepaid	Number of original Bs/L	Signed for or on behalf of the Master as Agent

(SINOTRANS STANDARD FORM 4) TERMS AND CONDITIONS AS PER ORIGINAL BILL OF LADING

表 9-13 集装箱联运提单

托货人 Shipper	B/L No.
收货人或指示 Consignee or order	中国对外贸易运输总公司 CHINA NATIONALFOREIGN TRADE TRANSPORTATION CORP. GA 联 运 提 单 COMBINED TRANSPORT BILL OF LADING
通知地址 Notify address	RECEIVED the goods in apparent good order and condition as specified below unless otherwise stated herein. The Carrier, in accordance with the provisions contained in this document. 1) undertakes to perform or to procure the performance of the entire transport frorn the place at which the goods are taken in charge to the place designated for delivery in this document, and 2) assumes liability as prescribed in this document for such transport.One of the Bills of Lading must be surrendered duly indorsed in exchange for the goods or delivery order.

前段运输 Pre-carriage by	收货地点 Place of receipt		
海运船只 Ocean vessel	装货港 Port of loading		
卸货港 Port of discharge	交货地点 Place of delivery	运费支付地 Freight payable at	正本提单份数 Number of original Bs/L

标志和号码 Marks and Nos.	件数和包装种类 Number and kind of packages	货 名 Description of goods	毛 重（公斤） Gross weight (kgs.)	尺 码（立方米） Measurement (m³)

以上细目由托运人提供
ABOVE PARTICULARS FURNISHED BY SHIPPER

运费和费用 Freight and charges	IN WITNESS whereof the number of original Bills of Lading stated above have been signed, one of which being accomplished, the other(s) to be void.
	签单地点和日期 Place and date of issue
	代表承运人签字 Signed for or on behalf of the Carrier 代 理 as Agents

SUBJECT TO THE TERMS AND CONDITIONS ON BACK

表 9-14 远洋运输提单

Shipper	BILL OF LADING
Consignee	中国远洋运输（集团）总公司 CHINA OCEAN SHIPPING (GROUP) CO.
Notify Party	Cable: COSCO PEKING / CANTON / SHANGHAI; COSCO TSINGTAO / TIENTSIN / DAIREN Telex: 22264 CPCPK CN; 44080 COSCA CN; 33057 COSCO CN; 32037 OCSCD CN; 23221 TOSCO CN; 86162 DOSCO CN

ORIGINAL

Pre carriage by	· Place of Receipt by Pre carrier		
Ocean Vessel Voy. No.	Port of Loading		
Port of Discharge	·Final destination (if goods to be transhipped at port of discharge	Freight payable at	Number of original Bs/L
Marks & Nos.	Number and kind of packages; description of goods	Gross weight kos	Measurement m^3

Particulars Furnished by Merchants

TOTAL PACKAGES (IN WORDS)

Freight and charges

Shipped on board the vessel named above in apparent good order and condition (unless otherwise indicated) the goods or packages specified herein and to be discharged at the above mentioned port of discharge or as near thereto as the vessel may safely get and be always afloat The weight: measure, marks, numbers, quality, contents and value, being particulars furnished by the Shipper, are not checked by the Carrier on loading. The Shipper, Consignee and the Holder of this Bill of Lading hereby expressly accept and agree to all printed, written or stamped provisions, exceptions and conditions of this Bill of Lading, including those on the back hereof

In witness whereof, the Carrier or his Agents has signed Bills of Lading all of this tenor and date, one of which being accomplished, the others to stand void.

Shippers are requested to note particularly the exceptions and conditions of this Bill of Lading with reference to the validity of the insurance upon their goods.

Place and date of issue:

Signed for the Carrier

·Applicable only when document used as a Through Bill of lading

表 9-15 出口许可证

中华人民共和国出口许可证

EXPORT LICENCE OF THE PEOPLE'S REPUBLIC OF CHINA **No. 0077522**

1. 出口商： Exporter	3. 出口许可证号： Export licence No.
2. 发货人： Consignor	4. 出口许可证有效截止日期： Export licence expiry date
5. 贸易方式： Terms of trade	8. 进口国（地区）： Country/Region of purchase
6. 合同号： Contract No.	9. 付款方式： Payment
7. 报关口岸： Place of clearance	10. 运输方式： Mode of transport
11. 商品名称： Description of goods	商品编码： Code of goods

12. 规格、型号 Specification	13. 单位 Unit	14. 数量 Quantity	15. 单价（ ） Unit price	16. 总值（ ） Amount	17. 总值折美元 Amount in USD
18. 总计 Total					

19. 备 注 Supplementary details	20. 发证机关签章 Issuing authority's stamp & signature 21. 发证日期 Licence date

第一联正本发货人办理海关手续 海关验放签注栏在背面

TZ241-118

表 9-16 进出口商品检验证书（A）

中华人民共和国进出口商品检验局

副 本
COPY

BEIJING IMPORT & EXPORT COMMODITY
INSPECTION BUREAU OF THE PEOPLE'S
REPUBLIC OF CHINA

地址: 北京市永安东里××号楼
Address: Building No. ××. Yongandongli, Beijing

编号:
No.

检验证书
INSPECTION CERTIFICATE

电报: 北京 2914
Cable: 2914 BEIJING

日期:
Date

电话:
Tel.: 59 • 4580

发 货 人:
Consignor ____

收 货 人:
Consignee ____

品 名:
Commodity ____________________

标记及号码:
Mark & No.

报验数量/重量:
Quantity / Weight
Declared ____________________

检 验 结 果:
RESULTS OF INSPECTION:

主任检验员
Chief Inspector

表 9-17 进出口商品检验证书（B）

中华人民共和国进出口商品检验局 副 本

BEIJING IMPORT & EXPORT COMMODITY INSPECTION BUREAU OF THE PEOPLE'S REPUBLIC OF CHINA COPY

编号：
No.

地址： 北京市永安东里××号楼
Address: Building No. ××, Yongandongli, Beijing

检验证书

电报： 北京 2914
Cable: 2914 BEIJING

INSPECTION CERTIFICATE

日期：
Date

电话：
Tel.: 59 • 4580

收 货 人：
Consignee:
发 货 人：
Consignor:
品 名：
Commodity:
报验数量/重量：
Quantity/Weight Declared:
运 输：
Transportation:
进口日期：
Date of Arrival:
卸毕日期：
Date of Completion of Discharge:
发 票 号：
Invoice No.:
合 同 号：
Contract No.:
标记及号码：
Mark & No.:

表 9-18　出口货物报关单

中华人民共和国海关出口货物报关单

预录入编号：　　　　海关编号：　　　　BP 机号：

出口口岸	备案号	出口日期	申报日期
经营单位	运输方式	运输工具名称	提运单号
发货单位	贸易方式	征免性质	结汇方式
许可证号	运抵国（地区）	指运港	境内货源地
批准文号	成交方式　运费	保费	杂费
合同协议号	件数　包装种类	毛重（公斤）	净重（公斤）
集装箱号	随附单据		生产厂家
标记唛码及备注			
项号　商品编号　商品名称、规格型号　数量及单位　最终目的国（地区）　单价　总价　币制　征免			
税费征收情况			
录入员　录入单位	兹声明以上申报无讹并承担法律责任	海关审单批注及放行日期（签章）	
报关员		审单　审价	
	申报单位（签章）	征税　统计	
单位地址		查验　放行	
邮编　电话	填制日期		

表 9-19 出口退税专用货物报送单

中华人民共和国海关出口货物报关单

出口退税专用

预录入编号： 海关编号： BP 机号：

<table>
<tr><td colspan="2">出口口岸</td><td colspan="3">备案号</td><td colspan="2">出口日期</td><td colspan="2">申报日期</td></tr>
<tr><td colspan="2">经营单位</td><td>运输方式</td><td colspan="4">运输工具名称</td><td colspan="2">提运单号</td></tr>
<tr><td colspan="2">发货单位</td><td colspan="3">贸易方式</td><td colspan="2">征免性质</td><td colspan="2">结汇方式</td></tr>
<tr><td>许可证号</td><td colspan="3">运抵国（地区）</td><td colspan="3">指运港</td><td colspan="2">境内货源地</td></tr>
<tr><td>批准文号</td><td>成交方式</td><td colspan="3">运费</td><td colspan="2">保费</td><td colspan="2">杂费</td></tr>
<tr><td>合同协议号</td><td colspan="2">件数</td><td colspan="2">包装种类</td><td colspan="3">毛重（公斤）</td><td>净重（公斤）</td></tr>
<tr><td>集装箱号</td><td colspan="6">随附单据</td><td colspan="2">生产厂家</td></tr>
<tr><td colspan="9">标记唛码及备注</td></tr>
<tr><td colspan="9">项号 商品编号 商品名称、规格型号 数量及单位 最终目的国（地区） 单价 总价 币制 征免</td></tr>
<tr><td colspan="9"></td></tr>
<tr><td colspan="9"></td></tr>
<tr><td colspan="9"></td></tr>
<tr><td colspan="9"></td></tr>
<tr><td colspan="9">税费征收情况</td></tr>
<tr><td colspan="2">录入员 录入单位</td><td colspan="4">兹声明以上申报无讹并承担法律责任</td><td colspan="3">海关审单批注及放行日期（签章）</td></tr>
<tr><td colspan="6" rowspan="3">报关员
申报单位（签章）
单位地址
邮编 电话 填制日期</td><td colspan="3">审单 审价</td></tr>
<tr><td colspan="3">征税 统计</td></tr>
<tr><td colspan="3">查验 放行</td></tr>
</table>

表 9-20 集装箱货运场站收据（一联）

Shipper（发货人）	D/R No.（编号）	东方国际物流
Consignee（收货人）	集装箱货物托运单（订舱单）	
Notify Parry（通知人）	货主留底	第一联
Pre-Carnage By（前程运输） Place of Receipt（收货地点）		
Ocean Vessel（船名） Voy No.（航次） Port of Loading（装货港）		
Port of Discharge（卸货港） Place of Delivery（交货地点）		Final Destination for Metchant's Reference（目的地）

Particulars Furnished by Merchants（托运人提供详细情况）

Container No.（集装箱号）	Seal No.（封志号） Marks & Nos 标记与号码	No of containers or p'gs（箱数或件数）	Kind of Packages Description of Goods（包装种类与货名）	Gross Weight 毛重（公斤）	Measurement 尺码（立方米）
TOTAL NUMBER OF CONTAINERS OR PAKAGES（IN WORDS）集装箱数或件数合计（大写）					

FREIGHT & CHARGES（运费与附加费）	Revenue Tons（运费吨）	Rate（运费率）	Per（每）	Prepaid（运费预付）	Collect（预付）

Em Rate（兑换率）	Prepaid at（预付地点）	Payable at（到付地点）	Place of issue（签发地点）
	Total Prepaid（预付总额）	No of Original B(s)/L（正本提单份数）	

Service Type on Receiving □-CY □-CFS □-DOOR	Service Type on Delivery □-CY □-CFS □-DOOR		Reefer Temperature Required（冷藏温度）	°F °C
TYPE OF GOODS（种类）	□Ordinary（普通） □Reefer（冷藏） □Dangerous（危险品） □Auto（裸装车辆）		危险品	Class Property !MDG CO de Page UN NO.
	□Liquid（液体） □Live Animal（活动物） □Bulk（散货） □			

可否转船：	可否分批：	金额：	制单日期：
装　期：	效　期：		

表9-21 集装箱货运场站收据（二联）

Shipper （发货人）

D/R No.（编号）

东方国际物流

Consignee（收货人）

运费通知（1）

第三联

Notify Party （通知人）

Pre-Carnage By （前程运输） Place of Receipt （收货地点）

Ocean Vessel （船名）Voy No.（航次） Port of Loading （装货港）

Port of Discharge （卸货港）Place of Delivery（交货地点）

Final Destination for the Merchant's Reference（目的地）

Particulars Furnished by Merchants（托运人提供详细情况）

Container No.（集装箱号）	Seal No（封志号）Marks & Nos 标记与号码	No of containers or p'kgs（箱数或件数）	Kind of Packages Description of Goods（包装种类与货名）	Gross Weight 毛重（公斤）	Measurement 尺码（立方米）
TOTAL NUMBER OF CONTAINERS OR PACKAGES（IN WORDS）集装箱数或件数合计（大写）					

FREIGHT & CHARGES（运费与附加费）	Revenue Tons（运费吨）	Rate（运费率）	Per（每）	Prepaid（运费预付）	Collect（到付）

Em Rate（兑换率）	Prepaid at（预付地点）	Payable at（到付地点）	Place of issue（签发地点）
	Total Prepaid（预付总额）	No of Original. B(s)/L（正本提单份数）	

Service Type on Receiving	Service Type on Delivery	Reefer Temperature Required（冷藏温度）	°F	°C
□-CY □-CFS □-DOOR	□-CY □-CFS □-DOOR			

TYPE OF GOODS（种类）	□Ordinary（普通）	□Reefer（冷藏）	□Dangerous（危险品）	□ Auto（裸装车辆）	危险品	Class Property IMDG COde Page UN NO
	□Liquid（液体）	□Live Animal（活动物）	□Bulk（散货）	□		

可否转船:	可否分批:	金额:	制单日期:
装　期:	效　期:		

表 9-22 集装箱货运场站收据（三联）

东方国际物流

运费通知（1）

第三联

Shipper （发货人）	D/R No.（编号）
Consignee（收货人）	
Notify Party （通知人）	
Pre-Carnage By （前程运输） Place of Receipt （收货地点）	
Ocean Vessel （船名） Voy No. （航次） Port of Loading （装货港）	
Port of Discharge （卸货港） Place of Delivery （交货地点）	Final Destination for the Merchant's Reference （目的地）

Particulars Furnished by Merchants （托运人提供详细情况）

Container No.（集装箱号）	Seal No （封志号） Marks & Nos 标记与号码	No of containers or p'kgs （箱数或件数）	Kind of Packages Description of Goods （包装种类与货名）	Gross Weight 毛重（公斤）	Measurement 尺码（立方米）
TOTAL NUMBER OF CONTAINERS OR PACKAGES （IN WORDS） 集装箱数或件数合计（大写）					

FREIGHT & CHARGES （运费与附加费）	Revenue Tons（运费吨）	Rate（运费率）	Per （每）	Prepaid（运费预付）	Collect（到付）

Em Rate（兑换率）	Prepaid at （预付地点）	Payable at （到付地点）	Place of issue（签发地点）
	Total Prepaid （预付总额）	No of Original. B(s)/L（正本提单份数）	

Service Type on Receiving □-CY □-CFS □-DOOR		Service Type on Delivery □-CY □-CFS □-DOOR		Reefer Temperature Required（冷藏温度） °F °C	
TYPE OF GOODS （种类）	□Ordinary （普通）	□Reefer （冷藏）	□Dangerous （危险品）	□ Auto （裸装车辆）	危险品 Class Property ! MDG COde Page UN NO
	□Liquid （液体）	□Live Animal （活动物）	□Bulk （散货）	□	

可否转船：	可否分批：	金额：	制单日期：
装　期：	效　期：		

表 9-23 集装箱货运场站收据（四联）

Shipper （发货人）	D/R No. （编号）	东方国际物流
Consignee （收货人）	运费通知（2）	第四联
Notify Party （通知人）		
Pre-Carnage By（前程运输） Place of Receipt（收货地点）		
Ocean Vessel（船名） Voy No.（航次） Port of Loading（装货港）		
Port of Discharge（卸货港） Place of Delivery（交货地点）		Final Destination for the Merchent's Reference（目的地）

Particulars Furnished by Merchants（托运人提供详细情况）

Container No.（集装箱号）	Seal No （封志号） Marks & Nos 标记与号码	No of containers or p'kgs（箱数或件数）	Kind of Packages Description of Goods（包装种类与货名）	Gross Weight 毛重（公斤）	Measurement 尺码（立方米）
TOTAL NUMBER OF CONTAINERS OR PACKAGES (IN WORDS) 集装箱数或件数合计（大写）					

FREIGHT & CHARGES（运费与附加费）	Revenue Tons（运费吨）	Rate（运费率）	Per（每）	Prepaid（运费预付）	Collect（到付）

Em Rate（兑换率）	Prepaid at（预付地点）	Payable at（到付地点）	Place of issue（签发地点）
	Total Prepaid（预付总额）	No of Original B(s)/L（正本提单份数）	

Service Type on Receiving ☐-CY ☐-CFS ☐-DOOR	Service Type on Delivery ☐-CY ☐-CFS ☐-DOOR	Reefer Temperature Required（冷藏温度） °F °C

TYPE OF GOODS（种类）					危险品	
	☐Ordinary（普通）	☐Reefer（冷藏）	☐Dangerous（危险品）	☐ Auto（裸装车辆）		Class Property ! MDG COde Page UN NO
	☐Liquid（液体）	☐Live Animal（活动物）	☐Bulk（散货）	☐		

可否转船:	可否分批:	金额:	制单日期:
装 期:	效 期:		

表 9-24 集装箱货运场站收据（五联）

Shipper （发货人）	D/R No. （编号）
Consignee （收货人）	东方国际物流 装货单
Notify Party （通知人）	场站收据副本 Received by the Carrier the Total number of containers or other packages or units stated below to be transported subject to the terms and conditions of the Carrier's regular form of Bill of Lading (for Combined Transport or Port to Port Shipment) which shall be deemed to be incorporated herein Date（日期）： 第五联
Pre—Carnage By（前程运输） Place of Receipt（收货地点）	
Ocean Vessel（船名） Voy No.（航次） Port of Loading（装货港）	场站章
Port of Discharge（卸货港） Place of Delivery （交货地点）	Final Destination for the Merchant's Reference（目的地）

Particulars Furnished by Merchants（托运人提供详细情况）

Container No.（集装箱号）	Seal No （封志号） Marks & Nos 标记与号码	No of containers or p'kgs（箱数或件数）	Kind of Packages Description of Goods（包装种类与货名）	Gross Weight 毛重（公斤）	Measurement 尺码（立方米）
TOTAL NUMBER OF CONTAINERS OR PACKAGES(IN WORDS) 集装箱数或件数合计（大写）					

Container No.（箱号）	Seal No.（封志号）	P'kgs.（件数）	Container No.（箱号）	Seal No.（封志号）	P'kgs.（件数）
			Received（实收）	By Terminal clerk（场站员签字）	

FREIGHT & CHARGES	Prepaid at （预付地点）	Payable at （到付地点）	Place of issue（签发地点）
	Total Prepaid （预付总额）	No of Original B(s)/L（正本提单份数）	BOOKING（订舱确认） APPROVED BY

Service Type on Receiving	Service Type on Delivery	Reefer Temperature Required（冷藏温度）	°F	°C
□-CY □-CFS □-DOOR	□-CY □-CFS □ DOOR			

TYPE OF GOODS（种类）	□Ordinary（普通）	□Reefer（冷藏）	□Dangerous（危险品）	□Auto（裸装车辆）	危险品	Class Property !MDG COde Page UN NO
	□Liquid（液体）	□Live Animal（活动物）	□Bulk（散货）	□		

表9-25 集装箱货运场站收据（六联）

Shipper （发货人）

D/R No. （编号）

东方国际物流

Consignee （收货人）

缴纳出口货物港务费申请书

第五联附页

Notify Party （通知人）

Pre-Carnage By （前程运输） Place of Receipt（收货地点）

Ocean Vessel（船名） Voy No.（航次）Port of Loading（装货港）

Port of Discharge （卸货港） Place of Delivery （交货地点）

Final Destination for the Merchant's Reference（目的地）

Particulars Furnished by Merchants（托运人提供详细情况）

Container No.（集装箱号）	Seal No（封志号）Marks & Nos 标记与号码	No of containers or p'kgs（箱数或件数）	Kind of Packages Description of Goods（包装种类与货名）	Gross Weight 毛重（公斤）	Measurement 尺码（立方米）

TOTAL NUMBER OF CONTAINERS OR PACKAGES(IN WORDS) 集装箱数或件数合计（大写）

Container No.（箱号）	Seal No.（封志号）	Pkgs.（件数）	Container No.（箱号）	Seal No.（封志号）	Pkgs.（件数）

Received（实收） By Terminal clerk（场站员签字）

FREIGHT & CHARGES	Prepaid at（预付地点）	Payable at（到付地点）	Place of issue（签发地点）
	Total Prepaid（预付总额）	No of Original B(s)/L（正本提单份数）	BOOKING（订舱确认）APPROVED BY

Service Type on Receiving ☐-CY ☐-CFS ☐-DOOR	Service Type on Delivery ☐-CY ☐-CFS ☐-DOOR			Reefer Temperature Required（冷藏温度）	°F	°C
TYPE OF GOODS（种类）	☐Ordinary（普通） ☐Liquid（液体）	☐Reefer（冷藏） ☐Live Animal（活动物）	☐Dangerous（危险品） ☐Bulk（散货）	☐Auto（裸装车辆） ☐	危险品	Class Property !MDG COde Page UN NO

备 注（REMARKS）

表 9-26 集装箱货运场站收据（七联）

Shipper （发货人）

D/R No. （编号）

东方国际物流

Consignee （收货人）

场站收据副本

大副联

COPY OF DOCK RECEIPT

(FOR CHIEF OFFICER)

第六联

Notify Party （通知人）

Received by the Carrier the Total number of containers or other packages or units stated below to be transported subject to the terms and conditions of the Cairier's regular form of Bill of Lading (for Combined Transport or Port to Port Shipment) which shall be deemed to be incorporated herein

Date（日期）：

Pre-Carnage By （前程运输） Place of Receipt（收货地点）

Ocean Vessel（船名） Voy No.（航次） Port of Loading（装货港）

场站章

Port of Discharge （卸货港） Place of Delivery （交货地点）

Final Destination for the Merchant's Reference（目的地）

Particulars Furnished by Merchants（托运人提供详细情况）

Container No.（集装箱号）	Seal No （封志号） Marks & Nos 标记与号码	No of containers or p'kgs（箱数或件数）	Kind of Packages Description of Goods（包装种类与货名）	Gross Weight 毛重（公斤）	Measurement 尺码（立方米）

TOTAL NUMBER OF CONTAINERS OR PACKAGES(IN WORDS) 集装箱数或件数合计（大写）

Container No.(箱号)	Seal No. （封志号）	P'kgs.（件数）	Container No. （箱号）	Seal No. （封志号）	P'kgs.（件数）

Received（实收） By Terminal clerk（场站员签字）

FREIGHT & CHARGES	Prepaid at （预付地点）	Payable at（到付地点）	Place of issue（签发地点）
	Total Prepaid （预付总额）	No of Original B(s)/L(正本提单份数)	BOOKING（订舱确认） APPROVED BY

Service Type on Receiving ☐-CY ☐-CFS ☐-DOOR	Service Type on Delivery ☐-CY ☐-CFS ☐-DOOR	Reefer Temperature Required（冷藏温度） °F °C
TYPE OF GOODS（种类）	☐Ordinary（普通） ☐Reefer（冷藏） ☐Dangerous（危险品） ☐Auto（裸装车辆） ☐Liquid（液体） ☐Live Animal（活动物） ☐Bulk（散货） ☐	危险品 Class Property !MDG COde Page UN NO

表 9-27 集装箱货运场站收据（八联）

▽

Shipper （发货人）

D/R No. （编号）

东方国际 物 流

Consignee （收货人）

场站收据
DOCK RECIPT

第七联

Notify Party （通知人）

Received by the Carrier the Total number of containers or other packages or units stated below to be transported subject to the terms and conditions of the Cairier's regular form of Bill of Lading (for Combined Transport or Port to Port Shipment) which shall be deemed to be incorporated herein
Date（日期）：

Pre-Carnage By（前程运输） Place of Receipt（收货地点）

Ocean Vessel（船名）Voy No.（航次）Port of Loading（装货港）

场站章

Port of Discharge（卸货港） Place of Delivery（交货地点） Final Destination for the Merchant's Reference（目的地）

Particulars Furnished by Merchants（托运人提供详细情况）

Container No.（集装箱号）	Seal No（封志号）Marks & Nos 标记与号码	No of containers or p'kgs（箱数或件数）	Kind of Packages Description of Goods（包装种类与货名）	Gross Weight 毛重（公斤）	Measurement 尺码（立方米）
TOTAL NUMBER OF CONTAINERS OR PACKACES (IN WORDS) 集装箱数或件数合计（大写）					

Container No.（箱号） Seal No.（封志号） Pkgs.（件数） Container No.（箱号） Seal No.（封志号） Pkgs.（件数）

Received（实收） By Terminal clerk（场站员签字）

FREIGHT & CHARGES	Prepaid at （预付地点）	Pryable at （到付地点）	Place of issue（签发地点）
	Total Prepaid（预付总额）	No.of Original B(s)/L（正本提单份数）	BOOKING（订舱确认） APPROCED BY

Service Type on Receiving □-CY □-CFS □-DOOR	Service Type on Delivery □-CY □-CFS □-DOOR	Reefer Temperature Required（冷藏温度）	°F	°C

TYPE OF GOODS（种类）	□Ordinary（普通）	□Reefer（冷藏）	□Dangerous（危险品）	□Auto（裸装车辆）	危险品	Class Property !MDG COde Page UN NO
	□Liquid（液体）	□Live Animal（活动物）	□Bulk（散货）	□		

表 9-28　集装箱货运场站收据（九联）

Shipper（发货人）	D/R No.（编号）	东方国际物　流
Consignee（收货人）	货代留底	
Notify Party（通知人）		第八联
Pre-Carnage By（前程运输）　Place of Receipt（收货地点）		
Ocean Vessel（船名）Voy No.（航次）Port of Loading（装货港）		
Port of Discharge（卸货港）　Place of Delivery（交货地点）	Final Destination for the Merchant's Reference（目的地）	

Particulars Furnished by Merchants（托运人提供详细情况）

Container No.（集装箱号）	Seal No（封志号）Marks & Nos 标记与号码	No of containers or p'kgs（箱数或件数）	Kind of Packages Description of Goods（包装种类与货名）	Gross Weight 毛重（公斤）	Measurement 尺码（立方米）
TOTAL NUMBER OF CONTAINERS OR PACKACES (IN WORDS) 集装箱数或件数合计（大写）					

FREIGHT & CHARGES（运费与附加费）	Revenue Tons（运费吨）	Rate（运费率）	Per（每）	Prepaid（运费预付）	Collect（到付）

Em Rate（兑换率）	Prepaid at（预付地点）	Payable at（到付地点）	Place of issue（签发地点）
	Total Prepaid（预付总额）	No of Original B(s)/L（正本提单份数）	

Service Type on Receiving □-CY □-CFS □-DOOR	Service Type on DeLivery □-CY □-CFS □-DOOR			Reefer Temperature Required（冷藏温度） °F °C
TYPE OF GOODS（种类）	□Ordinary（普通）	□Reefer（冷藏）	□Dangerous（危险品） □Auto（裸装车辆）	危险品 Class / Property / !MDG COde Page / UN NO
	□Liquid（液体）	□Live Animal（活动物）	□Bulk（散货） □	

可否转船:	可否分批:	金额:	制单日期:
装　期:	效　期:		

表 9-29 集装箱运场站收据（十联）

▽

Shipper （发货人）	D/R No. （编号）	东方国际 物 流
Consignee （收货人）	配舱回单	
Notify Party （通知人）		第九联
Pre-Cahage By（前程运输） Place of Receight（收货地点）		
Ocean Vessel（船名） Voy No（航次） Port of Loading（装货单）		
Port of Discharge（卸货港） Place of Delivery（交货地点）	Final Destination for the Merchant's Refrtence（目的地）	

Particulars Furnished by Merchants（托运人提供详细情况）

Container No.（集装箱）	Seal No.（封志号） Marks & Nos 标记与号码	No.of containers or	Kind of Packages Description of Goods（包装种类与货名）	Gross Weight 毛重（公斤）	Measurement 尺码（立方米）
TOTAL NUMBER OF CONTAINERS OR PACKACES (IN WORDS)（集装箱数或件数合计）					

FREIGHT & CHARGES（运费与附加费）	Revenue Tons（运费吨）	Rate（运费率）	Per（每）	Prepaid（运费预付）	Collect（到付）

Em Rate（兑换率）	Prepaid at（预付地点）	Payable at（到付地点）	Place of issue（签发地点）
	Total Prepaid（预付总额）	No of Original B(s)/L（正本提单份数）	

Service Type on Receiving	Service Type on Delivery	Reefer Temperature Required（冷藏温度）	°F	°C
□–CY □–CFS □–DOOR	□–CY □–CFS □–DOOR			

TYPE OF GOODS（种类）	□Ordinary（普通）	□Reefer（冷藏）	□Dangerous（危险品）	□Auto（裸装车辆）	危险品	Class Property !MDG COde Page UN NO
	□Liquid（液体）	□Live Animal（活动物）	□Bulk（散货）	□		

可否转船：	可否分批：	金额：	制单日期：
装 期：	效 期：		

思考题

1. 简述国际集装箱运输出口货运程序。

2. 什么叫订舱单？订舱单有哪些内容？

3. 整箱货运的空箱由______ 领取，拼箱货运的空箱由______领取，整箱货由______ 装箱，拼箱货由_____ 装箱。整箱货的装箱单由_____填制。拼箱货的装箱单由______ 填制。

4. 什么叫集装箱设备交接单？设备交接单有哪些内容？

5. 什么是场站收据？场站收据共有几联？请分析简述各联的作用。

6. 整箱货运的场站收据由______ 签发，拼箱货运的场站收据由_____签发。

7. 简述编制场站收据的原则。

8. 什么叫集装箱装箱单？填制装箱单应注意哪些问题？

9. 发货人凭_____ 向代理公司换取提单，集装箱运输提单是______ 提单，船公司或其代理人在该提单上填_________ 即为已装船提单。

10. 整箱货由_______ 加铅封，拼箱货由_______ 加铅封。

11. 出口货运中，托运集装箱必须具备哪些条件？

12. 简述船公司或其代理人（代理公司）在出口货运中的业务工作。

13. 简述集装箱出口货运中各种单证的编制人（单位）或签发人（单位）以及各种单证所分发的业务部门。

14. 简述集装箱装卸区在出口货运中的业务。

15. 装船完毕，装卸区应向船长提供哪些单证？

16. 简述集装箱货运站在出口货运中的业务工作。

17. 简述设备交接单的使用业务。

18. 简述场站收据的使用业务。

第十章 国际集装箱运输进口货运业务

10

第一节 国际集装箱运输进口货运程序

一、集装箱运输在目的地（进口国）交接责任的特点

集装箱运输与普通海运相比，在集装箱货物运到目的地后，船、货双方交接的责任有所不同。

1. 交货地点不同

普通海运的交接点在船舷或船边，而集装箱货运则延伸到陆地，如站、场、门等。

2. 交货条件也有所不同

拼箱货船方的责任虽与传统海运一样，即负责货物的件数和包装的完整。但整箱货船方只负交箱责任，只要铅封完好，箱的外表与接运时相似，责任即告终止。

3. 经济利益不同

在传统海运中，船舶等运输设备只与承运方有关，不涉及货方的经济利益。但在集装箱运输中，集装箱作为运输设备，当整箱货在门场交接后即由货方控制，直至空箱送回。这期间集装箱当然由货方负责。

二、进口货运程序

1）出口港在船舶开航后，应将有关箱运单证航空邮寄进口港区船公司的集装箱管理处。

2）集装箱管理处收到出口港寄来的各种货运单证后，即分别发给进口港代理公司和集装箱装卸区。

3）进口港代理公司在接到船舶到港时间及有关箱运资料后，即分别向收货人发到货通知。

4）收货人接到到货通知，即向银行付款购单，并以正本提单向代理公司换取提货单。

5）代理公司根据收货人提供的正本提单，经与货运或箱运舱单核对无误后，即签发提货单。

提货单（见表 10-1，表 10-2）是收货人向装卸区或货运站提货的凭证，也是船公司对装卸区或货运站交箱交货的通知。

表 10-1 提货单 A

中国外运天津集团船务代理公司

SINOTRANS TIANJIN MARINE SHIPPING AGENCY

提 货 单

（DELIVERY ORDER）

No.

<table>
<tr><td colspan="2">收货人
通知人</td><td colspan="3">下列货物已办妥手续，运费结清请准许交付收货人。</td></tr>
<tr><td colspan="2">船名： 航次： 起运港：</td><td colspan="3" rowspan="5">唛头：</td></tr>
<tr><td colspan="2">提单号： 交付条款： 目的港：</td></tr>
<tr><td colspan="2">卸货地点： 进场日期： 箱进口状态：</td></tr>
<tr><td colspan="2">抵港日期： 到付海运费：</td></tr>
<tr><td colspan="2">一程船： 提单号：</td></tr>
<tr><td>集装箱/铅封号</td><td>货 物 名 称</td><td>件数与包装</td><td>重量（kg）</td><td>体 积（m³）</td></tr>
<tr><td></td><td></td><td></td><td></td><td></td></tr>
<tr><td colspan="5">请核对放货：
中国外运天津集团船务代理公司
提货专用章
凡属法定检验、检疫的进口商品，必须向有关监督机关申报</td></tr>
<tr><td>海 关 章</td><td></td><td></td><td colspan="2"></td></tr>
</table>

表 10-2　提货单 B

中国外轮代理公司上海分公司

CHINA OCEAN SHIPPING AGENCY SHANGHAI BRANCH

提　货　单

DELIVERY ORDER　　No.

致：________________港区、场、站

收货人：______________________________

下列货物已办妥手续，运费结清，准予交付收货人

船名	航次	起运港	目的地
提单号	交付条款	到付海运费	
卸货地点	到达日期	进库场日期	第一程运输

标记与集装箱号	货　名	集装箱数	件　数	重量（kg）	体积（m^3）

请核对放货。

中国外轮代理公司上海分公司

年　月　日

凡属法定检验、检疫的进口商品，必须向有关机监督构申报。

收货人章 1	海关章 2	3	4
5	6	7	8

船公司的代理公司签发提货单时，除了收回正本提单并查对进口许可证外，还须发货方付清运费及一切有关费用。如果 D/R 场站收据对集装箱有批注，原注也应列入提货单备注栏内。

（6）收货人凭进口许可证及提货单到集装箱装卸区办理提箱提货手续。

（7）就整箱货而言，装卸区堆场根据正本提货单交箱，并与货方代表在船公司签发的设备交接单上签字，以示办妥交接手续。

（8）拼箱货在货运站办理提货手续，由货运站向收货人收回正本提货单，将货交由收货人提取。

至此进口货运程序结束。如图 10-1 所示为集装箱进口货运程序简图。

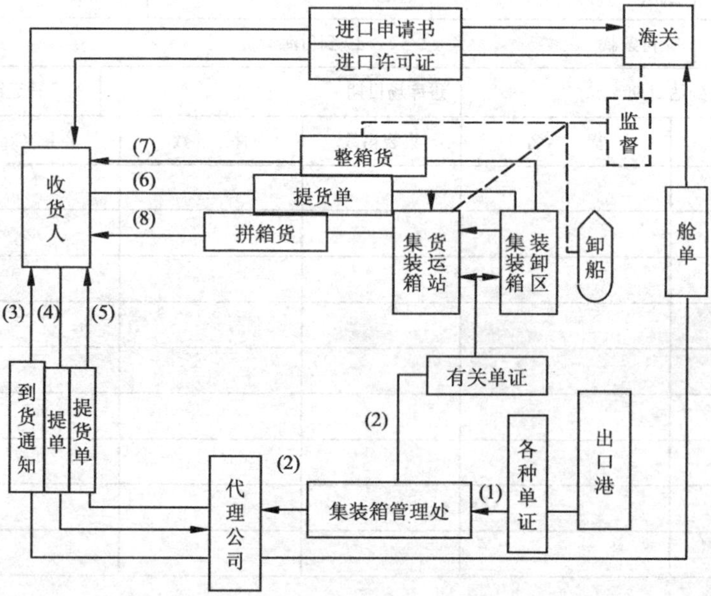

图 10-1 集装箱进口货运程序简图

三、几种主要进口单证

在进口货运中，涉及的单证除了提货单外，还有卸箱清单、理货计数单、溢短残损单、催提单、拆箱单等。

1. 卸箱清单

船舶在卸箱过程中，装卸区理货人员应编制卸箱清单，以证实船舶实际卸下集装箱的数量情况。卸箱清单也是供集装箱管理处编制“编目控制”的基本资料之一，如有集装箱异状，应立即列入批注栏内。

2. 理货单证

货运站拆箱时，理货人员对照装箱单及货物舱单点验件数，要编制理货计数单（见表 10-3）。

表 10-3　理货计数单

理货计数单（进港/出港）

TALLY SHEET（Inward/outward）

编号：

No.

船名：　　　　泊位：　　　　舱口号：

Vessel:　　　　Berth:　　　　Hatch No.

仓库/堆场/车辆/驳船号：

Warehouse/Stake yard/Wagon/Lighter No.:

工作时间从　　时至　　时　　年　　月　　日

Working time from Hrs, to　　Hrs

提单或装货单号 B/L or S/O No.	标　志 Mark	件　数 Packing	理　货 Tally										总　计 Total
			1	2	3	4	5	6	7	8	9	10	

批注

Remarks

星期日或节假日

Sunday or Holiday

夜班

Night Shift

无货舱

Noncargo Hold

靠泊

Anchorage

熔化、冻结、凝固或粘连货物

Melted，frozen，Solidified or Stuck Cargo

打捞的货物

Salvaged Cargo

翻舱/出舱

Shifting Within/Outside the Hold

分标志

Marks-assorting

待时

Stand-by Time

总计件数：________

Total P'kgs.:________

理货员：

Tally Clerk:

复核：

Counterpart:

如发现货物的溢短残损时，要根据卸货时所编的卸箱清单所列批注，并参照出口港的批注清单编制货物残损单、溢短单（见表10-4、表10-5）。如无溢短残损也应在单内填“无”。如果在填单后再发现集装箱有新的损坏或其他需要批注的事项，则应由装卸区负责。

表10-4　货物残损单

货物残损单

DAMAGE CARGO LIST　　　　编号：No.

船名：　　航次：　　泊位：　　国籍：
Vessel:　　Voy.　　Berth:　　Nationality:

开工日期：　年　月　日　　　　制单日期：　年　月　日
Tally Commenced on:　　　　Date of list

提单号 B/L No.	标　志 Marks	货　名 Description	货损件数和包装 P'kgs.&Packing Damaged	货　损　情　况 Condition of damage

理货组长：　　　　船长/大副：
Chief Tally:　　　　Master/Chief Officer:

表10-5　货物溢短单

货物溢短单

OVERLANDED/SHORTLANDED CARGO LIST　　　　编号：No.

船名：　　航次：　　泊位：　　国籍：
Vessel:　　Voy.　　Berth:　　Nationality:

开工日期：　年　月　日　　　　制单日期：　年　月　日
Tally Commenced on:　　　　Date of List:

提　单 B/L No.	标　志 Marks	货　名 Description	舱单记载数和包装 P'kgs.& Packing on Manifest	溢卸件数和包装 P'kgs.& Packing overlanded	短卸件数和包装 P'kgs.& Packing shortlanded
总　计 Total					

理货组长：　　　　船长/大副：
Chief Tally:　　　　Master/Chief Officer:

拼箱货拆箱时，如发现异状或件数不符，理货人员也应填列溢短残损单。

3．集装箱催提单和催提进口货清单

在卸箱完毕后一定时期内（一般是 7 天）收货人尚未提取时，装卸区应编制集装箱催提单和催提进口货清单送代理公司，向有关收货人催提。

4．拆箱单

货运站每天根据理货计数单编制拆箱单，分送代理公司和集装箱管理处。该单包括船公司、船名、航次、箱号、拆箱日期及起讫时间和提单号等。

第二节　国际集装箱运输各业务单位的进口业务

这里主要介绍收货人、船公司（或其代理公司）、装卸区、货运站的进口业务。

一、收货人的进口业务

1．成交开证

在进口商品前，作为买方的收货人必须与卖方（发货人）签订买卖合同（进口合同），然后委托银行开出信用证（在采用信用证支付方式下）。其中，买卖合同的运输条款中必须注明采用集装箱装运。

2．申请进口许可证

收货人事先向海关或有关部门申请进口许可证（见表 10-6），否则装卸区可拒绝交货。

表 10-6　进口许可证

中华人民共和国进口许可证　　编号：

IMPORT LICENCE OF THE PEOPLE'S REPUBLIC OF CHINA　　No.:

<table>
<tr><td colspan="3">1．进口商：
Importer</td><td colspan="3">3．进口许可证号：
Import licence No.</td></tr>
<tr><td colspan="3">2．收货人：
Consignee</td><td colspan="3">4．进口许可证有效截止日期：
Importer licence expiry date</td></tr>
<tr><td colspan="3">5．贸易方式：
Terms of trade</td><td colspan="3">8．出口国（地区）：
Country/Region of exportation</td></tr>
<tr><td colspan="3">6．.外汇来源：
Terms of foreign exchange</td><td colspan="3">9．原产地国（地区）：
Country/Region of origin</td></tr>
<tr><td colspan="3">7．报关口岸：
Place of clearance</td><td colspan="3">10．商品用途：
Use of goods</td></tr>
<tr><td colspan="3">11．商品名称：
Description of goods</td><td colspan="3">商品编码：
Code of goods</td></tr>
<tr><td>12．规格、型号
Specification</td><td>13．单位
Unit</td><td>14．数量
Quantity</td><td>15．单价（　）
Unit price</td><td>16．总值（　）
Amount</td><td>17．总值折美元
Amount in USD</td></tr>
</table>

第一联正本提货人办理海关手续

（续）

						海关验放签注栏在背后
18. 总计 Total						
19. 备　　注： Supplementary derails			20. 发证机关签章： Issuing authority's stamp & signature 21. 发证日期 Licence date			

TZ—101241

3. 换取提货单

在收货人委托的开证银行收到起运地银行寄来的全套运输单证后，收货人即应向开证银行结付货款，方取得全套运输单证。然后以其中的正本提单连同进口许可证向进口港代理公司换取提货单，并付清一切费用，再向装卸区提货。

4. 报关放行

收货人应持进口许可证及运输单证和贸易证向海关及有关单位办理报送放行手续，进口货物报关单（见表10-7），某些货物，如植物、动物、食品、危险货物等还须申请检验。

表10-7　进口货物报关单

中华人民共和国海关进口货物报关单

预录入编号：　　　　　　海关编号：　　　　　　BP机编号：

出口口岸	备案号		出口日期		申报日期
经营单位	运输方式	运输工具名称		提运单号	
发货单位	贸易方式		征免性质		征税比例
许可证号	运抵国（地区）		装货港	境内目的地	
批准文号	成交方式	运费	保费	杂费	
合同协议号	件数	包装种类	毛重（kg）		净重（kg）
集装箱号	随附单据			用途	
标记唛码及备注					

项号	商品编号	商品名称	规格型号	数量及单位	原产国（地区）	单价	总价	币制	征免

税费征收情况		
录入员　录入单位	兹声明以上申报无讹并承担法律责任	海关审单批注及放行日期（签章）
报关员		审单　　审价
单位地址	申报单位（签章）	
邮编　　电话	填制日期	征税　　统计 查验　　放行

5. 提货及运回空箱

上述手续办妥即可凭提货单提货。整箱货在送达收货人单位后，应立即进行拆箱卸货，并将空箱在规定时间内（一般是 48h）送回，否则须支付滞期费。

6. 索赔

收货人实际收到的集装箱或货物和持有的提单记载不符，如有短少、损坏、灭失等，经查证应由承运人负责，收货人通过代理公司向承运人提出索赔，或委托保险公司办理索赔。

二、船公司及其代理公司的进口业务

1. 集装箱管理处向集装箱装卸区下达任务

在船舶到达卸货港 5 天前，由船公司航区的集装箱管理处对卸货港的装卸区下达卸货指示。其内容是卸箱总数以及特殊要求，如变更目的港等。

2. 发进口提货通知

船舶到港前发到达通知，通知收货人做好准备，并强调船到即须提货。

船舶抵港时再发出提箱或提货通知，强调如逾期提货将征收堆存费及转场费。

3. 分发进口单证

卸箱港代理公司要分发下列进口单证：

1）进口货运舱单：即出口港的货运舱单。由于某些国家要求必须按海关规定格式，所以有时必须由进口港重新编制。

2）特种货进口舱单：为有关机关检验特种货运之用。

3）进口集装箱清单：即装箱清单，与货运舱单一样，作报关卸货之用。

4）装箱单：供收货人或货运站拆箱点验货物之用。

5）副本提单：签发提货单时，与正本提单核对。在交箱或交货时，供核对提货单之用。

6）积载图：为装卸区编制卸箱作业计划及堆场计划之用。

7）批注清单：供划分船舶与装卸区及船方与货方责任之用。

集装箱进口货运单证的编制及分发情况见表 10-8。

4. 签发提货单

卸箱港代理公司正常签发提货单手续已如上述，但在特殊情况下的签发手续如下：

表 10-8 集装箱进口货运单证

单证名称	出口港代理公司	收货人	集装箱管理处	卸箱港				
				代理公司	货运站	装卸区	海关	检疫所
装箱单	寄		△	△	△	△	△	
副本提单	寄		△	△	△	△		
积载图	寄					△		
批注清单	寄		△	△	△	△		
货运舱单	寄		△	△	△	△	△	△

（续）

单证名称	出口港代理公司	收货人	集装箱管理处	卸箱港				
				代理公司	货运站	装卸区	海关	检疫所
特种货舱单	寄		△	△	△	△	△	△
装箱清单	寄		△	△	△	△	△	
进口许可证		申请			LCL ←	FCL ←	批准	
提货单		△		签	△	△		
设备交接单		△	△	签		△		
卸箱清单	△		△	△		编		
进口理货单证			△	△		编		
集装箱催提单			△	△		编		
拆箱单			△	△	编			
催提进口货清单			△	△	编			
空箱存场报告			△	△		编		
集装箱翻舱清单			△	△		中途港编		

注：△号表示需要使用这一单证的部门。

船舶发生共同海损时，收货人必须提供海损协议书、共同海损货物保价单、现金保证或由保险公司签具的保证书等单证。

发生货损货差时，因代理公司事先不知，故收货人可以在提货单上批注，同时向装卸区索取短缺或残损单，以便办理索赔。

提单或舱单上载有件数争议，如系溢出，则仍按正本提单原列件数签发提货单，实际交货后确有多余，再通过出口港代理公司征求发货人意见加以处理；如遇短缺，代理公司可签两份提货单，第一份签上减去争议数字的件数，第二份签上争议的件数，实际交货时再按实际情况处理。

5. 签发设备交接单

签发交接单手续与出口港发货人借用手续相同。

6. 货损货差理赔

在集装箱货运中，承运人与货物所有人之间，委托方与代理公司之间，船方与装卸区或其他业务服务单位之间，由于其中一方违反合约或其他约定，或是未按提单条款履行和未按设备交接单背面条款履行，或是工作中的疏忽和过失，造成另一方面的损害等，受损方可以就遭受的直接损失向责任方取得补偿。

在处理货损货差的理赔中，代理公司处理步骤包括受理、审查、提赔和结案4个内容。其处理方法与传统海上货运手续相同。但因在集装箱运输中造成货损货差的原因与传统运输有所不同，如因操作不当、维修保护不当造成集装箱损坏和装货积载不当、集装箱失窃及集装箱掉入海底等而引起货损，所以在审查分析时必须给予充分考虑。

三、集装箱装卸区的进口业务

1. 进口卸箱准备

装卸区应根据集装箱管理处下达的卸箱指示以及出口港所编的船舶积载图和中途港可能编送的翻舱清单编制卸箱作业计划、堆场计划、交箱计划。这些计划首先应考虑3种交接方式（即站、场、门交接）分别堆装，同时还应考虑集装箱是继续转运还是直接交给收货人。在集装箱运输中，从船上卸下和把箱子交给收货人如能同时进行是最理想的管理方法，可以避免集装箱积压在堆场，因此必须有严密的计划。

2. 向港口有关当局申报

装卸区收到集装箱管理处转出的出口港所编的单证后，应分别向海关和有关防疫所申报。

3. 卸箱进场

卸箱进场时应注意以下几点：

1）根据管理处的卸箱指示、出口港所编的货运舱单、船舶积载图、装箱清单等编制卸箱计划后，应立即进行卸船作业。

2）在卸箱时如发现异状，应在卸箱清单上注明。对照出口港所编批注清单，如发现损坏有所扩大，亦应在单中注明。

3）卸箱完毕，应根据卸箱清单批注汇编及分送溢短残损单，并对照出口港所编装箱清单核对箱数，如有不符也应在溢短单中注明。

4. 整箱货运交箱

代理公司签发的提货单和设备交接单是整箱货交箱的依据，并应对照是否与出口港所寄装箱单、提单副本一致。如有不符应及时向代理公司联系。

交箱时先查对进口许可证，然后根据提货单交箱。双方应一同查验铅封及集装箱外表情况，如有异状，可在交货记录上批注。

交箱完毕，装卸区还应根据交箱记录汇编另一份残损单，分送代理公司及集装箱管理处，作为区分责任及办理理赔的参考。

装卸区应逐日查对代理公司给收货人所发的提箱通知，注意提货动态。船舶卸箱完毕后7天应编制清算，分送代理公司及管理处，再次向收货人催提。

5. 船上翻舱

船舶因故必须翻舱时，应由翻舱港装卸区编制翻舱清单，作为船舶积载图的辅助单据。

6. 内陆货运站或非卸箱港集散点交箱

如交箱地点在内陆货运站或非卸箱港，则卸箱港所签设备交接单仅作为内部交接之用。这是因为提货单是交给货运目的地的装卸区的，而不是卸箱港的装卸区的。

7. 空箱管理

每日下午下班前，应将当日堆场空箱编制报告，于次日报送集装箱管理处及当地代理公司。

四、集装箱货运站的进口业务

1．拆箱计划安排

装卸区应将下列单证交货运站：

1）货运舱单、集装箱清单、特种货清单（为船公司的交货通知）。

2）装箱单（为船公司的拆箱指示）。

3）提单副本（为交货时核对提货单的依据）。

4）批注清单（为交货时划分责任的依据）。

货运站根据货运及装箱情况，编制拆箱计划，并及时联系收货人，确定提货时间，据以安排拆箱卸货计划。

2．箱货交接

根据拆箱计划向堆场领取拼箱货集装箱。

拆箱前，应联系海关派员监督，会同检验开箱铅封，如有异状，在残损单上批注。启封后，即行卸货，由理货员对照货运舱单或提单副本及装箱单核对货运资料，即货名、标志、件数以及外表情况，如有异状，也应在溢短残损单上批注。

货运站根据代理公司签发的提货单，并对照出口港所寄的装箱单、提单副本审核是否一致，如有不符，应及时联系代理公司解决。此外，尚须查对收货人是否持有有效的进口许可证，或内陆运输证。然后双方一同验点货物，在提货单上签字，完成交货手续，如有异状，也应在交货记录上批注。如货物有溢短，则理货员尚应编制溢短残损单，分送船公司及集装箱管理处。

货运站应逐日查对代理公司对收货人所发的提货通知以及和收货人约定的提货时间进行催提。于船舶卸箱完毕8天后，应编制催提进口货清单，分送代理公司及集装箱管理处，以便再次催提。

3．空箱管理

拼箱货在拆箱卸货完毕，将空箱交回堆场前，必须检查下列事项：

1）集装箱必须清洁，如有防水布或其他设备，都应处于完好状态。

2）加固用的钉子、木板，捆扎的索具或其他设备等材料，应全部清除出箱。

3）发现集装箱损坏，应立即通知箱子所有人及时进行修补。

思考题

1．集装箱运输与普通海运相比，船货双方在目的地的交接责任有什么不同？

2．简述集装箱进口货运程序。

3．提货单是根据__________签发的，提货单由__________签发。

4．整箱货在__________办理提货手续，拼箱货在__________办理提货手续。

5．证实船舶实际卸箱数的单证是__________，该单证由__________编制。

6．拼箱货在拆箱时，理货人是对照＿＿＿＿＿＿单及＿＿＿＿＿＿单点验件数，编制＿＿＿＿＿单。

7．对于拼箱货，货运站根据＿＿＿＿＿＿编制拆箱单，分送＿＿＿＿＿＿和＿＿＿＿＿。

8．简述集装箱进口货运中各种单证的寄发人（单位）、编制人（单位）、签发人（单位）以及各种单证和分发情况。

9．简述集装箱装卸区在进口货运中的业务工作。

10．简述集装箱货运站在进口货运中的业务工作。

11．简述集装箱进口货运中，装卸区应向货运站提交哪些单证。

第十一章 国内集装箱运输业务及单证流转

11

第一节 国内集装箱运输业务

国内集装箱运输是指内贸货物采用集装箱运输方式。我国国内集装箱运输近几年来发展较快，已在铁路、水路、公路运输中广泛采用。内贸货物集装箱运输的发展又促进了我国国际贸易货物集装箱运输的发展。现将国内集装箱运输中的有关业务介绍如下。

一、托运条件

国内水路集装箱货物运输的托运条件，除按一般货物运输的有关托运规定和要求外，还必须注意下列问题。

1. 关于托运货物的规定

集装箱以装运贵重货物、易碎货物和怕湿货物为主，并限定性地在规定的集装箱办理港办理。但下列货物不得使用通用集装箱装运：

1）易于污染箱体的货物，如生牛皮、牲骨、化肥、油脂、炭黑、水泥等。

2）易于损坏箱体的货物，如金属块、盘钢等。

3）鲜活货物。

4）危险货物（规定按普通货物条件运输的除外）。

2. 关于货物批量的规定

水路使用集装箱运输的货物，每批必须是同一吨位的集装箱，至少 1 箱。但实行水陆联运的集装箱，要求不超过铁路一辆货车所能装运的箱数。

3. 运单的填写

托运人托运集装箱，必须先签订集装箱运输合同（见表 11-1），在托运时再填写集装箱货物运单（见表 11-2）。如果是水路直达运输的，运给同一到达港、同一收货人的，填制一张运单。但按“港到港”方式办理的，也可以一箱拼装几张运单的货物。

4. 集装箱的装货和卸货

整箱运输向集装箱内装货和卸货时，由托运人和收货人负责自理。装货之前，托运人应检查空箱状况，确认是否适于货物的运输条件，并在运单内注明，如不适用，可以要求承运人更换或拒绝使用。拼箱货的装货和卸货由承运人负责。

表 11-1 货物运输合同（集装箱）

承运人、实际承运人、托运人、收货人的有关 权利、义务，适用《国内水路货物运输规则》			编号：		
托运人	名称		承运人	名称	
	地址、电话			地址、电话	
实际承运人	名称		收货人	名称	
	地址、电话			地址、电话	
船名	航次	装船日期	运到期限	货物交接地点和时间	接收
起运港	中转港		到达港		交付
箱量、尺寸、箱型		货物名称	重量（t）	件数、包装	运输费用及其结算方式
其他约定					

说明：1. 本合同格式适用于单航次集装箱班轮运输合同。　托运人（签章）　承运人（签章）

2. 规格：长 19cm，宽 27cm。　年　月　日　年　月　日

表 11-2 货物运单（集装箱）

承运人、实际承运人、托运人、收货人的有关 权利、义务，适用《国内水路货物运输规则》				编号：		
托运人	名称			承运人	名称	
	地址、电话				地址、电话	
实际承运人	名称			收货人	名称	
	地址、电话				地址、电话	
船名	航次	装船日期		运到期限	货物交接地点和时间	接收
起运港	中转港			到达港		交付
箱号	封志号	尺寸、箱型	货物名称	重量（t）	件数、包装	运输费用及其结算方式
合计						
相关记载						

说明：1. 本合同格式适用于单航次集装箱班轮运输。　承运人（签章）　收货人（签章）

2. 规格：长 19cm，宽 27cm。　年　月　日　年　月　日

5. 集装箱货物重量的确定

集装箱货物重量由托运人负责确定。如重量超过集装箱的标记载重量，由港口对超装的货物重量向托运人或收货人核收集装箱装载逾重的罚款，并补收装载逾重的货物运费。港口对货物重量有权在货物装箱前以及收货人在开箱取货时进行检查，逾重所引起的责任及损失由托运人负责。

二、集装箱货物的交接手续

集装箱运输的交接手续，凭集装箱交接清单及货物装箱单办理。

不论托运人与起运港，起运港与船舶，船舶与到达港，到达港与收货人，均按箱数凭封印和箱体状况交接。托运人装箱完毕，凭起运港已批准进场的货物运单，连同集装箱交给起运港。有条件的港口也可以实行上门接箱，即从托运人仓库直接接箱到港装船，通过船舶运输至到达港卸船，通知收货人提取。有条件的港口也可以实行送箱到家，卸船装车送往收货人仓库卸货。

在起运港由托运人进行集装箱施封，即交起运港发运。起运港验收认可后，即开始承运工作，船抵到达港，按箱交付给收货人。如箱上铅封完整，并确系托运人的原铅封，箱体亦无异状时，到达港即认为交付完毕，受理集装箱运输的全程责任至此已经结束。

施封是贯彻负责运输的一项具体措施，又是集装箱货物在运送过程中便于交接，划清责任的一种标记。因此，施封对起运港接受集装箱是一件十分重要的工作，必须认真对待。由于施封是划分责任的一种标记，故港口组织装箱的由港口负责施封，托运人自行装箱的由托运人负责施封。但托运人未备有施封工具和材料时，也可以委托港口以托运人的责任施封，并由托运人在货物运单上注明“委托港口施封”字样，然后由港口会同托运人进行施封。

在对集装箱进行施封时，必须采用正确的施封方法。在装箱完毕后，应先检查货物的装载状态，确认良好后，箱门关闭紧密，再用铅封施封。施封时应使用无接头的光滑而坚韧的麻绳或棉绳，分别由铅饼上部孔眼穿入，结一扣，并将扣纳入铅饼下部的大孔内，然后用封印钳子压印。所压出的印纹必须清晰，易于辨认。施封完毕后，应在货物运单上记明。

“港到港”的集装箱运输，收货人会同到达港开箱取货。如果发现单货不符，到达港可作货运记录证明，收货人凭此向托运人查询或索赔。如箱子离开到达港代为装箱，则在装箱前交接“集装箱、货物残损记录”，作为划分责任的依据。

三、集装箱的运输组织

集装箱的运输组织根据货物交接方式的不同，可分为：整箱货物交接的集装箱运输；整箱接、拆箱交的集装箱运输；拼箱接、整箱交的集装箱运输；拼箱交接的港到港的集装箱运输。

1．整箱货物交接的集装箱运输

（1）门到门的集装箱运输　门到门的集装箱运输是指起运港货运员在托运人仓库以整箱货物承运，运至到达港收货人仓库，向收货人办理整箱货物交付。这种运输组织使产、供、运、销的现代物流链联成一体，生产领域和流通领域紧密衔接，是最合理、最经济的运输组织，但港口必须组织短途运输以完成集装箱接取、送达和船舶直接换装工作。这要求托运人做到货物包装规格与集装箱内部尺寸相适应，尽量集中货源、集中仓储、集中去向；港口做到优先配箱，优先批运，优先装船，短途运输不论是汽车或驳船都要固定车（船）队、固定人员。

（2）门到港的集装箱运输　门到港的集装箱运输是指起运港货运员在托运人仓库以整箱货物承运，运至到达港向收货人以整箱货物交付，然后由收货人将货物运至自己的仓库。

（3）港到门的集装箱运输　港到门的集装箱运输是指起运港货运员在港接收托运人交运的集装箱，运至到达港收货人仓库，向收货人办理交付。

（4）港到港的集装箱运输　港到港的集装箱运输是指起运港在港接收托运人整箱货物装箱承运，运至到达港向收货人以整箱货物交付，然后由收货人将货物运至自己仓库。

2．整箱接、拆箱交的集装箱运输

（1）门到港的整箱接、拆箱交的集装箱运输　门到港的整箱接、拆箱交的集装箱运输是指起运港在托运人仓库接受整箱货物承运，运至到达港拆箱，将货物分票交付给各收货人。

（2）港到港的整箱接、拆箱交的集装箱运输　这是指起运港在港接受托运人整箱货物承运，运至到达港拆箱，将货物分票交付给各收货人。

3．拼箱接、整箱交的集装箱运输

1）港到门的拼箱接、整箱交的集装箱运输　港到门的拼箱接、整箱交的集装箱运输是指在起运港接收托运人拼箱货承运，装箱运至到达港收货人仓库，然后将整箱货物交付收货人。

2）港到港的拼箱接、整箱交的集装箱运输　港到港的拼箱接、整箱交的集装箱运输是指在起运港接收托运人拼箱货承运，装箱运至到达港向收货人以整箱交付，然后由收货人将货物运至自己的仓库。

3）拼箱交接的港到港集装箱运输　拼箱交接的港到港集装箱运输是指在起运港接收拼箱货承运，装运至到达港拆箱，将货物分票交付给各收货人。

第二节　国内集装箱运输主要单证及其流转程序

一、内贸集装箱运输的主要单证

1．放箱（货）凭证

放箱（货）凭证（见表11-3～表11-6）由承运人或其代理人签发，一式四联。港口经营人凭放箱（货）凭证正本联安排提箱（或提货）计划，经核对无误后，收下放箱（货）凭证，按计划予以放箱（货）。

表11-3　放箱（货）凭证（正本联）

×××代理（轮船）公司

放箱（货）凭证

下列货物已办妥手续，运费结清，请予交付提箱(货)人

编号：________

致________港区、场、站　　　　①正本联

收货人名称：							
收货人地址：							
船名/航次：		装货港：		目的港：		运单号：	
交付条款：		卸货地点：		卸货地点：		进库场日期：	
集装箱号	铅封号	标志	货名	集装箱数	件数	重量/kg	体积/m^3
批注： ×××代理（轮船）公司 年　月　日							
提箱（货）人章 年　月　日		理货章 年　月　日		船公司或代理章 年　月　日		码头章： 年　月　日	

表 11-4　放箱（货）凭证（港务局联）

港务局交货记录

编号：________

________港区、场、站　　　　　　　　　　②交货纪录联

收货人名称：			收货人开户银行与账号				
收货人地址：							
船名/航次：	装货港：		目的港：			运单号：	
交付条款：	卸货地点：		到达日期：			进库场日期：	
集装箱号	铅封号	标志	货名	集装箱数	件数	重量/kg	体积/m^3

交货纪录										
日期	货名和集装箱号	出库数量			操作过程	尚存数		经手人签名	
		件数	包装	重量		件数	重量	发货员	提箱(货)人
								提箱(货)人章	港区场站章
堆存费：									

表 11-5　放箱（货）凭证（提箱（货）人留底联）

×××代理（轮船）公司

放箱（货）凭证

下列货物已办妥手续，运费结清，请予交付提箱（货）人

编号：________

致____________港区、场、站　　　　　　　　　　③提箱(货)人留底联

收货人名称：							
收货人地址：							
船名/航次：		装货港：		目的港：		运单号：	
交付条款：		卸货地点：		到达日期：		进库场日期：	
集装箱号	铅封号	标志	货名	集装箱数	件数	重量/kg	体积/m^3
批注： ×××代理（轮船）公司 年　月　日							
提箱（货）人章 年　月　日		理货章 年　月　日		船公司或代理章 年　月　日		码头章： 年　月　日	

表 11-6　放箱（货）凭证（船代理留底联）

×××代理（轮船）公司

放箱（货）凭证

下列货物已办妥手续，运费结清，请予交付提箱(货)人

编号：. ________

致 ____________ 港区、场、站　　　　④船代理留底联

收货人名称：							
收货人地址：							
船名/航次：		装货港：		目的港：		运单号：	
交付条款：		卸货地点：		到达日期：		进库场日期：	
集装箱号	铅封号	标志	货名	集装箱数	件数	重量/kg	体积/m^3
批注： ×××代理（轮船）公司 年　月　日							
提箱（货）人章 年　月　日		理货章 年　月　日		船公司或代理章 年　月　日		码头章： 年　月　日	

2．内贸集装箱货物载运清单

内贸集装箱货物载运清单（见表 11-7）是港方与船方在装卸船时用以交接的主要单证，其份数根据实际操作需要决定。由承运人或其代理人在装船完毕后缮制。它是装货港集装箱装上船舶后开航时的书面依据资料，也是卸货港据此卸箱的重要单证资料。卸船时，载运清单是制作卸船溢短单的依据，也是港方作为放箱（货）的核对资料和留存备查资料。

3．内贸集装箱装/卸船交接单

内贸集装箱装/卸船交接单（见表 11-8、表 11-9）由承运人或其委托的理货在装/卸船完毕后填写，一式二联，是承运人与装/卸船的港口经营人根据作业的实际结果进行交接后双方共同认定的书面依据，经船方或理货与港方分别签名后，双方各持一份。

本单与载运清单组成一套港航交接单证。

4．内贸集装箱设备交接单

内贸集装箱设备交接单（见表 11-10～表 11-15）由承运人或其代理人缮制，分出场和进场两种，各一式三联。港口经营人凭此单放箱或进箱。放箱或进箱时由交接双方检查箱体完好状况，如有损坏则在交接单上批注，但不论箱体完好与否，交接双方均应在交接单上签字认可。

5．内贸集装箱装箱单

内贸集装箱装箱单（见表 11-16～表 11-20）由发货人或装箱人在装箱完毕后缮制，一式五联。港口经营人凭此单收箱，并据此配载装船；进口卸船后可作为拆箱依据之一。

6．船舶积载图

由承运人或其代理人缮制船舶积载预配图，于船舶到港开装前 3 天送交港口经营人。港口经营人凭此及出口装箱单等有关资料制作船舶积载草图，经递交船方审核确认后，码头据此按计划装船。理货在装船完毕后，即缮制出正式船舶积载图，其份数根据实际操作需要决定。在

卸货港则供卸船作业时使用。

7．内贸危险品集装箱货物清单

内贸危险品集装箱货物清单（见表 11-21）由承运人或其代理人在装船前缮制，其份数根据实际操作需要决定，是装货港装上船的内贸危险品集装箱资料，也是卸货港据此卸箱的重要单证资料，并作为承运人在卸货港的代理人向港监申报卸船时监管的资料，保证港口码头和堆场的生产安全。

二、主要单证的流转程序

内贸集装箱运输主要单证的流转程序如图 11-1 所示。

1．放箱（货）凭证的流转

卸货港承运人或其代理人凭“国内水路集装箱货物运单”（收货人联）签发放箱（货）凭证给收货人。承运人或其代理人留下船代理留底联存查。收货人或其代理人据此单到港区向港口经营人申请放箱（货）计划，经港口经营人核对无误后，收下放箱（货）凭证正本联和交货纪录联，发还提箱（货）人留底联，并发给收货人或其代理人集装箱提运作业申请书或集装箱拆箱货物提运作业申请书，港区库场方据此按计划予以放箱或放货。

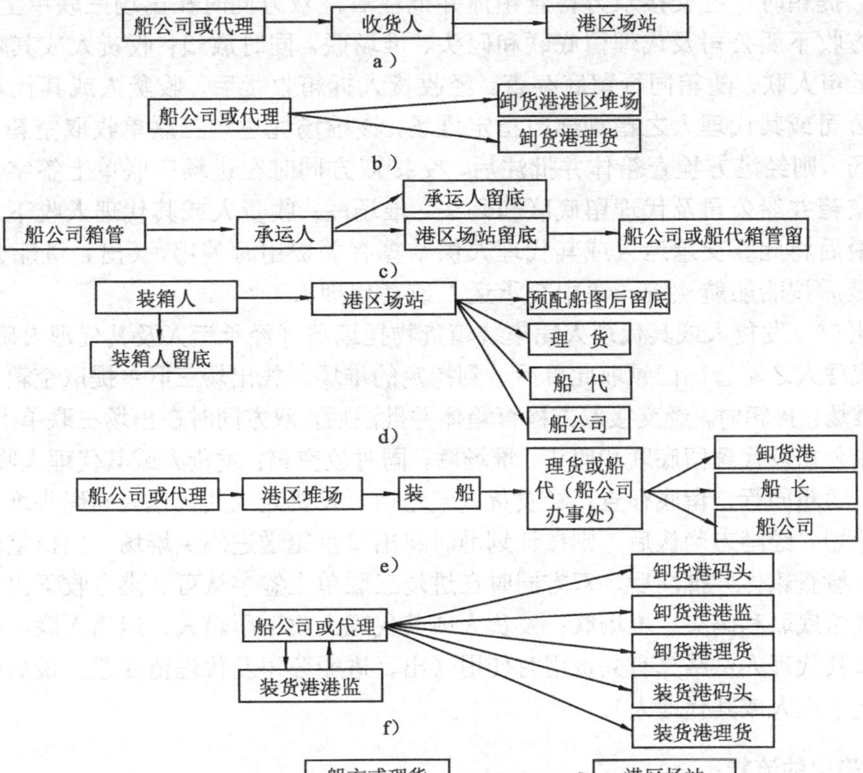

图 11-1　内贸集装箱运输主要单证流转程序图

a）放箱（货）凭证　b）载运清单　c）设备交接单　d）装箱单

e）船舶积载图　f）危险品货物清单　g）集装箱装、卸船交接单

2. 内贸集装箱货物载运清单的流转

当船舶在装货港装船作业结束时，承运人或其代理人即缮制此清单多份，除留底外随后递送卸货港的承运人或其代理人，由卸货港的承运人或其代理人分送卸货港码头及理货等单位。卸货港码头及理货据此作船舶卸箱作业准备。在卸船作业过程中，此清单供船方与港方交接时使用。在卸船作业结束后，理货据此制作卸箱溢短单；港区营业部门则作为核对放箱（货）及备查资料。

3. 内贸集装箱装/卸交接单的流转

当船舶在港装/卸作业完毕后，由理货或船方（代理）根据装/卸作业的实际结果，填写此单，交港方有关业务人员。经港方核查无误，双方则在此单上签名确认，各持一份。港方将此存档备查。

4. 内贸集集箱设备交接单的流转

（1）进口　收货人或其代理人凭放箱（货）凭证，在船公司或其代理之箱管部门领取此单后，则到码头堆场办妥集装箱提运作业申请，然后凭出场三联单按计划准时向码头堆场提箱。提箱时，经交接双方检查箱体并批注后，双方同时在出场三联单上签字认可，码头堆场方收下船公司及代理留底联和码头、堆场联，同时放箱；收货人或其代理人收下用箱人、运箱人联，随箱同行留底存查。经收货人拆箱收货后，收货人或其代理人则将空箱返回船公司或其代理人之箱管部门指定堆场，该堆场凭进场三联单收取空箱。若该堆场为港方堆场，则经港方检查箱体并批注后，交接双方同时在进场三联单上签字认可，港方堆场收下空箱并船公司及代理留底联和码头、堆场联；收货人或其代理人收下用箱人、运箱人联，最后将此联交承运人或其代理人供结算有关费用时使用。（出、进船公司及代理留底联，最后按船舶航次统一集中交承运人或其代理人）

（2）出口　发货人或其代理人凭集装箱货物托运单（经承运人及其代理人确认），在承运人或其代理人之箱管部门领取此单后，到指定的堆场，凭出场三联单提取空箱。若指定堆场为港方堆场，提箱时，经交接双方检查箱体并批注后，双方同时在出场三联单上签字认可。港方收下船公司及代理留底联和码头、堆场联，同时放空箱；发货人或其代理人收下用箱人、运箱人联，随箱同行，留底存查。经发货人装箱后，发货人或其代理人向码头堆场申请出口重箱进场计划。经港方确认后，则按计划准时将出口重箱送进码头堆场。出口重箱进场时，经交接双方检查箱体并批注后，双方同时在进场三联单上签字认可。港方收下出口重箱并船公司及代理留底联和码头、堆场联；发货人或其代理人收下用箱人、运箱人联，最后将此联交承运人或其代理人供结算有关费用时使用（出、进船公司及代理留底联，最后按船舶航次统一集中交承运人或其代理人）。

5. 装箱单的流转

当发货人或其代理人装箱完毕缮制此单后，留下装箱人留底联，其余四联（码头堆场联、理货联、船公司联、船代理联）均在随出口重箱送进港方码头堆场时递交港口经营人。港方留下码头堆场联作为船舶积载草图的依据，将其他三联按船舶航次统一集中后分别转交理货和承运人或其代理人。承运人或其代理人再将此单递送卸货港承运人或其代理人，作为日后拆箱依据。

6．船舶积载图的流转

由承运人或其代理人制作的船舶积载预配图应最迟于船舶到港开装前 3 天送交港口经营人。港口经营人凭此及有关资料制作船舶积载草图，经递交船方审核确认后，港方可据此按计划装船。理货在装船作业结束后即缮制出正式船舶积载图，随船同行供卸货港卸箱作业时使用。

7．内贸危险品集装箱货物清单的流转

船舶在装货港装内贸危险品集装箱前，承运人或其代理人即缮制此清单多份，先送交港监并经盖章批准后再分送港口经营人和理货（为使港方做好充分的准备工作，承运人或其代理人应最迟于船舶开装前 24h 送达港口经营人和理货）。港方据此方可安排装船。此外，其余各联除留底外递送卸货港的承运人或其代理人，由其分送卸货港码头、港监、理货等单位。卸货港码头及理货据此做好船舶卸箱作业准备，督促有关方做好接运工作；卸货港港监据此作为载运危险货物进口船舶申报单证之一，并加以监管，履行有关手续。

表 11-7　内贸集装箱货物载运清单

×××公司

内贸集装箱货物载运清单

船名/航次：　装货港：　离港日期：　卸货港：　目的港：　页数：

运单号	箱号	封号	托运人	箱型箱类				箱数	箱内货物				收货人	运输条款
				6.1m（20ft）	12.2m（40ft）	13.7m（45ft）	其他		货名	包装	重量	体积		

表 11-8 内贸集装箱装船交接单（装）

内贸集装箱装船交接单（装）

装

船名：	航次：	船公司：
到港日期： 月 日 时	靠泊港区泊位：	靠泊时间： 月 日 时
装船开工时间： 月 日 时	装船完工时间： 月 日 时	开船时间： 月 日 时
经核对，实际共装上： 6.1m（20ft）F________ 12.2m（40ft）F______ 13.7m（45ft）F________ 6.1m（20ft）E ______ 12.2m（40ft）E______ 13.7m（45ft)E________ 其他特种箱： 其中：危险品箱：____________ 冷藏箱：________ 中 转 箱：____________		
备注：		

理货或船方（代理）签名：____________ 码头签名：____________

表 11-9 内贸集装箱装船交接单（卸）

内贸集装箱装船交接单（卸）

卸

船名：	航次：	船公司：
到港日期： 年 月 日	靠泊港区泊位：	靠泊时间： 月 日 时
卸船开工时间： 月 日 时	卸船完工时间： 月 日 时	开船时间： 月 日 时

经核对，实际共卸下：

6.1m（20ft）F _______ 12.2m（40ft）F _______ 13.7m（45ft）F___________

6.1m（20ft）E_______ 12.2m（40ft）E _________13.7m（45ft)E_________

其他特种箱：

其中：危险品箱：________________ 冷 藏 箱：________

中 转 箱：__________

备注：

理货或船方（代理）签名： 码头签名：

表 11-10 内贸集装箱设备交接单（船务公司及代理留底联）

×××公司 出场

集装箱发放/设备交接单

①船务公司及代理留底联 编号：________

用箱人/运箱人：		提箱地点：
发往地点：		返回/收箱地点
船名/航次：		营运人：
集装箱号：	铅封号：	运单号：
箱型/箱类：	免费期限：	运载工具牌号：
出场目的/状态：	进场目的/状态：	出场日期： 年 月 日 时

出场检查记录			
普通集装箱	冷藏集装箱	特种集装箱	发电机
正常 异常	正常 异常	正常 异常	正常 异常

除列明者外，集装箱及集装箱设备交接时完好无损，铅封完整无误。

用箱人/运箱人签署 ________ 码头/堆场值班员签署 ________

表 11-11 内贸集装箱设备交接单（码头、堆场联）

×××公司 **出场**

集装箱发放/设备交接单

②码头、堆场联 编号：

用箱人/运箱人：		提箱地点：	
发往地点：		返回/收箱地点	
船名/航次：		营运人：	
集装箱号：	铅封号：		运单号：
箱型/箱类：	免费期限：		运载工具牌号：
出场目的/状态：	进场目的/状态：		出场日期： 年 月 日 时

出场检查记录			
普通集装箱	冷藏集装箱	特种集装箱	发电机
正常 异常	正常 异常	正常 异常	正常 异常

除列明者外，集装箱及集装箱设备交接时完好无损，铅封完整无误。

用箱人/运箱人签署 码头/堆场值班员签署

表 11-12 内贸集装箱设备交接单（用箱人、运箱人联）

×××公司 出场

集装箱发放/设备交接单

③用箱人、运箱人/联 编号：______

用箱人/运箱人：		提箱地点：
发往地点：		返回/收箱地点：
船名/航次：		营运人：
集装箱号：	铅封号：	运单号：
箱型/箱类：	免费期限：	运载工具牌号：
出场目的/状态：	进场目的/状态：	出场日期： 年 月 日 时

出场检查记录			
普通集装箱	冷藏集装箱	特种集装箱	发电机
正常 异常	正常 异常	正常 异常	正常 异常

除列明者外，集装箱及集装箱设备交接时完好无损，铅封完整无误。

用箱人/运箱人签署 码头/堆场值班员签署

______ ______

表 11-13　内贸集装箱设备交接单（船务公司及代理留底联）

×××公司　　　　　　　　　　　　**进场**

集装箱发放/设备交接单

①船务公司及代理留底联　　　　　　　　　　　　编号：______

用箱人/运箱人：	提箱地点：
发往地点：	返回/收箱地点
船名/航次：	营运人：

集装箱号：	铅封号：	运单号：
箱型/箱类：	免费期限：	运载工具牌号：
出场目的/状态：	进场目的/状态：	出场日期： 年　月　日　时

出场检查记录			
普通集装箱	冷藏集装箱	特种集装箱	发电机
正常　异常	正常　异常	正常　异常	正常　异常

除列明者外，集装箱及集装箱设备交接时完好无损，铅封完整无误。

用箱人/运箱人签署　　　　　　　　　　　　码头/堆场值班员签署

______　　　　　　　　　　　　______

表 11-14 内贸集装箱设备交接单（码头、堆场联）

×××公司 **进场**

集装箱发放/设备交接单

②码头、堆场联 编号：

用箱人/运箱人：			提箱地点：		
发往地点：			返回/收箱地点		
船名/航次：			营运人：		
集装箱号：	铅封号：			运单号：	
箱型/箱类：	免费期限：			运载工具牌号：	
出场目的/状态：	进场目的/状态：			出场日期： 年 月 日 时	
出 场 检 查 记 录					
普通集装箱	冷藏集装箱		特种集装箱		发电机
正常 异常	正常 异常		正常 异常		正常 异常

除列明者外，集装箱及集装箱设备交接时完好无损，铅封完整无误。

用箱人/运箱人签署 码头/堆场值班员签署

表 11-15　内贸集装箱设备交接单（用箱人、运箱人联）

×××公司　　　　　　　　　　　　进场

集装箱发放/设备交接单

③用箱人、运箱人联　　　　　　　　　　　　　　　　编号：

<table>
<tr><td colspan="2">用箱人/运箱人：</td><td colspan="2">提箱地点：</td></tr>
<tr><td colspan="2">发往地点：</td><td colspan="2">返回/收箱地点</td></tr>
<tr><td colspan="2">船名/航次：</td><td colspan="2">营运人：</td></tr>
<tr><td>集装箱号：</td><td colspan="2">铅封号：</td><td>运单号：</td></tr>
<tr><td>箱型/箱类：</td><td colspan="2">免费期限：</td><td>运载工具牌号：</td></tr>
<tr><td>出场目的/状态：</td><td colspan="2">进场目的/状态：</td><td>出场日期：
年　月　日　时</td></tr>
<tr><td colspan="4">出场检查记录</td></tr>
<tr><td>普通集装箱</td><td>冷藏集装箱</td><td>特种集装箱</td><td>发电机</td></tr>
<tr><td>正常　异常</td><td>正常　异常</td><td>正常　异常</td><td>正常　异常</td></tr>
<tr><td colspan="4"></td></tr>
</table>

除列明者外，集装箱及集装箱设备交接时完好无损，铅封完整无误。

用箱人/运箱人签署　　　　　　　　　　　　　　　　码头/堆场值班员签署

表 11-16 内贸集装箱装箱单（码头、堆场联）

×××公司

内贸集装箱装箱单

①码头、堆场联

<table>
<tr><td colspan="2">危险品编号、等级、
性能：</td><td colspan="6"></td></tr>
<tr><td colspan="2">船名/航次</td><td>装货港：</td><td>目的港：</td><td>交货地：</td><td colspan="3">承运人/装箱人声明：本集装箱在装箱之前已经经过彻底的清洗，没有留下任何前载货物。本单货物已合理装箱，填写内容真实、准确，予以关门加封。</td></tr>
<tr><td colspan="2">箱　　号：</td><td>运单号</td><td>件数与包装</td><td>货物重量</td><td>尺　码</td><td>货　名</td><td>唛　头</td></tr>
<tr><td>箱型：
6.1m
（20ft）
12.2m
（40ft）
13.7m
（45ft）
其他</td><td>箱类：
GP=普通类
RF=冷藏类
OT=开顶箱
FR=框加箱
TK=油罐箱
PF=平板箱
HC=高　箱
HT=挂衣箱</td><td colspan="2" rowspan="2">前

门</td><td rowspan="2"></td><td rowspan="2"></td><td rowspan="2"></td><td rowspan="2"></td></tr>
<tr><td colspan="2">装箱人名称/地址：
联系电话：</td></tr>
<tr><td colspan="2">装箱日期：</td><td>驾驶员签收及车号：</td><td>总件数：</td><td>总货重：</td><td>总尺码：</td><td colspan="2" rowspan="2">备注：</td></tr>
<tr><td colspan="2">装箱人签名：</td><td colspan="2">码头签收和收箱日期：</td><td>集装箱皮重：</td><td>集装箱总重量：</td></tr>
</table>

表 11-17 内贸集装箱装箱单（理货联）

×××公司

内贸集装箱装箱单

②理货联

危险品编号、等级、 性能：							
船名/航次		装货港：	目的港：	交货地：	承运人/装箱人声明：本集装箱在装箱之前已经经过彻底的清洗，没有留下任何前载货物。本单货物已合理装箱，填写内容真实、准确，予以关门加封。		
箱 号：		运单号	件数与包装	货物重量	尺 码	货 名	唛 头
箱型： 6.1m （20ft） 12.2m （40ft） 13.7m （45ft） 其他	箱类： GP= 普 通 类 RF= 冷 藏 类 OT= 开 顶 箱 FR= 框 加 箱 TK=油罐箱 PF= 平 板 箱 HC= 高 箱 HT=挂衣箱	前 门					
装箱人名称/地址： 联系电话：							
装箱日期：		驾驶员签收及车号：	总件数：	总货重：	总尺码：	备注：	
装箱人签名：		码头签收和收箱日期：		集装箱皮重：	集装箱总重量：		

表 11-18　内贸集装箱装箱单（船公司联）

×××公司

内贸集装箱装箱单

③船公司联

<table>
<tr><td colspan="2">危险品编号、等级、
性能：</td><td colspan="6"></td></tr>
<tr><td colspan="2">船名/航次</td><td>装货港：</td><td>目的港：</td><td>交货地：</td><td colspan="3">承运人/装箱人声明：本集装箱在装箱之前已经经过彻底的清洗，没有留下任何前载货物。本单货物已合理装箱，填写内容真实、准确，予以关门加封。</td></tr>
<tr><td colspan="2">箱　　号：</td><td>运单号</td><td>件数与包装</td><td>货物重量</td><td>尺　码</td><td>货　名</td><td>唛　头</td></tr>
<tr><td>箱型：
6.1m
（20f）
12.2m
（40f）
13.7m
（45f）
其他</td><td>箱类：
GP=普通类
RF=冷藏类
OT=开顶箱
FR=框加箱
TK=油罐箱
PF=平板箱
HC=高　箱
HT=挂衣箱</td><td rowspan="2" colspan="2">前

门</td><td rowspan="2"></td><td rowspan="2"></td><td rowspan="2"></td><td rowspan="2"></td></tr>
<tr><td colspan="2">装箱人名称/地址：
联系电话：</td></tr>
<tr><td colspan="2">装箱日期：</td><td>驾驶员签收及车号：</td><td>总件数：</td><td>总货重：</td><td>总尺码：</td><td colspan="2" rowspan="2">备注：</td></tr>
<tr><td colspan="2">装箱人签名：</td><td colspan="2">码头签收和收箱日期：</td><td>集装箱皮重：</td><td>集装箱总重量：</td></tr>
</table>

表 11-19 内贸集装箱装箱单（船代理联）

×××公司

内贸集装箱装箱单

④船代理联

危险品编号、等级、 性能：						
船名/航次	装货港：	目的港：	交货地：	承运人/装箱人声明：本集装箱在装箱之前已经经过彻底的清洗，没有留下任何前载货物。本单货物已合理装箱，填写内容真实、准确，予以关门加封。		
箱　号：	运单号	件数与包装	货物重量	尺　码	货　名	唛　头
箱型： 6.1m （20ft） 12.2m （40ft） 13.7m （45ft） 其他 / 箱类： GP=普通类 RF=冷藏类 OT=开顶箱 FR=框加箱 TK=油罐箱 PF=平板箱 HC=高　箱 HT=挂衣箱	前					
装箱人名称/地址： 联系电话：	门					
装箱日期：	驾驶员签收及车号：	总件数：	总货重：	总尺码：	备注：	
装箱人签名：	码头签收和收箱日期：		集装箱皮重：	集装箱总重量：		

表 11-20 内贸集装箱装箱单（装箱人留底联）

×××公司

内贸集装箱装箱单

⑤装箱人留底联

<table>
<tr><td colspan="2">危险品编号、等级、
性能：</td><td colspan="6"></td></tr>
<tr><td colspan="2">船名/航次</td><td>装货港：</td><td>目的港：</td><td>交货地：</td><td colspan="3">承运人/装箱人声明：本集装箱在装箱之前已经经过彻底的清洗，没有留下任何前载货物。本单货物已合理装箱，填写内容真实、准确，予以关门加封。</td></tr>
<tr><td colspan="2">箱号：</td><td>运单号</td><td>件数与包装</td><td>货物重量</td><td>尺码</td><td>货名</td><td>唛头</td></tr>
<tr><td>箱型：
6.1m
（20ft）
12.2m
（40ft）
13.7m
（45ft）
其他</td><td>箱类：
GP=普通类
RF=冷藏类
OT=开顶箱
FR=框架箱
TK=油罐箱
PF=平板箱
HC=高箱
HT=挂衣箱</td><td colspan="2" rowspan="2">前

门</td><td rowspan="2"></td><td rowspan="2"></td><td rowspan="2"></td><td rowspan="2"></td></tr>
<tr><td colspan="2">装箱人名称/地址：
联系电话：</td></tr>
<tr><td colspan="2">装箱日期：</td><td>驾驶员签收及车号：</td><td>总件数：</td><td>总货重：</td><td>总尺码：</td><td colspan="2" rowspan="2">备注：</td></tr>
<tr><td colspan="2">装箱人签名：</td><td colspan="2">码头签收和收箱日期：</td><td>集装箱皮重：</td><td>集装箱总重量：</td></tr>
</table>

表 11-21 内贸危险品集装箱货物清单

×××公司

内贸危险品集装箱货物清单

船名/航次： 装货港： 离港日期： 卸货港： 目的港： 页数：

运单号	箱 号	封 号	货 名	件数及包装	危规编号、类别	货物重量（kg）	运输条款	备 注

思考题

1．内贸水路集装箱运输中，哪些货物不能装箱运输？
2．简述内贸水路集装箱运输的托运条件。
3．简述内贸水路集装箱运输的交接手续。
4．简述内贸水路集装箱运输是如何组织的。
5．什么叫订舱单？根据什么编制订舱清单？
6．简述国内集装箱运输中，各种单证的流转程序。
7．简述国内集装箱运输各种单证的内容、格式。

第十二章 集装箱运费计算

12

集装箱运价是集装箱单位货物运输费用，而集装箱运费是集装箱运价的总和。集装箱货物在国际多式联运下，由于承运人对货物的风险和责任有所扩大，因此，集装箱的运价一般包括装船港承运人码头堆场或货运站至卸船港承运人码头堆场或货运站的全过程费用，如由承运人负责安排全程运输，所收取的运费中还应包括内陆运输的费用。但从总的方面来说，集装箱运费仍是海运运费加上各种集装箱运输有关的费用而形成，这是集装箱运价构成的基本概念。

第一节　集装箱运费的构成

一、国际集装箱运输费用的基本结构

国际集装箱运输费用的基本结构见表 12-1。

表 12-1　国际集装箱运费结构

集散运费	港区服务费	海上运费	港区服务费	集散运费

（一）国际集装箱海上运费

国际集装箱海上运费是指海上运输区段的国际集装箱运输费用，一般为远洋干线集装箱运输，主要采取大型和超大型集装箱船舶装运，集装箱货运量大（对集散运输而言），运输距离长，风险责任大，是国际集装箱运费收入最主要部分，根据班轮公会或班轮公司运价本的规定，国际集装箱海上运费向托运人或收货人计收。

（二）国际集装箱港区服务费

港口既为船方服务又为货方服务，主要是为船舶服务，所以码头经营人收取的是他为集装箱运输提供服务的费用。集装箱港区服务费包括集装箱堆场服务费和集装箱货运站拼、装箱服务费。

1. **集装箱堆场服务费**

集装箱堆场服务费也叫码头服务费。装货港集装箱堆场服务费包括：接收出口的集装箱→在堆场按规定分类堆存→搬运至码头前沿装船的费用。卸货港集装箱堆场服务费包括：从船上卸下进口集装箱→搬运→在堆场按规定分类堆存→交付进口集装箱的费用。

集装箱堆场服务费一般按集装箱装卸包干费向船方计收。重箱堆存费分别向收、发货人计收。空箱堆存费向船方计收。

2. **拼箱服务费**

拼箱服务费包括为完成下列服务项目而收取的费用：

1）将空箱从堆场运至货运站。

2）将装好货的实箱从货运站运至堆场（装船港）。

3）将实箱从堆场运至货运站（卸船港）。

4）理货。

5）签发场站收据、装箱单。

6）在货运站货物地正常搬运。

7）装箱、拆箱、封箱、做标记。

8）一定期限内的堆存。

9）必要的分票与积载。

10）提供箱子内部货物的积载图。

3. **集装箱货运站服务费**

集装箱货运站以完成下列服务项目计收服务费：

（1）出口装箱方面　将空箱从堆场运至货运站并办理集装箱设备交接手续；将货物从货方车上卸到集装箱货运站并办理货运交接手续；将出口集装箱货物分类归垛；联系海关、商检和理货等业务；货物在货运站正常搬运；对货物进行装箱并对箱内货物进行一般加固；编制“集装箱装箱单”并签发“场站收据”和“集装箱装箱单”等单证；对装好的集装箱进行封箱、做标记；把实箱运往集装箱码头堆场并办理集装箱进场交接手续等。

（2）进口拆箱方面　办理集装箱进站的货运交接手续；将集装箱从车上卸到集装箱货运站；联系海关、商检和理货等业务；将进口箱进行拆箱，做好拆箱记录并分类归垛；将货物在货运站正常搬运；联系收货人交付进口货物，并收回“正本提单”，签署“提货单”；把空箱送回海上承运人或其代理人指定的集装箱堆场，并办理空箱进场设备交接手续等。

对集装箱货运站的拆、装箱服务费一般采用拆装箱包干费计收。对“提单”列明集装箱货运站交付的，拆装箱包干费向船方计收；应货方要求进行拆装箱的，拆装箱包干费向货方计收。

（三）国际集装箱集散运费

集装箱集散运输又叫支线运输，是对远洋干线集装箱而言，是国际集装箱运输的一种运输组织方式。干线集装箱船舶停靠集装箱枢纽港，通过沿海和内河支线以及公路、铁路支线网络系统向集装箱枢纽港的干线集装箱船舶集中集装箱货物，以及通过这个支线网络系统向集装箱枢纽港疏散干线集装箱船的集装箱货物。

1．水路支线运费

水运支线集装箱班轮运输包括沿海支线集装箱班轮运输和河内支线集装箱班轮运输，是采用固定船舶在国内港口之间按照公布的船期表或有规则地与干线船舶衔接的固定航线上从事国际集装箱集散运输。水路支线船公司根据支线运价表向托运人或收货人计收支线运费。

如水路支线由干线船公司统一经营，可由干线船公司向托运人或收货人连同干支线运费一起计收，进行内部核算和统一结算，也可以由支线船公司单独向托运人或收货人计收支线运费，进行独立核算；如果水路支线运输由支线船公司单独经营，按该支线船公司运价本计收运费，并应与干线船公司签有支线运输协议。在开展集装箱联运条件下，水路支线作为干线船公司的分包承运人，则由干线船公司向托运人或收货人收取全程运输费用，然后再由干线船公司根据包转运输合同或协议向水路支线承运人支付运费。

2．内陆支线运费

公路支线运费主要有4种情况：一种是由干线船公司负责运输，如中国远洋运输（集团）总公司集装箱由本集团的中国汽车运输总公司承运，根据《汽车运价规则》和《中华人民共和国交通部国际集装箱运输费收规则》以及《关于调整国际集装箱汽车运输和汽车货运站部管费收项目基本费率的通知》的规定向货方计收公路支线运费；一种是由干线船公司委托地方汽车运输企业承运，他们则按照各省、自治区、直辖市根据上述两个文件的《实施细则》的规定向货方计收公路支线运费；一种是干线船公司作为多式联运经营人，公路汽车运输企业作为分包承运人，则由干线船公司向托运人或收货人一次收取全程运输费用，然后按分包运输协议支付给公路汽车运输企业；一种是由货主自己负责运输，干线船公司可根据事先商定的协议和有关规定，在指定的场站将集装箱及其设备出租给货主，并按规定计收费用。主要包括：

（1）区域运费　所谓区域运费是指承运人按货主的要求，在所指定的地点间进行实箱或空箱运输所收取的费用。

（2）无效托运费　在承运人将集装箱空箱按货主要求运至指定地点，而货主却没有发货，且要求将箱子运回的情况下，承运人将收取全区域费用以及货主宣布运输无效后可能产生的任何延迟费用。

（3）变更装箱地点　如承运人应货主的要求同意改变原集装箱交付地点，货主要对承运人由此引起的全部费用给予补偿。

（4）装箱时间与延迟费　装箱时间的长短与延迟费的大小主要视港口的条件、习惯、费用支付情况而定，差别甚大。如在发货人工厂、仓库装箱时，有对免费允许时限为：

20ft 箱 ——2h

40ft 箱 ——3h

上述时间均从驾驶员将箱子交货主时起算，即使是阴天、雨天或恶劣气候也不能超出规定的时限。如超出规定的时限，则对超出时间计收延迟费。

（5）清扫费　使用集装箱结束后，货主有责任清扫集装箱，将清洁无味的集装箱归还给承运人。如此项工作由承运人负责，货主仍应负责其费用。

如果内陆运输由货主自己负责，承运人则可根据自己的选择和事先商定的协议，在他所指定的场所将集装箱或有关机械设备出借给货主，并按有关规定计收费用。在货主自己负责内陆运输时，其费用主要包括集装箱装卸费、超期使用费、内陆运输费。

表12-2是集装箱全程运费的结构：

表12-2 集装箱全程运费结构

内陆运输费	港区装卸搬运服务费	海上运费	港区装卸搬运服务费	内陆运输费

整个运输全程费用包括：

1）发货地国家内陆运输费及其有关费用。

2）发货地国家港区（码头堆场）费用。

3）海上运费。

4）收货地国家港区（码头堆场）费用。

5）收货地国家内陆运输及其有关费用。

3．铁路支线运费

根据铁道部有关规定计收运费。其情况与公路支线大致相同。

二、运输条件下的运费组成

在国际集装箱运输实际运作过程中，国际集装箱班轮公司应按集装箱货物交接方式，与托运人、收货人商定的码头堆场、集装箱货运站、托运人或收货人的工厂、仓库或其他地点交接集装箱和集装箱货物。托运人、收货人在向船公司订舱托运时，除合同另有约定外，可选择下列集装箱货物的9种交接方式。经商定的集装箱货物交接方式必须列入"提单""舱单"和"场站收据"，以便作为办理交接、划分责任和计收运费的依据。以下按集装箱货物交接方式介绍运费结构。

（一）整箱货物-整箱货物（FCL——FCL）"门到门"交接方式的全程运费结构

集装箱货物"门到门"交接方式全过程运费包括：发货地集散运费+装货港集装箱码头堆场服务费+海运运费+装货港集装箱码头堆场服务费+收货地集散运费，见表12-3。

表12-3 整箱货物"门到门"交接方式全程运费结构

集散运费	集装箱码头堆场服务费	海上运费	集装箱码头堆场服务费	集散运费
1	2	3	4	5

（二）整箱货物-整箱货物（FCL——FCL）"门到场"交接方式的全程运费结构

集装箱货物"门到场"交接方式全过程运费包括：发货地集散运费+装货港集装箱码头堆场服务费+海运运费 + 卸货港集装箱码头堆场服务费，见表12-4。

表12-4 整箱货物"门到场"交接方式全程运费结构

集散运费	集装箱码头堆场服务费	海运运费	集装箱码头堆场服务费
1	2	3	4

（三）整箱货物-拼箱货物（FCL——FCL）"门到站"交接方式的全程运费结构

集装箱货物"门到站"交接方式全过程运费包括：发货地集散运费+装货港集装箱码

头堆场服务费+海运运费+卸货港集装箱货运站服务费，见表 12-5。

表 12-5　整箱货物“门到站”交接方式全程运费结构

集散运费	集装箱码头堆场服务费	海运运费	集装箱货运站服务费
1	2	3	4

（四）整箱货物-整箱货物（FCL——FCL）“场到门”交接方式的全程运费结构

集装箱货物“场到门”交接方式全过程运费包括：装货港集装箱码头堆场服务费+海运运费+卸货港集装箱码头堆场服务费+收货地集散运费，见表 12-6。

表 12-6　整箱货物“场到站”交接方式全程运费结构

集散运费	集装箱码头堆场服务费	海运运费	集装箱码头堆场服务费
1	2	3	4

（五）整箱货物-整箱货物（FCL——FCL）“场到场”交接方式的全程运费结构

集装箱货物“场到场”交接方式全过程运费包括：装货港集装箱码头堆场服务费+海运运费+卸货港集装箱码头堆场服务费，见表 12-7。

表 12-7　整箱货物“场到场”交接方式全程运费结构

集装箱码头堆场服务费	海运运费	集装箱码头堆场服务费
1	2	3

（六）整箱货-拼箱货物（FCL——FCL）“场到站”交接方式的全程运费结构

集装箱货物“场到站”交接方式全过程运费包括：装货港集装箱码头堆场服务费 + 海运运费 + 卸货港集装箱码头堆场服务费+集装箱货运站服务费，见表 12-8。

表 12-8　整箱交货拼箱接货“场到站”交接方式全程运费结构

集装箱码头堆场服务费	海运运费	集装箱码头堆场服务费	集装箱货运站服务费
1	2	3	4

（七）拼箱货物-整箱货物（FCL——FCL）“站到门”交接方式的全程运费结构

集装箱货物“站到门”交接方式全过程运费包括：装货港集装箱货运站服务费+装货港集装箱码头堆场服务费+海运运费+卸货港集装箱码头堆场服务费，见表 12-9。

表 12-9　拼箱交货整箱接货“站到门”交接方式全程运费结构

集装箱货运站服务费	集装箱码头堆场服务费	海运运费	集装箱码头堆场服务费	集散运费
1	2	3	4	5

（八）拼箱货物-整箱货物（LCL——LCL）“站到场”交接方式的全程运费结构

集装箱货物“站到场”交接方式全过程运费包括：装货港集装箱货运站服务费+装货

港集装箱码头堆场服务费+海运运费+卸货港集装箱码头堆场服务费，见表12-10。

表12-10 拼箱交货整箱接货“站到场”交接方式全程运费结构

集装箱货运站服务费	集装箱码头堆场服务费	海运运费	集装箱码头堆场服务费
1	2	3	4

（九）拼箱货物-拼箱货物（LCL——LCL）“站到站”交接方式的全程运费结构

集装箱货物“站到站”交接方式全过程运费包括：装货港集装箱货运站服务费+装货港集装箱码头堆场服务费+海运运费 + 卸货港集装箱码头堆场服务费+卸货港集装箱货运站服务费，见表12-11。

表12-11 拼箱交货拼箱接货“站到站”交接方式全程运费结构

集装箱货运站服务费	集装箱码头堆场服务费	海运运费	集装箱码头堆场服务费	集装箱货运站服务费
1	2	3	4	5

第二节 集装箱运费的计算方法

一、国际集装箱运费的计算方法

国际集装箱运费的构成，一般是由海运运价加上与集装箱运输有关的费用。在集装箱班轮公司的运价本上，对运费、费用的计算以及收费的办法与条款都有明确的规定。同时，要求集装箱班轮公司与托运人或收货人商定的集装箱货物交接方式应载入“提单”、“舱单”和“场站收据”以作为划分集装箱班轮公司承担的风险责任和收取运费的依据。

（一）按交接方式承担的风险责任运费的计收方法

（1）门到门交接方式运费的计收方法　在门到门交接方式情况下，集装箱班轮公司在托运人的工厂或仓库整箱交接，负责运抵收费人的工厂或仓库整箱交货。因此，集装箱班轮公司收取的运费和有关费用也包括“门到门”运输范围内的费用，接货前和交货后的费用由货主负担。

（2）门到场交接方式运费的计收方法　在“门到场”交接方式的情况下，集装箱班轮公司在托运人的工厂或仓库整箱接货，负责运抵卸货港集装箱堆场整箱交货。因此，集装箱班轮公司收取的运费和有关费用包括“门到场”范围内的费用，接货前和交货后的费用由货主负担。

（3）门到站交接方式运费的计收方法　在“门到站”交接方式的情况下，集装箱班轮公司在托运人工厂或仓库整箱接货，负责运抵卸货港集装箱货运站拆箱按件交货。因此，集装箱班轮公司收取的运费和有关费用包括“门到站”运输范围内的费用，接货前和交货后的费用由货主负担。

（4）场到门交接方式运费的计收方法　在“场到门”交接方式的情况下，集装箱班轮公司在装货港集装箱堆场接货，负责运抵收货人工厂或仓库整箱交货。因此，集装箱班轮公司收取的运费和有关费用包括“场到门”运输范围内的费用，接货前和交货后的费用均由货主负担。

（5）场到场交接方式运费的计收方法　在“场到场”交接方式的情况下，集装箱班轮公司在装货港集装箱堆场整箱接货，负责运抵卸货港集装箱堆场整箱交货。因此，集装箱班轮公司收取的运费和有关费用包括“场到场”运输范围内的费用，接货前和交货后的费用均由货主负担。

（6）场到站交接方式运费的计收方法　在“场到站”交接方式的情况下，集装箱班轮公司在装货港集装箱堆场整箱接货，负责运抵卸货港集装箱货运站拆箱按件交货。因此，集装箱班轮公司收取的运费和有关费用包括“场到站”运输范围内的费用，接货前和交货后所发生的一切费用均由货方负担。

（7）站到门交接方式运费的计收方法　在“站到门”交接方式的情况下，集装箱班轮公司在装货港集装箱货运站接货并装箱，负责运抵收货人的工厂或仓库整箱交货。因此，集装箱班轮公司收取的运费和有关费用，包括“站到门”运输范围内的费用，接货前和交货后所发生的一切费用均由货主自己负担。

（8）站到场交接方式运费的计收方法　在“站到场”交接方式的情况下，集装箱班轮公司在装货港集装箱货运站按件接货并装箱，负责运抵卸货港集装箱堆场整箱交货。因此，集装箱班轮公司收取的运费和有关费用包括“站到场”运输范围内的费用，接货前和交货后所发生的一切费用均由货主自己负担。

（9）站到站交接方式运费的计收方法　在“站到站”交接方式的条件下，集装箱班轮公司在装货港集装箱货运站按件接货并装箱，负责运抵卸货港集装箱货运站拆箱按件交货。因此，集装箱班轮公司收取的运费和有关费用包括“站到站”运输范围内的费用，接货前和交货后所发生的一切费用均由货主负担。

（二）整箱货和拼箱货运费的计收方法

在集装箱货物交接方式下，船公司按承担的风险责任计收的运费中，对整箱货和拼箱货运费的计算也有所区别。

1．对整箱货物运费的计收方法

对整箱货物运费的计收，除包箱费率外，当装箱积载达到或超过起码运费最低限额时，则根据集装箱班轮公司运价本运价表的费率和规定，按箱内实装货物的重量或尺码计收；当装箱积载达不到最低限额时，按装箱积载最低限额计收或加收亏箱运费。

2．对拼箱货物运费的计收方法

对拼箱货物运费的计收，与班轮杂货运费的计收办法基本相同，不同的是加收了同集装箱有关的费用如拼装箱服务费等，但码头不再收取杂货费。拼箱货物运费和有关费用都是根据集装箱班轮公司运价本上的运价表的规定，按每件货物的实际毛重或尺码计收。不过，在对拼箱货物计算拼装箱服务费时，是根据货物的重量或尺码按其中计费高者计收。由于拼装箱货物是一箱多票，不能选港分卸。因此，集装箱班轮公司也不会接受货方提出选港和变更目的港卸货的要求，所以也没有拼箱货物选卸货港附加费和变更卸货港附加费的规定。此外，对拼箱货物的起码运费是按每张“提单”规定计收的。

（三）集装箱装载特殊货物运费及有关费用的计收方法

集装箱装载的特殊货物是指超重、超长、超宽、超高的货物，成组货物，搬家货物，箱内挂衣货物等。

1. 集装箱超重、超长、超宽和超高货物运费及其有关费用的计收

根据运输集装箱货物风险责任和交接方式，对集装箱装载超重、超长、超宽和超高货物的运费及附加费一般有以下规定：

1）对整箱接货和整箱交货的，只计收运费，不再计收超重、超长、超大件货物的附加费。

2）对按件接货并装箱和拆箱按件交货的，按集装箱班轮公司运价本的规定，除收取运费外，还计收超重、超长和超大件货物的附加费。

3）对整箱接货拆箱按件交货的或按件接货并装箱、整箱交货的，根据集装箱班轮公司运价本的规定，除收取运费外，还对超重、超长和超大件货物加收50%的附加费。

4）装载超重、超长和超大件的集装箱，一般为非标准集装箱。因此，托运人或集装箱班轮公司在货物订舱前应向港口提出申请，经确认后方能装运。

2. 集装箱的成组货物运费及有关费用的计算方法

1）按件接货再按件交货的交接方式，或按件接货再整箱交货的交接方式，或按整箱接货再按件交货的交接方式，均需海上承运人装拆箱，或装箱，或拆箱。而成组货物会加快装拆箱速度和减轻装拆箱劳动强度。因此，对符合集装箱班轮公司运价本和承运成组货物的规定及要求的，对按拼箱货托运的成组货物，均给予运费的优惠。

2）基于上述的原因，对按整箱托运的成组货物，不给予运费的优惠。

3）凡按成组托运的集装箱托运的货物，不论是按整箱货还是按拼箱货托运的成组货物，在计算运费时，一般都扣除货盘本身的重量或尺码，但这种扣除在习惯上不应超过货物加货盘重量或尺码的10%。对超过部分仍按货盘上货物的费率计收运费。

4）有些集装箱班轮公司运价本规定，在某些航线上，对按整箱货托运的成组货物，在计算运费时不扣除货盘的重量或尺码。

3. 挂衣集装箱运费的计收方法

集装箱装运挂在箱内的服装时，一般按以下规定计收运费：

1）集装箱班轮公司可承接“门到门”“门到场”“场到门”和“场到场”交接方式的整箱货物运输。

2）挂衣箱的运费一般按集装箱内容积的 85%计收。但托运人必须提供衣架或其他必要的挂衣装箱的物料。

3）托运人可在同一挂衣箱内运载其他的集装箱货物。在这种情况下，其运费按集装箱内容积的85%，再加上其他货物的实际尺码计收，但总的收费尺码不得超过集装箱内容积的100%。对此，托运人应提供经集装箱班轮公司同意的公证单位出具的货物衡量证书。

4．搬家货物运费的计收方法

对搬家货物、家具和行李装运集装箱，除把他们组装或包装再装入集装箱，按实际运费吨计收运费和有关费用外，其余均按集装箱内容积的100%计收运费及集装箱有关费用。

（四）集装箱超期使用费和滞期堆存费的计收方法

1．集装箱超期使用费的计收方法

为了提高对集装箱的使用效率，加快集装箱的周转，降低运输成本，国际集装箱班轮公司给集装箱使用单位规定了对集装箱可以享受的免费的使用期限，如果集装箱的使用单位不能在规定的免费使用期内将装好货的重箱或拆箱后的空箱运回船公司指定的堆场，国际集装箱班轮公司则按集装箱超期使用的天数向集装箱使用单位计收集装箱超期使用费。

计收集装箱超期使用费的单位：一是从集装箱码头堆场提离进口重箱超过免费使用期后归还空箱的收货人；二是从空箱堆场提取空箱后超过免费使用期将重箱运至集装箱码头堆场的发货人；三是国际集装箱班轮公司指定的集装箱货运站超期装拆箱的经营人。

国际集装箱班轮公司制定集装箱超期使用费一般采用以下原则和标准：

1）不同种类的集装箱免费使用期标准不同，一般来说，冷藏集装箱和罐式集装箱等特殊用途集装箱造价高，免费使用期比较短，一般为4天；而干货集装箱和开顶集装箱等免费使用期比较长，一般为10天，这个标准不是绝对的，必须根据港口腹地范围大小和内地运输系统完善程度等因素来确定。

2）不同种类集装箱和不同规格标准集装箱超期使用费标准也不一样，如12.2m（40ft）集装箱、高于6.1m（20ft）集装箱（不是成倍数）、冷藏集装箱等特种用途集装箱高于普通干货集装箱等。

3）集装箱超期使用费计算的时间可以按天数单位计算，如免费使用期为4天，则从第5天开始计算超期使用费，每天一个收费标准及第5、6、7、8、9天……并采取累进计收办法；也可以按时间段作为计算单位，如果免费使用期为4天，则从第5天开始计算超期使用费，及每个时间段为5～10天、11～20天等或规定的其他时间段作为计费时间单位，同样也采取累进的计收办法。星期天和节假日也包括在内。

4）必须规定集装箱免费使用期起算时间，一般是在“提单”上列明交货地点，集装箱班轮公司将集装箱运至交货地点的次日零时起算。例如，“提单”列明班轮公司指定的集装箱中转站、货运站拆箱交货（包括门——站、场——站、站——站）的进口集装箱，其免费使用期是自集装箱卸至集装箱中转站、货运站的次日零时起算。

5）由于国际集装箱运输的国际性对集装箱超期使用费一般都收取国际通行的货币，如美元等。

2．集装箱货物滞期保管费的计收方法

在国际集装箱货物运输中，如货方未能在规定的免费期限内前往国际集装箱班轮公司经营的堆场提取重箱或前往中转站、货运站提货，集装箱班轮公司则按超期的天数向货方收取集装箱或集装箱货物的滞期堆存保管费。集装箱、集装箱货物免费堆存保管期及滞期堆存保管费计收的指导思想和计收方法，大致与上述集装箱超期使用费的有关规定基本相同。

如果集装箱码头堆场和货运站不是由集装箱班轮公司经营，而是由公共集装箱码头堆场经营，进、出口重箱滞期保管费应根据交货条款或合同的规定向货方计收或者向船方计收，进、出口空箱的滞期保管费一般是向船方计收。

二、铁路集装箱运费的计算方法

铁道部为增加价格透明度，规范收费行为，满足货主需要，开拓铁路集装箱运输市场，制定了《集装箱运输一口价实施办法》。

（1）集装箱运输一口价是指集装箱自进发站货场至出到站货场，铁路运输全过程各项价格的总和，包括门到门运输取空箱、还空箱的站内装卸作业，专用线取送车作业，港站作业的费用和经铁道部确认的转场货场费用。集装箱运输一口价按发、到站分箱型列明于集装箱运输一口价中。车站应在集装箱营业场所公布《集装箱运输一口价实施办法》和本站的《集装箱运输一口价表》。

（2）集装箱运输一口价中包括铁路基本运价、建设基金运费、电气化附加费、特殊运价、杂费等符合国家规定的运价和收费，但不包括以下费用：

1）要求保价运输的保价费用。

2）快运费。

3）委托铁路装掏箱的装掏箱综合作业费。

4）专用线装卸作业的费用。

5）集装箱在到站超过免费暂存期间产生的费用。

6）托运人或收货人责任发生的费用。

（3）下列运输不适用集装箱一口价，仍按一般计费规定计费：

1）集装箱国际铁路联运。

2）集装箱危险品运输（可按普通货物条件运输的除外）。

3）冷藏、罐式、板架等专用集装箱运输。

（4）实行一口价运输的集装箱，不办理在货物中途站或到站提出的运输变更。

（5）集装箱运输一口价由发站费用、到站费用和铁路运输收入三部分组成。

1）铁路运输收入。包含国铁运费、国铁临管费用、铁路建设基金、特殊加价、电气化附加费；铁道部门规定核收的代收款；铁路集装箱使用费或自备集装箱管理费，印花税等。

2）发站其他费用。包括组织服务费、集装箱装卸综合作业费、护路联防费、运单表格费、货签表格费、施封材料费等。

3）到站其他费用。包括到站集装箱装卸综合作业费、铁路集装箱清扫费、护路联防费。

三、公路集装箱运费的计算方法

集装箱汽车运输收费是根据价值规律制订的。基本上与集装箱汽车运输的社会平均成本相适应。集装箱运输已经成为独立的运输形式，不仅有国际通用标准集装箱，同时还要有专用设备和专用车辆经营。只有由社会已承认了的价值，才能作为形成价格的依据。因此，集装箱汽车运价要以集装箱汽车运输社会平均成本为基础计价。公路集装箱运输是改货为箱，以箱为对象的运输，因此，公路集装箱的运价不能以被送货物的重量或被运送货物的容积计价，而应以箱计价。

1．集装箱汽车运输的计费箱型

集装箱汽车运输收费是根据不同箱型的基本运价为基础计算的，对于超出了标重的集装箱和非标准箱，都要在规定的收费上实行加价，箱型的确定是集装箱汽车运输收费的基本要素之一。按照ISO标准和我国国家标准的规定，集装箱的计费箱型主要有：

1）国际集装箱的计费箱型：6.1m（20ft）箱型和12.2m（40ft）箱型。

2）非标准箱型：是指外形尺寸超过标准箱型的集装箱，如超高、超宽、超长以及特殊用途的集装箱。

2．集装箱汽车运输的计费里程

（1）计费里程的计算　计费里程的依据是各省、自治区、直辖市制定的营运路线里程图。涉及市区内的计费里程的确定，以市区交通主管部门制定的营运路线里程图为依据。未列入营运路线里程图的计费里程可由承、托运双方协商确定。计费里程包括运输里程和装卸里程。运输里程按装箱地点到卸箱地点的实际里程计算。装卸里程按发车点到装卸点往返空驶里程的50%计算。

（2）包干计费里程　在进行国际集装箱的批量运输或同一地区、同一线路内进行多点运输时，为简化里程计算，可以根据不同运次的运送里程差异计算综合平均运距，作为每次运输的距离，平均运距既是包干计费里程。只要是批量运输，在规定区域分布点上，均可按平均运距收费。包干计费里程一般用于港口区域至城市区域内的多点运输。每批运输量不大时，不使用包干计费里程。

（3）起码计费里程　根据我国港口国际集装箱的集疏运条件和内陆中转站的布局情况，国家规定起码计费里程为5km，以公里（km）为单位，不足1km按1km计算。

四、航空集装箱运费的计算方法

航空货物运费的计算方法有两种，一种是常规运价计费法，另一种是新型运价计费法。

1．常规运价计费法

这种运价计算办法是以航线运距和货物体积为基础，对两个机场城市间的航线制定出经营航班的运价，并需提交国际航空协会（IATA）和有关政府，通过协议和经政府批准后才开始生效。

（1）普通货物运价　对于普通货物适用的运价标准，又可分为N运价和Q运价两种。

（2）指定货物运价　航空公司对指定货物实行优惠运价。如指定纺织品的运价最低重量为200kg，机械制品的运价最低重量为100 kg，化学制品的运价最低重量为500 kg等。

（3）等级货物运价　对特殊货物，如私人行李、报纸、贵重货物、活动物等，实行优惠运价或加价运价。

（4）集装箱运价　按更大的重量划分运价，如Q100、Q300、Q500和Q1 000等，有利于吸引货物采用集装箱装运。由于航空公司对大件货物提供运价打折政策，所以航空货运代理人可以将其收到的多票同一目的地的货物，拼装在集装箱或成组器内，再以一票货的形式交给航空公司承运，从中赚取货物差价。航空货运代理人的利润，主要来源于“集运”。

2. 新型运价计算法

随着全球经济一体化和全球航空货运的快速发展，与之相适应的航空货物运价结构也逐步发生了变化。

（1）货舱单位运价　它是以飞机货舱为计价单位。只要将货物装在集装箱或成组器中，就可以将装在飞机货舱里的集装箱或成组器作为计价单位。这是不分货种、等级的计费办法，它有利于加强管理和促进集装箱运输的发展。

（2）协议运价　它是采用议价和市场价相结合的定价办法。对于大宗货物或大件货物，可参考当时运价，采取与货主协商的办法决定运价，并采用浮动价格办法，当货运市场货运量增加时，则运价适当上浮，如货运市场货运量减少时，则运价适当下浮。

（3）时令运价　这是根据货物对时间的敏感度进行定价的办法。对时间要求越高的货物，定价就越高。同时，对运输旺季，如每年7、8月份对运价定价较高；对运输淡季，如每年1、2月份对运价定价较低。这种根据运输时令和货物运输快慢来判定货物运价的办法，可以减少按货物种类、等级为标准进行定价的麻烦。

第三节　集装箱运费的计收

一、国际集装箱运费的计收

海上国际集装箱运输与普通船海上运输在运费的计算上是有很大差别的，其中最主要的区别是在海上国际集装箱运费的计算上有最低运费和最高运费。

（一）海上国际集装箱最低运费的计收

在普通船海上运输中，各船公司在规定最低运费时是以运费金额作为计费标准的，几乎在每一条国际贸易航线上，他们都各自规定了一个最低的运费金额。其目的就是要保护船公司最低限度的收益。当托运人向船公司托运任何一票货物时，若承运的货物的运费金额低于最低运费金额时，托运人也应按规定的最低运费金额支付给船公司运费。在海上国际集装箱运输中，除拼箱货物的最低运费与普通船海上运输计收办法基本相同外，整箱货物运费计收办法完全不同。

在整箱货物的集装箱运输中，国际集装箱班轮公司规定的最低运费标准，是规定一个最低的运费吨。运费吨的计费方法规定了体积吨和重量吨两种计费标准。每一件货物都有它自己的重量和体积，在确定按哪一种计费标准作为运费吨时，就应当选择其运费高的作为计费标准。例如，有一包件货物，它的重量为1t，而其体积为$3m^3$，在这种情况下，既可按其重量计收运费又可按其体积计收运费，根据运费办法的规定，这件货物的运费应按$3m^3$的体积吨计收。

在海上国际集装箱运输中，国际集装箱班轮公司对不同种类和不同规格标准的国际集装箱分别规定了各自的最低运费吨。由于国际集装箱运输具有广泛的国际性，尽管各国际集装箱班轮公司对最低运费的计算都有各自的规定，对不同种类和规格标准的集装箱规定的最低运费吨基本上是相同的。

当由托运人自行装箱时，集装箱内所装的货物若没有达到规定的最低运费吨，就出现了装箱不足而亏箱。如果只按照普通船海上运输方式采用实装数量计收运费，则出现了亏箱情况。为确保国际集装箱班轮公司的经济利益，并鼓励托运人合理装箱积载，如果集装箱装载的货物的运费吨不足时，托运人应支付亏箱费。可见，亏箱运费不足的运费吨，实际上就是所规定的最低运费吨和实际装箱货物数量之间的差数。下面以某国际班轮公司对6.1m（20ft）通用集装箱的最低运费吨的规定作为例子加以说明。

例如，6.1m（20ft）通用集装箱最低运费吨规定为18t，而集装箱实际装载货物为15t，对该集装箱运费的计算仍按 18t，得出的计收的全部运费已包括了实装的 15t 的运费和 3t 的亏箱运费。很明显，6.1m（20ft）通用集装箱最低运费为18t，集装箱实际装载货物15t，两者之间的差数 3t 为装箱不足的亏箱运费吨。据此，可以推出亏箱运费的计算公式如下

$$\text{亏箱运费}=\frac{\text{亏箱运费吨}\times\text{实际装箱货物的全部运费}}{\text{计费吨}}$$

式中：计费吨=规定的最低运营吨−亏箱运费吨

有一些国际集装箱班轮公司对最低运费率规定的计算方法是采用百分比计算的。例如，当最低运费吨是以重量吨计算时，则按集装箱装载货物净重的95%计收；当最低运费吨是以体积计算时，6.1m（20ft）集装箱最低运费按箱内装载货物容积的85%计收；6.1m（20ft）以上的集装箱按箱内装载货物容积的75%计收。

（二）海上国际集装箱最高运费的计收

普通船舶的海运中，在运费的计算上是没有计算最高运费这一规定的。海上承运人根据托运人所托运的货物种类和数量，按对该种货物规定的费率计收海运运费。而在海上集装箱运输中并在托运整箱货物前提下，有的国际集装箱班轮公司采用最高运费计收办法。它的含义是对整箱货物的最高运费计收标准，是按不同规格尺寸的集装箱可装载货物的内容积作为最高运费计算标准的，如果在集装箱内实装的货物超出允许的内容时，对其超出部分货载是免收运费的。

很明显，实施最高运费的目的，一是为了鼓励托运人采用集装箱运输方式；二是为了鼓励托运人在装箱积载时充分利用集装箱的内容积，多装载货物。但是，最高运费吨只适用于以体积吨为计算单位的货物，不适用于以重量吨为计算单位的货物，这是因为每一种规格尺寸的集装箱规定了其最大的额定重量，在运输和装载过程中是不允许超过额定载重量的，更不应当鼓励托运人在装箱积载中有超重的行为。

在一般情况下，一只 6.1m（20ft）通用集装箱最多可装货约 $31m^3$；一只 12.2m（40ft）通用集装箱可装货物约 $67m^3$。比方说，某国际集装箱班轮公司将其 6.1m（20ft）通用集装箱和 12.2m（40ft）通用集装箱的最高运费吨分别定为 $22m^3$ 和 $45m^3$。而对装箱超出部分货物是免收运费的。

在采用最高运费吨计算整箱货物运费的情况下，托运人和装箱人应注意以下方面的问题：

1）6.1m（20ft）集装箱比较适于装载重质货物，按重量吨计算运费；12.2m（40ft）集装箱比较适于装载轻泡货物，按体积吨计算运费。

2）对整箱接货和整箱交货的“门到门”“门到场”“场到门”交接的集装箱货物以及整

箱接货和拆箱按件交货的“场到站”交接的集装箱货物，其运费是根据托运人在“集装箱装箱单”上所列的不同货物品类，按照这些货物品类各自适用的费率分别计收运费。

3）在上述交接方式的整箱货物运输中，当每包或捆货物中装有不同等级的货物时，其运费则按其中等级最高的货物适用的最高费率计收。

4）在上述交接方式的整箱货物运输中，整箱货物的托运人如果没有按照国际集装箱班轮公司的规定申报箱内所装货物资料，其运费则按集装箱的最高运费吨计收，而且按照集装箱货物所适用的最高费率计算运费。

5）在上述交接方式的整箱货物运输中，如整箱货物托运人只申报了部分货物资料（申报资料不全），或有一部分无法衡量体积的货物，这部分货物运费的计算量是集装箱的最高运费吨与已申报的货物计费吨之间的差数。

（三）海上国际集装箱整箱货物余额的计收

当托运人托运一票整箱货物需要3个或3个以上的集装箱时，往往装满几个实箱后剩余一部分货物，需要装载一只6.1m（20ft）集装箱，而且还没有装载成满箱，对装载最后一只整箱余额货物运费的计算一般有两种方法：一是对最后一只集装箱的计费标准给予降低；二是对最后一只集装箱按国际载货物的体积吨或重量吨计收运费。

二、铁路集装箱运费计收

（一）铁路集装箱运价费率

集装箱按箱型《铁路货物运价率表》（见表12-12）确定适用的运价率。

表12-12　铁路货物运价率表

种类		发到基价		运行基价	
		单位	费率	单位	费率
重箱	1t箱	元/箱	7.20	元/箱 km	0.031 8
	5t、6t箱	元/箱	55.20	元/箱 km	0.243 8
	10t箱	元/箱	85.30	元/箱 km	0.376 8
	6.1m（20ft）箱	元/箱	149.50	元/箱 km	0.660 3
	12.2m（40ft）箱	元/箱	292.30	元/箱 km	1.290 9

（1）货物运费按照承运货物当日实行的运价率计算，杂费按照当日实行的费率核收。

（2）集装箱运输的货物，由发站接收完毕，发站在货物运单上加盖车站日期戳时，即为“承运”。“承运”表示运输合同开始履行，因此，货物运费应按当日实行的运价率计算。

（3）铁路货运营业中所说的“当日”按“公历日”，即当日零时至24时之间承运的货物，在货物运单、货票上注明“翌”字，仍按承运当日实行的费率计算，但允许在次日收款。

（4）集装箱货物的运费按照使用的箱数及集装箱货物运价率表规定的运价率收费。

（5）按里程计算核收的货物运输费用，国家铁路（含国铁临管线、路局临管线和工程临管线）按国铁运价率以及合计的运价里程计算，通过地方铁路（合资铁路）的按铁道部规定的通过运价率和通过的地方铁路（合资铁路）运价里程计算，其运价里程按地方铁路发（站）到（站）到地方铁路（合资铁路）的分界站。

（6）进出口危险货物集装箱运费按“集装箱货物运价费率表”规定的运价率加 30%计算。

（7）自备集装箱空箱运价率按其适用重箱货物运价率的 50%计算。

（8）承运人利用自备集装箱回空捎运货物，在货物运单铁路记载事项栏内注明，免收回空运费。

（9）货物快运费按该批货物适用运价率的 30%计算。

（二）两线分流运价

目前，京九线、京广线实行的是两线分流运价，规定如下。

（1）凡经京广线运输的货物，发站按经京广线里程加收京九分流运价，在货票上另行填记，一次核收，按代收款单列报。京九分流运价率为 1t 箱每箱每公里 0.003 6 元，5t、6t 箱每箱每公里 0.003 元，10t 箱每箱每公里 0.050 4 元，6.1m（20ft）箱每箱每公里 0.096 元，12.2m（40ft）箱每箱每公里 0.204 元。空自备箱按重箱 50%计。

（2）发到、通过京九线的货物，与国铁正式营业线、地方铁路分别计算。京九线黄村至定南段、津霸线、横麻线运输的货物运价，由以下两部分合并计算：

1）按《铁路货物运价规则》规定的运价率（注：自 2000 年 5 月 15 日开始，免收发到运费。仅按运行基价计算）。

2）京九分流运价。京九分流运价率水平为：1t 箱每箱每公里 0.023 4 元，5t、6t 箱每箱每公里 0.195 元，10t 箱每箱每公里 0.327 6 元，6.1m（20ft）箱每箱每公里 0.624 元，2.2m（40ft）箱每箱每公里 1.326 元。空自备箱按重箱 50%计。计算时，经由京九线黄村至定南段、津霸线、横麻线的里程合并计算，不适用起码里程的规定，按实际里程计算，运费在货票上以“京九运费”另行填写，发到站一次核收，按代收款列报。不再核收铁路建设基金和新路新价均摊运费。

3）凡经京九线沙河街北至三江镇间段运输的货物，加收京九分流运价。京九分流运价率水平同上。

4）凡通过京九线定南至常平段（不含广梅汕铁路管内发到）的货物和通过京九线、广九线常平至平湖段在平南公司发到的货物，均按下列标准计费：1t 箱每箱每公里 0.048 元，5t、6t 箱每箱每公里 0.40 元，10t 箱每箱每公里 0.672 元，6.1m（20ft）箱每箱每公里 1.28 元，12.2m（40ft）箱每箱每公里 2.72 元。空自备箱按重箱 50%计。

5）经京九线运输到达广梅汕总公司、广深公司、平南公司的货物，运费只收到定南，定南至到站的运费在到站核收，发站在货票记事栏内注明“运费仅核收到定南”。

6)南昌局京九线沙河街北至三江镇间各站与羊城总公司相互间按最短路径经京九线定南至常平、广九线常平至广州东段运输的货物，在定南至常平段、常平至广州东段运费分别计算、分别填记，由发站一次核收。

（三）集装箱杂费

铁路货物运输杂费应按实际发生的项目和铁路货运运杂费率表（见表 12-13）的规定执行，并按照当日实行的费率核收。在杂费价格变动期间，如一项作业跨及二日，一项杂费涉及新旧费率时，应按不同期间适用的费率分别计算。

表 12-13　铁路集装箱货运运杂费费率

项目			单位	基本运价
表格费		运单	元/张	0.10
		货签（纸制）	元/个	0.10
		货签（其他材料制）	元/个	0.20
		运输服务订单	元/张	0.10
		月度要车计划表	元/张	0.10
		危险货物包装标志	元/个	0.20
		物品清单	元/个	0.10
取送车费			元/车 km	6.00
机车作业费			元/0.5h	60.00
变更手续费	变更到站（含同时变更收货人）	6.1m、12.2m（20ft、40ft）箱	元/批	200.00
		其他集装箱	元/批	10.00
	变更收货人或发送前取消托运	6.1m、12.2m（20ft、40ft）箱	元/批	50.00
		其他集装箱	元/批	10.00
货物装卸作业费		按《铁路货物装卸作业计费办法》《铁路货物装卸作业费率》的规定核收		

项目		单位	基本运价 1t 箱	基本运价 5、6t 箱	基本运价 10t 箱	基本运价 6.1m（20ft）箱	基本运价 12.2m（40ft）箱
过秤费		元/箱	1.5	7.50	15.00	30.00	60.00
货物暂存费		元/箱日	1.5	5.00	7.50	15.00	30.00
集装箱清扫费		元/箱	0.20	1.00	1.50	2.50	5.00
集装箱延期使用费		元/箱日	2.00	10.00	20.00	40.00	80.00
自备集装箱管理费		元/箱	3.00	15.00	25.00	100.00	200.00
地方铁路集装箱使用费		元/箱日	2.00	10.00	20.00	40.00	80.00
使用费 元/箱	500km 以内		5.00	30.00	50.00	100.00	200.00
	501—2 000km 每增加 100km 加收		0.40	3.00	5.00	10.00	20.00
	2001—3 000km 每增加 100km 加收		0.20	1.50	2.50	5.00	10.00
	3000km 以上计收		13.00	90.00	150.00	300.00	600.00
一箱多批（铁路拼箱）		元/10kg	0.20				

三、公路集装箱运费计收

（一）现行的集装箱汽车运输的运价是全国统一的基本运价

6.1m(20ft)标准箱基本运价 6.00 元/箱 km; 12.2m(40ft)标准箱基本运价 9.00 元/箱 ·km。各省、自治区、直辖市交通主管部门根据当地实际情况，可以在上述基本运价基础上，有

20%的上下幅度来制定本地区基本运价。非标准箱的汽车运价可参照同类箱型的基本运价，由承托双方议定。

（二）以重箱为计价基础的运价计算

（1）单程重箱　按各省、自治区、直辖市制定的国际集装箱汽车运输基本运价计算。

（2）双程重箱　同一托运人托运去程和回程重箱，回程对流运输的重箱运价，按基本运价减成 20%；提供不属同一托运人的回程重箱，对各托运人均按对流运输部分的基本运价减 10%。

（3）一程重（空）箱、一程空（重）箱　同一托运人托运重箱去，同时空箱回，或空箱去同时重箱回的，按一程重箱计费，遇有空箱运输里程超过重箱，运输里程的非对流运输部分按重箱运价计算。

（4）单程空箱　按基本运价收费。

（5）双程空箱　同一托运人托运的双程空箱，其中较长一程的空箱按单程重箱计算，另一程捎运的空箱免收运费。

思考题

1．简述集装箱运费的基本结构。

2．简述集装箱交接方式的运费结构。

3．简述按交接方式承担的风险责任运费的计收方法。

4．简述集装箱汽车运输的计费里程。

5．简述海上国际集装箱最低、最高运费的计收。

13

第十三章 国际集装箱运输提单

第一节 海运提单概述

一、提单的定义和性质

（一）提单的定义（Definition of Bill of Lading）

我国《海商法》第 71 条规定：“提单，是指用以证明海上货物运输合同和货物已经由承运人接收或者装船，以及承运人保证据以交付货物的单证。提单中载明的向记名人交付货物，或者按照指示人的指示交付货物，或者向提单持有人交付货物的条款，构成承运人据以交付货物的保证。”《海牙规则》和《海牙—维斯比规则》都没有给提单下定义。而《汉堡规则》鉴于提单在国际贸易和运输中所起的作用概括成提单的定义，我国《海商法》借鉴了这个定义。它概括了提单的本质属性，即证明承运人接管货物或货物已装船，证明海上货物运输合同和承运人据以交付货物。

（二）提单的性质（Nature of Bill of Lading）

1. 提单是承运人接收货物或货物装船的收据

一般说来，货物装船后才由承运人或其代理人签发提单，表明货物已由承运人接收或者装船。但是在实际业务中，货物装船后，是根据负有监督装货责任的船上大副签发的大副收据，而海上集装箱运输是由港站签发的场站收据正本，作为承运人接管货物或货物装船的收据。提单是根据大副收据或场站收据而来，记载了大副收据或场站收据的内容，所以提单也具有了承运人接收货物或货物装船的收据的作用。虽然大副收据或场站收据是承运人收到货物的原始收据，但它们仅作为船务单证或称为运输单证；而托运人最终所要取得的不是船务单证，而是能够用于结汇，收货人凭以提取货物和商业流通的提单。因此，提单既属运输单证，又属商务单证。

提单作为货物收据，不仅证明收到货物的名称、种类、数量、标志、外表状况，而且证明收到货物的时间。由于国际贸易中习惯地将货物装船象征卖方将货物交付给买方，于是签发已装船提单的时间就意味着卖方的交货时间。实际操作中，托运人取得已装船提单即可到银行结汇而获得货款。因此，用提单来证明货物的装船时间是非常必要的。

2. 提单是海上货物运输合同成立的证明

班轮货物运输合同的成立，首先是由托运人持托运单或订舱委托书（单）到船公司或其代理人（船代）处订舱，可谓“要约”。如果承运人可以满足托运人的要求，接受订舱，确定船名、航次、提单号，并在装货单上签章，可谓“承诺”，即认为海上货物运输合同成立。承、托双方就是根据此约定来安排货物运输的，如果发生争议，当然也应以这种约定作为解决争议的依据。

而提单是在货物装船后取得的，或者说提单是在合同履行过程中取得的。但是托运单或订舱委托书（单）没有规定承、托双方之间的权利、义务，而提单背面的条款却规定了，而且法律上承认提单是解决班轮货物运输争议的依据。但按严格的法律概念，提单并不完全具备经济合同应具备的基本条件，它不是双方意思表示一致的产物，而约束承、托双方的提单条款是承运人单方面拟定的，甚至提单签发托运人根本没有看就去银行结汇。实践中，更有甚者，从事国际贸易业务多年，而不了解提单究竟有哪些条款，作了哪些规定。所以，承运人签发提单只是海上货物运输合同已经订立的证明，如果承、托双方除提单外并无其他协议或合同，那么提单就是订有提单上条款的合同的证明。

如果托运人与承运人订有运输合同，承、托双方的权利、义务应以合同为依据；但收货人或提单持有人与承运人之间的权利、义务却按提单条款办理，此时提单就是收货人与承运人之间的运输合同。我国《海商法》第78条规定：“承运人与收货人、提单持有人之间的权利、义务关系，依据提单规定确定。”

3. 提单是承运人保证凭以交付货物和转让货物的物权凭证

根据提单的定义，承运人要按提单的规定凭提单交货，谁持有提单，谁就可以提货；提单持有人，不论是谁，只要他能递交提单，承运人保证凭以交付货物，他不会过问其提单来自何方，甚至不会追究是否合法持有提单。所以，提单的持有人就是物权的所有人，充分体现出提单是一张物权凭证，除法律有规定外，提单可以转让和抵押。

二、提单的种类

按不同的分类标准，提单可以划分为许多种类。

（一）按照货物是否已经装船划分

1. 已装船提单（On Board or Shipped B/L）

已装船提单指整票货物已经全部装进货舱或装在甲板（如集装箱）后，船长或承运人或其授权的代理人凭大副收据所签发的提单。

已装船提单除满足与其他提单相同的要求外，提单上一般有“货物已装具名船只”字样或注明装运的船舶和装船日期。航运实践中，除集装箱运输外大多数采用已装船提单，银行结汇一般也要求使用已装船提单。

2. 备运提单（Received for Shipment B/L）

备运提单又称收妥待运提单，是承运人在接管托运人送交的货物后在装船之前应托运人的要求签发的提单。

集装箱运输中集装箱进入集装箱货场或集装箱货运站后，承运人会签发备运提单。因为备运提单只说明承运人接管货物而无法说明货物将何时装船、装哪一条船，所以买方对货物能否按时装船无法肯定，更不能据此估计货物到港时间。货物尚未装船，买方所承担的风险也更大，因此买方一般不愿意接受该种提单，银行结汇一般也不接受备运提单。

货物装船后，托运人可凭备运提单换取已装船提单，或者由承运人在备运提单上加注船名和装船时间并签字盖章使之成为已装船提单。

（二）按照提单的不同抬头划分

1. 记名提单（Named B/L）

记名提单是指在提单的收货人一栏内具体填写某一特定人或公司名称的提单。

记名提单原则上不能转让。我国的《海商法》第79条就规定："……，记名提单：不得转让……"。所以提单项下的货物只能由提单上写明的特定收货人提取，避免了转让过程中可能给货方带来的风险。只是在少数国家，依法律可以采取类似财产转让的手法转让记名提单。

由于提单的流通受到限制，给贸易商带来很大不便，所以在国际贸易当中使用并不多，一般只在运输展览品或贵重物品时使用。

2. 不记名提单（Bearer B/L）

不记名提单是指提单上收货人一栏未写明具体收货人，只填写"持有人"（Bearer）字样，即货交提单持有人，或在收货人一栏空白。

不记名提单仅凭交付转让，手续简便，流通性极强。承运人交付货物也仅以提单为依据，提单持有人即被视为货主。但由于在提单遗失时很难区分非法获得提单者和提单的善意受让人，容易造成货物丢失或引起纠纷，因此不记名提单的风险很大，在国际贸易中很少使用。

3. 指示提单（Order B/L）

指示提单是指收货人一栏内填写"凭指示"（To order）或"凭××指示"（To order of ××）字样的提单。

指示提单可以作不记名指示（不标明指示人），也可以作记名指示（标明指示人）。指示人可以是托运人、收货人或者是银行。

指示提单是一种可转让的商业票据，无论是指示提单或不记名提单转让时都无须经过原提单签发人，即承运人的同意。转让以背书（Endorsement）的方式进行，其中经空白背书后的指示提单又被称为"空白抬头，空白背书的提单"，其功用类似于不记名提单，交付即可转让。交付货物时，对承运人来讲只要提单真实，背书连续，指示提单持有人的身份符合提单上所记载的指示，就可交付货物，完成自己的交付义务。

由此可见，指示提单既转让方便，有一定的流通性，又比不记名提单的安全性强，所以它是国际贸易中使用最为广泛的一种提单。

（三）按照提单有无批注划分

1．清洁提单（Clean B/L）

清洁提单是指在装船时货物的外表状况良好，承运人对提单上的货物说明无疑议，对所记载的“外表状况良好（In apparent good order and condition）”未做相反批注的提单。银行结汇、提单转让一般都要求是清洁提单。

2．不清洁提单（Unclean Or Foul B/L）

不清洁提单是指承运人明确地对有关货物包装状况不良或存在缺陷等情况加以批注的提单，目的是为了对抗收货人可能提出的索赔。因为提单具有货物收据的性质，而根据《海牙规则》承运人负有保管货物的责任，其中包括保持货物外表状况良好。由于清洁提单表明货物表面状况良好，承运人对有关货物的说明不存疑议，如果卸货时货物出现表面残损，就可以推定为承运人在运输途中未尽到自己照料货物的责任，承运人就可能要赔偿由此给货主造成的损失。所以在装船时一旦发现货物表面残损或者承运人对有关货物说明存在疑惑，保护自己利益的较好办法就是在提单上加以注明，如“包装箱破损”“货物表面污渍”“渗漏”等以免除自身责任，这就形成了不清洁提单。又因为货物表面状况不良很可能对货方利益造成侵害，买方风险因此加大，所以银行一般不接受不清洁提单。

实际业务中，因为不清洁提单对托运人十分不利，有时托运人会向承运人出具保函以将不清洁提单换成清洁提单，以方便银行结汇。但各国法律对保函效力的态度不一，有的一概不予承认，有的则认为只有善意的保函有效（如我国），而且法律也并没有对所谓善意保函给出一个明确的定义，所以承运人在具体事例中的法律地位仍然很难事先确定，其利益也无法得到保证。因此承运人应慎重行事，不要轻易接受保函。

（四）按照提单运输方式不同划分

1．直达提单（Direct B/L）

直达提单是指由同一船舶将货物从起运港直接运抵目的港卸货所签发的提单。

因为各转运港情况不同，货物在装卸中很容易出现货损货差，而且转船会延长货物在途时间，给货方带来更大的风险，所以凡信用证规定不得转船的，结汇时必须使用直达提单。

直达提单上不能有“转船”或“在××港转船”之类字样的批注。但有的提单背面条款中写有“……，如有需要，承运人得任意将货物交由属于承运人自己的船舶或属于他人的船舶或经由铁路或以其他运输工具直接或间接地驶往目的港……。”的字样，也称为“自由转船”条款，此类提单上如果没有转船的批注则仍为直达提单。

2．转船提单（Trans Shipment B/L）

转船提单是指在起运港装载的货物不能直接运往目的港，需要在中途换装其他船舶转运至目的港时承运人签发的提单。

转船提单一般由负责一程船（由起运港至第一个转运港）的承运人签发并且在提单上加转船批注。因为转船往往增加费用、风险，而且货物在中转港停留的时间不易掌握，对收货人极为不利，因此一般信用证规定不得转船，银行也不接受转船提单。

3．联运提单（Through B/L）

联运提单是指承运人对经由海—海、海—陆、陆—海运输的货物所出具的覆盖全程的提单。比较而言，转船提单只不过是在海—海运输形式下所签发的提单，可以说是联运提单中的一种特例。

4．多式联运提单（Multi-Modal Transport B/L or Inter Modal Transport B/L）

《联合国国际货物多式联运公约》规定："……按照多式联运合同以至少两种不同的运输方式，由多式联运经营人将货物从一国境内接管货物的地点运至另一国境内指定交付货物的地点……"的货物运输形式称之为多式联运。多式联运提单即承运人或多式联运经营人对采用多式联运方式的货物出具的提单。多式联运提单主要用于集装箱运输，全程可涉及远洋运输、铁路运输、航空运输、内河运输、公路运输等多种运输形式，以实现所谓"门到门"的服务。业务中，人们常常把联运与多式联运混为一谈，实际上它们各有自己的适用范围。联运提单除适用于包含海运在内的陆—海、空—海联合运输形式外，还可用于海—海联运，也就是转船运输。而多式联运提单则要求货物必须经由两种以上的运输形式。

不仅如此，由于近年来集装箱运输的发展，国际多式联运公约的签订，各种法规、惯例对多式联运提单的规定更加具体、更加明确，多式联运单证也成为一种重要的结汇单证。

（五）按照提单的格式不同划分

1．全式提单（Long Form B/L）

全式提单是指正式印就格式的提单。全式提单既有正面记载的事项，背面又详细列有承运人、托运人权利、义务的条款，是国际贸易业务中通常使用的提单。

2．简式提单（Short Form B/L）

简式提单是指提单上只有正面必要的记载项目而没有背面条款。

简式提单多用于租船合同项下所签发的提单，一般注有"所有条款与条件按照×年×月签订的租船合同"（All terms and conditions as per charter party dated××）。如果在班轮运输条件下签发简式提单，大多加注"各项条款及例外条款以本公司正规的全式提单内所列的条款为准"（Subject to the terms and conditions，provisions and exceptions as contained in the carriers regular Long Form B/L）。

在法律上简式提单与全式提单效力相同，按惯例银行可以接受。

（六）其他种类的提单

1．倒签提单（Anti Dated B/L）

倒签提单是指货物装船完毕后，承运人签发的以早于货物实际装船日期为签单日期的提单。

对已装船提单，提单的签单时间应反映该提单项下货物全部装船完毕的时间。《海牙规则》第3条规定：“……货物装船之后，如经托运人……要求，承运人、船长或承运人的代理人发给托运人的提单应为‘已装船提单’……”，远东水脚公会的章程也明确提单上的货物在装船尚未全部完成的这天以前，不得签注“装船”提单的日期。

现实中，有时由于种种原因货物未能在合同或信用证规定的装船期内装运，又来不及修改信用证，为方便结汇，有的托运人要求倒签装船日期。但从法律上来说，无论出于什么原因，虚假的装船时间一方面是对运输合同的违反；另一方面，由于国际市场风云变幻，交货时间往往对买方至关重要，直接影响到货物的再出售，被看作买卖合同的要件，因而伪造装船时间是对收货人利益的重大侵犯。所以倒签提单是一种既违约又违法的行为，在许多国家都被视为卖方和船方的共同欺诈，一经发现，承运人将不得不与托运人共同赔偿收货人因此遭受的损失。因此业务中应尽量避免。

还有的时候，托运人会提出向承运人出具保函，声明倒签提单出于托运人的请求，所造成的一切后果均由托运人承担，与船方无关。但本节不清洁提单一段已经讲过保函的法律地位在很多情况下是不确定的，况且隐瞒装船时间只能是托运人出于个人利益的考虑，很难说是善意行为，所以在此情况下一般法院对保函不会承认，承运人也很难根据保函免除自身的赔偿责任。

2. 预借提单（Advanced B/L）

预借提单是指货物在装船前或装船完毕前，托运人为及时结汇向承运人预先借用的提单。

与倒签提单相类似，预借提单的出现也是因为信用证或买卖合同规定的装运期或信用证有效期已到，托运人因故未能及时备妥货物或者因为船期延误货物未能装船完毕，为及时结汇而采取的一种变通办法。

出于同样原因，预借提单也是既违约又违法，通常也被视为欺诈，因而可能给承运人带来许多不必要的麻烦，甚至是损失。不仅如此，对承运人来讲预借提单比倒签提单的风险更大，因为货物尚未装船或未装船完毕，货物能否安全装船、是否能全部装船，将在什么时间装船，货物装船时的状况都不得而知。如果此时提单业已签出，对提单善意持有人的交付义务已经存在，承运人处于被动地位的可能性就会更大。

3. 过期提单（Stale B/L）

过期提单包括两种情形。一种过期提单是指由于航线较短或银行单据流转速度太慢，以至于提单晚于货物到达目的港，收货人提货受阻；另一种过期提单则是由于出口商在取得提单后未能及时到银行议付形成过期提单。

4. 甲板货提单（On Deck B/L）

甲板货提单是指承运人签发的货物装在甲板上的提单。此类提单必须注有“货装甲板”字样。

货物装在甲板上，除易受日晒雨淋影响外，还可能因海上风浪过大被冲入海中，因其他原因导致货物灭失或损坏的可能性也更大。因而《海牙规则》规定“运输契约中载明装于甲板上且已照装的货物”不包括在承运人所负责的“货物”范围之内，对其在海上运输中出现的任何灭失或损坏，承运人不承担责任（承运人故意行为除外）。《汉堡规则》和我国《海商法》则认为只要与托运人有协议或符合航运惯例或符合法律规定，承运人可以将货物装在甲板，并承担运输责任。虽然文字上说法不同，但实质上与《海牙规则》的规定差距并不大。现实情况是，除集装箱等航运界习惯装于甲板上的货物外，船方很少将货装于甲板上，贸易中甲板货提单也并不多见。

5．租船合同项下的提单（Charter Party B/L）

这是指承运人根据租船合同签发的提单。

租船提单注明“一切条款、条件和免责事项按照×年×月的租船合同”（All terms and conditions as per charter party dated××）。以前认为该种提单受租船合同的约束，不是独立的文件，所以除非信用证另有规定，银行不接受注明并入租船合同的提单。

6．运输代理行提单（House B/L）

这是指由运输代理人签发的提单。

运输代理行提单一般只是运输代理人收到货物的收据，不可转让，也不能作为向承运人提货的凭证，所以除非信用证另有规定，银行通常不接受这种提单。

三、提单的内容

1．提单的正面内容

（1）托运人（Shipper） 一般为信用证中的受益人。如果开证人为了贸易上的需要，要求做第三者提单（Third Party B/L），也可照办。

（2）收货人（Consignee） 如要求记名提单，则可填上具体的收货公司或收货人名称；如属指示提单，则填为“指示”（Order）或“凭指示”（To Order）；如需在提单上列明指示人，则可根据不同要求，填成“凭托运人指示”（To Order of Shipper），“凭收货人指示”（To Order of Consignee）或“凭银行指示”（To Order of ×× Bank）。

（3）被通知人（Notify Party） 这是船公司在货物到达目的港时发送到货通知的收件人，有时即为进口人。在信用证项下的提单，如信用证上对提单被通知人有具体规定时，则必须严格按信用证要求填写。如果是记名提单或收货人指示提单，且收货人又有详细地址的，则此栏可以不填。如果是空白指示提单或托运人指示提单则此栏必须填写被通知人名称及详细地址，否则船方就无法与收货人联系，收货人也不能及时报关提货，甚至会因超过海关规定申报时间被没收。

（4）提单号码（B/L No.） 一般列在提单右上角，以便于工作联系和查核。发货人向收货人发送装船通知（Shipment Advice）时，也要列明船名和提单号码。

（5）船名（Name of Vessel）应填写货物所装的船名及航次。

（6）装货港（Port of Loading） 应填写实际装船港口的具体名称。

（7）卸货港（Port of Discharging） 填写货物实际卸下的港口名称。如属转船，第一程提单上的卸货港填转船港，收货人填二程船公司；第二程提单装货港填上述转船港，卸货港填最后目的港，如由第一程船公司出联运提单（Through B/L），则卸货港即可填最后目的港，提单上列明第一和第二程船名。如经某港转运，要显示“VIA××”字样。在运用集装箱运输方式时，目前使用“联合运输提单”（Combined Transport B/L），提单上除列明装货港、卸货港外，还要列明“收货地”（Place of Receipt）、“交货地”（Place of Delivery）以及“第一程运输工具”（PRE Carriage BY）、“海运船名和航次”（Ocean Vessel，Voy No.）。填写卸货港还要注意同名港口问题，如属选择港提单，就要在这一栏中注明。

（8）货名（Discription of Goods） 在信用证项下货名必须与信用证上规定的一致。

（9）件数和包装种类（Number And Kind of Packages） 要按箱子实际包装情况填写。

（10）唛头（Shipping Marks） 信用证有规定的，必须按规定填写，否则可按发票上的唛头填写。

（11）毛重，尺码（Gross Weight，Measurement） 除信用证另有规定者外，一般以公斤为单位列出货物的毛重，以立方米列出货物体积。

（12）运费和费用（Freight and Charges） 一般为预付（Freight Prepaid）或到付（Freight Collect）。如CIF或CFR出口，一般均填上运费预付字样，千万不可漏列，否则收货人会因运费问题提不到货，虽可查清情况，但拖延提货时间，也将造成损失。如系FOB出口，则运费可制作“运费到付”字样，除非收货人委托发货人垫付运费。

（13）提单的签发、日期和份数 提单必须由承运人或船长或他们的代理签发，并应明确表明签发人身份。一般表示方法有Carrier、Captain或“As Agent for The Carrier：×××”等。提单份数一般按信用证要求出具，如“Full Set of”一般理解成三份正本若干份副本。当其中一份正本完成提货任务后，其余各份失效。提单还是结汇的必需单据，特别是在跟单信用证结汇时，银行要求所提供的单证必须一致，因此提单上所签的日期必须与信用证或合同上所要求的最后装船期一致或先于装船期。如果卖方估计货物无法在信用证的最后装船期之前装上船，应尽早通知买方，要求修改信用证，而不应利用“倒签提单”“预借提单”等欺诈行为取得货款。

2. 提单的背面条款

正本提单的背面列有许多条款，其中主要有：

（1）定义条款（Definition Clause） 主要对“承运人”“托运人”等关系人加以限定。

（2）管辖权条款（Jurisdiction Clause） 指出当提单发生争执时，按照法律，某法院有审理和解决案件的权利。

（3）责任期限条款（Duration of Liability） 一般海运提单规定承运人的责任期限从货物装上船舶起至卸离船舶为止。集装箱提单则从承运人接受货物至交付指定收货人为止。

（4）包装和标志（Packages and Marks） 要求托运人对货物提供妥善包装和正确清晰的标志。如因标志不清或包装不良所产生的一切费用由货方负责。

（5）运费和其他费用（Freight and Other Charges） 运费规定为预付的，应在装船时一并支付，到付的应在交货时一并支付。当船舶和货物遭受任何灭失或损失时，运费仍应照付，否则，承运人可对货物及单证行使留置权。

（6）自由转船条款（Transhipment Clause） 承运人虽签发了直达提单，但由于客观需要仍可自由转船，并不须经托运人的同意。转船费由承运人负担，但风险由托运人承担，而承运人的责任也仅限于其本身经营的船舶所完成的那段运输。

（7）错误申报（Inaccuracy in Particulars Furnished by Shipper） 承运人有权在装运港和目

的港查核托运人申报的货物数量、重量、尺码与内容，如发现与实际不符，承运人可收取运费罚款。

（8）承运人责任限额（Limit of Liability）　规定承运人对货物灭失或损坏所造成的损失所负的赔偿限额，即每一件或每计算单位货物赔偿金额最多不超过若干金额。

（9）共同海损（General Average—GA）　规定若发生共同海损，按照什么规则理算。国际上一般采用1974年约克-安特卫普规则理算。在我国，一些提单常规定按照1975年北京理算规则理算。

（10）美国条款（American Clause）　规定来往美国港口的货物运输只能适用美国1936年海上货运法（Carriage of Goods by Sea Act，1936），运费按联邦海事委员会（FMC）登记的费率本执行，如提单条款与上述法则有抵触时，则以美国法为准。此条款也称“地区条款”（Local Clause）。

（11）舱面货、活动物和植物（On Deck Cargo，Live Animals and Plants）　对这三种货物的接受、搬运、运输、保管和卸货规定，由托运人承担风险，承运人对其灭失或损坏不负责任。

海运提单（Bill of Lading—B/L）是承运人或其代理人应托运人的要求所签发的货物收据（Receipt of Goods），在将货物收归其照管后签发，证明已收到提单上所列明的货物；是一种货物所有权凭证（Document of Title）。提单持有人可据以提取货物，也可凭此向银行押汇，还可在载货船舶到达目的港交货之前进行转让；它也是承运人与托运人之间运输合同的证明。

第二节　关于提单的法规

一、国际公约

由于海上货物运输在国际贸易发展过程中的极端重要性，世界各国制订了大量调整提单的法律规范。

《海牙规则》全称为《统一提单的若干法律规则的国际公约》（The International Convention for the Unification of Certain Rules of Law Relating to Bills of Lading，1924），是海上运输方面一个十分重要的公约，至今已得到五十多个国家的承认。许多国家的航运公司都在其制发的提单上规定采用本规则，据以确定承运人在货物装船、收受、配载、承运、保管、照料和卸载过程中所应承担的责任与义务，以及其应享受的权利与豁免。由于《海牙规则》主要由海运业发达的一些国家制定，因此比较明显地偏袒船主的利益。

自《海牙规则》实施半个多世纪以来，由于其自身存在的和在实施过程中出现的各项问题，以及国际经济、政治关系的变化和海运技术的发展，某些内容已经过时，《海牙规则》的许多制度，如运输合同中船东最高赔偿限额、货物赔偿的责任原则、船东的众多免责条款以及推定证据概念等都是从英国法律中搬来的。随着时代的发展，主要保护像英国那样航运大国利益的《海牙规则》所表现的过多维护承运人的利益、责任条款不公平和不合理、举证责任不明确等弊端受到第三世界国家的极力反对，多数国家特别是代表货方利益的国家和第三世界国家强烈要求修改本规则。目前，对《海牙规则》的修改存在两个方案：一个方案是代表英国及北欧各传统海运国家提出的《修改统一提单的若干法律规则的国际公约》（维斯比规则：1968 年 2 月 23 日签订），该公约只是对《海牙规则》进行了修补，对海牙规则的适用范围、赔偿限额、集装箱运输的计算单位等作了一些合理的改进，但未触动海牙公约不合理的基石。另一个方案是由联合国国际贸易法委员会所属国际航运立法工作组提出的代表第三世界和货方利益的《1978 年联合国海上货物运输公约》（汉堡规则：1978 年 3 月 31 日通过），同《海牙规则》相比，该公约主要是扩大了承运人的责任，废除和修改了众多免责条款，将传统的“钩到钩”责任期间改为“港到港”的责任期间，简化和统一了举证规则，实行了完全过失责任制，成为一个全新的国际海运规则。由于目前正处在新旧交替过程中，而这三个规则在实际的海运业务中，分别为有关国家及其船公司所采用。

中国没有参加《海牙规则》和《维斯比规则》，也没有参加制定《汉堡规则》。为便于国际交往，在实践中采用了《海牙规则》中有关双方权利与义务关系的规定。

20 世纪 70 年代，随着国际贸易的领域和范围不断扩大，综合运用海、陆、空等多种运输方式的多式联运业务得到迅猛发展。为此，联合国制定了《联合国国际货物多式联运公约》（1980 年 9 月 1 日通过），以规范多式联运托运人与承运人之间的权利、义务关系。

二、国内法规

我国《海商法》于 1993 年 7 月 1 日生效。它是我国第一部全面调整海上运输关系、船舶关系的专门性法律。这部法律中有关海上货物运输合同的规定主要是参照了国际上现行三个调整海运提单公约而制定的。

我国的《海商法》对承运人免责规定是参照了《海牙规则》和《维斯比规则》，实行的是不完全过失责任制，它允许承运人在法定情况下，即使有过失也可不承担赔偿责任；关于举证责任，参考了《汉堡规则》，采用了推定过失或疏忽的原则。承运人要想免责（除火灾以外），就须负举证责任，以说明他和代理人已经为避免事故的发生及其后果采取了一切合理的措施。这个新制度加重了船方的责任，使船东的免责受到很大的限制，这是当今海上运输合同中普遍采用的一项制度；关于承运人责任期间，我国《海商法》规定的有两种，即集装箱装运的责任期间和非集装箱装运的责任期间。前者采用了当今世界各国船舶公司均采纳的“门到门”责任原则，后者采用了海牙规则的“钩到钩”责任原则；关于赔偿限额，我国《海商法》规定，承运人对货物的灭失或损坏的赔偿限额，按照货物件数或者其他货运单位计算，每件或者每个其他货运单位为 666.67 计算单位（简称 SDR，它是国际货币基金组织规定的特别提款权），或者按照货物毛重计算，每公斤为 2 计算单位，以二者中赔偿限额较高的为准。但是，托运人在货物装运前已经申报其性质和价值，并在提单中载明的，或者承运人与托运人已经另行约定高于本条规定的赔偿限额的除外。

第三节 集装箱运输提单

一、集装箱提单

集装箱提单是集装箱货物运输下主要的货运单据，是负责集装箱运输的经营人或其代理人在收到集装箱货物后而签发给托运人的货物凭证。因此，集装箱运输提单是收货待运提单，它与普通货物提单的作用和法律效力基本相同，但也有其特点：

（1）由于集装箱货物的交接地点不同，一般情况下，由集装箱堆场或货运站在收到集装箱货物后签发场站收据，托运人以此换取集装箱提单。

（2）集装箱提单的承运人责任有两种：一是在运输的全过程中，各段承运人仅对自己承担的运输区间所发生的货损负责；二是多式联运经营人对整个运输承担责任。

（3）集装箱内所装货物必须在条款中说明。因为有时由发货人装箱，承运人不可能知道内装何物，一般都有“Said to Contain”条款，否则损坏或灭失时整个集装箱按一件赔偿。

（4）提单内说明箱内货物数量、件数，铅封是由托运人来完成的，承运人对箱内所载货物的灭失或损坏不予负责，以保护承运人的利益。

（5）在提单上不出现“On Deck”字样。

（6）集装箱提单上没有“装船”字样，它们都是收讫待运提单，而提单上却没有“收讫待运”字样。

集装箱提单是集装箱货物运输下主要的货运单证，是由负责集装箱运输的经营人或其代理人在收到货物后签发给货物托运人的货物凭证。其作用和法律效力如下：

（1）集装箱提单一经签发则表明负责集装箱运输的人收到外表状况良好、铅封号码完整的集装箱货物，其责任已开始。

（2）集装箱货物至目的港地，提单持有人将提单交还给目的港地集装箱运输经营人的代理人，以取得提货的权利，因此，集装箱提单是交货的凭证。

（3）集装箱提单业经签发，负责集装箱运输的经营人凭其收取运费，完成或组织完成集装箱货物的运输，所以，该提单是集装箱运输经营人与货物托运人之间运输合同订立的证明。

（4）集装箱提单是代表货物所有权的凭证，即货物的物权凭证，可自由转让买卖。

集装箱提单种类很多，内容、格式繁多，其中有几个国家、几家船公司共同使用一种提单的，也有同一条船使用不同格式的提单。

二、集装箱提单主要条款

（一）承运人的责任期限

集装箱运输下，负责集装箱运输的承运人接货、交货地点往往是距离港口较远的内陆货运站或货主仓库，这样，普通船提单中对承运人规定的责任期限不再适用了，因此，集装箱提单将承运人的责任期限规定为“从收到货物开始至交付货物时止”，以代替普通船提单下的“钩至钩原则”。如英国OCL公司的集装箱提单对承运人的责任期限规定为：“承运人对自接货之时起至交货时止期间所发生的货损事故应承担责任。”中国远洋运输公司联运提单采用前后条款（Before After Clause），也就是说，承运人对收货前，交货后的货物损害不负责任。开展集装箱运输的最终目的是通过多种运输方式实行门到门运输，但目前实际门到门运输的集装箱货物由于诸多原因，其比例不大。因为，作为集装箱运输的经营人在实行门到门运输时，不仅有进口国、出口国有关法令是否允许的问题，而且，实行门到门运输，承运人负责内陆运输还必须做到：

（1）进口国或出口国有关法令是否允许海上承运人充当内陆或内河承运人。

（2）海上承运人必须对全程运输负责，也就是海上承运人与内陆或内河承运人订立分运合同，内陆或内河承运人作为受海上承运人委托的实际承运人。

实际上，集装箱运输下承运人的责任期限完全是根据集装箱货物的交接方式或运输条款来决定的，而什么样的交接方式或运输条款也就决定了承运人对货物负责的时间或期限。根据集装箱货物的交接地点，其交接方式有：

整箱货（Full Container Load，FCL）接收、整箱货交付：

1）发货人门至收货人门（Door/Door）。

2）发货人门至卸船港集装箱码头堆场（Door/CY）。

3）装船港集装箱码头堆场至收货人门（CY/Door）。

4）装船港集装箱码头堆场至卸船港集装箱码头堆场（CY/CY）。

整箱货接收，拼箱货（Less than Container Load, LCL）交付：

1）发货人门至进口国集装箱货运站（Door/CFS）。

2）装船港集装箱码头堆场至进口国集装箱货运站（CY/CFS）。

拼箱货接收，拼箱货交付：

出口国集装箱货运站至进口国集装箱货运站（CFS/CFS）。

拼箱货接收，整箱货交付：

1）出口国集装箱货运站至卸船港集装箱码头堆场（CFS/CY）。

2）出口国集装箱货运站至收货人门（CFS/Door）。

根据上述集装箱货物的交接方式，承运人或其代理人签发集装箱提单地点：

1．发货人门（Door）

在发货人门签发的集装箱提单则表明货物系由发货人自行装箱，集装箱运输经营人或其代理人在接收货物后，签署场站收据（相当于普通货运输下的大副收据），并负责安排内陆运输，发货人凭场站收据换取提单。

2．集装箱码头堆场（Container Yard，CY）

集装箱码头堆场签发的提单，则表明发货人在装箱后，自己负责安排内陆运输，发货人和集装箱运输经营人接收货物的地点以码头堆场为界，严格来说，以堆场大门为界。集装箱运输的经营人或其代表在收到货物后，签署场站收据，发货人凭其换取提单。

3．集装箱货运站（Container Freight Station，CFS）

在货物不足以装满一整箱，而贸易合同又规定货物要用集装箱来运输时，发货人则将货物运至集装箱货运站，由货运站负责装箱，拼箱货的交接与普通货运输下的交接无多大区别，只是普通货运输下的货物交接以大副收据为凭证，而拼箱货以场站收据为凭证。

上述情况下签发的提单均属待装船提单。

（二）舱面货选择权条款

现行的海上运输法规定，如承运人将货物装载甲板运输，此种运输仅限于该种货根据航海习惯可装载甲板运输，或事先已征得货主的同意，并在提单上记载“装载甲板运输”字样。反之，如承运人擅自将货物装载甲板运输而导致货物损害，则构成根本违反运输合同的行为，随之运输合同中给予承运人的一切抗辩理由、免责事项等均无效，由此而产生的一切损失承运人必须负责赔偿。

由于集装箱船舶构造的特殊性和经济性，要求有相当数量的集装箱装载甲板运输，通常，一艘集装箱船在满载时有30%左右的货箱装载甲板运输。然而，在实际业务中要决定将哪些货箱装载甲板运输是不可能的，因此，集装箱提单中规定了一条舱面货（甲板货）条款，规定装载舱面运输的集装箱与舱内集装箱享有同样权益，如日本邮船、昭和海运和大阪三井等船公司所使用的集装箱提单就有这样的规定：“本公司有权将集装箱货物装载甲板下运输，或甲板上运输，如货物装载甲板上，对包括共同海损在内的一切用途来说应认为是甲板下装载。”又如中国远洋运输公司联运提单条款第17条第1款规定：“集装箱（平板、托盘或其他类似装运工具除外）中所装的货物，不论是由承运人，或由货方装载，都可作舱面装运或舱内装运，而无需通知货方。此种货物（牲畜和植物除外），不论装载舱面或舱内，就本提单所载包括共同海损在内的所有情况，都视作舱内积载。”

（三）承运人的赔偿责任限制

所谓承运人的赔偿责任限制是指“承运人对每一件或每一货损单位负责赔偿的最高限额”，各国的法律和船公司的提单对承运人的赔偿责任限制都有明确规定，有的按照《海牙规则》，有的按照国内法。

在集装箱运输下，如货物由承运人或其代理人负责装箱，即拼箱货运输，承运人的责任与普通货提单规定的责任一样，按件或单位数负责赔偿，或毛重每公斤。但在整箱货运输下，承运人收到的仅仅是外表状况良好，铅封完整的集装箱，至于内装什么货、多少件、包装如何等，承运人只能从有关单证上知悉。为此，《维斯比规则》对《海牙规则》修改时，对集装箱、托盘或类似的运输工具在集装时作了这样的规定：“如在提单中已载明这种工具内的货物件数或单位数，则按所载明的件数或单位数赔偿，如集装箱、托盘或类似的运输工具为货主所有，赔偿时也作为一件。”将货主所有的集装箱、托盘或类似的装运工具也作为赔偿，这是因为集装箱提单对货物下的定义是：“货物是指从货物托运人处接受的货物，包括不是由承运人或代表承运人提供的任何集装箱，集装箱包括任何种类的集装箱、拖车、平板、集装油罐、托盘或类似的装运工具。”

现行的海上运输法规对承运人规定的最高赔偿责任限额每一件或每一货损单位，《海牙规则》100 英镑，《维斯比规则》为 10 000 金法郎或毛重每千克 30 金法郎，并按其中较高者计算。中国远洋运输总公司联运提单条款规定：

1）当承运人应对货物的灭失或损害负责赔偿时，此种赔偿应根据该货物的发票价值加上运费、保险费（如已支付）计算。

2）如无货物发票价值，此项赔偿则应根据该项货物交付地点和交付货方当时的价值，或应如此交付时的价值计算。货物价值应根据商品交易价值计算，而在无此项价格时，则按现时市场价格计算，如无商品交易价格或现时市场价格，则应根据相同品种及质量货物的正常价值计算。

3）赔偿金额不得超过灭失或损害时货物的毛重每千克 2 个特别提款权。

4）只有在承运人同意并且托运人所宣布的超过本提单规定限制的货物价值已在提单上记明时，才能要求赔偿较高的金额，在此情况下，宣布的价值便作为赔偿限额。任何部分灭失或损害，都应在此宣布价值的基础上按比例调整。

5）如经证明，货物的灭失或损害是发生在海上或者内陆水路，承运人的责任限额定为每件或每一计费单位 666.67 个特别提款权。

（四）制约托运人的责任条款

1. 发货人装箱、计数或不知条款

《海牙规则》规定如承运人、船长或其代理人有适当依据怀疑货物的任何标志、号码、数量、重量不能确切代表其实际收到的货物，或无适当的方法进行检验，便没有必要在提单上将其注明或标明。根据《海牙规则》的这一规定，承运人可以在提单上拒绝载明箱内货物的详情。但是，如果提单上缺少这些记载，势必会影响提单的流通性，因此，在实际业务中又不得不根据货主的通知内容予以记载。但另一方面，如果承运人默认了货主提供的集装箱内的件数，则会在能否享受最高赔偿限额等责任限制方面带来不利。因而，承运人在根据货主提供的内容如实记载于提单的同时，又保留“发货人装箱、计数”或“不知条款”，以最大限度达到免除责任的目的。

如有的集装箱提单规定：“如货物件数是由发货人或其代理人装箱并加封，该种集装箱又为本公司接受运输的，则本提单正面所列的内容（有关货物的重量、尺码、件数、标志、数量等），本公司均不知悉。”在提单中订有不知条款，从表面上看能保护承运人的利益，但其保护范围也有一定的限度，如货主能举证说明承运人明知货物详细情况，且又订上不知条款，承运人仍不能免责。特别是集装箱运输下的整箱货，承运人收到的仅是外表状况良好、铅封完整的集装箱，对里面所装的货物一无所知，所以，有必要加注这样的条款。

2. 铅封完整交货条款

集装箱提单中这一条款的规定仅适用于整箱货交接，也就是说，承运人在铅封完整下接货、交货，业已认为承运人完成货物运输，并解除所有责任。因此，从某种程度上说，集装箱运输下的整箱货交接是以铅封完整与否来确定承运人责任的。如货物受损人欲提出赔偿要求，不仅需举证说明，还应根据集装箱提单中承运人的责任形式来确定。

3. 货物检查权条款

所谓货物检查权条款是指承运人有权，但没有义务在任何时候将集装箱开箱检验，核对其所载装的货物。经过查核，如发现所装载的货物全部或一部分不能适合运输，承运人有权对该部分货物放弃运输，或是在由托运人支付合理的附加费后完成这部分的货物运输，或存放在岸上或水上具有遮蔽的或露天的场所，这种存放业已认为按提单交货，即承运人的责任已告终止。

集装箱提单上订有货物检查权条款是为了承运人对箱内货物的实际状况怀疑或积载不正常时启封检查。承运人在行使这一权利时，无需得到托运人的预先同意，当然一般来说，对由货主自己装载的集装箱启封检查时，原则上应征得货主同意，其费用由货主负担。

4. 海关启封检查条款

根据《国际集装箱海关公约》的规定，海关有权检查集装箱，因此，集装箱提单中都规定："如果集装箱的启封是由海关当局认为检查箱内货物内容打开而重新封印，由此而造成任何货物灭失、损害以及其他后果，本公司概不负责。"在实际业务中，尽管提单条款作了这样的规定，承运人对这种情况还应做好记录，并保留证据，以使其免除责任。

5. 发货人对货物内容准确性负责条款

集装箱提单中所记载的内容，通常由发货人填写，或由负责集装箱运输的承运人或其代表根据发货人所提供的有关托运文件制成。在集装箱运输经营人接收货物时，发货人应视为他已向承运人保证，他在集装箱提单中所提供的货物种类、标志、件数、重量、数量等均准确无误，若系危险货物就说明其危险特性。

如货物的损害系发货人提供的内容不准确或不当所致，发货人应对承运人负责，即使发货人已将提单转让他人也不例外。集装箱货物在由货主自行负责装箱时，货主对承运人造成的损害负责赔偿：

1）由于货主自己装载不当。

2）箱内的货物不适合装载集装箱运输。

3）箱内货物包装不牢、标志不清。

4）装箱之前未对箱子做合理检验。

5）运输途中承运人不能控制的原因。

6）应保证货物内容的准确、完整。

7）对第三者生命、财产负责。

8）对由于自己搬运、运输造成的损害负责。

（五）危险货物运输

运输集装箱危险品时，对货物托运人来说，必须在货物外表刷上清晰的、永久性的货物标志，并能提供任何适用的法律、规章以及承运人所要求的文件证明。集装箱提单条款规定：

1）承运人在接受具有爆炸性、易燃性、放射性、腐蚀性、有害性、有毒性等危险货物时，只有在接受由货主为运输此种货物而提出的书面申请时方能进行。

2）承运人或其代理人对于事先不知其性质而装载的具有易燃、爆炸以及其他危险性的货物，可在卸货前任何时候、任何地点将其卸上岸，或将其销毁，或消除其危害性而不予赔偿。该货物的所有人对于该项货物所引起的直接或间接的一切损害和费用负责。

3）如承运人了解货物的性质，并同意装船，但在运输过程中对船舶和其他货物造成危害可能时，也同样可在任何地点将货物卸上岸，或将其销毁，消除危害性而不负任何责任。

因此，在托运危险品货物时，托运人应保证：

1）提供危险品货物详细情况。

2）提供运输注意事项、预防措施。

3）满足危险品货物有关运输保管、装卸等要求。

4）货物的包装外表应注有清晰、永久性标志。

5）在整箱货运输时，箱子外表（四面）应贴有危险品标志。

（六）承运人的运价本

由于集装箱运输的特点，特别是涉及有关集装箱运输术语、具体交接办法、计费方法、禁运规定以及交货方式等问题，均无法一一在提单上列举说明，这时则需要运价本补充予以详述。在国际货运业务中，各船公司一般均将运价本的主要条款装订成册，必要时对外提供，以弥补提单条款规定之不足。集装箱提单中有关承运人的运价本是提单的组成部分，运价本与提单发生矛盾时，以提单为准。如中国远洋运输总公司联运提单条款第4条规定：“在装运时使用的承运人运价本的条款与条件，已载入本提单。因与此种运价本之间发生矛盾时，应以本提单规定为准。”

（七）索赔与诉讼

现行的海上货运公约规定，根据运输合同或提单有权提取货物的人，在收货时发现货物业已发生灭失或损害，或损害不明显，最迟不超过从收货之日起3天内以书面通知承运人或其代理人，这种交接应作为承运人已按照提单规定交付货物的初步证据。如货物的状况在货物交接时已经双方联合检验或检查，则无需书面通知，除非从货物交付之日或应交付之日起1年内提出诉讼。

现行的集装箱提单对于拼箱货货损事故处理的索赔要求和诉讼时效基本上与普通船提单的规定相同。但在整箱货运输下，由于整箱货在卸船港交付后一时并不拆箱，因此，只能根据表面状况交货，如箱子外表状况良好、铅封完整，承运人的责任即告终止。如货物或箱子外表状况并不良好，考虑到集装箱运输的特点，有的提单条款规定收货人应在3天、7天内以书面通知承运人。对于诉讼时效，有的规定为1年，有的为9个月，如属全损，有的提单仅规定为2个月，超出规定期限，承运人将解除一切责任。中国远洋运输总公司联运提单有关索赔、诉讼条款规定：

1）如货物损坏明显，收货人在收货时当场提出。

2）如在收货时没有当场提出，则在从提货之日起于15天内提出索赔。

3）如承运人的责任期限是从装船港至卸船港，诉讼从收到货 2 年内提起，否则，承运人解除一切责任。

4）如承运人的责任期限从装船港码头或紧邻码头至卸船港码头或紧邻码头，诉讼从收到货2年内提起，否则，承运人解除一切责任。

5）在货物全部发生灭失时，自该货物发生灭失时 2 个月内提起诉讼，否则，承运人将解除一切责任。

（八）货主自行装载集装箱责任

在由货主自行装载集装箱，以集装箱作为运输单元交承运人运输时，集装箱提单一般均订有以下条款。

1）承运人接收的是外表状况良好、铅封完整的集装箱，有关箱内货物的详细情况概不知悉。

2）货主应向承运人保证，集装箱以及箱内货物适应装卸、运输。

3）当集装箱由承运人提供时，货主有检查集装箱的责任。

4）当承运人在箱子外表状况良好、铅封完整下交付时，业已认为承运人完成交货义务。

5）承运人有权在提单上做出类似“由货主装载并计数”或“据称内装……”等字样的保留文字。

（九）首要条款

集装箱提单中的首要条款内容系指：

1）凡提单中所涉及的海上或内陆水路运输的货物，提单内容受制于《海牙规则》或《维斯比规则》，即使除《海牙规则》或《维斯比规则》以外的其他任何法规被强制适用于本提单，事实上它仍将受制于《海牙规则》或《维斯比规则》内容的管辖。如提单中已有的条款在任何程度上被认为与其他任何法规内容相抵触，或其他任何法律、法令或法规强制性适用于提单所证明的合同，提单条款内容将被视为无效。

2）凡提单所涉及的航空货物，提单内容受制于 1929 年的华沙航空货运公约以及 1955 年经修改的海牙议定书。

3）如提单被用于多式联运时，则应视为具体体现了1980年已通过的多式联运公约的内容，如提单内容与多式联运公约内容不符时，提单条款仍然有效。

（十）强制性法律、管辖权、限制性法令

提单所证明的或包含的合同将受提单签发地法律、法令或法规的管辖，如当地法律另有规定时则除外。但提单并不限制或剥夺任何国家的现行法律、法令或法规对承运人所认可的任何法定保护、有关事项的免责或责任限制。

（十一）提单可转让性

除非提单正面已注有“不可转让”，否则一旦接受提单，提单出让人、受让人以及提单签发人一致同意提单可转让性，并通过背书或无需背书转让，提单持有人有权接受或转让本提单所记载的货物。

思考题

1. 海运提单的定义和性质是什么？
2. 影响贸易的海运提单有哪几种？它们分别是如何影响贸易的？
3. 签发提单可能会有哪些风险？
4. 关于提单的国际法规有哪几个？它们对运输责任的主要不同点在哪里？
5. 集装箱运输提单有哪些特点？
6. 集装箱运输提单有哪些主要条款？
7. 根据集装箱运输提单的条款，承运人应该注意哪些地方？

第十四章 14

水路、公路、铁路、航空集装箱运输

第一节 水路集装箱运输

水路集装箱运输主要以海上国际集装箱运输为主。海上国际集装箱运输是指集装箱运输船舶装载的国际集装箱货物经由海上从一个国家或地区运至另一个国家或地区的国际运输。

一、海上国际集装箱运输组织

交通部颁布的《中华人民共和国海上国际集装箱运输管理规定实施细则》规定了交通部对海上国际集装箱运输实行两级管理。即各省、自治区、直辖市交通主管部门负责主管当地海上国际集装箱运输事业。

原国家经济贸易委员会作为全国综合运输管理部门，负责全国交通运输的组织、推动和协调工作。其中包括对全国集装箱运输的组织、推动和协调工作。

二、海上国际集装箱运输企业

1．海上国际集装箱运输经营的企业

凡是从事经营海上国际集装箱运输、装卸和货物运输业务的企业都是海上国际集装箱运输企业。主要包括：

1）从事经营海上国际集装箱运输的航运企业及其代理企业。

2）从事经营海上国际集装箱装卸业务的港口装卸企业。

3）从事经营海上国际集装箱中转业务和拆装箱业务等的内陆中转站、货运站。

2．海上国际集装箱运输企业的设立与管理

交通部对设立经营海上国际集装箱运输的企业实行申请、审批和报备制度，以及实行“经营许可证”制度；对要求变更业务范围或停业的企业，实行申请和审批制度。

三、集装箱班轮运输和集装箱航线

海上国际集装箱运输一般为班轮运输，集装箱航线一般为班轮航线。

（一）集装箱班轮运输

集装箱班轮运输是集装箱运输船按照预先公布的船期表，在固定的航线上和规定的挂靠中途港的顺序，往返航行于航线各港间的一种营运组织方式。其特点是对一定的集装箱船舶来讲，开航日期固定、开航时刻固定、挂靠港口固定、运价相对固定。

开展海上国际集装箱班轮运输必须进行科学的营运组织。为了提高我国集装箱运输船舶在国际航运市场上的竞争能力。我国交通部对国际班轮的班期和班次做出了明确的规定。

（二）国际集装箱班轮公司及集装箱班轮航线

1．国际集装箱班轮公司

根据从事国际集装箱运输班轮公司拥有的集装箱船载箱能力及其经营航线的情况，具有世界规模的国际集装箱班轮公司主要有 20 多家。如中国远洋运输（集团）总公司（COSCO）、美国海陆联运公司（Sea Land）、丹麦马士基轮船公司（Maersk）、中国香港东方海外货柜航运公司（OOCL）等。

2．主要班轮航线

（1）远东—北美太平洋集装箱航线。

（2）远东—欧洲集装箱航线。

（3）欧洲—北美大西洋集装箱航线。

（4）环球集装箱航线。

（5）地区海域支线运输网络系统。

3．各班轮航线的情况和挂靠的港口

（1）跨洋集装箱航线　用大型集装箱船队航行于跨越大西洋的国际集装箱航线。

（2）环球集装箱航线　采用大型集装箱船队，挂靠世界主要的国际集装箱枢纽港，环地球三大洋航行一周的国际集装箱航线。

（3）环太平洋集装箱航线　采用超大型集装箱船舶，挂靠太平洋沿岸主要港口环大洋航行的国际集装箱航线。

（4）近洋国际集装箱航线　采用集装箱船舶与邻近国家或地区港口间的集装箱运输，它只经过沿海或大洋的部分水域。

（5）国际海域集装箱支线运输　采用支线运输船舶向挂靠在枢纽港的干线集装箱船的运输。

（6）沿海、内河集装箱支线　是采用支线运输船舶装载集装箱货物向停靠在境内枢纽港的干线集装箱船舶的支线运输。

4．我国中远运输（集团）总公司经营的班轮航线

中国远洋运输（集团）总公司是我国国际集装箱运输的主力，也是具有世界规模的国际集装箱班轮公司，它作为全球国际集装箱承运人，拥有的集装箱船舶运力居世界各大集装箱班轮公司的第五位，开辟和经营的集装箱航线有 60 多条，并建立了覆盖全世界的国际集装箱运输网络系统。

第二节　公路集装箱运输

开展公路集装箱运输，能够简化货物流通环节，提高运输效率，节约包装材料，减少货损货差，降低流通成本，改善运输质量。因此，在运输业的各个领域，已被广泛应用。发展集装箱多式联运，实现“门到门”运输，可以打破行业界限，提高运输组织化水平，做到合理运输，为货主提供更加方便、快捷、安全、优质的服务。它是现代物流环节中不可缺少的运输方式，也是现代化运输发展的必然趋势。

公路运输以其机动灵活、快速直达的优势，在集装箱多式联运中成为重要的环节。所以，公路集装箱运输在集装箱内陆运输系统和海陆联运中，都占有重要的地位。

一、集装箱运输对公路的要求

（一）对公路技术规格的要求

一般来说，运输大型集装箱，最大轴负重 10t，双轴负重 16t 就够了。为了最大限度利用轴负重，可使用不受高度限制的低拖车。所以，对公路基本建设的最低要求是公路网的载运能力至少必须等于轴和双轴的负重和车辆上载运一个按定额满载集装箱的总重量。运输 6.1m、10.67m、12.2m（20ft、35ft、40ft）的集装箱，公路必须满足下列要求：

1）车道宽度 3m。

2）路面最小宽度 30m。

3）最大坡度 10%。

4）停车视线最短距离 25m。

5）最低通行高度 4m。

上述数据是以每小时行车速度每公里为基础计算的。有些国家因公路有关法规的限制，允许最大宽度、最大高度 3.8m。

（二）对运输车辆的要求

汽车集装箱运输的车辆是根据集装箱的箱型、种类、规格尺寸和使用条件来确定的。一般分为货运汽车和拖挂车两种，货运汽车一般适用于小型集装箱，作短距离运送；拖挂车适用于大型集装箱，适合长途运输。它的技术性能较好，在一些工业发达国家采用拖挂车较多。

（三）配备必备的装卸机械

虽然汽车集装箱运输的装卸作业主要在场、站或货主自己的库场上进行，不像码头、铁路货场那样进行大量的集装箱装卸工作，但为了适应某些货主以及汽车集装箱货场作业的要求，也需要配备一定数量的装卸集装箱的机械设备。

（四）公路集装箱营运管理

汽车集装箱的营运管理主要指两方面，一是货运组织工作；二是车辆的运行管理。

1. 货运组织工作

包括集装箱运输的货源组织、集装箱的业务管理和装卸作业，运费结算，集装箱的保管、交付，以及与其他部门的衔接配合工作等。

2. 车辆运行管理

车辆运行管理是指集装箱业务量的分配、车辆运行计划制订、运输工作的日常管理、集装箱车辆在线路上的运行组织管理、集装箱的运输统计分析等。

二、公路集装箱运输货源组织

（一）公路集装箱货物运输的特点

公路集装箱运输由于其货物的包装形态发生了质的变化，因此其货物的装卸、运输过程（即流程）也将发生变化。就其货物运输的流转程序来说，出口集装箱货物必须是先将分散的小批量货物预先汇集在内陆地区有限的几个仓库或货运站内，然后组成大批量货物以集装箱形式运到码头堆场，或者由工厂、仓库再将货物整箱拖运到码头堆场。进口集装箱货物如果是整箱运输的，将直接送往工厂或仓库掏箱，如果是拼箱运输的，将箱子送到堆场或货运站拆箱后再分送。这一种货物的运送方式同传统的运输运送方式有着很大的不同。首先，它的运送路线来得简单、方便，一般都在固定的几个仓库或货运站、堆场，这对集装箱运输规模化、标准化创造了有利的条件；其次，它的作业方式将更容易实现机械化和程序化，为开展集装箱码头堆场、货运站直至仓库之间的拖挂车运输打下了良好的基础，这对提高集装箱公路运输效率有重要意义。

就其货物的装卸流程来说，集装箱货物分整箱货和拼箱货两种，整箱货是由发货人自行装箱，拼箱货是由集装箱货运站负责装箱。这同传统的件杂货装卸有很大的区别。首先，从装卸业务上来看，明确规定了整箱货由货主自行装箱，拼箱货由货运站负责，这就从根本上解决了以往由公路运输单位装卸而造成质量差的老大难问题；其次，从管理上来看，由货主或货运站装箱、拆箱也更便于实现专业化、熟练化。集装箱货物装卸流程的变化也使各环节中的责任划分更加明确。

（二）公路集装箱运输的货源组织

1. 公路集装箱货源组织的客观性与主观性

集装箱货源的客观性是指集装箱货源受国家政策的影响很大，牵涉到国家对外贸易的发展和集装箱化的比例，同时还受到货主、货运代理以及船公司等各种变化的影响，因此从公路集装箱运输货源来说，其平衡性和稳定性只是相对的、暂时的。由于货源的不平衡性，对运输的需求也是经常处于不稳定的状态，因此集装箱公路运输在时间上和方向上都存在着一定的不均衡性。表现在货物的流量上，月度、季度或各旬间有很大差异，上行和下行也存在很大差异。所以说，集装箱公路运输的客观因素在一定程度上左右了公路集装箱运输的发展。

2．公路集装箱货源组织形式

集装箱货源组织最基本的形式是计划调拨运输，就是由公路运输代理公司或配载中心统一受理由口岸进出口的集装箱货源，由代理公司或配载中心根据各集卡公司（车队）的车型、运力，以及基本的货源对口情况，统一调拨运输计划。计划运输是保证集装箱公路运输正常发展的前提，也是保证企业效益的主要支柱。同时，计划运输对公路集装箱运输的运力调整和结构调整起着指导作用。

合同运输是集装箱公路运输的第二种货源组织形式。在计划调拨运输以外或有特殊要求的情况下可采用合同运输形式。由船公司、货运代理或货主直接与集卡公司（车队）签订合同，确定某一段时间运箱量。这尽管是计划外的，但是长期的合同运输事实上也列入了计划运输之列，这对稳定货源、保证计划的完成同样具有积极的意义。

第三种货源组织形式是临时托运。临时托运可视为小批量的、无特殊要求的运输。这一般不影响计划运输和合同运输的完成。这主要是一些短期的、临时的客户托运的集装箱，但这也是集卡公司（车队）组货的一个不可缺少的货源组织形式。

3．公路集装箱运输货源组织的手段

（1）委托公路运输代理公司或配载中心组货　这是主要的货源渠道，这是因为公路集装箱运输代理公司或配载中心一旦成立并发挥职能，其货源组织的能量是不可低估的，这不仅在于作为专门的公路集装箱运输货运代理与集装箱运输有关单位有密切的联系，业务上熟悉，商务上也便于处理，更重要的是，对客户来说要方便得多。这在事实上将提高其知名度，反过来其业务量亦将随之增大。

(2)建立营业受理点　委托集装箱公路运输代理公司或配载中心受理集装箱托运业务，并不排斥各集卡公司（车队）在主要货主、码头、货运站设立营业受理点，这有几个好处：一是能及时解决一些客户的急需或特殊需要；二是作为集卡公司（车队）在现场营业，办理托运，能更快地了解、掌握集装箱运输市场的信息动态，从而为其运输经营提供依据；三是允许适度的竞争对搞活集装箱运输市场是必要的，但是各集卡公司（车队）设立营业点必须行为规范，严格执行运价规定，并负责所产生的一切后果。

(3) 参加集装箱联办会议和访问货主　参加集装箱联办会议，及时了解港区、货代、货主的货源情况，也是一个组货的好渠道。要与他们保持密切的联系，随时掌握他们手中的货源，并争取运输。要经常走访主要货主单位与他们建立正常的业务联系，这是直接了解客户产销情况和对集装箱运输的需求变化十分有效的方式。要主动帮助客户解决运输疑难问题，与其确立稳定的业务关系。

三、公路集装箱运输与多式联运

（一）公路集装箱运输在联运中的作用

在国际集装箱由海上向内陆延伸的运输系统中，公路中转站是一个重要作业环节，也是箱货交接及划分风险责任的场所。它集门到门运输，中转换装，集装箱交接、堆存、拆装和货物仓储以及集装箱的清洁、检验和修理等多种作业功能于一体，并可揽货、代办提箱、报关、报验等业务，与船公司、港口、国际货运代理等企业及“一关三检”、理货、保险等部门有着密切的业务联系和协作关系。正是它的多种作业功能，决定了其在国际集装箱运输系统中的重要地位和作用。

（1）公路中转站是国际集装箱运输在内陆集散和交接的重要场所。随着外向型经济和国际贸易的发展，内陆地区外贸商品的进出口频率和数量显著增多。内陆中转站的建立，可预先在腹地集中出口货物，按流向将货物进行合理配积载拼装成箱，再根据运输要求及时向港口发运。具备“一关三检”的中转站，货物还可就地通关。这样的运输组织形式可以显著提高进出口货物的集装化程度，有效地减少货损货差，缩短集装箱周转时间，提高集装箱的利用率。

（2）公路中转站是港口向内陆腹地延伸的后方库场。通过公路中转站堆存、仓储和中转等功能的发挥，可使进口国际集装箱货物能够快速有效地从港口运往内地及时交付收货人。出口集装箱货物可根据货物的流量、流向、品类及船期安排，有计划有准备地按期起运，进港上船。内陆公路中转站的设立，等于将港口的后方库场延伸到了内陆腹地，大大缩短船、箱、货的在港停留时间。

（3）公路中转站是海上国际集装箱向内陆延伸运输系统的后勤保障作业基地。内陆公路中转站的设立起到海上国际集装箱向内陆延伸运输系统的后勤保障作业基地的作用。因为集装箱在使用寿命期间，为保证不危及人身安全并及时取消其存在的缺陷，集装箱经营人都要通过合同方式委托集装箱堆场经营人按照《国际集装箱安全公约》对集装箱定期进行检验和修理。而公路中转站一般均具备上述作业所需的软硬件条件。

（4）公路中转站既是内陆的一个口岸又是国际集装箱承托运等各方进行交易和提供服务的中介场所。公路中转站的设立是国际集装箱由港口向内陆腹地延伸运输系统中的一个重要“窗口”。它既是内地办理国际集装箱进出口业务的一个口岸，又是国际集装箱货主、货代、船公司、集装箱管理部门、公路运输企业以及与之有关的“一关三检”等各方进行交易和为之监管服务的中介场所。由于公路中转站完善的设施和规范有效的运作，从而能保证国际集装箱运输在内陆延伸系统中的顺利进行。

（5）公路中转站的设立可改善内陆地区的投资环境，从而能促进外向型经济的快速发展，随之又带动国际集装箱运输在内陆的推广和应用。随着内陆外向型经济的快速发展，对国际集装箱运输的需求将更加迫切。这既是中国经济发展的需要，也是与国际贸易接轨的要求。而内陆公路中转站的建立将促进内陆集装箱运输的发展。由于国际集装箱运输的发展将进一步优化内陆招商引资环境，提高国际贸易管理水平，增强出口产品的竞争力，从而大大推动内陆外向型经济的快速发展。

（二）公路集装箱运输在多式联运中的职能及业务范围

由于公路集装箱运输在其多式联运中所具有的特点和作用，因此，有必要予以确定公路集装箱运输的货运形式及其业务范围。在这里，我们所能讨论的也仅限于多式联运（国内段）的公路运输的货运形式和业务范围。

1. 货物运输的形式

货运形式主要有以下几个方面：

1）整箱的港到门直达运输。

2）整箱的港到站或堆场运输。

3）整箱的门到港直达运输。

4）整箱的门到场或站运输。

5）空箱的场到门或站到门运输。

6）空箱的站到场或场到站运输。

7）空箱的站到站或场到场运输。

2．业务范围

（1）进口货运业务

1）编制进口箱运量计划。根据港务局提供的船期动态表以及船公司或货代提供的进口船、载箱数，结合本公司运力编制运量计划。

2）接受汽车托运。货主或请代理向集卡公司提出进口集装箱陆上运输申请，集卡公司在了解箱包货物和卸货地点情况以后，符合条件的接受托运。

3）申请整箱放行计划。集卡公司在接受托运之后，应向联合运输营业所申请整箱放行计划，拆箱货应由陆上运输管理处批准。

4）安排运输作业计划。集卡公司应根据“先重点后一般”原则，合理安排运输计划。如遇超重箱或超标准箱应向有关部门申请超限证，跨省运输则应开具路单等。

5）向码头申请机械和理货、卫检等。无论整箱还是拆箱应及时向港区提出作业申请，由港区根据需要配备机械和人力。集卡公司还应代收货人提出理货、卫检或一些特殊需要的申请。

6）从堆场提取重箱。集卡公司在取得放行单和设备交接单后应到指定地点提取整箱，并办理出场集装箱设备交接。

7）交箱。集装箱送至收货人处拆箱时，须由理货公司派员理货。货主接收货物后，在交接单上签收，集卡运输责任交接后才告结束。

8）送还空箱。集装箱空箱应按指定时间、地点送回，在交接空箱时，应凭进场集装箱设备交接单办理集装箱交接。

（2）出口集装箱业务

1）掌握货源。集卡公司应广泛开展货源组织工作，掌握船公司和货运代理近期内待装运的箱源，预先做好运力安排。

2）接受托运。集卡公司在了解掌握待装货物和装箱地点情况后，符合条件的予以承运并订立运输契约。

3）安排作业计划。接受托运后，应及时编制作业计划。超重、超限、跨省运输应向有关部门办理申请。

4）向码头申请机械。所承运的货物，根据船期计划应在前一天向码头申请机械。

5）领取空箱。集卡公司凭货代签发的出场《集装箱设备交接单》和托运单到指定地点提取空箱。

6）装箱和送交重箱。空箱在托运人处装箱，经过理货公司理货，由装箱人提供装箱单，集卡公司将重箱连同装箱单、设备交接单到指定港区交付，并办理集装箱设备交接。

（三）公路集装箱运输在多式联运中的权利、义务和责任

目前，我国的国际集装箱运输多式联运还处在发展阶段，全程运输的责任体制有待建立。特别是集装箱公路运输的责任条款还未制订齐全。公路集装箱运输的商务纠纷仍按照传统运输的责任予以划分处理，在一定程度上阻碍集装箱公路运输的发展。

为了确定公路集装箱运输在多式联运（国内段）中应拥有的权利和义务以及相应承担的责任，国家应根据我国国情制定集装箱公路运输的责任条款。

（四）公路集装箱运输与有关部门的业务往来

公路集装箱运输同传统运输有很大区别，其中最大的区别就是环节多、手续多和单证多。由于环节、手续、单证的需要，集装箱公路运输又必然要和有关部门发生各种业务往来，因此，作为集装箱公路运输公司来说，熟悉了解有关部门的业务工作和政策、法规是保证多式联运发展的重要一环。

首先，公路集装箱运输公司应熟悉并了解海关、商检和港监的业务工作。海关方面应知道海关对国际集装箱运输报关、报检及集装箱进出口货物的有关规定，还要知道海关办理报关验收的工作程序及所需要的各种单证。商检方面应了解商检局关于对商品检验、集装箱检验、单证、报验及有效索赔期等各项有关规定。港监方面应清楚集装箱运载危险品的有关规定，以及在运输过程中应采取的防范措施。

其次，公路集装箱运输公司应熟知船公司或其代理的工作程序和有关单证，并与船公司或其代理保持密切联系，及时掌握车、船的靠泊、到站及装卸作业时间。

公路集装箱运输与港站的关系则要紧密得多，不仅仅是熟悉和了解，而且是要配合和执行。要掌握港站的工作规律和熟知其工作程序，及时同港站有关部门办理各项单证交接手续和预报进港、进站以及机械申请计划。

公路集装箱运输与集装箱运输管理部门、联合运输营业所和陆上运输管理处经常会发生业务往来及单证流转，要严格按照有关规定办理，密切合作。

四、国际公路货物运输公约和协定

为了统一公路运输所使用的单证和承运人责任，联合国所属欧洲经济委员会负责草拟了《国际公路货物运输合同公约》，简称CMR，并于1956年5月19日在日内瓦由欧洲17个国家参加的会议上一致通过签订。该公约主要内容是公约适用范围、承运人责任、合同的签订与履行、索赔与诉讼以及连续承运人履行合同等。

（一）适用范围

国际公路货物运输公约适用范围：

1）适用于由公路以车辆运输货物而收取报酬的运输合同，接受货物和指定交货地点依据合同的规定在两个不同的国家，其中至少有一国是缔约国。

2）如车辆装载运输的货物在运输过程中经由海上、铁路、内陆水路或航空，但货物没

有从车辆上卸下，公约仍对整个运输过程适用。但应证明以其他运输方法运输时所发生的有关货物的灭失或损害并非系由于公路承运人的行为或不行为所致，而仅是由于其他运输方式或由于此种运输方式运输时才会发生的原因所致。若发货人与其他运输方式的承运人订立的仅是关于货物运输合同，则公路承运人的责任不得依本公约予以确定，而应依照其他运输条件的承运人的责任规定予以确定。如没有这些规定的条件，公路承运人的责任仍依据本公约的规定予以确定。

3）若公路承运人本人也为其他运输方式下的货物运送人，其责任也应依照上述 1）的规定予以确定，但在作为公路承运人和其他运输方式的承运人时，他则具有双重身份。

4）公路承运人应对其受雇人、代理人或其他人为执行运输而利用其服务的任何其他人的行为或不行为一样承担责任。

（二）运单

在公路货运业务中，习惯认为运单的签发是运输合同的成立，因此，公路货运公约规定："运单是运输合同，是承运人收到货物的初步证据和交货的凭证。"

（三）发货人责任

在公路货物运输全过程中，发货人的责任可归结为：

1）没有准确提供自己的名称、地址。

2）没有在规定的地点、时间内将货物交承运人。

3）收货人的名称、地址有误，且由发货人提供。

4）对托运的货物没有说明其准确名称。

5）对托运的危险货没有在运单中注明危险特性，以及一旦发生意外时应采取的措施。

6）对运输要求没有作说明。

7）没有提供办理海关和其他手续所必要的通知。

8）货物包装不牢、标志不清。

9）货物内在缺陷引起的货损。

10）由于发货人的过失造成对第三方的损害。

特别应说明的是为了交付货物应办的海关或其他手续，发货人应在运单后附必需的单证，或将其交承运人支配和提供给承运人所需的全部情况。对承运人来说，没有责任调查单证情况的准确与否，除非是由于承运人的错误行为或过失。对于单证情况的缺陷所引起的损失，发货人应向承运人负责。

由于灭失或不当使用所产生的后果系承运人作为一个代理应负的责任过失所致时，承运人则应承担赔偿责任，但此种赔偿以不超过货物灭失所支付的全部赔偿为限。

（四）承运人责任和豁免

公路货运公约第 17 条对承运人规定的责任期限为："承运人应对自货物接管之时起至货物交付时止所发生的全部或部分灭失、损害，以及由于运输延误而造成的损失承担责任。"此外，在运输过程中承运人因使用车辆存在不良状况，或由于承运人租用他人车辆，或其代理人的过失同样承担责任。

对于货物延误运输则应看它是分票运输还是整票运输。习惯认为当货物未能在双方规定的时间内交货，或虽无此种规定，但考虑到实际情况后，在通常情况下货物所需要的运输时间超出了一个勤勉承运人的合理时间，则应视为延误运输，特别是分票运输的情况下，如在双方规定应交货的时间届满30天后，或无规定交货时间应从承运人接管货物60天后仍未将货交收货人，则应认为货物已灭失。

（五）交货责任

当货物运抵指定交货地点后，收货人有权凭货物收据要求承运人将第二份运单和货物交给他，如货物业已灭失或没有在规定时间或合理时间交货时，收货人对承运人有权以其名义免除运输合同的任何权利。但收货人在行使这一权利时，则应支付清运单中规定的所应支付的费用，一旦因此项费用没有支付产生争议，除非收货人已提供担保，否则，承运人对货物享有留置权。

此外，在货物运抵收货地点后因具体情况妨碍货物正常交付时，承运人应要求发货人给予指示，在收货人拒绝接货时，发货人有权处置货物而无需出示第一份运单。必须说明，收货人拒绝提货并不等于收货人无权提货，在承运人没有从发货人那里得到任何指示前，收货人仍享有货物的提货权。

收货人对货物的处理权利系从运单签发之时起，因而在当收货人指示承运人将货物交另一人时，原收货人则视如为发货人，而另一人为收货人。

（六）危险货运输

当发货人将危险货交由承运人运输时，则应将有关危险货物的种类、性质通知承运人，必要时还应说明应采取的预防措施，并将此种情况记入运单内。运输危险货所发生的有关货物的灭失或损害、发货人或收货人解除责任的唯一途径是举证说明承运人在接受危险货运输时业已了解该货物运输过程中有可能造成危险的事实。如在接受危险货运输时，承运人并不知道有关该类货物的性质，承运人有权随时随地将其卸载、销毁，并不承担任何责任。

（七）承运人赔偿责任限制

如果货物的灭失或损害发生在承运人责任期限内。且因承运人或其代理人过失所致，承运人对此项灭失或损害承担赔偿责任，其原则有：

1）凡根据本公约所规定的内容进行货物运输时，承运人对全部或部分货物的灭失赔偿，并依照货物接运地点、时间的货物价值计算。

2）有关货物的价值应根据货物交易价格，如无此项价格时则应根据当时市场价。如既无交易价格又无当时市场价，则应依照同类、同品名货物的通常货价决定。

3）货物毛重每千克的赔偿不超过2个金法郎。

4）当货物发生全部灭失时，有关运输费用、关税以及因货物运输发生的其他费用应全部偿还。如系部分货物灭失，则应按比例赔偿。

5）在延误损失赔偿情况下，承运人承担的最高赔偿不超过全部运输费用的总和。

6）只有在申报货物价值并支付了附加运费的情况下，才能得到较高的赔偿。

如货物的灭失或损害系由于承运人或其代理人、受雇人的故意不当行为所致，或根据受理货损处理法院的法律认为相当于故意不当行为的承运人或其代理人、受雇人的过失引起，则承运人无权享受责任限制。

（八）连续承运人的责任

在公路货物运输过程中，如系由几个承运人共同完成货物全程运输，则每一承运人对全程运输负责，每一承运人即成为运单条款或运输合同的当事人一方。连续承运人即从前一承运人那里接收货物的承运人，应给前一承运人签署收据，并在运单上写上名字、地址。必要时他也有权在运单中对所接受的货物做出保留，对于运单的性质和作用同样适用于承运人之间的关系。有关运输过程中发生的货物灭失、损害或延误运输，受损人可向：第一承运人提起诉讼；最后一个承运人提起诉讼；造成货物灭失、损害的实际承运人诉讼。

（九）索赔与诉讼

根据公路货运公约所提起的任何法律诉讼，原告可在双方协议中约定的缔约国的任何法院提起，也可在下列地点所属国家的法院提起：

1）被告通常住所或主要营业所法院。

2）合同订立地法院。

3）承运人接管或交付货物地点法院。

有关货物灭失或损害提出的诉讼时效：

1）根据公路货运公约因货物运输正常提出的诉讼，其时效为 1 年。

2）如货物的灭失或损害系由于承运人故意不当行为，或根据受理案件的法院的法律认为是与故意不当行为相等的其他过失，时效则为 2 年。

上述诉讼时效的计算为：

1）如货物系部分灭失、损害，或延误运输，自交货之日或应交货之日起算。

2）如货物系全部灭失、损害，则以双方约定的交货日后满 30 天起算。如无约定的具体交货日期，则自承运人接管货物之日起 60 天起算。

3）在所有其他情况下造成的货物灭失或损害，则在运输合同订立后 90 天起算。

但上述时效期限开始之日则不应计算在有效期限内。

第三节　铁路集装箱运输

铁路集装箱运输经过货源组织、计划配装、装车、中转、卸车、交付等运输过程来完成。因此，与传统的零担运输和整车运输不同，有其相应的组织方法和管理手段。

一、铁路集装箱货源组织与条件

（一）铁路集装箱货源组织形式

1. 整列的集装箱货源

同一品名的整列集装箱货源较少，但在与海运联运时，即与集装箱码头相连的枢纽站接运时，由于集装箱船载箱量大，铁路则需要编排整列的到达同一终点站的集装箱直达列车。

2. 整车的集装箱货源

整车的集装箱货源较普遍，目前，有些国家铁路集装箱专用车长度一般为 18.3m（60ft），最长的达 27.4m（90ft），一节整车可装载 3～4 个 6.1m（20ft）的集装箱。有些国家的铁路为了争取集装箱货源，规定集装箱运价按整车收取，集装箱总长不得超过 24.4m（80ft），装多装少均按车计费。因此，如何配装一节整车的集装箱数量对每箱运费的分摊很有关系。

3. 整箱的集装箱货源

对货运量较少的货主来说，在其货源能装满一个整箱，但不够一节整车时，有些国家铁路为方便这些货主托运集装箱，则采取按箱计费的办法。

4. 拼箱的集装箱货源

拼箱的集装箱货源是由运输部门根据不同货主托运的货物，加以整理后装载的集装箱货物，也就是一箱几个货主的货物。

（二）铁路集装箱货源组织的条件

目前，我国铁路集装箱运输主要是把普通零担货物中适合集装箱运输的货物组织使用集装箱，它的运输条件主要包括以下几方面。

1. 必须在铁路集装箱办理站办理运输

集装箱运输是通过集装箱来运送货物的，所以开办集装箱运输的车站必须备有场地、装卸机械、专业管理人员等条件。

2. 必须是适合集装箱运输的货物

铁路集装箱以装运贵重货、易碎、日用品等货物为主，这是因为这些货物价值较高，运输过程中又不易发生被盗、丢失、损坏等货运事故。在货源少的情况下，也可装运其他适箱货源。

3. 必须符合一批办理的手续

按一批办理的条件是指：一是每批货物必须是同一吨位的集装箱，二是每批货物至少在一箱以上。

4. 由发、收货人装箱、拆箱

通常，铁路集装箱运输的货物，从装箱、加封、启封、拆箱，应由发货人、收货人负责。铁路凭封印即铅封与发货人办理收箱、运输并以发货人的封印向收货人办理交付。

5. 必须由发货人确定重量

由于大多数铁路车站不具备衡量集装箱货物重量的条件，所以，集装箱运输的货物只能实现由发货人申报、确定的办法，发货人对自己申报和确定的货物重量负有责任，承担由于货物超重而造成的一切损害。

二、铁路集装箱办理站的职能

（一）铁路集装箱办理站的类型

铁路集装箱办理站按其业务性质与办理范围的不同可分两种：一种是集装箱运量较大，是定期直达列车始端或终端站，也有的叫基地站；另一种是集装箱运量较小，仅办理集装箱运输业务，称为办理站。建立集装箱办理站必须具有这样几个条件：

1）有一定数量且稳定的集装箱货源。

2）有装卸、搬运集装箱的机械配备。

3）有一定面积且硬化面堆场。

4）有办理业务的专职人员。

5）具有与其他运输方式相衔接的条件。

上述条件中，集装箱货源是基础，也是开展铁路集装箱运输的先决条件。因此，铁路方面要认真调查和掌握货源，货源来源不清、数量不准，即使开办了集装箱运输业务也因运量少或运量不均衡给运力带来亏损。装卸、搬运机械以及硬化场地是开办集装箱办理站的物质条件，没有硬化面的场地，集装箱直接放在地面上，装卸机械也不能很好作业，而专职人员又是提高工作效率和保证质量的根本。

（二）铁路集装箱办理站的职能

从目前所有的集装箱办理站来看，一般都具有两种职能，即商务职能和技术职能。

1. 商务职能

1）受理集装箱货物的托运申请。

2）办理装卸箱业务。

3）编制用车计划。

4）向到站发出到达预报通知。

5）编制有关单证。

6）核收有关费用。

7）装箱、拆箱以及加封等。

2. 技术职能

1）提供适合装货、运输的集装箱。

2）安排集装箱装卸、搬运等机械。

3）联系其他运输方式。

4）联系铁路之间的联运等。

三、铁路集装箱的中转

铁路集装箱中转站的主要任务是把来自不同车站的集装箱货物，通过有计划地组织重新按到站装车，将集装箱货物以最快速度运至到站。

目前，在进行集装箱中转时，有时会发现集装箱箱体损坏或封印丢失、失效等情况。一旦发现，中转站要立即会同有关部门清点货物，编制详细记录说明情况，补封后继续运送。如箱体损坏危及货物运输质量时，对箱内货物进行换箱。

中转站的中转作业分以下过程完成。

1．编制中转配装计划

1）详细核对中转计划表。详细核对中转计划表的主要内容，包括方向、主要到站和存箱数、已开始作业和待运的站存箱数。特别值得一提的是站存箱数必须根据货票与集装箱逐批、逐箱进行复查，然后再与中转计划表的数字进行核实。

2）确定中转车的去向，审核到达货票，并根据到达待送车的货票统计中转集装箱去向，确定重车卸后的新去向。

3）做集配计划。集配计划是按去向、主要到站站别统计得出的，内容包括停留在堆场的集装箱、各到达车装载的集装箱以及各货车之间相互过车的箱数（卸下的箱要确定堆存箱位）。

4）根据集配计划，结合送车顺序，确定货车送入后的中转车作业顺序。

5）传达中转作业计划。货运员和装卸工组对计划进行复查核对，做好作业前的准备。在复查中不但要对数字进行复查，还要检查箱体、铅封状态、标签、箱号是否与箱票记载一致。

2．中转作业

1）集装箱中转作业顺序一般是在货车送妥后，根据中转作业计划，首先卸下落地箱，再将过车箱装载到应过的车上，最后整理仍在车上的其他货箱。在进行车内整理作业时，要检查留于车内的集装箱的可见箱体和铅封的状态，以便划分责任。

2）进行装载。

3）中转作业完毕后对货车进行加封。

3．中转作业后的整理工作

中转的整理工作，既是中转作业结束后对中转工作质量的检查，也是下一次作业的开始。主要包括货运票据的整理，报表填记，复查中转作业完成的质量。

四、铁路集装箱货运程序

铁路集装箱的货运程序是指集装箱货物从接受、装车运送至卸车、交付整个过程的工作环节，现分别叙述如下。

（一）集装箱承运日期表的确定

集装箱承运日期表是集装箱计划组织运输的重要手段，其作用在于使发货人明确装往某一方向或到站的装箱日期，有计划地安排货物装箱以及准备短途搬运工具等。通过承运日期表，使路内外紧密配合，共同搞好集装箱货物计划运输。

（二）集装箱货物的接受

目前，大多数车站都采用由货运公司集中受理的形式，这种受理形式大致又分集装箱单独受理和集装箱、零担统一受理。它是在接受发货人的托运后，由货运公司审批运单。审批的方法包括以下几种。

1．随时受理

按装箱计划或承运日期表规定的日期，在货物运单上批注进箱（货）日期，然后将运单退还给发货人。

2．集中受理

集中审批，由受理货运员根据货物运单，按去向、到站分别登记，待凑够一车集中一次审批，并由发货人取回运单。

3．驻在受理

驻在受理是指车站在货源比较稳定的工厂、工矿区设受理室，专门受理托运的集装箱货物。在货物运单受理后，批准进箱（货）日期，或由驻在货运员把受理的运单交货运室统一平衡，集中审批。

4．电话受理

电话受理是指车站货运室根据发货人电话登记托运的货物，统一集配，审批后用电话通知发货人进箱（货）日期，在进箱（货）同时，向货运室递交运单，审核后加盖进货日期戳记。

（三）货物运单的审核

受理货运员接到运单后，按有关规定逐项详细审核下列内容：

1）托运的货物能否装载集装箱运输。

2）所到站能否受理该吨位、种类、规格的集装箱。

3）应注明的事项是否准确、完整。

4）有关货物重量、件数、尺码等是否按规定填写。

（四）空箱发放

车站在发放空箱时，应认真检查箱子外表状况是否会影响货物的安全运输而产生不应有的责任，在发放空箱时应做到：

1）发送货运员在接到运单后，应核实批准进箱日期，审核运单填写是否准确，并根据货物数量核对需要发放的空箱数，有不符时应和受理货运员核实。

2）对实行门到门运输的货物，应开具《集装箱门到门运输作业单》交发货人，填写集装箱门到门运输登记簿。

3）会同发货人共同检查空箱箱体状态，发货人在《集装箱门到门运输作业单》上签字后，领取空箱。应注意的是，如发运员认为所领取的空箱不能保障货物安全运输时，发运员应予以更换，如无空箱更换时，发货人有权拒绝使用，如使用后发生货损行为，应由车站负责，除非空箱存在的缺陷是以一般手段无法从外表检查发现的。

4）发送货运员有义务向发货人介绍箱子的内部尺寸、容积和货物积载法，这样不仅能充分利用箱容、载重量，而且能使货物牢固安全。

5）货物装箱后，由发货人关闭箱门，并在规定的位置悬挂标签和加封。

6）加封后，应将封志环节插入封盘落销。

（五）集装箱货物的接受和承运

发送货运员在接受集装箱货物时，必须对由发货人装载的集装箱货物逐箱进行检查，符合运输要求的才能接受承运，接受集装箱货物后，车站在货物运单上加盖站名、日期戳记，表明此时货物已承运。所谓承运是指发货人将托运的集装箱货物移交铁路的开始，一直至到达站将货物交给收货人时止。

在接受所托运的集装箱货物时，发送货运员应做到：

1）对由发货人装载的集装箱货物，应逐批、按箱检查箱门是否已关好，锁舌是否落槽，合格后在运单上批注货位号码。对门到门运输的集装箱货物还要核对是否卸入指定货位，然后在《集装箱门到门运输作业单》上签字，返还给发货人一份。

2）以运单为依据，检查标签是否与运单记载一致，集装箱号码是否与运单记载相符，铅封号码是否正确。

3）检查铅封的加封是否符合技术要求。

4）检查箱体是否受损，如有损坏，应编制集装箱破损记录，如损坏系由于发货人过失所致，则要求发货人在破损记录上签章，以划分责任。检查时，如发生铅印失效、丢失、无法辨认站名、未按加封技术要求进行铅封，上述情况均由发货人负责恢复至正常状态。

5）检查确认无误，车站便在货运单上签字，交发货人交款发票。

6）对进行门到门运输的集装箱，还应补填集装箱门到门运输登记簿有关事项。

（六）装车

装车货运员在接到配装计划后到站确定装车顺序，并做到：

1）装车前，对车体、车门、车窗进行检查，是否过了检查期，有无运行限制，是否清洁等。

2）装车时，装车货运员要做好监装，检查待装的箱子和货运票据是否相符、齐全、准确，并对箱体、铅封状态进行检查。

3）装车后，要检查集装箱的装载情况，是否满足安全运送的要求，如使用棚车装载时还要加封。装车完毕后，要填写货车装载清单、货运票据，除一般内容的填写外，还应在装载清单上注明箱号，在货运票据上填写箱数总和，即包括货重和箱体自重。

（七）卸车

集装箱货物到达卸站后，即开始进行卸车。卸车时应做到：

1）做好卸车前的准备工作，首先要核对货运票据、装载清单等与货票是否相一致。然后确定卸车地点，并确定卸箱货位。

2）卸车前，还应做好货运检查，检查箱子外表状况和铅封是否完整。

3）开始卸车对棚车进行启封，做好监卸和卸货报告。如在卸车过程中发生破损应做出记录，以便划分责任。

4）做好复查登记，要以货票对照标签、箱号、封号，在运单上注明箱子停放的货位号码，根据货票填写集装箱到达登记簿和卸货卡片。

（八）集装箱货物的交付

交货时，交箱货运员在接到转来的卸货卡片和有关单据后，认真做好与车号、封号、标签的核对，核对无误后通知装卸工组交货，并当面点交收货人。收货人在收到货物后应在有关单据上加盖“交付讫”的戳记。对门到门运输的集装箱货物，应填写门到门运输作业单，并由收货人签收。对由收货人返回的空箱，应检查箱体状况，在门到门运输作业单上签章。

上述集装箱货运程序均指铁路专用箱，为满足和适应国际标准箱的运输条件和规定主要有：

1）国际集装箱在铁路只限用 6.1m、12.2m（20ft、40ft）箱。

2）由货主自备的上述两种货箱则限在专用路线办理，但 6.1m（20ft）箱范围可放宽。

3）使用国际标准箱运输货物，由发货人加铅封，铁路与发货人、收货人之间交接凭封印办理。

4）国际联运的国际标准箱按国际铁路货物联运协定及其细则有关规定办理。

5）运输国际标准箱应使用敞车或平车装运。装载时箱门应相对，间距不超过 200mm。使用平车时，应捆绑加固。

办理国际标准箱运输的车站，应按月向铁路分局、铁路局填报“集装箱运输情况月报”。

五、铁路集装箱货物的交接责任

铁路集装箱运输虽然没有零担货物那样复杂，但就集装箱货物运输交接工作而言，却与零担货物运输同样重要。集装箱运输的交接环节是划分责任的界限，下面介绍铁路与发货人、收货人之间的责任划分。

（一）铁路与发货人、收货人之间的交接

铁路与发货人、收货人之间（其中包括他们的代理人）的交接，主要是指集装箱的接收、交付两个作业环节，它直接关系到铁路与发货人、收货人之间的责任划分。

铁路集装箱的交接均应在铁路货场内进行，主要检查箱体状态，还要检查铅封。铁路集装箱起运时应由发货人将集装箱堆放在指定的货位上，关好箱门，并与发货人按批逐箱与货签核对，经检查接收完毕后，在运货单上加盖承运日期戳记即表明已接受承运，或承运已开始。铁路在交付集装箱时，则应根据收货人提交的货物运单（或集装箱门到门运输

作业单），与集装箱到达登记簿进行核对，然后到货场会同收货人按批逐箱进行检查对照，经确认无误后，将集装箱向收货人进行一次点交，并注销交货卡片，交付完毕，责任即告终止。对进行门到门运输的空箱交接，经双方检查，确认箱体完好后，在集装箱门到门运输作业单上签字盖章办理交接手续。

（二）铁路货运员之间的交接

铁路货运员之间的交接，一是按同一工种因班次交替而进行的交接；二是不同工种之间的工作交接。对于上述两种交接，交接双方均应到现场实现对口交接。交者与接受者应采取以票对箱，或以箱对票的方法，按批逐箱进行检查，交接后双方在交接簿上签章，以分清责任。在交接过程中，如发现集装箱与货物运单记载的发站、到站、箱数、货名、发货人和收货人不符，以及铅封失效、丢失、箱体损坏危及货物安全等情况时，则应按《铁路货运事故处理规则》的有关规定进行处理。

（三）集装箱破损的责任划分及其记录的编制

集装箱的破损大致有两种情况，一是箱子损坏，二是箱子破损。前者是指某一单位或个人的责任造成集装箱未及时修理、定期修理，而后者通常指箱子的全损或报废。上述两种损害按其责任可分为：

1）发货人、收货人的过失责任。

2）承运人的过失责任。

3）第三者的过失责任。

4）不可抗力、意外原因、自然灾害。

5）铁路装卸工人的过失。

6）铁路货运员的过失。

凡属于上述责任造成的损坏箱、破损箱，以及货主自己的集装箱在铁路运输过程中发生的破损，都由货运员按箱编制集装箱破损记录。这个记录是划分集装箱破损责任的重要依据，因此，记录中所记载的内容必须准确、明确、肯定、完整。

六、国际铁路货物运输的有关规章

（一）国际铁路货物联运协定

国际铁路货物联运协定是参加国际货物联运协定各国铁路和发货人、收货人办理货物联运者必须遵守的基本条件，主要内容是有关货物运输组织、运输条件、运输费用计算，以及铁路承运人与发货人、收货人之间的权利、义务等。

（二）国际铁路货物统一运价规程

《国际铁路货物统一运价规程》简称统一运价，规定参加国际铁路货物各承运人之间办理货物运输的手续、过境运输费用和各项费用的计算、过境铁路里程表、货物品目分类表、货物运费计算表等内容。

（三）国际铁路货物运输协定

国际铁路货物运输协定是由相邻两国铁路签订。其主要内容规定了办理联运货物交换的国境站、运输车辆及货物的交接条件和方法、交接车辆运输办法、服务方法等。根据国际铁路货物运输协定的规定，相邻两国铁路定期召开铁路过境会议，对执行过程中出现的问题进行协商，签订《国际铁路会议议定书》。

（四）国际铁路货物运输协定中的有关规则

国际铁路货物运输决定有关规则主要有：

1)《国际铁路联运危险货物运输特定条件》根据货物的危险性质规定了危险货物的名称、包装办法、重量限制、使用车种、装货限制等内容。

2)敞车类货车货物装载和加固规则主要规定了参加国际铁路使用敞车类货车装运联运货物时在装载和加固方面应遵守的技术条件。

在办理国际铁路货物联运时，上述规章未包括因运输所需要的内容时均适用国内规章。如国际联运和国内规章均有规定时，则适用国际联运规章。

第四节　航空集装箱运输

航空运输是一种现代化的运输方式，其特点是：运送速度快，安全性能高，货物破损少，节省包装费、保险费和储存费。航行便利，不受地面条件的限制，可通往世界各地，将货物运送至收货人的所在地。随着航空工业技术的发展，加之国际贸易市场对货物供应的要求，航空货物运输在国际贸易货运中所占的比重越来越大。

我国早在 1955 年加入了 1929 年于华沙签订的《统一国际航空运输某些规则的公约》（简称华沙公约），该公约于 1955 年在海牙修改，修改本称《海牙议定书》。

目前，在空运业务中，进出口货物主要采用两种方式，一种是班机运输，另一种是包机运输。前者运输有固定的航线和起飞时间、到达时间，运价一般是从出发地机场至到达地机场的运价，地面运输则由收、发货人自行负责。后者系指确定起飞、到达时间，其费用（包机费）也是按来回程计算的。

现行的国际航空运输公约有三个，1929 年于华沙签订的公约为《华沙公约》。该公约规定了以航空运输承运人为一方，旅客、货物托运人和收货人为另一方的法律关系和相互义务，是国际空运方面一个最基本的公约。至今已有 100 多个国家和地区参加了该公约。1955 年在海牙召开的会议上，在责任限制、运输单证、航空过失责任、索赔期等方面对《华沙公约》作了修改。因为这次修改是在海牙进行的，因此，将修改后的华沙公约文件称《海牙议定书》，也有的将其称为《华沙公约修订本》。到目前为止，已有近 100 个国家和地区参加了海牙议定书，我国于 1975 年正式加入了该议定书。

然而，1929 年的《华沙公约》和 1955 年的《海牙议定书》都没有对某些内容作明确规定，如“承运人”一词，是指与旅客或货物托运人订有运输合同的人，还是包括受契约承运人的委托完成实际运输的人。为了解决这一问题，各国代表在1961年于墨西哥的瓜达拉哈拉签订了一个公约，就“承运人”这一问题对华沙公约作了规定，该公约称《1961年瓜达拉哈拉公约》。

在上述三个公约中，1929年的《华沙公约》是基础，其他两个公约是对《华沙公约》的修改和补充，由此可看出，关于国际空运方面的法律已在很大程度上得到了统一。

一、航空运输中的集装箱货物

航空集装箱运输是将适宜的货物、邮件装载航空集装箱内，采用民用飞机装载集装箱进行运输的一种流通方式。

（一）航空集装箱货物运输的特征

1．航空货运市场也就是集装箱货运市场

集装箱运输技术虽在全世界被广泛采用，然而无论是水路承运人、公路承运人或铁路承运人，在他们所承揽的货物中，有适合集装箱运输的货物，也有不适合集装箱运输的货物。但是对于航空承运人所承揽的货物中，一般均为适箱货物。也就是说，航空承运人的货运市场，就是集装箱货运市场。

2．货物的价值是判定其是否适于空运的主要条件

适于空运的特定货物的价值越高，其采用空运的可能性就越大。因为：①空运运费比水路、公路、铁路的运费都要高，而货物价值越高，则越容易承担较高的运费；②货物价值愈高时，采用空运给货主带来的好处也愈大，这种好处包括能保证货运质量，能使商品即时投放市场，能减少货物的库存量等。可见，货物的高价值无疑是促使货物采用航空运输的一个重要特征。随着全球经济一体化的不断加强和世界贸易的高速扩展，具有快速、可靠、灵活以及高附加的航空集装箱运输在整个货运领域中所占的位置越来越突出。

3．货物的运送时间要求是判定其是否采用空运的重要因素

有些货物的价值虽然并不很高，但其运送的时间要求却很高，这类货物如特定的普通件货或急件货物在航空货运量中占有相当大的比重。这是由于区域经济的分工与协作以及不同的自然地理条件使产品产生差异，因而促使不同地区之间的货物要进行流通。例如荷兰种植的“郁金香花”，由于它的独特品种，就需要空运销往世界各地，以满足人们生活上的需求。

（二）航空运输的货物种类

空运货物一般可分为工业制成品、鲜活易腐货物及邮件等3类。

1．工业制成品货物

主要包括电子产品、精密仪器、服装、针织品、生物制品、工业品和医药等。

2．鲜货易腐货物

主要包括海鲜货、鲜嫩蔬菜、新鲜水果、活体动物和鲜花等。

3．航空邮件货物

主要包括包裹、信函、明信片、印刷品和盲人读物等。

二、航空集装箱

航空集装箱产品一般包括航空集装箱运输使用的各种类型的集装箱、集装板（网）和其他有关辅助器材。

国际航空协会将航空运输的集装箱称之为“成组器”。它又分为航空用成组器和非航空用成组器两种。

1．航空用成组器

航空用成组器是指装载在飞机内与固定装置直接接触，不用辅助器就能固定的装置，它可以看成是飞机的一部分。从结构上又可分为部件组合式和完全整体结构式两种。部件组合式是由货板、货网和非固定结构圆顶三部分组成，或者由货板和货网组成；完全整体结构式则有主货舱用集装箱、下部货舱用集装箱和固定结构圆顶集装箱等几种。

2．非航空用成组器

非航空用成组器是指未满足上述航空用成组器条件的成组器。这种成组器可用叉式装卸车进行装卸。它是按照航空用成组器或飞机货舱的形状实现标准化了的航空用成组器，而且它必须根据国际航空运输协会规定的标准规格制造。

国际航空运输协会对属于非航空用成组器范畴内的货主登记的集装箱给予的定义为：“这种集装箱是指用铝、波纹纸、硬板纸、玻璃纤维、木材、胶合板和钢材等组合而制成的，并可以铅封和密封的箱子。其侧壁可以固定，也可以拆卸”。

三、国际航空运输组织及有关当事人

（一）国际民用航空组织（ICAO）

国际民用航空组织成立于 1944 年 4 月 4 日。它是政府间的国际航空机构，也是联合国所属专门机构之一，总部设在加拿大的蒙特利尔，现有成员 150 多个。它的大会是最高权力机构，常设机构是理事会，由大会选出的成员组成。我国是该组织的成员，也是理事之一。它的宗旨是发展国际航空的原则和技术，促进国际航空运输的规划和发展，以保证全世界国际民用航空的安全和有秩序的增长，具体工作包括：

1）鼓励为和平用途的航空器的设计和操作技术。

2）鼓励发展国际民用应用的航路、航站和航行设备。

3）满足世界人民对安全、正常、有效和经济的空运的需要。

4）防止因不合理的竞争而造成经济上的浪费。

5）保证缔约各国的权利充分受到尊重，每一缔约国具有开辟国际航线的均等机会。

6）避免缔约各国之间的差别待遇。

7）促进国际航行的安全。

8）普遍促进国际民用航空在各方面的发展。

（二）国际航空运输协会

国际航空运输协会是各国航空运输企业（空运承运人）之间的联合组织，会员必须是上述民用航空组织的一个成员国的航运企业。该协会于1945年4月16日在哈瓦那成立，其最高权力机构是年会，年会选举执行委员会主持日常工作，下设财务、法律、技术和运输等委员会，协会的主要任务是：

1）促进安全，并定期以经济的航空运输有利于世界人民，扶助发展空运业。

2）提供各种方式以促进直接或间接从事国际空运业务的空运企业之间的合作。

3）促进与国际民用航空组织和其他国际组织的合作。

（三）国际货运代理人协会

国际货运代理人协会成立于1926年，其目的是解决由于日益发展的国际货运代理业务所产生的问题，它的会员不仅限于货运代理企业，还包括海关、船舶代理、空运代理、仓库、载货汽车、铁路等，这是因为这些部门都是国际运输的一部分。该协会下设10个技术委员会，它们是：公共关系，运输和研究中心，法律单据和保险，铁路运输，公路运输，航空运输，海运和多式联运，海关，职业训练和统计等。

（四）空运代理

航空货运是一项较复杂的商业业务，处理不当往往有可能造成错误和损失，因而一般货主比较愿意委托空运代理办理有关业务。空运代理在经营出口货运时，通常向发货人提供下列业务：

1）从发货人处接收货物，向航空公司订舱，并按时将货运至机场。

2）填写航空运单，计算运单上所列明的各项费用，保证发票及其他商业单据符合航空运输的需要。

3）检查进出口许可证是否完善，办理其他有关政府的规定。

4）为发货人办理保险等。

四、集装箱运输对空运的要求

航空运输的集装箱在尺寸、结构和容积方面，与其他运输方式使用的集装箱不同，而且，航空公司所关心的是避免飞机的损伤和减轻集装箱的重量。所以，所有空运集装箱和国际航空协会批准的成组货载装置、弯顶、低底板的集装箱都比国际标准化集装箱要轻得多，空运集装箱不需要重型角铸件、角柱，它不受海运或其他装卸作业的压力。而且，此种集装箱不符合国际标准化装卸设备，如门式起重机、集装箱起重机、抓具等要求。所以，空运成组货载要与海运和其他运输方式开展集装箱多式联运业务时，则必须在机型、箱型等方面进行改革，使空运的集装箱能符合国际标准化的要求。

而且，就航空来说，与其他运输方式，如陆运、海运、水运相接送的机会很少。这是因为空运的接箱有两种类型：其一，接送、转运业。在这一类型中，航程两端都用货车接送的业务，并用货车将货物从一个机场运至另一个机场。其二，陆运和空运相接。这种类型实际上是"短途货车接送业务"，即用货车在机场两端及四周接送的业务。而且，这种货物仅限于"适宜空运"的货物，是具有一定价值与重量比率因而能承受较高的空运费用的货物。同时，由于空运货物的包装比陆运、海运轻，因此，就箱子本身来说，也不能进行接送和交替使用。在"短途接送业务"中，货车接送是航空运程的一个附带部分，整个航程都包括在空运运单内，空运承运人对全程运输负责，并受制于华沙公约严格赔偿责任制和相当高的赔偿责任限额。

此外，就华沙公约有关适用的范围、单据、赔偿责任限制、通知的期限、诉讼时效、管辖等方面的规定，与集装箱国际多式联运也有分歧。根据华沙公约的规定，华沙制度对所有国际空运都强制适用，任何违背本公约条款的合同均属无效。华沙公约关于联合运输的规定是："本公约的规定仅适用于航空运输，在整个运输过程中，某一区段涉及其他运输方式的多式联运问题时，其中空运区段应遵守华沙制度的规定。"

五、我国民航关于国际空运的一般规定

（一）货物的托运

托运人在申请货物运输时，应正确填写"国际货物托运书"（Shipper's Letter of Instruction）和有关货物出口明细表、发票、装箱单以及海关、商检需要的证书、文件，先向海关办理出口手续，然后由民航填开航空运单，每批货物填开一份航空运单。包机运输的货物，每一架次填开一份航空运单。航空运单是承运人与托运人之间的货运契约，也是航空运输凭证。航空运单由两组文字组成，第一组文字"999"为中国民航代号，第二组文字为航空运单顺序号码。航空运单有正本三份，副本若干份，正本一份随货同行，一份留承运人，一份交发货人。

托运时，应根据货物的性质、形状、重量、体积、包装等情况，在每件货物包装上写上收货人、发货人名称和地址以及货箱号、标志等。

（二）货物的交付

货物运至目的地后，由航空公司以书面或电话通知收货人提货。收货人接到通知后应自行办妥海关手续，并当场检查货物有无损害，如有损害、短少，应立即向承运人、海关或有关部门联系，并做出运输事故记录。

从发出交货通知后的次日起，国际货物免费保管 5 天，超出上述时限，按规定收取保管费。分批到达的货物保管期限，应从通知提取最后一批货物次日起算。

六、国际航空货运公约的主要内容

国际航空货物运输若干法律规定主要以华沙公约为主，并结合海牙议定书有关修订内

容，主要包括以下几点。

（一）适用范围

《统一国际航空运输某些规则的公约》简称华沙航空货运公约，适用于：

（1）所有以航空器运输旅客、行李或货物而收取报酬的国际运输。

（2）同样适用于航空运输企业以航空器办理的免费运输。

（3）同样适用于国家或其他法人符合下列条件所办理的运输：

1）根据有关各方所订立的合同，不论在全程运输中有无中断或转运，其出发地和目的地是在两个缔约国或非缔约国的主权、宗主权、委任统治权或权力管辖下的领土内有一个约定的经停地点的任何运输。在同一缔约国的主权、宗主权、委任统治权或权力管辖下的领土间的运输，如果没有这种约定的经停地点，对华沙航空货运公约来说则不作为国际运输。

2）如货物的全程运输系由多个承运人共同完成货物的连续运输，但此种运输被合同各方认为是一项单一的运输业务，则无论是以一个合同或几个合同形式订立，就华沙航空货运公约来说，则应视为一项单一的运输，并不因其中一个合同或几个合同完全在同一缔约国的主权、宗主权、委任统治权或权力管辖下的领土内履行而丧失其国际性质。

（二）空运单

1929 年的华沙公约将空运单证称为空运托运单（Air Consignment Note，简称 CAN），按华沙公约的规定，承运人有权要求托运人填写空运托运单，每件货物应填写一套单证，承运人应接受托运人填写的空运托运单。每一套托运单应有正本三份，并与货物一起交承运人，其中：

第一份注明交承运人，由托运人签字。

第二份交收货人，由托运人签字后随同货物运送。

第三份在货物受载后由承运人签字交给托运人。

除托运单外，托运人还要向承运人提交有关货物运输和通过海关所必需的单证，如发票、装箱单等，以便能及时办理海关手续，迅速将货物送收货人手中。空运托运单应填写的主要内容有：填写空运托运单的地点、日期、起运地、目的地、中转地、发货人、收货人、货物名称、付款方式、重量、尺码等。空运托运单上这些内容均由托运人填写或由承运人根据托运人申述的内容填写，如由于填写或申述错误，均由托运人自负。

根据华沙公约规定，空运托运单是订立合同、接受货物运输条件以及关于货物详细情况的初步证据，但其中有关货物数量、件数、尺码、货物状况的声明并非对承运人的声明，除非在接收货物时承运人已当场予以核对。如承运人接受并承运了没有填写空运托运单的货物，或在空运托运单上没有包括上述内容，承运人则无权引用华沙公约中有关免除和限制承运人责任的规定。

空运托运单不同于海运提单，它不是货物所有权的凭证。因为空运速度快，通常在托运人将托运单送收货人之前，货物已送至目的地。这在很大程度上排除了通过转让单据来转让货物。在实际业务中，空运单一般都印有“不可转让”字样，业务上的一般做法是：货物运至目的地后，收货人凭承运人的到货通知和有关证明提货，并在提货时在随货运到的空运托运单上签收，而不要求收货人凭托运单提货。如果承运人在接收货物时没有填写航空货运单，那么，承运人无权引用公约中关于免除或限制承运人责任的有关规定。

对于空运单中所填写的关于货物的说明或声明的准确性，托运人则负有绝对责任。如因为这些说明或声明不完全、不准确致使承运人或任何其他人遭受损失，托运人则应承担赔偿责任。

在没有相反证据时，航空货运单是订立合同、接受货物和承运条件的合同或合同证明。任何有关货运单中货物的重量、尺码、包装、件数的说明，均应被认为是准确的，除非已经承运人和货物托运人当面查对，并且在货运单中注明。

（三）运输变更

货物托运人在履行运输合同所规定的一切义务的条件下，有权要求：

1）在起运地航空站或目的地航空站将货物收回。

2）在途中经停地点中止货物运输。

3）在目的地或运输途中将货物交给非航空货运单中指定的收货人。

4）要求将货物运回起运地航空站。

上述运输变更权利的行使不得使承运人或其他人遭受因运输变更而造成的损失，并应支付由此而发生的一切费用。

当承运人接到货物托运人要求运输变更通知，而事实上已无法执行时，即应通知货物托运人。如果承运人根据托运人的指示交货，但没有要求出示其所签的航空货运单致使该航空货运单的持有人遭受损失时，承运人则应承担责任，但并不妨碍承运人向托运人要求追偿的权利。

在货物运抵目的地航空站后，除另有约定，承运人应在货物抵达后通知收货人，收货人在付清应付费用和履行航空运单上的条件后，有权要求承运人根据航空货运单交付货物。

如承运人已承认货物发生灭失，或在货物应抵达的日期 7 天后仍未抵达，则收货人有权向承运人行使运输合同所规定的权利。

此外，货物托运人应提供必需的有关资料、文件，以利于货物在交付给收货人时能顺利履行海关、税务或其他有关手续，并且应将这些资料、文件附在航空货运单后面。由于托运人因提供这些资料、文件不足、错误、不符有关规定造成的任何损失，则由托运人承担责任，对承运人来说，没有义务检查这些资料、文件是否齐全、准确。

（四）承运人的责任和豁免

根据华沙公约的规定。空运承运人应对货物在空运期间所发生的货物灭失、损害或延误交货承担责任。所谓空运期间是指货物交由承运人保管的整个期间，不论货物是在机场，或是装上飞机，或是在机场外降落的任何地点。如在机场外为了装载、交货、转运而引起的灭失、损害，除了相反证据外，仍应视为在空运期间发生的损害，承运人应承担责任。承运人并可引用公约中的免责条款要求免责，但不能排除对货物应有的责任。

（五）承运人的责任限制

华沙公约规定，承运人对货物的灭失、损害或延迟交货的责任以货物毛重每千克 250 金法郎为限。但对托运人在货物托运时已声明了货物的价值，并支付了附加运费，则不在此限内。除非承运人能证明托运人所申述的金额超出了交货时货物的实际价值。

必须说明，如货物遭受的损害、灭失或延迟交货系由于承运人雇佣人员的故意行为所引起，承运人则无权引用公约中有关责任限制和免除承运人责任的免责条款。

（六）托运人和收货人的权利与义务

托运人应对在航空货运单上所填关于货物的各项说明和声明的准确性负责。托运人应提供各种必需的材料，以便在货物交付收货人以前完成海关、税务或公安手续，这些必要的有关证件应附在航空货运单后面。

托运人在履行运输契约所规定的一切义务的条件下，有权在起运地航空站或目的地航空站将货物提回，或在途中经停时终止运输，或在目的地或运输途中交给非航空货运单上所指定的收货人，或要求将货物退回起运地航空站。

货物抵达目的地后，在收货人交付了应付款项和履行运单中规定的运输条件后，有权要求承运人移交运单并交付货物。

（七）索赔通知与诉讼时效

根据《华沙公约》的规定，在货物遭受损害的情况下，收货人或有关当事人应于发现后即向承运人提出书面通知，或在收货后 7 天之内提出书面通知，如在上述规定期限内没有提出，则作为托运人放弃该项索赔。

1955 年的海牙议定书对托运人提出的书面通知作了修改，由原来的 7 天改为 14 天，延迟交货由原来的 14 天改为 21 天。

诉讼在两年内提起，即从货物到达之日起，或该项货物应到达之日或从运输终止之日起。过了该期限没有提起诉讼，则认为托运人放弃了该项诉讼。但如果承运人方面有欺诈行为则不在此限。

七、契约承运人与实际承运人的关系

由于 1929 年的《华沙公约》和 1955 年的《海牙议定书》都没有对“承运人”一词作明确规定，因此有些人将承运人一词理解为与货物托运人订有运输契约的人，也有的理解为除了与货物托运人订有运输合同的人外，还包括受契约承运人的委托，完成货物运输的承运人。为了解决这一问题，各国代表在 1961 年于墨西哥的瓜达拉哈拉签订了一个公约，该公约被称为《1961 年瓜达拉哈拉公约》。

该公约对“契约承运人”规定系以本人的身份与旅客或货物托运人或与他们的代理人订立了一项适合华沙公约的运输合同的人。而“实际承运人”是指根据契约承运人的委托或授权完成全部或部分运输的人，但对完成该部分运输的人并非系华沙公约中所指的连续承运人。如实际承运人完成全部或部分货物运输时，除非另有规定，否则，契约承运人和实际承运人均受华沙公约约束，前者对全程运输负责，后者对自己运输区段负责。根据1929年华沙公约，向承运人提出的任何申诉或发出的任何指示，不论是向契约承运人或向实际承运人提出，应具有同样的效力。但因有关运输变更提出的申诉则只能向契约承运人提出才有效。

八、多式联运下的航空货物运输问题

根据《华沙公约》的规定，华沙制度对所有的国际空运承运人强制适用，任何违背该公约条款的合同均属无效。《华沙公约》对运输部分涉及使用空运、部分使用其他运输方式进行的多式联运规定多式联运中的空运部分应遵守华沙制度的规定。

为了切实解决涉及空运的多式联运问题，多式联运公约在拟订中已注意到空运的特点，通过的公约条款应同华沙制度下现行规则以及最近达成的一些文件避免发生冲突。只有制订的公约内容无损于目前有关不同运输方式下的国际规则之间的基调。才能使多式联运的内容普遍得到承认。

基于实际上和法律上的问题，应将空运排除在公约范围之外。即使将空运排除在外也不会削弱多式联运公约的效用。因为除了空、陆联运外，空运与其他运输方式相结合的机会极少，而且，即使空运与陆运相结合，这种结合也可分两种情况：

一种为接、送和转运服务。在这类服务中，空运两端都使用货车在机场接送货物，也就是用货车将货物从一个机场运至另一个机场。对于这种运输，除非公约中有适当的规定，否则单是以这一理由便可以认为所有空运服务都属于多式联运定义范围内，如正是这样，那么现在所谓的空运服务便不复存在。另一种是短程货车接送业务，也就是使用货车接送空运航程两端机场四周地区的货物。这种货物仅限于“适宜空运”的货物，即具有一定的价值与重量比率，因而能承受较高的空运运费的货物。同时也应注意，由于空运货物的包装必须比水、陆运输货物的包装轻，空运使用的集装箱的结构和重量又与水、陆使用的不同，因此，通常不能与水、陆运输的集装箱交替使用。在短程货车接送业务中，货车接送只是空运航程所附带的一小部分，所以，整个航程都包括在空运单内。因而空运承运人对全程运输负责，并受华沙制度赔偿责任制约束。

多式联运公约中所规定的多式联运单据分可转让与不可转让两种，而对空运来说，可转让的单据是不能接受的。因为这需要重新训练业务人员，扩大机场仓库，以便目的地机场在单证转让之前有地方储存货物。空运现行制度建立在不可转让的空运单和最少转运时间的基础上，以符合托运人、收货人商业上的需要。由于空运的特殊性，因此，在多式联运公约通过之前还没有研究出一个与多式联运公约所要求的能协调一致的最好办法。因而，从某种意义上说，暂时将空运的方式置于公约范围以外是最好的办法。

思考题

1．海上国际集装箱运输经营企业的主要业务范围。

2．什么是国际集装箱班轮运输？

3．简述公路集装箱营运管理的内容。
4．简述公路集装箱运输的特点。
5．如何做好公路集装箱运输的货源组织工作？
6．简述公路集装箱运输在联运中的作用。
7．简述铁路集装箱货源组织的形式。
8．简述建立铁路集装箱办理站的条件。
9．铁路集装箱中转站的主要任务是什么？
10．简述铁路集装箱货运的程序。
11．什么是航空集装箱运输？它的特征主要表现在哪几方面？
12．航空代理在经营出口货运时向发货人提供哪些业务？

第十五章 15

集装箱国际多式联运法律责任与法规

第一节 国际多式联运简介

一、国际多式联运的概念

1980 年 5 月于日内瓦通过的《联合国国际多式联运公约》中，对国际多式联运（又称“多式联运”，International Multimodal Transport）做出如下定义：“国际多式联运是指按照国际多式联运合同，以至少两种不同的运输方式，由多式联运经营人（Combined Transport Operator —— CTO）将货物从一国境内接管货物的地点运至另一国境内指定交货地点。为履行单一方式货物合同所规定的货物接送业务，则不应视为国际多式联运。”这里所指的至少两种运输方式可以是海—陆、陆—空、海—空等，这与一般海—海、陆—陆、空—空的联运有着本质的区别。后者是联运，但仍是一种运输工具之间的运输方式，不属于完整的国际多式联运。

二、国际多式联运的特征

（1）国际多式联运是根据国际多式联运合同进行的。国际多式联运合同是多式联运经营人与发货人订立的符合多式联运条件的运输合同。该合同约束整个多式联运过程。

（2）国际多式联运全程运输中至少是用两种不同的运输方式，而且是不同运输方式、不同运输区段的连续运输。

（3）国际多式联运的货物主要是集装箱货物或是集装化的货物。在运输过程中一般以集装箱作为运输的基本单元。货物集装箱化促进了多式联运的发展，而现代集装箱运输自产生时起就与国际多式联运紧密地联系在一起，使得国际多式联运具有集装箱运输的高效率、高质量、高投入、高技术和系统性的特点。国际多式联运的发展与集装箱运输系统特别是集疏运系统的完善有紧密的关系。

（4）国际多式联运经营人以单一费率向货主收取全程运费。国际多式联运是一票到底，实行全程单一费率的运输。发货人只要办理一次托运、一次计费、一次保险，通过一张单证即可实现从起运地到目的地的全程运输。

（5）国际多式联运经营人对货主承担全程的运输责任。国际多式联运是不同运输方式的综合组织，无论涉及几种运输方式，分为多少个区段，国际多式联运的全程运输都是由国际多式联运经营人完成或组织完成的，国际多式联运经营人要对运输的全程负责。

（6）国际多式联运货物的全程运输，除由国际多式联运经营人本人承担或者是不承担部分区段运输外，多区段的运输是通过其与各区段的实际承运人订立分运合同来完成。各区段的实际承运人对自己承担区段的货物运输负责。

三、国际多式联运的优点

1．统一化、简单化

国际多式联运统一化和简单化主要表现在不论运输全程有多远，不论由几种方式共同完成货物运输，也不论全程分为几个运输区段，经过多少次转换，所有一切运输事项均由多式联运经营人负责办理，货主只需办理一次托运，订立一份运输合同、一次保险、一次付费。一旦在运输过程中发生货物的灭失和损坏时，由国际多式联运经营人对全程负责。在国际多式联运下通过一张单证，采用单一费率，因而也大大简化了运输、结算手续。

2．降低运输成本，节约费用

国际多式联运全程运输中各区段运输和各区段的衔接是由国际多式联运经营人与各实际承运人订立分运合同和与各代理人订立委托合同来完成的。国际多式联运经营人一般与这些人都订有长期的协议，一般可以从各实际承运人那里取得较优惠的运价。由于国际多式联运可实行门到门运输，因此，对货主来说，在将货交由第一承运人后即可取得货运单证，并据以结汇。结汇时间提前，不仅有利于加速货物资金的周转，而且减少了成本的支出。又由于货物装载集装箱运输，从某种意义上说可节省货物的包装费用和保险费用。此外，国际多式联运可采用一张货运单证，统一费率，因而也就简化了制单和结算手续，节省了人力、物力。

3．减少中间环节，缩短货物运输时间

多式联运以集装箱为运输单元可以实现门到门运输。尽管运输途中可以多次换装，但由于不需掏箱、装箱、逐件理货，只要保证集装箱外表状况良好、铅封完整即可免检放行，从而大大简化了中间环节；尽管货物经过多次换装，但由于使用专业机械设备，且又不涉及箱内的货物，因而货损、货差事故减少。此外，由于各个运输环节的各种运输工具之间密切配合，货物中转及时，停留时间短，从而使货物运输速度大大加快，有效地提高了货运质量。

4．提高运输组织水平，实现合理化运输

多式联运可提高运输组织水平，实现合理化运输，改善不同运输方式间的衔接工作。在国际多式联运开展之前，各种运输方式的经营人各自为政，自成体系。因而，其经营的业务范围受到限制，货运量相应是有限的，但一旦由不同的运输业共同参与多式联运，经营的业务范围可大大扩展，并且可以最大限度地发挥现有设备的作用，选择最佳运输路线，组织合理化运输。

四、国际多式联运的基本条件

（1）必须订立国际多式联运合同。国际多式联运合同是多式联运经营人凭其收取运费，使用两种以上不同的运输工具，负责完成或组织完成货物全程运输的合同。

（2）全程运输必须使用国际多式联运单据。国际多式联运虽由多种运输方式共同完成一票货物的全程运输，但由多式联运经营人签发的多式联运单据应满足不同运输方式的需要，该单据是证明多式联运合同，以及证明多式联运经营人接管货物并负责按照合同条款交付货物的凭证。

（3）全程运输必须使用两种或两种以上不同的运输方式。在一定程度上确定货物是否属于多式联运，其中运输方式的组成是一个非常重要的因素。如航空运输长期以来依靠汽车接送货物运输，从形式上看，这种运输已构成两种运输方式，但这种汽车接送业务习惯上被视为航空运输业务的一个组成部分，只是航空运输的延伸，因而不属于国际多式联运。

（4）必须是国际的货物运输。国际多式联运方式所承运的货物必须是从一个国家的境内接管货物地点运至另一国境内指定交付地点的货物。因此，即使采用两种以上不同运输工具所完成的国内货物运输亦不属于国际多式联运货物的范畴。

（5）多式联运经营人对全程运输负责。在国际多式联运中，凡是有权签发多式联运单据，并对运输负有责任的人均可视为多式联运经营人，如货运代理人、无船承运人等。货物托运人将货物交给多式联运经营人或其代表接管之后，货物在整个运输过程中的任何运输区段所发生的灭失、损坏，多式联运经营人均以本人的身份直接负赔偿责任。

五、国际集装箱多式联运

国际集装箱多式联运是指按照国际集装箱多式联运合同，以至少两种不同的运输方式，由多式联运经营人将国际集装箱从一国境内接管的地点运至另一国境内指定交付的地点。在集装箱运输发展起来后，国际多式联运的优点才真正发挥出来。从某种意义上讲，多式联运就是集装箱多式联运。集装箱使货物组成一个运输单元，进行成组化运输，这正适合了多式联运将几种运输方式组合起来的运输形式，两者结合起来就产生了巨大的优势，方便了货物在各种运输方式间的转换，减少了转换所需的时间和费用，并减少了货损、货差，保证了货物运输质量。因此集装箱多式联运具有十分重要的意义。目前国际集装箱多式联运发展呈现如下发展趋势及特点:

（1）国际集装箱船趋向大型化和效益化。世界主要 20 多家船公司营运的载箱量在 3 500TEU 以上的船舶不断增多，占其动力 25%以上；载箱量更大的 4 600TEU、5 250TEU 等大型全集装箱船正在迅速发展。全球第四、五代集装箱船正在不断投入使用，取代原有的第一、二代集装箱船。船舶载箱量的增加、航速的加快和运送期限的缩短使集装箱运输效益日益提高。此外，由于集装箱船趋向大型化，港口码头、装卸机械、集疏运设备也相应趋向大型化、高效化。港口集装箱集、运、疏、装卸整体加快，船舶在港停留时间相对缩短，集装箱运输的优势得到充分发挥。

（2）适箱货物的种类日趋扩大。由于国际贸易在世界更大范围内进行，除传统的制成品使用集装箱运输外，还有国际的原材料、半成品、机械及零部件、电子产品及元器件等适箱货物运输也在不断增加；另外，世界各国都在研究扩大散装货、液体货、农副水产品等货物使用集装箱运输的范围，从而促进了集装箱多式联运的不断发展。

（3）集装箱运输的经营管理、运输组织、装卸作业、运输信息传递等广泛地使用计算机并实现自动化。EDI（电子数据交换）系统彻底改变了传统的习惯做法，达到快速、准确、安全、简便地完成多式联运作业的目的。随着无纸化贸易的发展，EDI 系统的建立和完善将成为多式联运不可或缺的基础设施。

第二节 国际多式联运单据

一、国际多式联运单据的概念

国际多式联运单据是指证明多式联运合同以及证明多式联运经营人接管货物并负责按合同条款交付货物的单据。该单据包括双方确认的取代纸张单据的电子数据交换信息。国际多式联运单据不是多式联运合同，只是多式联运合同的证明，同时是多式联运经营人收到货物的收据和凭其交货的凭证。在实践中一般称为国际多式联运提单（Multimodal Transport B/L）。多式联运提单的内容应该准确、清楚、完整，以保证货物正常安全的运输。多式联运提单应记载的主要内容有：

（1）货物名称、种类、件数、重量、尺寸、外表状况、包装形式。

（2）危险货物、冷冻货物等特种货物应载明其特性、注意事项。

（3）多式联运经营人名称和主营业所。

（4）发货人、收货人名称。

（5）多式联运经营人接管货物的地点和日期。

（6）交付货物的地点。

（7）经双方明确协议的交付货物的时间和期限。

（8）表示该单据为可转让或不可转让的声明。

（9）多式联运经营人或其授权人的签字及单据的签发日期、地点。

（10）经双方明确协议的有关运费支付的说明。

（11）有关运输方式、运输路线、转运地点的说明。

（12）有关声明。

多式联运提单一般都应注明上述各项内容，如果缺少其中一项或两项，只要所缺少的内容不影响多式联运单据的法律性质，不影响货物运输和各当事人之间的利益，这样的多式联运单据仍然有效。如果是国际集装箱多式联运，还应记载有关集装箱的内容，如集装箱箱号、箱型、数量、封志号等。

此外，除按规定的内容填制外，还可以根据双方的实际需要和要求，在不违背单据签发国的法律的情况下加注其他项目，如：有关特种货物的装置说明；对所收到的货物批注说明；不同运输方式下，承运人之间的临时洽商批注等。

多式联运提单所记载的内容，通常由发货人或货物托运人填写，或由多式联运经营人或其代表根据发货人所提供的有关托运文件及双方协议情况填写。如果属于跟单信用证下的贸易，单据上填写的内容应与信用证的内容一致，以保证顺利结汇。

如货物的灭失、损害是由于发货人或货物托运人提供的内容不准确或不当所至，发货人或货物托运人应对多式联运经营人负责。如货物的灭失、损害是由于多式联运经营人意图欺骗，在单据上列入有关货物的不实资料或漏列有关内容，该多式联运经营人则无权享受赔偿责任限制，而应按实际损害负责赔偿。

二、多式联运提单与单一运输方式下的单据比较

不同的运输单据的内容、职能和有关条款的规定都是以某一国际公约为基础的，一般均在首要条款中对服从的国际运输公约做出说明。由于不同运输方式的特点、运输组织形式、货物运输中的风险及货物运输所需要的时间等方面存在着差别，各国际公约对运输单证内容、性质、作用及条款的规定也有很大的差别。

多式联运提单与各单一方式运输单据的主要差别可通过表 15-1 来说明。

表 15-1　多式联运提单与各单一方式运输单据主要差别表

单证 / 内容	铁路运单	公路运单	海运提单	多式联运提单
运输方式	铁路	公路	海运	多种
接收货物收据	是	是	是	是
运输合同	是	是	不是	不是
交付凭证	不是	是	是	是
物权证明	不是	不是	是	是
可转让性	不可	不可	可	可
货方风险	无	无	有	有
责任期限	站-站	接受-交付	港-港	接受-交付

三、多式联运提单的签发

多式联运经营人在收到货物后，凭发货人提交的收货收据签发多式联运提单前，应向发货人收取合同规定的和应由其负担的全部费用，然后可以根据发货人的要求签发可转让或不可转让多式联运提单中的任何一种。签发多式联运提单时应注意以下事项：

1）如果签发可转让的多式联运提单，应在收货人栏列明按指示交付或向持票人交付。签发不可转让多式联运提单时，应列明收货人的名称。

2）如果多式联运经营人在接收货物时，对货物的实际情况和提单中所注明的货物的种类、数量、重量和标志等有怀疑，但又无适当方法进行核对、检查时，可以在提单中做出保留，注明不符之处及怀疑根据。

3）提单上的通知人一般是在最终交货地点由收货人指定的代理人。

4）对签发正本提单的数量一般没有规定，但如应发货人要求签发一份以上的正本时，在每份正本提单上应注明正本份数。如签发一套一份以上的正本可转让提单时，各正本提单

具有同样的法律效力，而多式联运经营人或其代表如已按其中的一份正本交货便已履行交货责任，其他提单自动失效。如签发任何副本（应要求），每份副本均应注明“不可转让副本”字样，副本提单不具有提单的法律效力。

5）多式联运提单应由多式联运经营人或经他授权的人签字。如不违背所在国法律，签字可以是手签，手签笔迹的印、盖章、符号可用任何其他机械或电子仪器打出。

四、多式联运提单的签发时间与地点

多式联运提单一般是在多式联运经营人收到货物后签发的，由于主要是集装箱货物，因而多式联运经营人接收货物的地点可能是集装箱堆场（CY）、集装箱货运站（CFS）和发货人的工厂或仓库（Door）。因此，多式联运经营人接收货物地点不同，提单签发的时间、地点及承担的责任也有比较大的区别。

1．在集装箱堆场（CY）收货后签发的提单

这种情况一般由发货人将装好的整箱货运至多式联运经营人指定的集装箱堆场，由多式联运经营人委托的堆场业务人员代表其接收货物，签发正本场站收据给发货人，再由发货人用该正本场站收据至多式联运经营人处换取提单。多式联运经营人收到该正本场站收据并收取应收费用后即应签发提单。

2．在发货人工厂或仓库（Door）收到货物后签发的提单

这种情况应在站场收据中注明。提单一般在集装箱装到运输工具（汽车或火车）后签发。在发货人工厂或仓库签发提单意味着发货人应自行负责货物报关、装箱、制作装箱单、联系海关监装及加封，交给多式联运经营人的是外表状况良好、铅封完整的整箱货物。而多式联运经营人应负责从发货人工厂或仓库至码头堆场的运输和至最终交付货物地点的全程运输。

3．在集装箱货运站（CFS）收货后签发的提单

在这种情况下，多式联运经营人是在他自己的或由其委托的集装箱货运站接受货物。该货运站可在港口码头附近，也可以在内陆地区。接受的货物一般是拼箱运输的货物。提单签发时间一般是在货物交接入库后。在集装箱货运站签发提单意味着发货人应负责货物报关，并把货物（以原来形态）运至指定的集装箱货运站，而多式联运经营人（或其委托CFS）负责装箱，填制装箱单，联系海关加封等业务，并负责将拼装好的集装箱运至集装箱堆场。

第三节 国际多式联运经营人的法律责任

一、国际多式联运经营人的定义

《联合国国际多式联运公约》中对多式联运经营人（Multimodal Transport Operator）的定义是这样的：“多式联运经营人是指本人或通过其代表与发货人订立多式联运合同的任何人，

他是事主，而不是发货人的代理人或代表或参加多式联运的承运人的代理人或代表，并且负有履行合同的责任。”可以从以下几个方面来理解国际多式联运经营人的概念：

1）多式联运经营人以本人身份与发货人订立多式联运合同，是多式联运中的契约承运人。根据多式联运合同，多式联运经营人要对全程运输负责，负责组织完成全程运输。

2）多式联运经营人以本人身份参加多式联运全程运输中某一个或一个以上区段的实际运输，作为该区段的实际承运人，对自己承担的区段的货物运输负责。

3）多式联运经营人以本人身份与自己不承担区段的其他承运人订立分运或分包运输合同以完成其他区段的运输。在这类合同中，多式联运经营人既是发货人也是收货人。

4）多式联运经营人以本人名义与各衔接点的货运代理人订立委托合同，以完成在该点的衔接及其他服务工作。

在国际多式联运的全过程中，多式联运经营人是以多重身份出现的。不论以何种身份出现，都是以本人身份而不是以货方或承运人的代理人身份出现，并对全程运输负责。

二、国际多式联运经营人的分类

多式联运经营人可以分为两种：一种为承运人型的多式联运经营人，另一种为无船承运人型多式联运经营人。

1. 承运人型的多式联运经营人

承运人型的多式联运经营人是指本人拥有一种或一种以上的运输工具，并实际参加联运全程中一个或多个区段运输的经营人。这类多式联运经营人一般由某一种运输方式的承运人发展而来，例如由海运、陆运或航空运输企业发展而来。如一些船公司作为多式联运经营人，在接收货物后，不但要负责海上运输，还须安排汽车、火车与飞机的运输，多式联运经营人往往将这些内陆运输再委托给其他相应运输方式的承运人来运输，对交接过程中可能产生的装卸和包装储藏业务也委托给有关行业办理。但是，这个多式联运经营人必须对货主负整个运输过程中产生的责任。

2. 无船承运人型的多式联运经营人

无船承运人型的多式联运经营人是指本人不拥有任何一种运输工具，在联运全程中各区段的运输都要通过与其他实际承运人订立分运合同来完成的经营人。这类多式联运经营人一般由货运代理人或仓储公司等与运输有关的企业发展而来。尽管这类多式联运经营人没有自己的运输工具，但由于在长期工作中与各有关方已建立了良好的业务关系，所以在组织联运全程方面具有一定的优势。

三、国际多式联运经营人的法律责任

多式联运中货物的全程运输是由多式联运经营人和各区段的实际承运人共同完成的。在多式联运的两种或两种以上的不同运输方式中，每一种方式所在区段适用的法律对承运人责任的规定往往是不同的。例如，《海牙规则》规定的赔偿限额为每件、每单位 100 英镑，《汉堡规则》规定的赔偿限额为每件、每单位 835 记账单位，《公路货运公约》规定的赔偿限额是每千克25金法郎，《国际铁路公约》规定的赔偿限额为每千克50金法郎等，各个运输区段的承运人责任限额都不同。当货物在运输过程中发生灭失或损坏时，由谁来负责任，是采用相同的标准还是区别对待？于是在多式联运中就出现了要确定经营人责任制度的情况，在现行的国际集装箱多式联运中，主要有统一责任制和网状责任制两种责任制度。

1．统一责任制（Uniform System）

多式联运经营人对全程运输负责，而各区段的实际承运人仅对自己完成的运输区段负责。不论损害发生在哪一个区段，多式联运经营人或实际承运人承担的赔偿责任都相同。统一责任制的优点在于，由于其采取了同一种法律规范，使得经营人和货方之间的法律关系明确，消除了由于各区段承运人相互推卸责任所带来的隐患。

2．网状责任制（Network System）

多式联运经营人对整个运输全过程负责，而各区段的实际承运人仅对自己完成的运输区段负责。但对不同区段发生的损失适用不同区段的法律。

目前在多式联运实际运作中，大部分多式联运经营人采用的责任形式都是网状责任制。即多式联运经营人对整个运输全过程负责，而各区段的实际承运人仅对自己完成的运输区段负责。在能确定造成货物灭失、损害的区段时，则按该运输区段所适用的法律规定。如果不能确定货物损害发生区段时（通常称为隐蔽货损），推定该货损发生在海上，多式联运经营人按海上运输法律承担责任。

四、国际多式联运经营人的责任期间

关于国际多式联运经营人的责任期间，在各种国际公约和国内法规中都具有很高的一致性。《联合国国际多式联运公约》明确规定：多式联运经营人对多式联运货物的责任期间为接收货物时起至交付货物时止。这一规定表明不论货物的接收地和目的地是港口还是内陆，不论多式联运合同中规定的运输方式如何，也不论多式联运的经营人是否将部分或全部运输任务委托给他人履行，他都必须对货物全程运输负责，包括货物在两种运输方式交换的过程。这个规定与我国《海商法》以及《汉堡规则》关于承运人责任期间的规定完全相同。在国际集装箱多式联运中，海上承运人在很多情况下演变成了契约承运人，即与货物托运人订有多式联运合同的人，当然，陆上的承运人也可以充当多式联运经营人的角色。在这两种多式联运经营人中，业务范围的扩大使他们的责任期间也随之扩大了。当有船承运人作为多式联运经营人在接收货物之后，不但要负责海上运输，还要负责内陆运输。同样道理，无船经营人不但要负责内陆运输，还要对货物在海上运输的过程负完全责任。

第四节　国际多式联运法规

目前，关于国际货物多式联运的国际公约主要有《联合国国际货物多式联运公约》和《联合国国际贸易和发展会议/国际商会多式联运单证规则》等。国内法规主要有《国际集装箱多式联运管理规则》。下面分别介绍这几个法规的主要内容。

一、《联合国国际货物多式联运公约》

该公约起草于1965年，1969年3月在东京召开的国际海事委员会第28届大会上通过公约草案，称为《东京规则》。1973年10月起，联合国贸易与发展会议设立政府间筹备组负责重新起草联运公约草案，其中特别强调对发展中国家的照顾及对联运方式内涵的修改。1979年3月完成公约起草工作，1980年5月24日在联合国贸易与发展会议上获得通过。我国于1979年第五届政府间筹备组会议起开始派代表小组参加公约的起草工作，并在公约的最后文件上签了字。公约共8章40条其主要内容如下。

（一）关于公约的适用范围与管理

公约的各项规定适用于两国境内各地之间的所有多式联运合同，但多式联运合同规定的多式联运经营人接管货物或交付货物的地点必须位于缔约国境内。并规定公约不得影响任何有关运输业务管理的国际公约或国家法律的适用，或与之相抵触。同时，公约不得影响各缔约国在国家一级对管理多式联运业务和多式联运经营人的权利，包括就下列事项采取措施的权利：多式联运经营人、托运人、托运人组织以及各国主管当局之间就运输条件进行协商，特别是在引用新技术开始新的运输业务之前进行协商；颁发多式联运经营人的许可证；参加运输；为了本国的经济和商业利益而采取一切其他措施。公约还明确规定，多式联运经营人除了应遵守本公约的规定外，还应遵守其业务所在国的法律。

（二）关于多式联运经营人的责任

1. 多式联运经营人的责任期间

公约规定多式联运经营人的责任期间自接管货物之日时起到交付货物为止。

2. 多式联运经营人的赔偿责任原则

公约实行完全推定过错责任原则，多式联运经营人对于在责任期间所发生的货物灭失、损坏或延迟交付引起的损失应负赔偿责任，包括他的受雇人、代理人或为履行多式联运合同而使用其服务的任何其他人。除非多式联运经营人证明其本人、受雇人或代理人为避免事故的发生及其后果已采取一切所能合理要求的措施。否则，便推定损坏是由于其本人、受雇人或代理人的过错行为所致，并由其负赔偿责任。

3. 多式联运经营人的赔偿责任限制

多式联运经营人对货物的灭失或损坏造成的损失负赔偿责任，按灭失或损坏的货物的每包或其他货运单位计不得超过920特别提款权（SDR），或按毛重每公斤计不得超过2.75特别提款权，以较高者为准。

1）如果货物是用集装箱、货盘或类似的装运工具集装，经多式联运单据列明装在这种装运工具中的包数或货运单位数应视为计算限额的包数或货运单位数。否则，这种装运工具中的货物应视为一个货运单位。

2）如果装运工具本身灭失或损坏，而该装运工具并非为多式联运经营人所有或提供，则应视为一个单独的货运单位。

3）多式联运合同如果不包括海上或内河运输，则多式联运经营人的赔偿责任按灭失或损坏货物毛重每公斤计不得超过 8.33 特别提款权。

4）延迟交付货物造成损失所负的赔偿责任限额为该货物应付运费的 2.5 倍，但不得超过多式联运合同规定的应付运费的总额。

5）多式联运经营人赔偿责任的总和（同时发生货损和延迟交付）不得超过按货物全部灭失所计算的赔偿责任限额。

6）如果多式联运经营人和发货人之间订有协议，则多式联运单据中可规定超过上述各条款规定的赔偿限额。

7）如果货物的灭失或损坏发生于多式联运的某一特定阶段，而对这一阶段适用的一项国际公约或强制性国家法律规定的赔偿限额高于上述各条款所得出的赔偿限额，则应按照该公约或强制性国家法律予以确定赔偿限额。

4. 多式联运经营人赔偿责任限制权利的丧失

如经证明，货物的灭失、损坏或延迟交付是由于多式联运经营人或其代理人、受雇人有意造成或明知可能造成而毫不在意的行为或不行为所引起，则多式联运经营人丧失享受本公约所规定的赔偿责任限制的权利。

（三）关于发货人的义务与责任

发货人是指其本人或以其名义或其代表同多式联运经营人订立多式联运合同的任何人，或指其本人或以其名义或其代表按照多式联运合同将货物实际交给多式联运经营人的任何人。

1）发货人应保证在多式联运单据中所提供的货物品类、标志、件数、重量和数量，如属危险货物，其危险性等事项，概属准确无误。

2）发货人必须赔偿多式联运经营人因第 1 款所指各事项的不准确或不当而造成的损失。即使发货人已将多式联运单据转让，仍须负赔偿责任。

3）由于发货人的过失或疏忽或者发货人的受雇人或代理人在其受雇范围内行事时的过失或疏忽造成货物损害，发货人应负赔偿责任。

4）发货人应以合适的方式在危险货物上加明危险标志或标签。发货人将危险货物交给多式联运经营人或其任何代表时，应告知货物的危险特性，必要时并告知应采取的预防措施。否则，发货人对多式联运经营人由于载运这类货物而遭受的一切损失应负赔偿责任。如果未经发货人告知而多式联运经营人又无从得知货物的危险特性，多式联运经营人视情况需要，可随时将货物卸下、销毁或使其无害而无须给予赔偿。

（四）关于收货人的义务与责任

收货人是指有权提取货物的人。公约规定，货物运到合同规定的交货地点后，收货人应及时提取货物。如果收货人不向多式联运经营人提取货物，则按照多式联运合同或按照交货地点适用的法律或特定行业惯例，多式联运经营人可以将货物置于收货人支配之下；或者将货物交给根据交货地点适用的法律或规章必须向其交付的当局或其他第三方，这时，多式联运经营人即已履行其交货义务。

（五）关于多式联运单据

（1）公约对多式联运单据的内容及填写作了规定。

（2）如果多式联运经营人或其代表知道或有合理的根据怀疑多式联运单据所列货物的品类、主要标志、包数或件数、重量或数量等事项没有准确地表明实际接管货物的状况，或无适当方法进行核对，则该多式联运经营人或其代表应在多式联运单据上做出保留，注明不符之处、怀疑的根据或无适当核对方法。如果多式联运经营人或其代表未在多式联运单据上对货物的外表状况加以批注，则应视为该单据注明货物的外表状况良好。

（3）公约对多式联运单据的签发作了规定。

1）多式联运经营人接管货物时，应签发一项多式联运单据，该单据应发货人的选择或为可转让单据或为不可转让单据。

2）多式联运单据应由多式联运经营人或经他授权的人签字。

3）多式联运单据上的签字如不违背签发多式联运单据所在国的法律，可以是手签、手签笔迹的复印、盖章、符号或用任何其他机械或电子仪器打出。

4）多式联运单据以可转让的方式签发时，应列明按指示或向持票人交付；如列明按指示交付，须经背书后转让；如列明向持票人交付，无须背书即可转让；如签发一套一份以上的正本，应注明正本份数；如签发任何副本，每份副本均应注明“不可转让副本”字样。

只有交出可转让多式联运单据，并在必要时经正式背书，才能向多式联运经营人或其代表提取货物。

如签发一套一份以上的可转让多式联运单据正本，而多式联运经营人或其代表已正当地按照其中一份正本交货，该多式联运经营人便已履行其交货责任。

5）多式联运单据以不可转让的方式签发时，应指明记名的收货人。多式联运经营人将货物交给此种不可转让的多式联运单据所指明的记名收货人或经收货人通常以书面正式指定的其他人后，该多式联运经营人即已履行其交货责任。

（4）多式联运单据的证据效力。除对单据准许保留的事项做出保留的部分之外，多式联运单据应是该单据所载明的货物由多式联运经营人接管的初步证据；如果多式联运单据以可转让方式签发，而且已转让给正当地信赖该单据所载明的货物状况的、包括收货人在内的第三方，则多式联运经营人提出的反证不予接受。如果多式联运经营人意图诈骗，在多式联运单据上列入有关货物的不实资料，或漏列按规定应载明的任何资料，则该联运人不得享有本公约规定的赔偿责任限制，而须负责赔偿包括收货人在内的第三方因信赖该多式联运单据所载明的货物状况行事而遭受的任何损失、损坏或费用。

（六）关于索赔与诉讼

1. 灭失、损坏或延迟交货的通知

（1）如果货物存在着明显的灭失或损坏，收货人应不迟于在货物交给他的次一工作日，将说明此种灭失或损坏的一般性质的书面通知送交多式联运经营人。如果货物灭失或损坏不

明显，收货人应在收到货物之日后连续6日内提出书面通知。在上述规定时间内若未提出书面通知，则此种货物的交付即为多式联运经营人交付多式联运单据所载明的货物的初步证据。

（2）如果货物的状况在交付收货人时已经当事各方或其授权在交货地的代表进行了联合调查或检验，则无须就调查或检验所证实的灭失或损坏送交书面通知。

（3）对延迟交货造成损失的索赔，收货人必须在收到货后连续60日内向多式联运经营人送交书面通知。否则多式联运经营人对延迟交货所造成的损失无须给予赔偿。

2. 诉讼时效

（1）根据本公约有关国际多式联运的任何诉讼，如果在2年期间内没有提起诉讼或交付仲裁，即失去时效。但是，如果在货物交付之日或应当交付之日后6个月内，没有提出书面索赔通知，说明索赔的性质和主要事项，则此期限届满后即失去诉讼时效。

（2）时效期间自多式联运经营人交付货物或部分货物之日的次一日起算，如货物未交付，则自货物应当交付的最后一日的次一日起算。

（3）被索赔方可在时效期间内随时向索赔人提出书面声明，延长时效期间。此种期间可用另一次声明或多次声明再度延长。

（4）除非一项适用的国际公约另有相反规定，根据本公约负有赔偿责任的人即使在上述各款规定的时效期间届满后，仍可在起诉地国家法律所许可的限期内提起诉讼，要求追偿，而此项所许可的限期，自提起此项追偿诉讼的人已清偿索赔要求或接到对其本人的诉讼传票之日起算，不得少于90日。

3. 关于仲裁

公约规定，合同双方可以达成书面协议，将争议提交仲裁。申述方有权选择仲裁地点，但应在有管辖权的法院所在国提交仲裁。

（七）关于管辖权

公约规定，原告有权选择有管辖权的法院提起诉讼，并规定下列地点所在国有管辖权：

1）被告主要营业场所，或者被告的经常居所。

2）订立多式联运合同的地点，而且合同是通过被告在该地的营业场所、分支或代理机构订立。

3）货物接管地或交付地。

4）多式联运合同中指定并在多式联运单据中载明的任何其他地点。

二、《联合国国际贸易和发展会议/国际商会多式联运单证规则》

该规则是1991年由联合国国际贸易和发展会议与国际商会共同制定，是一项民间规则，供当事人自愿采纳。主要内容如下：

（1）本规则经当事人选择后适用，一经适用就超越当事人订立的条款，除非这些条款增加多式联运经营人的义务。

（2）载入多式联运单证的资料的证据效力。载入多式联运单证的资料应当是多式联运经营人按照此种资料接管货物的初步证据，除非已有相反的注明，例如“托运人的重量、装载和计数”“托运人装载的集装箱”或类似表述已在单证上以印就文本或批注做出。

在多式联运单证已经转让或者等同的电子数据交换信息已经传输给收货人并经其接受，收货人又是善意信赖并据以行动的情况下，多式联运经营人提出的反证不予接受。

（3）多式联运经营人的责任：

1）多式联运经营人责任期间。多式联运经营人责任期间自其接管货物之时起到交付货物之时为止。

2）多式联运经营人应当对其受雇人或代理人在其受雇范围内行事时的行为或不为负赔偿责任，或对其为履行多式联运合同而使用其服务的任何其他人的行为或不为负赔偿责任，一如其自己的行为或不为一样。

3）多式联运经营人为保证货物的交付，负责履行或安排履行下列必要的事项：①多式联运单证是以可转让方式“向持单人交付”签发的，则应向提交一份正本单证的人交付货物。②多式联运单证是以可转让方式“按指示交付”签发的，则应向提交一份经背书的单证的人交付货物。③多式联运单证是以可转让方式“向记名人交付”签发的，则应向提交一份正本单证和本人身份证明的人交付货物；如果此种单证已以“按指示交付”或空白背书转让的，②项规定应予适用。④多式联运单证以不可转让方式签发的，向单证上记名的收货人凭其身份证明交付货物。⑤没有签发单证的，应向托运人所指示的人交付，或者向按多式联运合同已获得托运人或收货人的权利的人所做出的此种指示的人交付货物。

4）多式联运经营人的赔偿责任基础是完全责任制。如果造成货物的灭失、损坏或延迟交付的事故发生在多式联运经营人掌管的期间，多式联运经营人应当对货物的灭失、损坏和延迟交付负赔偿责任，除非多式联运经营人证明，其本人、受雇人、代理人对造成此种灭失或损坏或延迟交付没有过失或疏忽。

（4）多式联运经营人的免责条款。多式联运经营人对在海上或内河运输中由于下列原因造成的货物灭失或损坏以及延迟交付不负赔偿责任：

1）承运人的船长、船员、引航员或受雇人在驾驶和管理船舶中的行为、疏忽或过失。

2）火灾，除非由于承运人的实际过失或私谋所造成。

但是，只要货物的灭失或损坏是由于船舶不适航所造成的，多式联运经营人就要证明，他已经谨慎处理使船舶在航次开始时适航。

（5）多式联运经营人的赔偿责任限制：

1）多式联运经营人的责任限制为每件或每单位 666.67 特别提款权，或者毛重每千克 2 特别提款权，以其高者为准。如果一个集装箱、货盘或类似运载工具载有一件或一个单位以上的货物，则在多式联运单证上列明的装载在此类运载工具中的件数或货运单位数即视为计算限额的件数或货运单位数。未按上述要求列明者，此种运载工具应作为该件或单位。

2）尽管有上述规则，如果按照多式联运合同，多式联运不涉及海上或内河运输的，多式联运经营人的赔偿责任以不超过灭失或损坏货物毛重每公斤 8.33 特别提款权为限。

3）如果货物的灭失或损坏发生在多式联运中的某一特定区段，而适用于该区段的国际公约或强制性的国家法律规定了另一项责任限额，如同对这一特定区段订有单独的运输合同一样，则多式联运经营人对此种灭失或损坏的赔偿责任限制应当按照此种公约或强制性国家法律的规定计算。

4）如果多式联运经营人对于延迟交付引起的损失或者非属货物灭失或损坏的间接损失负有赔偿责任，则其赔偿责任应当以不超过根据多式联运合同计收的多式联运运费为限。

5）多式联运经营人的赔偿责任总额不超过货物全部灭失的责任限额。

（6）多式联运经营人责任限制权利的丧失。如经证明货物的灭失或损坏或延迟交付是由于多式联运经营人本人故意造成，或者知道可能造成而毫不在意的行为或不为所引起的，则多式联运经营人就丧失享受赔偿责任限制的权利。

（7）托运人的责任。托运人应保证在多式联运单证中所提供的货物品类、标志、件数、重量和数量以及危险货物的危险性等事项准确。否则，托运人应当向多式联运经营人赔偿因上述事项的不正确或不适当而引起的任何损失。即使托运人已将多式联运单证转让，托运人仍应负赔偿责任。

（8）货物灭失或损坏的通知：

1）除非收货人在货物交付时将说明灭失或损坏的一般性质的货物灭失或损坏书面通知送交多式联运经营人，否则，此种货物的交付即为多式联运经营人已将多式联运单证所载明的货物交付给收货人的初步证据。

2）在货物的灭失或损坏不明显时，如果在货物交付收货人之日后连续 6 日内未送交书面通知，则应当适用上述初步证据的效力。

（9）诉讼时效：

除另有明确协议外，除非在 9 个月内提起诉讼，多式联运经营人应当被解除按本规则规定的赔偿责任。上述时限从货物交付之日或货物应当交付之日起算。

（10）本规则对无论是侵权还是违约均有效，并适用于所有多式联运关系人。本规则只在不违反适用于多式联运合同的国际公约或国家法律的强制性规定的范围内生效。

三、我国国际集装箱多式联运管理规则

现在的国际多式联运基本上都是国际集装箱多式联运。为了加强国际集装箱多式联运的管理，促进通畅、经济、高效的国际集装箱多式联运的发展，满足对外贸易发展的需要，我国于1997 年制定并施行了我国国际集装箱多式联运管理规则。下面介绍其中的一些主要规定。

（一）托运人责任

（1）托运人将货物交给多式联运经营人，所提供货物的名称、种类、包装、件数、重量、尺寸、标志等应准确无误，如系特殊货物还应说明其性质和注意事项。

（2）由于下列原因所致造成货物灭失、损坏或对多式联运经营人造成损失，托运人应自行负责或承担赔偿责任：

1）箱体、封志完好，货物由托运人装箱、计数、施封或货物装载于托运人的自备箱内。

2）货物品质不良或外包装完好而内装货物短损、变质。

3）运输标志不清，包装不良。

（3）由于托运人的过失和疏忽对多式联运经营人或第三方造成损失，即使托运人已将多

式联运单据转让，仍应承担赔偿责任。多式联运经营人取得这种赔偿权利，不影响其根据多式联运合同对托运人以外的任何人应负的赔偿责任。

（4）托运人托运危险货物，应当依照该种货物运输的有关规定执行，并妥善包装、粘贴或拴挂危险货物标志和标签，将其正式名称和性质以及应采取的安全防护措施书面通知多式联运经营人；由于未通知或通知有误的，多式联运经营人可以根据情况将货物卸下、销毁或者采取相应的处理手段，而不负赔偿责任。托运人对多式联运经营人因运输该种货物所受到的损失，应当负赔偿责任。

多式联运经营人知道危险货物的性质并已同意装运的，在发现该种货物对于运输工具、人员或者其他货物构成实际危险时，仍然可将货物卸下、销毁或者使之不能发生危害。多式联运经营人的责任适用于所发生区段的有关法律、法规。

（二）多式联运经营人的责任

（1）多式联运经营人签发多式联运单据后，即表明多式联运经营人已收到货物，对货物承担多式联运责任，并按多式联运单据载明的交接方式，办理交接手续。

（2）多式联运经营人对货物的责任期间自接收货物时起至交付货物时止。

接收是指货物已交给多式联运经营人运送，并由其接管。

交付是指按多式联运合同将货物交给收货人或根据交付地适用的法律或贸易做法将货物置于收货人的支配下或必须交给的当局、第三方。

（3）多式联运经营人在接收货物时已知道或有合理的根据怀疑托运人陈述或多式联运单据上所列货物内容与实际接收货物的状况不符，但无适当方法进行核对时，多式联运经营人有权在多式联运单据上做出保留、注明不符之处、怀疑的根据或无适当核对方法的说明。

多式联运经营人未在多式联运单据上对货物或集装箱的外表状况加以批注，则应视为他已收到外表状况良好的货物或集装箱。

（4）除依照规定做出保留外，多式联运经营人签发的多式联运单据是多式联运经营人已经按照多式联运单据所载状况收到货物的初步证据。

（5）多式联运经营人有义务按多式联运单据中收货人的地址通知收货人货物已抵达目的地。

（6）收货人按多式联运单据载明的交接方式接收货物，在提货单证上签收。多式联运经营人收回正本多式联运单据后，多式联运经营人责任即告终止。

（7）货物的灭失、损坏或延迟交付发生在多式联运经营人责任期间内，多式联运经营人应依法承担赔偿责任。

货物在明确约定的交货日期届满后，连续 60 日仍未交付，收货人则可认为该批货物已灭失。货物的灭失、损坏或延迟交付发生于多式联运的某一区段的，多式联运经营人的赔偿责任和责任限额适用该运输区段的有关法律、法规。

货物的灭失、损坏不能确定所发生的区段时，多式联运经营人承担赔偿责任的赔偿责任限制为：多式联运全程中包括海运的适用于《中华人民共和国海商法》，多式联运全程中不包括海运的适用于有关法律、法规的规定。

（8）货物的延迟交付不能确定所发生的区段时，多式联运经营人对延迟交付承担的赔偿责任限制，在多式联运全程中包括海运段的，以不超过多式联运合同计收的运费数额为限。

货物的灭失或损坏和延迟交付同时发生的，多式联运经营人的赔偿责任限额按货物的灭失或损坏处理。

（9）因货物灭失、损坏或延迟交付造成损失而对多式联运经营人提起的任何诉讼，不论这种诉讼是根据合同还是侵权行为或其他理由提起的，均适用第7条、第8条规定的赔偿责任限制。

（10）由于货物灭失、损坏或延迟交付造成损失而对多式联运经营人的受雇人提起诉讼，该受雇人如能证明其是在受雇范围内行事，则该受雇人有权援用多式联运经营人的辩护理由和赔偿责任限制。

（11）如能证明货物的灭失、损坏或延迟交付是多式联运经营人有意造成或明知有可能造成而毫不在意的行为或不行为所致，多式联运经营人则无权享受第7条和第8条所规定的赔偿责任限制。

（12）多式联运经营人可以与有关各方签订协议，具体商定相互之间的责任、权利和义务及有关业务安排等事项，但不得影响多式联运经营人对多式联运全程运输承担的责任，法律、法规另有规定者除外。

（三）索赔

（1）多式联运经营人向收货人交付货物时，收货人未将货物灭失或者损坏的情况书面通知多式联运经营人的，此项交付视为多式联运经营人已经按照多式联运单据的记载交付以及货物状况良好的初步证据。

货物灭失或者损坏的情况非显而易见的，整箱货物交付的次日起连续15日内，货物拆箱交付的次日起连续7日内，收货人未提交书面通知的，适用前款规定。

（2）货物交付时，如收货人已经会同多式联运经营人对货物的状况进行联合调查或检验，无需就查明的灭失或损坏的情况提交书面通知。

（3）多式联运经营人自向收货人交付货物的次日起连续60日内，未收到收货人就货物因延迟交付造成经济损失而提交书面通知的，不负赔偿责任。

（4）本条有关书面通知提出时间，并不妨碍在所确定货物灭失、损坏发生区段法规所适用的书面通知提出的时效。

（四）诉讼时效

（1）多式联运全程包括海运段的，对多式联运经营人诉讼时效期间为1年。

多式联运全程未包括海运段的，按民法通则的规定，对多式联运经营人的诉讼时效时间为2年。

（2）时效时间从多式联运经营人交付或应当交付货物的次日起计算。

（3）本条诉讼时效的规定不妨碍索赔人在能确定货物发生灭失、损坏区段时，根据该区段法规所规定的有权提起的诉讼时效。

（4）多式联运经营人对第三人提起追偿要求的时效期限为90日，自追偿的请求人解决原赔偿请求之日起或者收到受理对其本人提起诉讼的法院的起诉副本之日起计算。

第五节 我国进出口集装箱货物的监管办法

国际集装箱货物在采用多式联运进行运输时，都要涉及买卖双方国家和过境国家海关对货物进出国境和过境的查验、管理的问题。在1980年联合国通过的《国际货物多式联运公约》中，对于国际多式联运货物的海关过境规定了专门的条款。联合国政府间海事协商组织曾于1972年在日内瓦召开国际集装箱运输会议，通过了《1972年集装箱海关公约》和《国际集装箱安全公约》，对集装箱本身的问题和集装箱的结构、种类、标志等作了详细规定。

在我国，为了进一步发展我国集装箱的多式联运，我国海关于1986年7月22日正式实施《中华人民共和国海关对进出口集装箱和所装货物的监管办法》《中华人民共和国海关用于运输海关加封货物的国际集装箱核发批准牌照的管理办法》。下面介绍我国对进出口集装箱货物的监管规定。

一、对集装箱的监管

（1）从国外购买和出售给国外的集装箱进、出口时，不论装货与否，均应由集装箱的收、发货人或者其代理人单独填写报关单向进、出境地海关办理报关纳税手续。

（2）购买进口的和国内生产的集装箱在投入国际运输时，集装箱所有人应向海关办理注册、登记手续。

（3）暂时进口的外国集装箱（包括租赁的），不论装货与否，进口和复运出口时，均应由进口经营单位或者其代理人单独填写进、出口货物报关单向海关申报，并且担保函保证于3个月内复运出口，如因特殊情况不能按期复运出口，可提出申请，经海关核准予以适当延长。在规定的期限内仍不能复运出口的，应向海关补办进口纳税手续。

（4）对向海关办理注册登记手续的集装箱，由海关在集装适当部位刷贴“中国海关”标志。再次进出口时，可凭此免办有关手续。

（5）用于海上国际运输的集装箱，应当符合国际集装箱标准化组织规定的技术标准和有关国际集装箱公约的规定。装运进出口货物的集装箱，应有加封装置，并符合海关监管要求。

（6）承载进、出口集装箱货物的运输工具负责人或者口岸代理人应向海关申报，并在交验的进、出口载货清单（舱单）或者装载清单、交接单、运单上，列明所载集装箱件数、箱号、尺码、货物的品名、数（重）量、收货人、发货人、提单或者装货单号等有关内容。并附交每个集装箱的装货清单。

（7）未办海关手续的进口集装箱货物和已办海关手续的出口集装箱货物，应存放在经海关同意的仓库场所。保管集装箱货物的单位应负责保护集装箱封志的完整，未经海关同意，不得擅自开启封志，装入或者取出货物不得将集装箱货物移离海关监管的仓库场所。

二、对集装箱货物的监管

（1）进、出口集装箱货物的收、发人或者其代理，应在进出境地向海关办理报关手续，并按规定递交进出口货物、物品的申报单证和其他有关单证。如果要求在到达地或者起运地海关办理相关手续时，需报请进境地或者起运地海关同意，并按“海关监管货物”办理手续。海关认为必要时，可对有关集装箱施加海关封志。

（2）海关对集装箱货物进行查验时，收货人、发货人、集装箱经营人或者其代理人应当到场，并且按照海关要求负责开箱、拆包、搬运等事项。

进出口集装箱货物经海关放行后方准提取、装运或者继续放行。经海关放行的进出口集装箱货物海关认为必要时可以进行复查，或者调阅有关交接、验收等转让账册。

（3）收货人、发货人或其代理人，要求海关关员在非设关地点或者海关监管区域以外办理验放手续时，应报请进境地或者就近地海关核准（对进口集装箱验物，就近地海关核准后，应将核准情况通知进口地海关）。并按规定交纳费用，单位提供往返交通工具和安排住宿。

三、处理法则

（1）对违反本办法的任何事由，由海关按《中华人民共和国海关法》的有关规定进行处理。对利用集装箱货物进行走私、违法活动和伪装“中国海关”标志的，则从严处理。

（2）对进出境的集装箱汽车（即货柜车）所装货物的监管，比照本办法处理。

（3）各地海关可根据本办法，结合当地实际制定实施细则。

第六节　我国进出口集装箱货物检验检疫规定

为加强进出境集装箱检验检疫管理工作，我国于2000年2月1日起颁布并施行了《进出境集装箱检验检疫管理办法》。下面介绍其中的主要内容。

一、进境集装箱的检验检疫规定

集装箱进出境前、进出境或过境时，承运人、货运人、货主或其代理人（以下简称报检人）必须向检验检疫机构报检。检验检疫机构按照有关规定对报检集装箱实施检验检疫。过境应检验集装箱，由进境口岸检验检疫机构实施查验，离境口岸检验检疫机构不再检验检疫。

（1）进境集装箱应按有关规定实施下列检验检疫：

1）所有进境集装箱应实施卫生检疫。

2）来自动植物疫区的，装载动植物、动植物产品和其他检验检疫物的，以及箱内带有植物性包装物或铺垫材料的集装箱，应实施动植物检疫。

3）法律、行政法规、国际条约规定或者贸易合同约定的其他应当实施检验检疫的集装箱，按有关规定、约定实施检验检疫。

（2）进境集装箱报检人应当在办理海关手续前向进境口岸检验检疫机构报检，未经检验检疫机构许可，不得提运或拆箱。

（3）进境集装箱报检时，应提供集装箱数量、规格、号码、到达或离开口岸的时间、装箱地点和目的地、货物的种类、货物的数量和包装材料等单证或情况。

（4）检验检疫机构受理进境集装箱报检后，对报检人提供的相关材料进行审核，并将审核结果通知报检人。

（5）在进境口岸结关的以及国家有关法律法规规定必须在进境口岸查验的集装箱，在进境口岸实施检验检疫或作卫生除害处理。

（6）装运经国家批准进口的废物原料的集装箱，应当由进境口岸检验检疫机构实施检验检疫。经检验检疫符合国家环保标准的，签发检验检疫情况通知单；不符合国家环保标准的，出具检验检疫证书，并移交当地海关、环保部门处理。

（7）进境集装箱及其装载的应检货物经检验检疫合格的准予放行；经检验检疫不合格的按有关规定处理。

（8）过境集装箱经查验发现有可能中途撒漏造成污染的，报检的人应按进境口岸检验检疫机构的要求，采取密封措施；无法采取密封措施的不准过境。发现被污染或危险性病虫害的，应作卫生除害处理或不准过境。

二、出境集装箱的检验检疫

（1）出境集装箱应按有关规定实施下列检验检疫：

1）所有出境集装箱应实施卫生检疫。

2）装载动植物、动植物产品和其他检验检疫物的集装箱应实施动植物检疫。

3）装运出口易腐烂变质食品、冷冻品的集装箱应实施适载检验。

4）输入国要求实施检验检疫的集装箱，按要求实施检验检疫。

5）法律、行政法规、国际条约规定或贸易合同约定的其他应当实施检验检疫的集装箱按有关规定、约定实施检验检疫。

（2）出境集装箱应在装货前向所在地检验机构报检，未经检验检疫机构许可，不准装运。

（3）装载出境货物的集装箱，出境口岸检验检疫机构凭起运地检验检疫机构出具的检验检疫证单验证放行。法律、法规另有规定的除外。

（4）在出境口岸装载拼装货物的集装箱，由出境口岸检验检疫机构实施检验检疫。

三、进出境集装箱的卫生除害处理

（1）进出境集装箱有下列情况之一的，应当做卫生除害处理。

1）来自检疫传染病或监测传染病疫区的。

2）被传染病污染的或可能传播检疫传染病的。

3）携带有与人类健康有关的病媒昆虫或啮齿动物的。

4）检疫发现有国家公布的一、二类动物传染病、寄生虫病名录及植物危险性病、虫、杂草名录中所列病虫害和对农、林、牧、渔业有严重危险的其他病虫害的；发现超过规定标准的一般性病虫害的。

5）装载废旧物品或腐败变质有碍公共卫生物品的。

6）装载尸体、棺柩、骨灰等特殊物品的。

7）输入国家或地区要求作卫生除害处理的。

8）国家法律、行政法规或国际条约规定必须做卫生除害处理的。

（2）对集装箱及其所载货物实施卫生除害处理时应当避免造成不必要的损害。

（3）用于集装箱卫生除害处理的方法、药物须经国家检验检疫局认可。

四、监督管理

（1）从事进出境集装箱清洗、卫生除害处理的单位须经检验检疫机构考核认可，接受检验检疫机构的指导和监督。

（2）检验检疫机构对装载法检商品的进出境集装箱实施监督管理。监督管理的具体内容包括查验集装箱封识、标志是否完好，箱体是否有损伤、变形、破口等。

思考题

1. 简述国际多式联运的定义。
2. 简述国际多式联运单据的主要内容及签发问题。
3. 简述国际多式联运经营人的法律责任。
4. 简述联合国国际货物多式联运公约的主要内容。
5. 简述我国国际集装箱多式联运的有关规定。
6. 简述我国海关对进出口集装箱货物是如何监管的。
7. 简述我国进出口集装箱货物检验检疫的相关规定。

第十六章 16

数字化技术在集装箱运输实务中的应用

数字化技术是指计算机硬件技术、信息系统技术、EDI 技术、网络技术等计算机软硬件技术的总称。集装箱运输实务中已普遍采用了数字化技术。

第一节　集装箱运输管理信息系统

集装箱运输管理信息系统的开发使用，是针对集装箱运输所涉及的各个环节，分别建立子系统进行信息的采集、输入、整理、加工、输出，以实现运输业务流程作业、运输环节管理控制和为管理决策提供依据等功能。各个子系统不但可以自成体系单独运行，而且还可以拥有相应的支持子系统。这样的 MIS 不仅可以满足大型的综合性集装箱运输企业的要求，同时也可用于业务较单一的企业。

一个比较完整的集装箱运输管理信息系统至少应包括运输管理、箱务管理、单证管理等若干子系统。

一、集装箱航运管理子系统功能概述

航运管理子系统是航运企业主要的业务管理信息系统，它是以船舶、港口生产组织和调度指挥为中心展开的，通过对系统内各子系统具体功能的实现和协调，可以为全面提高航运管理的质量、提高企业的经济效益和生产效率服务。

航运业务管理子系统是航运企业经营管理的主要计算机系统，根据功能的不同，又可划分为揽货订舱管理子系统、运输单证管理子系统、船舶动态监控（调度）管理子系统、运费管理子系统、业务统计和分析子系统、质量标准管理子系统等。航运业务管理各子系统同样具有数据输入、查询、修改、传输等功能，各子系统相互配合，共同完成航运业务管理工作，如图 16-1 所示。

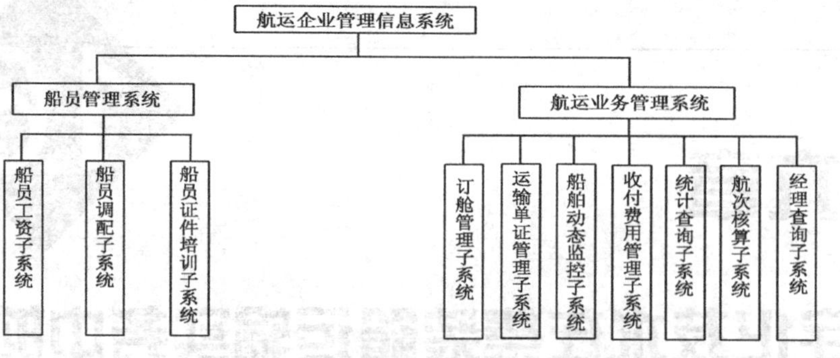

图 16-1　集装箱船舶运输信息化管理系统模块示意图

二、集装箱箱务管理信息子系统功能概述

本系统主要实现对集装箱的动态跟踪和对集装箱（货物）的信息显示，使用户能及时、准确、全面地了解和掌握集装箱的位置、物品的种类、数量、起始及终到地域、时间等信息，为用户决策提供支持。其主要功能为订单查询与管理、货物查询与跟踪（GIS 显示查询）、集装箱动态跟踪数据录入管理、集装箱动态跟踪查询（GIS 显示查询）、场站集装箱管理、空箱调配等功能。根据用户的系统操作权限，开放或关闭相应功能项目，实现用户对系统的使用操作，如图 16-2 所示。

三、集装箱单证管理信息子系统

功能：接受处理客户委托，进行运输单证的制作和处理，通过数据通信网络传送单证信息；处理与进出口有关部门相关的单证，如图 16-3 所示。

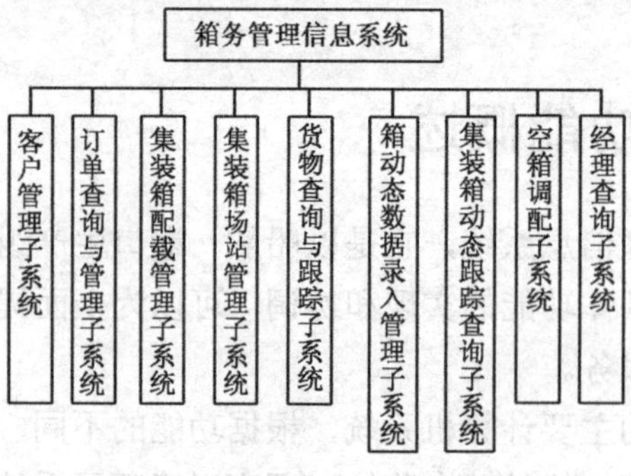

图 16-2　集装箱箱务管理信息系统构成示意图

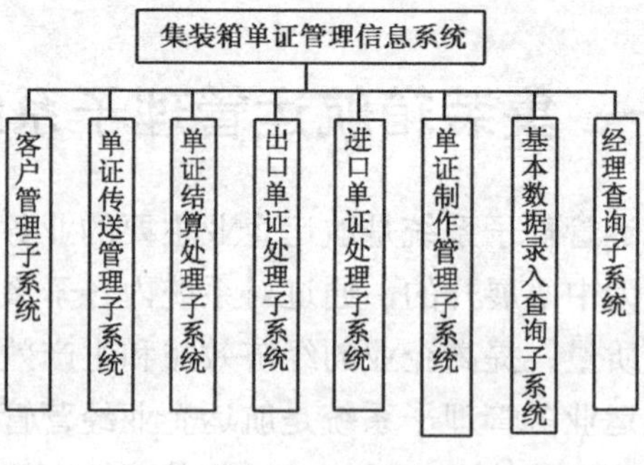

图 16-3　集装箱单证管理信息系统构成示意图

需要特别指出的是，管理信息系统本身仍然在不断发展和完善。不论其如何发展，目的都是使管理事务和管理决策更加科学、方便和准确，更加智能化。

第二节 EDI 技术在集装箱运输实务中的应用

一、EDI 技术概述

EDI，中文称作“电子数据交换”，是英文 Electronic Data Interchange 的缩写，港、澳及海外华人地区称作“电子资料联通”。它是一种在公司之间传输订单、发票等作业文件的电子化手段。它通过计算机通信网络将贸易、运输、保险、银行和海关等行业信息，用一种国际公认的标准格式，实现各有关部门或公司与企业之间的数据交换与处理，并完成以贸易为中心的全部过程，它是 20 世纪 80 年代发展起来的一种新颖的电子化贸易工具，是计算机、通信和现代管理技术相结合的产物。进入 20 世纪 90 年代以来，电子数据交换 EDI 已成为世界性的热门话题。为竞争国际贸易的主动权，各国的企业界和商业界人士都积极采用 EDI 来改善生产和流通领域的环境，以获得最佳的经济效益。全球性、区域性的各种 EDI 交流活动也十分频繁，EDI 正在以前所未有的高速度发展。由于 EDI 具有高速、精确、远程和巨量的技术性能，因此 EDI 的兴起标志着一场全新的、全球性的商业革命的开始。国外专家深刻地指出：“能否开发和推动 EDI 计划，将决定对外贸易方面的兴衰和存亡。如果跟随世界贸易潮流，积极推行 EDI 就会成为巨龙而腾飞，否则就会成为恐龙而绝种”。

20 世纪 60 年代末，欧洲和美国几乎同时提出了 EDI 的概念。早期的 EDI 只是在两个商业伙伴之间，依靠计算机与计算机直接通信完成。

20 世纪 70 年代，数字通信技术的发展大大加快了 EDI 技术的成熟和应用范围的扩大，也带动了跨行业 EDI 系统的出现。20 世纪 80 年代，EDI 标准的国际化又使 EDI 的应用跃入了一个新的里程。

时至今日，EDI 历经萌芽期、发展期已步入成熟期。英国的 EDI 专家明确指出：“以现有的信息技术水平，实现 EDI 已不是技术问题，而仅仅是一个商业问题。”

1. EDI 定义

国际标准化组织（ISO）将 EDI 描述成“将贸易（商业）或行政事务处理按照一个公认的标准变成结构化的事务处理或信息数据格式，从计算机到计算机的电子传输”。而国际电信同盟 ITUT（原 CCITT，国际电话与电报顾问委员会）将 EDI 定义为“从计算机到计算机之间的结构化的事务数据互换”。又由于使用 EDI 可以减少甚至消除贸易过程中的纸面文件，因此 EDI 又被人们通俗地称为“无纸贸易”。

从上述 EDI 定义不难看出，EDI 包含了三个方面的内容，即计算机应用、通信、网络和数据标准化。其中计算机应用是 EDI 的条件，通信环境是 EDI 应用的基础，标准化是 EDI 的特征。这三方面相互衔接、相互依存，构成 EDI 的基础框架。

2. EDI 的优点

电子数据交换技术自问世以来，因其技术先进，可大大减少贸易文件及文件处理成本，因而受到世界各国普遍重视，发展迅速。现在，EDI 用户根据国际通用的标准格式编制电文，以机器可读的方式将结构化的信息（如发票、海关申报单、进出口许可证等“经济信息”）按照协议经过通信网络传送。报文接受方按国际统一规定的语法规则对报文进行处理，通过相应的管理信息系统，完成综合的自动交换和处理。EDI遵循一定的国际标准或行业规则，自动地进行数据发送、传送及处理，而不需人工介入，从而实现事务处理或贸易自动化。具体优点如下：

（1）节约时间和降低成本。由于单证在贸易伙伴之间的传递是完全自动，所以不再需要重复输入、传真和电话通知等重复性的工作。从而可以大大地提高企业的工作效率，降低运作成本，使沟通更快更准。

（2）提高管理和服务质量的手段之一。将EDI技术与企业内部的仓储管理系统、自动补货系统、订单处理系统等企业MIS系统集成使用之后，可以实现商业单证快速交换和自动处理，简化采购程序，减低营运资金及存货量，改善现金流动情况。也使企业可以更快地对客户的需求进行响应。

（3）业务发展的需要。目前，许多国际和国内的大型制造商、零售企业、船公司等对于贸易伙伴都有使用EDI技术的需求。当这些企业评价一个新的贸易伙伴时，其是否具有EDI的能力是一个重要指标。某些国际著名的企业甚至会减少和取消给那些没有EDI能力的供应商的订单。因此，采用EDI是企业提高竞争能力的重要手段之一。

3. EDI业务应用领域

（1）商业贸易领域。在商业贸易领域，通过采用EDI技术，可以将不同制造商、供应商、批发商和零售商等商业贸易之间各自的生产管理、物料需求、销售管理、仓库管理、商业POS系统有机地结合起来，从而使这些企业大幅提高其经营效率，并创造出更高的利润。

商贸EDI业务特别适用于那些具有一定规模的、具有良好计算机管理基础的制造商、采用商业POS系统的批发商和零售商、为国际著名厂商提供产品的供应商。

（2）运输业领域。在运输行业，通过采用集装箱运输电子数据交换业务，可以将船运、空运、陆路运输、外轮代理公司、港口码头、仓库、保险公司等企业之间各自的应用系统联系在一起，从而解决传统单证传输过程中的处理时间长、效率低下等问题。可以有效提高货物运输能力，实现物流控制电子化。从而实现国际集装箱多式联运，进一步促进港口集装箱运输事业的发展。

（3）通关自动化。在外贸领域，通过采用EDI技术，可以将海关、商检、卫检等口岸监管部门与外贸公司、来料加工企业、报关公司等相关部门和企业紧密地联系起来，从而可以避免企业多次往返多个外贸管理部门进行申报、审批等。大大简化进出口贸易程序，提高货物通关的速度。最终起到改善投资环境，加强企业在国际贸易中的竞争力的目的。

（4）其他领域。税务、银行、保险等贸易链路等多个环节之中，EDI技术同样有着广泛的应用前景。通过EDI和电子商务技术（ECS）可以实现电子报税、电子资金划拨（EFT）等多种应用。

二、EDI标准

1. 概况

标准化的工作是实现EDI互通和互联的前提和基础。EDI的标准包括EDI网络通信标准、

EDI 处理标准、EDI 联系标准和 EDI 语义语法标准等。

EDI 网络通信标准是要解决 EDI 通信网络应该建立在何种通信网络协议之上，以保证各类 EDI 用户系统的互联。目前国际上主要采用 MHX （X－400）作为 EDI 通信网络协议，以解决 EDI 的支撑环境。

EDI 处理标准是要研究那些不同地域不同行业的各种 EDI 报文。相互共有的“公共元素报文”的处理标准。它与数据库、管理信息系统（如 MPRII）等接口有关。

EDI 联系标准解决 EDI 用户所属的其他信息管理系统或数据库与 EDI 系统之间的接口。

EDI 语义语法标准（又称 EDI 报文标准）是要解决各种报文类型格式、数据元编码、字符集和语法规则以及报表生成应用程序设计语言等。

这里的 EDI 语义语法标准又是 EDI 技术的核心。

EDI 一产生，其标准的国际化就成为人们日益关注的焦点之一。早期的 EDI 使用的大都是各处的行业标准，不能进行跨行业 EDI 互联，严重影响了 EDI 的效益，阻碍了全球 EDI 的发展。例如美国就存在汽车工业的 AIAG 标准、零售业的 UCS 标准、货栈和冷冻食品贮存业的 WINS 标准等。日本有连锁店协会的 JCQ 行业标准、全国银行协会的 Aengin 标准和电子工业协会的 EIAT 标准等。

为促进 EDI 的发展，世界各国都在不遗余力地促进 EDI 标准的国际化，以求最大限度地发挥 EDI 的作用。目前，在 EDI 标准上，国际上最有名的是联合国欧洲经济委员会（UN/ECE）下属第四工作组（WP4）于 1986 年制定的《用于行政管理、商业和运输的电子数据互换》标准—EDIFACT（Electronic Data Interchange For Administration，Commerce and Trans Port）。EDIFACT 已被国际标准化组织 ISO 接收为国际标准，编号为 ISO9735。同时还有广泛应用于北美地区的，由美国国家标准化协会（ANSI）X－12 鉴定委员会（AXCS－12）于 1985 年制定的 ANSI X－12 标准。美国已宣布 ANSIX12 从 1995 年不再更新新版本，从 1997 年 ANSIX12 与 EDIFACT 合二为一。由此可见，EDIFACE 将成为全球 EDI 使用者所遵循的唯一国际标准。根据我国交通部于 1997 年 5 月 1 日发布的《海上集装箱运输电子数据交换管理办法》的要求，用以替代纸面单证的我国的 EDI 报文的格式代码数据应采用联合国欧洲经济委员会颁布的“行政、商业和运输用电子数据交换规则”（UN/EDIFACT）国际标准或国家技术监督局颁布的国家标准。无国际标准和国家标准时，可采用行业标准或协议标准。

2. UN/EDIFACT 简介

UN/EDIFACT 包含了语法及目录两大部分。

属于语法类的标准有：

UN/EDIFACT 语法规则（Syntax Rules）

UN/EDIFACT 语法应用指南（Syntax Implementation Guidelines）

UN/EDIFACT 报文设计指南（Message Design Guidelines）

属于目录类的有：

UN/EDIFACT 报文目录（UNEDMD）

UN/EDIFACT 数据段目录（UNEDSD）

UN/EDIFACT 复合数据元目录（UNEDCD）

UN/EDIFACT 数据元目录（UNEDED）

UN/EDIFACT 代码集（UNEDCL）

其中报文目录也称联合国标准报文（UNSM）。因为报文是传送用户数据的信息载体，其他目录是服务于报文的构成，因此报文目录，UNSM 在 EDIFACT 系列里占有很重要的地位。

3．报文与平台文件

报文一词来源于 Message，实际上用来代替书面单证，因此也被称作“电子单证”。现时报文或电子报文与电子单证是同义词。

按照 UN/EDIFACT 对报文结构的定义：报文是由数据段（Data Segment）组成，数据段由复合数据元（Composite Data Element）及数据元（Data Element）组成，复合数据元又由成分数据元（Component Element）组成。它的层次结构如图 16-4 所示。

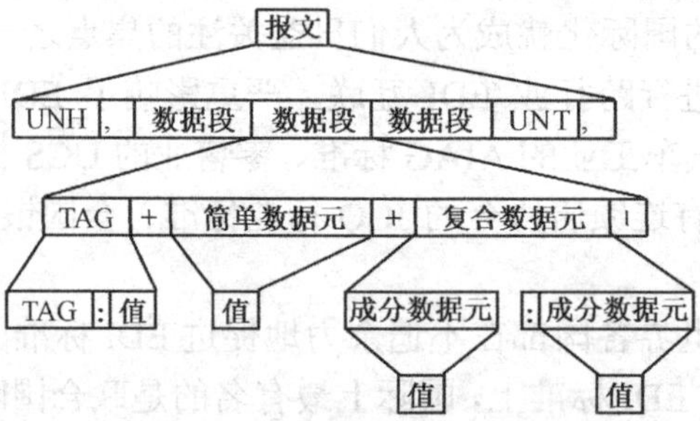

图 16-4 EDI 报文结构示意图

对图 16-4 作如下说明：

1）UNH、UNT 是报文头，报文属，它们自身也是一个数据段，UNH、UNT 就是它们的段标识，这些数据段包含了报文交换通信等信息。以 UN 开头标识的数据段称为服务段。它不同于其他一般数据段，后者才是传送用户数据的真正载体。

2）TAG 是数据段的标识符，相当于段中的一个数据元的地位。每个数据段均有自己唯一的标识符，连同它所包含的复合数据元、数据元在数据段目录（EDSD）中均有明确定义。

3）复合数据元及数据元均在各自的目录（EDCE，EDED）中有明确定义。

4）数据段的结束符是“’”，数据元的分隔符是“+”，成分数据元的分隔符是“：”。

依据 EDIFACT 规定的国际标准报文批准的程序，目前 UNSM 的报文可以分为三类，即三种状态。状态 0 表示是草案，作为参考文件。状态 1 是正式试用的报文，列入 UN/EDIFACT DRAFT（草案）目录中。状态 2 是正式推荐的报文，列入贸易数据交换目录（UNTDID），也称标准目录中，它也包括在 DRAFT 目录的每次新版本中。至今 UNSM 已有一百多个报文，其中大多数为状态 1，状态 2 的只有几十个。

在 UNSM 中报文以类型（TYPE）区别，意指这一报文适用于某种类型的事务处理。报文类型以 6 个英文字母加以唯一性的标识。

根据本章第一节所叙，对目前国内流通的集装箱运输书面单证进行分析后，确定了需要电子单证替代的书面单证类别。再参考 UNSM 国际标准报文，对每种报文类型的内容、功能进行分析，决定选用 18 种 UNSM 报文。以它们的应用领域分为五个方面加以说明。在报文类型之后的括弧内标明了报文的中、英文全称。

（1）属于反映船舶动态信息的报文 IFTSAI（Forwarding and Transport Schedule and

Availability Information Message，运输计划及实施信息报文）用于发布船期。

CALINF（Call Information Message，挂靠港信息报文）用于发布船舶到港信息。

VESDEP（Vessel Departure Message，船舶离港报文）用于发布船舶离港信息。

（2）属于反映装船卸船信息的报文　IFCSUM（Forwarding and Consolidation Summary Message，转运和联运报文）用于传送舱单，包括进、出口。

BAPLIE（Bay Plan/Stowage Plan Occupied And Empty Location Message，箱位图/积载图报文）用于传送船图，包括进出口船图，出口预配船图，出口最终船图等。

COARRI（Container Discharge/Loading Report Message，集装箱装/卸报告报文），此报文经裁减后产生 4 个不同的子集，分别用于传送理货报告（COARRI）、残损报告（COARID）、溢卸报告（COARIO）、短卸报告（COARIS）4 种单证。

IFTDGN（Dangerous Goods Notification Message，危险品通知报文）用于传送危险品通知。

IFTIAG（Dangerous Cargo List Message，危险品清单报文）用于传送危险品清单。

MOVINS（Stowage Instruction Message，装载指示报文）用于传送装船指示，包括预配清单等。

（3）属于内陆集疏运信息的报文。COSTOR（Container Stuffing/Stripping Order，装箱/拆箱指示）用于传送装箱指示。

COSTCO（Container Stuffing/Stripping Confirmation，装箱/拆箱确认）用于传送装箱单。

COEDOR（Container Stock Report Message，集装箱堆存报告报文）用于传送堆场之集装箱堆存报告。

CODECO（Container Gate In/Gate Out Report Message，集装箱进出门报告报文）用于堆场传送集装箱进出场报告。

（4）订舱信息。IFTMBF（Firm Booking Message，确定订舱报文）用于货代向船代传送订舱单证。

IFTMBC（Booking Confirmation Message，订舱确认报文）用于船代向货代发送订舱受理回执单证。

（5）与海关相关的报文。CUSDEC（Customs Declaration Message，海关申报报文）用于传送海关申报单。

CUSCAR（Customs Cargo Report Message，海关货物报告报文）用于传送海关货物报告单证。

CUSRES（Customs Response Message，海关答复报文）用于传送海关对申报单的答复。

本项目用上述 18 个 UNSM 报文，经裁减，其中 COARRI 裁减为 4 个子集，海关相关的报文用海关裁减后的标准，总共产生了以用户手册形式说明的 21 个报文标准。

平台文件（Flat File）是用户原始资料格式与 EDI 标准格式之间的对照性文件，它符合翻译软件的输入格式。

（1）平台文件的作用。报文是 EDI 系统中传送用户数据的信息载体。它有特定的格式结构及语法规则。用户在传送报文时必须把用户自有的数据格式转换成国际报文的格式。而用户计算机应用系统中的数据格式千差万别。为了使用户数据格式方便地转换为国际报文格式，国际上常用的做法是设计一个平台文件，英文称 Flat File。用户自行编制一个映射程序（也叫作抽取程序）从用户数据库中抽取出生成报文需要的数据，按一定格式组成一个平台文件，再用一个通用的翻译程序将平台文件翻译成国际报文，然后通过 EDI 通信网络发往自己的贸易伙伴。如果是接收报文，则是上述过程的逆向进行。所不同的是用户要编制一个数据库的更新程序，将接收到的由报文翻译过来的平台文件的数据存放到用户应用系统的数据库中。这个过程可用如图 16-5 所示的框图表示：

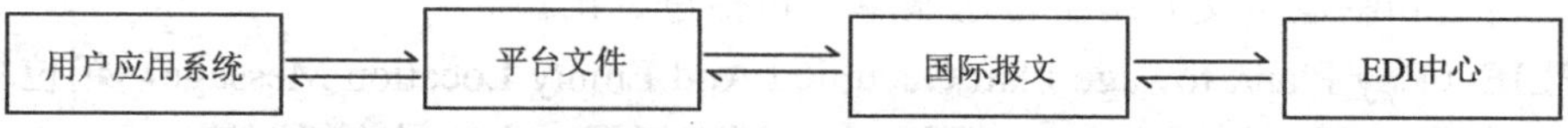

图 16-5　EDI 系统中平台文件作用示意图

（2）使用平台文件的好处。用户不需要了解 UN/EDIFACT 报文结构、语法规则等对他们来说是陌生的知识。只要他们熟悉自己的应用系统，编制映射程序、更新程序并无困难。

开发翻译程序的人员可以不管用户应用系统的内部情况，他们只要熟悉国际报文的结构及语法规则，就可以编出平台文件到国际报文，由国际报文到平台文件的翻译程序。更为重要的是如果平台文件有统一的格式，这样的翻译程序对同一报文就有通用性，可以放到各个用户端去使用。

在接收报文时，平台文件还可以起一个隔离缓冲的作用。国际报文的格式很特别，一般用户难以懂得，而平台文件的格式接近常用的数据文件，使用户有一个对平台文件进行校验的机会。从而可以防止不好的数据进入应用系统。这在 EDI 实施初期尤显必要。

有利于标准化，便于在短期内推广 EDI 技术。

三、EDI 系统的组成

EDI 系统一般由如下几个方面组成：

（1）硬件设备。贸易伙伴的计算机和调制解调器以及通信设施等。

（2）增值通信网络及网络软件。增值网（VAN）是利用现有的通信网，增加 EDI 服务功能而实现的计算机网络，即网络增值。通信网目前有如下几种：分组交换数据网（PSDV），电话交换网（PSTN），数字数据网（DDN），综合业务数据网（ISDN），卫星数据网（VSAT），数字数据移动通信网。

（3）报文格式标准。EDI 是以非人工干预方式将数据及时准确地录入应用系统数据库中，并把应用数据库中的数据自动地传送到贸易伙伴的计算机系统，因此必须有统一的报文格式和代码标准。

（4）应用系统界面与标准报文格式之间相互转换的软件。该软件的主要功能包括代码和格式的转换等。

（5）用户的应用系统。EDI 是 EDP（Electronic Data Process）电子数据处理的延伸，要求各通信伙伴事先做好本单位的计算机开发工作，建立共享数据库。

四、EDI 的工作方式

可用图 16-6 表示：

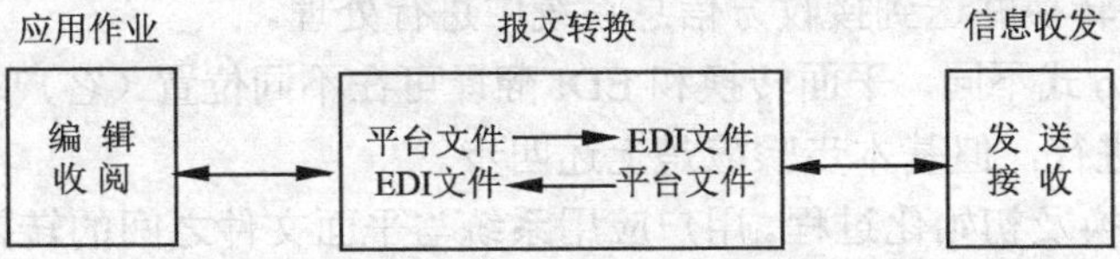

图 16-6　EDI 工作方式方框示意图

EDI 具体的工作方式：用户在现有的计算机应用系统上进行信息的编辑处理，然后通过 EDI 转换软件（Mapper）将原始单据格式转换为平台文件（Flat file），通过翻译软件（Translator）变成 EDI 标准格式文件。然后在文件外层加上通信信封（Envelope），通过通信软件发送到增值服务网络 VAN（Value Addle Network）或 EDI 中心或直接传给对方用户，对方用户则进行相反的处理过程，最后成为用户系统应用能够接受的文件格式进行收阅处理。

为了理解 EDI 如何工作，我们不妨来跟踪一下一个简单的 EDI 应用过程。这里，我们以订单与订单回复为例作简单介绍。

1. 制作订单

购买方根据自己的需求在计算机上操作，在订单处理系统上制作出一份订单来，并将所有必要的信息以电子传输的格式存储下来，同时产生一份电子订单。

2. 发送订单

购买方将此电子订单通过 EDI 系统传送给供货商，此订单实际上是发向供货商的电子信箱的，它先存放在 EDI 交换中心上，等待来自供货商的接收指令。

3. 接收订单

供货商使用邮箱接收指令，从 EDI 交换中心自己的电子信箱中收取全部邮件，其中包括来自购买方的订单。

4. 签发回执

供货商在收妥订单后，使用自己计算机上的订单处理系统为来自购买方的电子订单自动产生一份回执，经供货商确认后，此电子订单回执被发送到网络，再经由 EDI 交换中心存放到购买方的电子信箱中。

5. 接收回执

购买方使用邮箱接收指令，从 EDI 交换中心自己的电子信箱中收取全部邮件，其中包括供货商发来的订单回执。整个订货过程至此完成，供货商收到订单，客户（购买方）则收到了订单回执。

EDI 的实现过程就是用户将相关资料从自己的计算机信息系统传送到有关交易方的计算机信息系统的过程，该过程因用户应用系统以及外部通信环境的差异而不同。在有 EDI 增值服务的条件下，这个过程分为以下几个步骤：

1）发送方将要发送的资料从信息系统数据库提出，转换成平面文件（亦称中间文件）。

2）将平面文件翻译为标准 EDI 报文，并组成 EDI 信件。接收方从 EDI 信箱收取信件。

3）将 EDI 信件拆开并翻译成为平面文件。

4）将平面文件转换并送到接收方信息系统中进行处理。

由于EDI服务方式不同，平面转换和EDI翻译可在不同位置（客户端，EDI增值中心或其他网络服务点）进行，但基本步骤应是上述四步。

① 平面文件转换及初始化过程。用户应用系统与平面文件之间的转换过程是联结翻译和用户应用系统的中间过程。用户应用系统（如管理信息系统，常规业务系统等）存储了生成报文所需的资料，该过程的任务就是读取用户数据库，按照不同的报文结构生成平面文件以备翻译。在实际应用中用户可以将翻译系统与应用系统集成起来，在输出资料时，直接生成平面文件，随后再翻译。如果用户应用系统不含翻译软件，翻译工作可由EDI增值服务网或由其他EDI服务提供者完成，但生成平面文件的工作需要用户自己完成。平面文件不必包含用户文件的全部资料，只需包含要翻译的资料。

因为它采用电子传输，可以省略如邮政地址、邮政编码等无关的信息。发送的资料量越小，服务的费用就越低。该过程需要一些初始化工作，以确定贸易伙伴的电子地址、网络地址、贸易伙伴的报文类型和版本。这就需要用户建立每一个贸易伙伴要接收的报文类型、报文标准类型和版本以及电子邮寄地址等清单。如果贸易伙伴有安全要求（如报文鉴别和加密），会有更多的信息（如加密方式、密钥等）需要列入清单。当贸易伙伴的数目较大时，这项工作就会变得十分重要。因此，国外的EDI增值服务把提供这种贸易伙伴清单的功能作为一项中心服务。

② 翻译。翻译就是根据报文标准、报文类型和版本，将平面文件转换为EDI标准报文。而报文标准、报文类型和版本由上述EDI系统的贸易伙伴清单确定，或由服务机构提供的目录服务功能确定。在翻译之前需对平面文件做准备工作，包括对平面文件进行编辑、一致性检查和地址鉴别。首先根据报文标准检查平面文件是否包含了所有规定的字项。ANSI X12和EDI－FACT要求有一些规定字段，如控制号、内层项数和日期等。如果缺少字段，则要重新编辑平面文件。如果规定字段都存在，就要对字段一致性、句法和资料格式进行详细检查，检查是否与要求的标准一致，是否与标准的相应版本一致，是否与相应标准的相应文件类型一致。在这一阶段，理想的情况是对所有字段和资料元进行检查，检查字段中的规定资料元是否存在并正确，但目前的软件一般只对语法意义上的字项进行检查。以上检查结束以后，还要进行地址鉴别，检查对方的电子地址和交易关系是否有效存在。

翻译的过程就是翻译程序根据标准的句法规则，用规定分隔符将平面文件中的资料连接起来，生成不间断的ASCII码字符串，并根据贸易伙伴清单生成报文头，最后生成报文尾，形成一个完整的EDI报文。根据EDIFACT标准，一个交换可包含报文或功能组（也称报文组）。

功能组的生成过程就是将组中所含的报文顺序排列，中间以报文头尾段分隔连接，再加上功能组头和功能组尾。一个交换的生成和功能组的生成过程类似，先根据对方地址、日期时间及必要的语法设定生成交换头，然后将交换中所含报文或功能组（如果交换采用功能组方式，就不能有独立报文）顺序排列，中间以头尾段分隔连接。交换尾则根据交换中报文或功能组的数目以及交换控制参考生成。交换头包含发送方和接收方的地址代码、生成日期和时间、交换参考号、标准管理机构和字符集等资料，其中部分资料可从初始设定清单上查询，部分资料则要程序自动生成。

③ 通信。翻译封包过程结束，生成EDI交换。通信参数文件一般包含电话拨号、网络地址或其他的特殊地址号码以及表示停顿、回答和反应的动作描述码，通信模块根据这些通

信设置拨通网络，与远程的通信模块进行对话，建立用户的EDI服务信道，进行文件传输。对于非实时EDI服务，文件先要传送到用户自己的信箱，然后再由EDI邮局管理分发。报文分发是EDI信箱管理系统根据报文中的目标地址，将报文分发到贸易伙伴的信箱中。在分发之前要通过交易关系认可，确认发送和收件方的收发意向，以保证双方对传输对象已事先同意交换。这样可以避免“垃圾”文件的传送以及信箱、网络和连接时间的滥用。在贸易伙伴认可后，再向对方信箱投递报文。

以上是EDI实现的前三步，即平面转换、翻译和通信。接着的工作是交易接收方从信箱中收取EDI信件，翻译并转送到应用系统中。这是上述过程的逆过程。

内部应用系统经网络从外部交易方接收EDI报文，经过语法翻译和映像将资料写入数据库系统，或反过来从数据库读取资料，经映像翻译生成EDI报文，再通过网络发送给有关交易方。在企业内部，EDI在信息系统中属于电子数据处理（EDP，Electronic Data Processing），直接与企业的管理信息系统（MIS）连接，为其提供订货、财务汇兑、库存和价格等基础信息。这些信息经过处理为决策和执行提供支持。在企业间，EDI系统起着信息传输和格式转换的作用，它可以连接各企业孤立的应用系统，将各系统集成为一个新的跨组织系统。

从技术的角度讲，EDP系统提供EDI系统交换的内容，EDP系统可以看作EDI系统的数据库手段，EDI系统可以看作EDP系统的通信手段。EDI系统要发送、接收的报文由EDP系统提交、处理。EDI系统一般具备对EDP系统资料格式定义的功能，通过应用定义，通用的EDI系统可以适应不同的EDP系统。应用单位一般先开发内部的EDP系统，然后与其他单位间实现EDI连接，EDP显然是EDI的前提；但对于那些原有信息应用不成熟的单位来说，为了与已实现EDI的公司或机构做生意或打交道，也可以先引进一个仅仅与对方EDI系统相连的简单的资料录入、打印及通信的系统，也称“制单系统”，而后再逐步发展自己的EDP和MIS。

EDP在减少人员和节省费用方面的作用往往被估计过高，计算机的使用不是减少而是增加了处理环节和操作费用，在实行EDI后这些问题逐步得到解决，只有广泛开展EDI后，数据处理和信息管理的潜力和效益才能得以充分发挥。

EDP和EDI在计算机与通信技术的应用方面最终将发展为统一的整体，两者相互促进，使业务处理的自动化程度越来越高，范围越来越广。由于EDP主要是企业内部的事情，在决策和管理方面较易实现。而EDI涉及跨行业和跨部门，甚至跨国界，涉及的业务与技术的复杂性及协调工作的难度在过去是不能想象的，因此EDI是计算机与通信技术在应用范围和水平上的一次飞跃。经济、社会、生活各方面将随着EDI的发展发生深刻而广泛的变化。

五、EDI中心

EDI中心（也可称为第三方服务）的名称是相对于点到点直接连接方式而产生的。在点到点直接连接的EDI中，两个贸易伙伴可以直接进行电子数据交换。其过程是：

发送方计算机→调制解调器→电话线→调制解调器→接收方计算机

在这种直接连接的系统中，连接的各方在传递速度等方面必须使用同一通信协议、相同的标准和相同的标准翻译能力。同时，各方使用的计算机必须互相兼容，并且连接的各方必须在通信的时间安排问题上取得一致。而对于大量不同的通信协议、不同的标准、不同的计算机、不同的翻译能力以及不同的时区等情况，直接连接的方式便无法适应，这就需要建立

EDI 的 EDI 中心。

在建立 EDI 中心的 EDI 网络中，贸易的双方只需与 EDI 中心连接，发送方将信息传递到 EDI 中心，然后由 EDI 中心对信息加工处理，再传递到接收方。例如，上海市 EDI 中心就可以实现许多有关部门与行业互相建立联系，如图 16-7 所示。

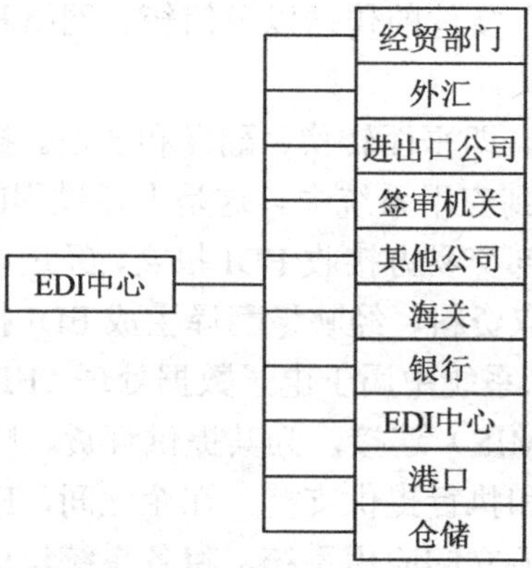

图 16-7 上海市 EDI 中心连接部门行业示意图

1. EDI 中心的作用

由于 EDI 中心在传递信息过程中还提供一些增值服务，所以 EDI 中心网络又称为增值网络（VAN，Value Added Network）。其主要的增值服务有：

（1）电子邮箱　对用户传至的信息分别存放，并进行寻址、排序、传递等操作。每个用户邮箱均设有密码。

（2）通信进入　使不同的通信速度、通信协议、不同的计算机和调制解调器的用户都能顺利地进入自己的邮箱。

（3）报告/控制　协助用户监视 EDI 的通信情况。

（4）翻译　将公司自己的格式时间转换成 EDI 标准的信息。

（5）通信　可使用户与不在同一网络的贸易伙伴进行 EDI 通信。

（6）EDI 开通协助　帮助公司加入 EDI 网络系统。

（7）拨出服务　可以帮助用户进入贸易伙伴的内部系统，但需经协议允许。

（8）EDI 与纸张文件的转换　以便建立与那些规模较小的、又不具备 EDI 通信能力的贸易伙伴的联系。

（9）加密及证实服务　提高信息的保密性和安全性。

2. 有关 EDI 中心的几个问题

随着 EDI 的发展，EDI 中心的应用也在发展，越来越多的 EDI 中心加入了市场，由此也产生了以下一些问题。

（1）不同的 EDI 中心之间的相互连接　为了能使不在同一中心网络的贸易伙伴之间能够进行电子数据交换，就必须有某种方法在不同的网络之间传递信息，EDI 中心就是通过一种叫作“网关”（Gateway）的方法来实现互相之间的联系。在建立互相联系的网络系统中，当发送方的网络收到要传送给在另一网络中的接收方的信息时，它首先应把信息送到位于另一网络中的邮箱内，而另一网络把这份送来的信息视作任何其他进入的信息一样进行排序，然后送到相应的邮箱。

（2）EDI 中心的安全性　EDI 中心采用许多安全措施来防范数据遗失、窜改和窃取等现象的发生。所有通过 EDI 中心的数据是按照标准信封上接收者的标识代码进行分送的，要进入邮箱必须要有能表示身份的标识代码及“口令”。

（3）EDI 中心的法律责任　在美国，EDI 中心的法律责任有点类似于美国邮局的法律责任。当邮局遗失一份邮件时，它的法律责任通常只局限在邮递服务的费用方面，即使是特快专递也是如此。这种有限法律责任被移植到了通过 EDI 中心传递的 EDI 服务。

如果一份电子数据交换信息在 EDI 中心被遗失，一般 EDI 中心的法律责任只是实际的传递费用。这种有限的法律责任在 EDI 中心网络合同中需要非常清楚地列明。在大多数情况下，只要可能，EDI 中心应为用户免费重新建立遗失的数据。

这种有限法律责任的制定是基于诸多因素的考虑。首先，数据遗失的概率很小。其次，对于这种遗失所产生的经济损失进行担保，其费用数量是难以接受的。第三，由于 EDI 发送方有能力知道这条送出的信息是否被对方收到，因此，发送方能立即发现遗失情况，并且重新发送这条信息。

我国目前尚无有关法律的规定。因此，在使用 EDI 中心网络之前，必须先与中心进行谈判，就一系列问题达成协议，以明确参与各方的法律责任。

（4）怎样选择 EDI 中心　选择一个 EDI 中心对要开通 EDI 的公司来讲是非常重要的，一个适当的 EDI 中心应该是收费合理，负责、富有经验，并且能吸引贸易伙伴的加入。在选择 EDI 中心时，首先公司自己要有准备，要弄清公司现在的应用系统的状况、通信和翻译软件的倾向、计算机软件的技术指标、单据的类型、项目的信息量、贸易伙伴的情况以及准备采用的标准等。其次要了解每个 EDI 中心提供服务的情况，并进行比较，决定什么是最重要的选择标准，然后再做出决策。

在了解每一个 EDI 中心时，要注意了解以下一些内容：

1）一个 EDI 中心对你的行业知识是否熟悉，所提供的产品、服务和支持是否能适应你的行业的计算机环境。

2）要了解 EDI 中心所能使用的通信传输协议、速度以及数据安全措施等是否满足你公司的要求。

3）EDI 中心是否具备一个精确、及时、可靠的信息报告系统。

4）一个 EDI 中心能否提供足够多的服务点，服务人员的 EDI 经验是否丰富，服务点是否一天 24h 提供服务，以及服务点是否设置热线电话等。

5）EDI 中心所提供的服务地区范围是否满足用户的需要。

6）了解 EDI 中心所拥有的 EDI 用户的数量，这能反映出 EDI 中心所具备 EDI 的经验及能力。

六、EDI 在集装箱运输业务中的应用

（一）国际/国内航运集装箱运输业的 EDI 发展状况

在欧洲、北美、日本等西方发达国家，早在 20 世纪 60 年代就开始了 EDI 的研究工作，现在 EDI 应用已经在这些国家的经济中扮演了重要的角色。以日本为例，日本航运公司与货

运单位代理、计量公司、理货公司和发货人共同建立了一个名为 SHIPNETS 的网络。SHIPNETS 是一个跨行业的网络体系，于 1986 年 4 月正式启用，现在吸纳了 24 家航运公司、145 个货运代理、两家计量公司和两家理货公司。该网络通过日本电报电话公司的计算中心交换日本各主要港口的货运信息。另外，日本还开发了发货人/承运人运输信息网络 S •C •Net 和发货人/货运代理运输信息网络 S • F • Net，可在发货人和货运代理人之间交换进口税、发票、应付账款、支付和结关状况的信息。

我国 EDI 技术的研究应用过程是从 20 世纪 80 年代开始起步的。“七五”期间，交通部组织以上海为试点的集装箱运输工业性试验项目，为集装箱运输单证及其流转程序的规范化和标准化奠定了基础。“八五”期间交通部完成国际集装箱多式联运工业性试验推广项目，使我国国际集装箱运输的运行模式进一步与国际接轨，为推进和实现 EDI 技术创造良好环境。进入 20 世纪 90 年代，EDI 技术进入快速发展阶段，1995 年 6 月，国际集装箱运输项目的 EDI 通过可行性研究报告，国家计委随后又将它列入“九五”重点科技项目，从此进入了集装箱运输 EDI 项目技术攻关和示范工程建设的快车道。

国际集装箱运输的特点是单据多、信息量大、涉及的单位和环节多，要求信息周转快。最早的 EDI 系统实际上就是点到点的数据传输。随着网络技术的发展，这一系统通过网络进行 EDI 报文传输、转发、格式转换，并增加报文翻译、伙伴管理、回执管理等 EDI 管理功能。当前，新一代 EDI 技术 AMT 技术脱颖而出，在无人工介入的情况下达到应用与应用之间的报文传送。

《国际集装箱运输电子信息传输和运作系统及示范工程》是我国首次建立的、既符合国情又与国际接轨的集装箱运输 EDI 标准体系。它等同或等效地采用以 UN/EDIFACT 为主体的一系列国际标准，并建立了中文版，使之完全符合 EDI 标准国际化的趋势。同时，又开发了一套生成国际标准报文的应用软件，使我国集装箱运输 EDI 报文交换提高到与发达国家相当的水准。

我国在上海、天津、青岛、宁波各港口及中远集团建了 5 个 EDI 中心，并投入实际运行，目前已连通 147 个用户。

上海、天津、青岛、宁波等 4 个港口的 EDI 网络，覆盖当地各船公司（或其船舶代理）、货运代理、集疏运场站、监管部门、港口码头以及外轮理货等单位，是一个以港口 EDI 服务中心为中心的准星型结构的开放网络，并与当地其他行业的 EDI 网络互联。

中远集团的 EDI 网络，覆盖了集团内部各船公司、各船舶代理、货运代理、各专业公司等，是一个以北京总公司为中心、各地区公司为分中心的分布式结构的企业内部网络。中远的国外网点目前通过 GEIS 的国际公用数据网连接到中远 EDI 网络，并将把中远 EDI 网络向国外网点引申推广，逐步建成分布式结构的企业 EDI 网络。中远 EDI 网通过它在各港口的船舶代理与港口 EDI 网络相连，并将流经中远 EDI 中心的报文进行完善的管理。

我国在 EDI 应用过程中，形成了 EDI 和 EDP（电子数据处理）有机结合的“应用报文系统”在用户的 EDP 和 EDI 接口过程中，使交换量大的用户接收或发送报文的程序系统和本单位处理集装箱业务的应用系统有机地联结成一个整体，加快了数据交换速度，提高了业务运作效率和管理水平。

建立集装箱运输 EDI 报文运作的安全机制对身份鉴别准确性、完整性、保密性及防止责任抵赖等建立了 4 种安全机制及密钥管理系统，并符合相应的国际标准，其总体技术水准与这类技术在先进国家的应用水平相当。

我国还制定了集装箱运输 EDI 法规体系，实施了完善的培训体系，完成了进出场站码头集装箱信息自动传输技术的研究，使 EDI 整体技术水平已处于发达国家的应用水准。

（二）EDI 在集装箱运输领域的应用

集装箱运输是当今世界航运史上最先进的运输方式，而 EDI 技术是国际贸易、结算通关、数据处理等最佳通道，具有很好的应用前景，因此，目前国际航运界已广泛地应用了这一先进的科技成果。航运业大多数业务需要填制大量的卡片，而采用 EDI 技术后，带来了如下变化：

1）提高处理速度，减少雇员。

2）准确程度提高。

3）功能趋向多样化。

在集装箱管理中，采用电子数据交换技术，把所有描绘集装箱的常用数据，如重量、号码、尺寸等存储后，再输入所有与信息相关的集装箱营运情况尤其是集装箱运行及修理情况，就很容易获悉集装箱在各地的数量。利用这些信息能使运力调配达到最优化。此外，利用 EDI 还可以进行统计工作，计算出成本、净利润、周转率、总收入并进行收益分析。进而对托运人、集装箱或运输距离做出评价。

（三）集装箱运输 EDI 的应用层次

港口集装箱运输 EDI 的特点是用户涉及范围广，单证种类多。按用户层次划分，主要有以下五个层次：

第一层次：也可称为核心层，指与集装箱海上运输直接相关的港航企业，如港务局集装箱码头、船公司、船代理、理货公司。

第二层次：与集装箱集疏运有关的运输企业，如集装箱汽车运输公司、铁路局、内河航运公司、集装箱堆场等。

第三层次：托运运输的单位，如货主、货运代理公司。

第四层次：对集装箱运输进行检验的国家机构，如海关。

第五层次：相关的金融企业，如银行。

所涉及的报文主要有 21 种，其中船舶动态 3 种，即船期表报文、挂靠信息报文、船舶离港报文；装船卸船 9 种，即舱单报文、船图报文、危险品通知报文、危险品清单报文、装船指示报文、集装箱装/卸报文、集装箱残损报文、集装箱溢卸报文、集装箱短卸报文；内陆集疏运 4 种，即装箱指示报文、装箱单报文、集装箱堆存报文、集装箱进/出门报文；定舱信息 2 种，即正式订舱报文、订舱确认报文；监管部门 3 种，即一关三检申报单报文、答复报文、货物报告报文。

（四）集装箱运输单证与 EDI

集装箱运输的效率和效益在很大程度上取决于速度。鉴于集装箱船的航速及其他运输工具的运行速度的提高有一定的限度，因此缩短集装箱货物在港站的停留时间就显得十分重要。

在集装箱运输的港站以及与货代、船代、运输公司、银行、保险、监管等部门的业务活动中，围绕着集装箱的验收、提取、装卸、堆存、装箱、拆箱、费收、一关三检等存在着错综复杂的作业环节，伴随着众多的信息、单证的处理要求。因此，实现集装箱运输信息、单证的电子化处理，对提高集装箱运输的效率有着十分重要的意义。

1. 集装箱运输信息流程与主要单证

在集装箱运输过程中，集装箱码头是一切有关信息的处理中心。其所处理的信息中，出口信息起源于运输合同，从收货、配箱、装箱、订舱到内陆运输公司向码头集箱。

在这个过程中所形成的出口装载清单信息经船公司的授权代理加工后送至码头，它是码头出口箱作业的依据。码头生成的船图信息经理货公司由船代送至船公司，这也是下一挂港要求船公司必须提供的信息。在进口信息中，进口船图、进口舱单、船期等由船代送至码头再根据需要提供给场站，以保证及时疏运。在进出口货箱位移及业务受理过程中的其他信息，如海关申报与答复、海关货物与运输报告等均有大部分与上述信息相同的信息流转。

由此可以看出，集装箱运输的信息交换可以分为以下三部分：

1）船公司、代理与货主。主要包括外贸运输合同及说明、订舱及确认、到货通知、报关、费收、中转及提单等信息。

2）港口及腹地集疏运（公路、铁路、内河运输等）。主要包括拆装箱、空箱调运、场地申请、运输订单、计划及实际的集装箱交接信息等。

3）本港、开来港及下一挂港。主要包括船期及直接影响装卸效率的船图、舱单、装载指示等信息。

2. 集装箱运输信息对EDI的需求

（1）船舶信息　船舶代理一般在所代理的船舶抵港前72h、48h、24h向港务局报告船舶抵港预报和确报时间，并及时汇报变更时间。船舶预报的内容有船名、国籍、性质、抵港时间、艏艉吃水、进出口货名、数量、船舶规范、装卸设备状况及特殊货物装载情况和要求等。港方据此及时做出科学合理的安排，这对缩短船舶在港时间、降低运输成本具有十分重要的意义。另一方面，船公司也需要及时掌握船舶在港作业动态、待泊停时及离港信息。

目前，上述信息大都是通过传真、电报、电话索取，但事实上它们均可以通过EDI系统生成。如果实现船期及船舶抵港等动态信息的电子传送，则港航间可相互补充双方所需的信息，提高港口调度工作效率。

（2）装卸船信息　按照港口作业规定，船舶必须具备下列条件才能安排作业：

进口：

1）船图、舱单及卸货有关资料必须齐备。

2）具有港口主管部门批准的危险货物作业通知书。

3）货物流向及接卸方案已做出详细安排；超高、超宽、重大件设备具体资料预先摸清，特种车做好具体安排。

出口：

1）信用证、商品检验、海关手续办理完毕。

2）备齐货物。

3）做出配载及货物积载图。

4）能连续作业。

在集装箱码头装卸作业过程中，进口资料主要是指进口船图和进口舱单，它们是做卸船计划、安排卸船顺序的依据。出口资料主要是指集装箱预配清单（俗称出口舱单），它是制定收箱计划、检查、收箱、积载、安排装船顺序的依据，它所产生的出口船图是下一挂靠港的必备资料。

传统方式是上述资料均靠纸面单证提供，再由人工输入计算机，产生装、卸船计划。对近洋航线，船图、舱单随船带，这样只有在船舶停靠锚地后才能取下，录入计算机。对远洋航线则采用传真方式，传真船图往往由于模糊不清而延长校对时间。这样做费工费时、效率低下，延长船舶在港时间。因此，提高装卸船信息处理效率，对缩短船舶在港停时间具有重要意义。在这方面需要交换的信息有船名、航次、箱号、箱型、箱类、箱重、始发港、目的港、下一挂靠港、提单号、箱位、发货人、收货人、货类、货名等，它们主要反映在船图、舱单、装卸指示、危险品通知等纸面单证中。

另外，溢卸、短卸、实际卸船箱数、装船箱数等信息都是船方需要从码头得到的信息。对于国际航线的船舶应实行强制理货，理货员代表船方对货物进行清点、验收和交付，对货物的溢短、残损实事求是地做记录，办理货物交接手续。因此，上述信息大都在船舶代理、理货方和集装箱码头之间交换。

（3）内陆集疏运信息　内陆集疏运是国际集装箱多式联运中的一个极为重要、不可缺少的中间环节。集装箱码头通过向其内陆辐射的运输线，将各个内陆场站与港口组成一张覆盖港口内陆腹地的运输网。通过这张网，托运人将货物或集装箱交给附近场站，然后再集中起来通过运输网送到集装箱码头。

在整个内陆集疏运进出口业务过程中，需要交接的单证主要有：

1）货物托运单：包括货物名称、件数、包装、体积、重量、起运港、到达港、发货人和收货人等有关货物运输事项。

2）装箱指示：货代对承运货物的装箱提出明细要求。

3）装箱单：箱内货物明细表。

4）箱体动态：集装箱进出站、拆装箱信息。

（4）货源组织与管理信息

出口：

船公司通过发货人的暂时订舱与确定订舱了解和掌握货源情况。

暂时订舱是在船舶到港前一段时间（如一个月）提出的订舱。它虽在一定程度上带有不确定性，但能使船公司大致了解今后一段时间内的货运情况，为船公司的货运组织与管理奠定基础。

确定订舱是发货人根据信用证的要求和货物出运的时间，选择合适的船舶，向船公司或其代理以口头或书面形式提出的订舱。它是集装箱货源的确切信息。船公司承担托运的信息包括订舱船名、接货地点、装货港、卸货港、交货地点、揽货代理名称、货名、数量、包装、重量、接货方式、交货方式，所需空箱数、装箱地点等。应寄往卸货港的单证主要有提单与场站收据副本、集装箱号码单、集装箱积载图、货物舱单、特种货物一览表。

进口：

为保证集装箱船舶抵达卸货港后，尽快把箱货送到收货人手中，船公司主管进口运输业务的工作人员或其代理要根据装船港寄来的运输单证做好以下工作：

1）向海关、商检以及其他有关部门办理验放手续。

2）办理卸货与接收手续。

3）向收货人发出通知。

4）根据提单签发提箱单。

对进口箱的盘存管理在集装箱船舶的营运中占有十分重要的地位。如果箱子在港口或腹地停留时间过长，不仅会引起集装箱需要量的增加，而且还会造成集装箱搬运费用和堆场费用的增加。所以，掌握集装箱在腹地的信息，对加快集装箱周转，提高集装箱运输的营运效果，有着直接的影响。

（5）监管放行信息　集装箱运输部门向海关报送的信息主要有海关申报单或货物报告（货物舱单）、货主提供的许可证、产地证、发票及商检证等信息。为减少箱货在港停留时间，提高运输效率，集装箱运输部门希望海关能尽快返回有关放行信息。

（6）银行、保险信息　必要时，理货公司要向保险公司提供溢卸、短卸及船期信息以核查保险金额。运输部门与银行之间存在着到款、付款、结汇等信息传递。

3. 集装箱运输单证与EDI电子报文

EDI电子报文是EDI的数据交换标准。根据我国交通部于1997年5月1日发布的《海上集装箱运输电子数据交换管理办法》的要求，用以替代纸面单证的我国的EDI报文的格式代码数据应采用联合国欧洲经济委员会颁布的“行政、商业和运输用电子数据交换规则”（UN/EDIFACT）国际标准或国家技术监督局颁布的国家标准。无国际标准和国家标准时，可采用行业标准或协议标准。

每条电子报文是组成一笔完整业务的信息载体，适应于某一业务功能，并且与某一业务单证或其中一部分相对应。与《海上集装箱运输电子数据交换管理办法》同时发布的《海上集装箱运输电子数据交换电子报文替代纸面单证管理规则》，结合我国国际集装箱运输的实际业务需求和UN/EDIFACT报文的功能，确定以23种电子报文替代相应的纸面单证。并规定，电子报文替代纸面单证时，电子报文与纸面单证具有同等效力；电子报文的保存期与纸面单证相同。这些电子报文涉及船舶动态、装卸船信息。还涉及内陆集疏运、货源组织与管理、监管部门及银行保险等方面，其中主要有：

（1）船期表报文（IFTSAT）替代进出口船期预报、船期公告。该报文应包含五日、半月或一个月内的进口船信息、挂港信息、联系人信息。

（2）舱单报文（IFCSUM）替代进口舱单、出口舱单。该报文包含一个航次的船舶信息、提单信息，货主信息及发货人信息、通知人信息以及货物信息。其中货物信息包括货物描述和含有运费信息在内的集装箱信息等。

（3）船图报文（BAPLIE）替代进口船图、出口船图。该报文包含一个船名、航次的信息以及含有地点信息、危险品信息和必要注释在内的集装箱信息。

（4）集装箱装/卸报文（COARRI）替代装船清单、装/卸箱清单、理货清单、集装箱清单。该报文应包含船舶信息和含有装/卸交货地信息和残损信息在内的集装箱信息。

（5）危险品通知报文（IFTDGN）替代危险品性能说明书、危险品货物申报单、危险品货物准运单、危险品船运申报单。该报文应包含船舶信息、装卸港信息、货物信息和集装箱信息。

（6）装箱单报文（COSTCO）替代装箱单。该报文应包含船舶信息、装卸港信息、货物信息、货物描述、表头、危险品信息和集装箱信息。

（7）集装箱进/出门报文（CODECO）具有设备交接单部分功能。该报文应包含船舶信息、箱信息、残损信息和多式联运信息。

（8）正式订舱报文（IFTMBF）替代集装箱货物托运单、订舱申请单。该报文应包含订舱号和港口、收货地和装货港、可选卸货港、发货人、收货人、通知人、订舱预配箱、订舱货物、集装箱细目、货物信息、运费条款以及其他信息。

（9）装箱指示报文（COSTOR）替代装箱单、预配清单。该报文应包含船舶有关的信息、卸货港和交货地点、提单号和集装箱细目、货物信息、货物描述、危险品信息。

（10）一关三检申报单报文（CUSDEC）替代海关申报单、商品检验申报单、卫生检疫申报单、动植物检疫申报单。该报文包含船信息、货信息、集装箱信息、提单信息以及一关三检当局对在进口、出口、中转过程中所申报的信息做出货物放行、查验、拒绝放行的信息。

上述规则中确定了 23 个电子报文覆盖了将近 90%的集装箱运输单证，尚缺提单及提单副本、运费发票、运费舱单、银行汇票、税单等。这当中主要是与银行部门的信息传递，由于诸如体制、采用标准等原因，目前实现电子交换尚有困难，需要进一步分析、研究，以确定可以实现的交换内容和交换方式。

思考题

1．什么是管理信息系统？它在运输管理中的作用是什么？

2．集装箱运输管理信息系统应该实现哪些功能？

3．如果要你开发集装箱管理信息系统，你认为要有哪些子系统支持？

4．为什么 EDI 能得到广泛应用?其应用领域有哪些？

5．为什么要制订 EDI 标准?如何使用 EDI 进行文件交换？

6．EDI 中心有什么作用？应用 EDI 中心进行交易要解决好什么问题？

7．EDI 在集装箱运输中的哪些环节应用？

8．什么是数字化技术？

参 考 文 献

[1] 蒋正雄，刘鼎铭．集装箱运输学[M]．北京：人民交通出版社，1997.

[2] 刘锡蔚．集装箱船舶积载[M]．北京：人民交通出版社，1997.

[3] 刘伟，王学锋．国际航运实务[M]．北京：人民交通出版社，2001.

[4] 真虹．集装箱运输学[M]．大连：大连海事大学出版社，1999.

[5] 杨志刚．国际集装箱多式联运实务与法规[M]．北京：人民交通出版社，2001.

[6] 张炳华．集装箱应用全书[M]．北京：人民交通出版社，2000.

[7] 于汝民．集装箱码头经营管理[M]．北京：人民交通出版社，1999.

[8] 黄世玲．交通运输学[M]．北京：人民交通出版社，1988.

[9] 杨志刚．集装箱运输实务[M]．北京：人民交通出版社，1998.

[10] 陈洋．集装箱码头操作[M]．北京：高等教育出版社，2001.

[11] 武德春．新编商务管理[M]．北京：人民交通出版社，1996.

[12] 武德春．最新国际贸易政策与实务[M]．北京：人民交通出版社，1998.

[13] 武德春．论国际贸易与远洋运输的发展[M]．北京：人民交通出版社，2001.

[14] 姚宗明，林国龙．集装箱运输管理[M]．大连：大连海事大学出版社，1986.

[15] 杨祖青．水运商务管理[M]．北京：人民交通出版社，1989.

[16] 武德春．上海国际航运中心组合港的建设[J]．中国港口，2001（7）.

[17] 武德春．关于中国港口结构调整中几个问题的研究[J]．水运管理，2002（11）.

[18] 武德春．贯彻实施国内水路货物运输规则的新观点[J]．水运管理，2001（9）.

[19] 刘鼎铭，曹振宇．国际标准集装箱及其应用[M]．北京：人民交通出版社，1991.

[20] 田聿新．国际集装箱货物多式联运组织与管理[M]．大连：大连海事大学出版社，1999.

[21] 李玉如．国际货运代理[M]．北京：人民交通出版社，2001.

[22] 杨志刚．国际货运代理业务指南[M]．北京：人民交通出版社，1997.

[23] 张敏．集装箱运输业务[M]．北京：人民交通出版社，1997.

[24] 顾家骏．世界20大集装箱公司船队发展[J]．集装箱化，2002（1）.

[25] 武德春．贯彻实施港口货物作业规则的几点看法[J]．中国港口，2001（4）.

[26] 杨志刚．集装箱码头业务管理[M]．北京：人民交通出版社，1997.

[27] 金禾闻．国际货运代理实务[M]．北京：对外经济贸易大学出版社，2002.

[28] 武德春．集装箱运输实务[M]．北京：机械工业出版社，2002.

[29] 武德春，武骁．集装箱运输实务[M]．2版．北京：机械工业出版社，2006.

[30] 武德春，武骁．集装箱运输实务[M]．3版．北京：机械工业出版社，2011.